과일사냥꾼

유쾌한 과일주의자의 달콤한 지식여행

괴일 사냥꾼

The Fruit Hunters

유쾌한 과일주의자의 달콤한 지식여행

아담 리스 골너 지음·김선영 옮김

살림

리안을 위하여

언제나 봄인 이곳에 온갖 과일이 풍성히 열리니,
이것이 바로 시인들이 읊던 신주神酒로다.

_ 단테Dante, 「연옥편Purgatorio」

1부 자연의 과일

2부 모험의 과일

Contents

브라질에서 최면에 걸리다

바로 이곳에서 우리는 네가 그토록 갈망한 기적의 열매를 거둔다.
이리 와서 색다른 단맛에 흠뻑 빠져보라.

_ 샤를 보들레르Charles Baudelaire(프랑스 시인), '항해The Voyage'

모래가 들어간 눈을 비비며 휘청거리듯 버스에서 내렸다. 입구에 있는 이오니아식 기둥을 지나서 리우데자네이루 식물원으로 들어갔다. 먼지 가득한 길을 따라가니 푸른 세상이 펼쳐졌다. 길가에 줄지어선 대왕야자수는 대성당 기둥처럼 하늘을 찌를듯한 기세였다.

잔털 달린 진한 녹색 핫도그가 주르르 미끄러지더니 내 앞길을 가로막았다. 나는 이 생명체를 사진기에 담기 시작했다. 이 커다란 지네는 무더운 날 몸뚱이를 이끌고 주황색 플라스틱 쓰레기통 쪽으로 물결쳐가고 있었다. 식물원의 안쪽으로 더 들어가 보니, 기억에서 사라진 어느 식물학자들의 흉상이 놓여 있었고, 그의 이마에는 어색한 눈물처럼 수액 방울이 흘러내렸다.

잠시 쉬어가려고 수련잎으로 뒤덮인 연못 벤치에 앉았다. 코르코바도 산Mount Corcovado 정상에 있는 예수 동상의 실루엣이 어렴풋이 눈에 들어왔다. 리우는 상상한 것처럼 보사노바 멜로디가 흐르고 낙원 같은 바다풍경이 펼쳐지는 환상의 나라가 아니었다. 이곳은 갈 곳 없는 어린아이들이 이파네마Ipanema 해변의 구불구불한 모자이크 산책로에 얼굴을 파묻고 잠을 청하는 곳이다. 오물로 가득 찬 빈민가 개울은 푸른 연기가 감싸고 있다. 내가 찍은 사진 중 볼만한 것이라고는 땅거미 질 무렵 해변에 누워 있던 검은 개와 백사장에 파묻혀 있던 개의 불길한 송곳니, 그리고 자주색과 분홍색이 뒤섞인 황혼과 옥빛 물결뿐이었다.

나는 집 생각을 잊어보려 했다. 얼마 전 할아버지가 돌아가셨다. 부모님은 결혼생활에 종지부를 찍으셨다. 나에게 소중한 사람 하나는 조울증에 시달리며 힘든 나날을 보내고 있었다. 자살 시도를 했다가 회복 중이던 친한 친구는 피해망상형 정신분열증이라는 진단을 받았다. 게다가 그 무엇보다도, 8년 사귄 내 여자 친구가 새 애인인 프랑스 군인과 함께 유럽에서 새해를 맞이하고 있었다.

수풀 위쪽에서 꽥꽥거리는 소리가 들려 쳐다보니, 큰 부리새 두 마리가 천연색 부리로 서로 입을 맞추고 있었다. 별안간, 근처 나무가 요동치며 흔들렸다. 고리무늬 꼬리 원숭이와 흰 구레나룻 원숭이 두 마리가 꼬리잡기 놀이를 하고 있었다. 그중 한 마리가 허공을 가로지르며 다른 나무 위로 몸을 날렸다. 뷰파인더로 확대해 관찰하다가 뭔가 특이한 물체를 발견했다. 나뭇가지에 머핀이 매달려 있었다.

땅바닥에 떨어진 머핀을 하나 집어들었다. 갈색 목질이었다. 버터 바른 쟁반에 얹어 350도에 두 시간은 족히 구워낸 것 같았다. 머핀은 돌덩이처럼 단단했고, 누가 이를 뒤집어서 파놓은 듯 구멍이 뚫려 있었다. 껍질 안쪽은 할퀸 자국에 온통 섬유질 투성이였다. 이 구멍 난 과자 안쪽에 뭐가 들어 있었을까 궁금해졌다.

이 머핀은 사푸카이아sapucaia 나무의 열매였다. 제철이 되면, 이 컵케이크 내부를 오렌지 알맹이처럼 생긴 씨앗 대여섯 개가 가득 메운다. 이것이 무르익으면, 열매의 아랫부분이 터지면서 씨앗을 땅에 흩뿌린다. 성질 급한 어린 원숭이들은 무르익지도 않은 머핀에 구멍을 뚫고 손가락을 집어넣어 속에 든 씨앗을 한 움큼 감싸 쥔다. 구멍에서 팔을 빼내려면 손에 쥔 열매를 놓기만 하면 되는데도, 이런 사실을 알만큼 똑똑하지 못한 원숭이들은 수갑처럼 사푸카이아를 손목에 두른 채 수 킬로미터를 끌고 다닌다.

영국에서는 사푸카이아를 천국의 열매라고 부른다. 이 명칭은 유럽인들 눈에 천국으로 비친 아메리카대륙이 발견된 시점부터 유래되었다. 16세기에 프랑스의 탐험가 장 드 레리Jean de Lery는 브라질의 파인애플 밭을 보고는 에덴동산을 찾았다고 확신했다. 1560년에 포르투갈의 탐험가 루이 페레이라Rui Pereira는 브라질이 바로 지상낙원이라고 공식적으로 선포했다.

나는 브라질에서 천국을 찾지는 못했어도, 천국의 열매는 찾은 것 같았다. 공원 바깥에 있는 작은 매장에 가서 사푸카이아를 찾았다. 점원이 고개를 흔들더니, 브라질 호두를 보여주며 그와 비슷한 열매라고 했다. 깨물어본 호두에서 놀랍게도 코코넛 크림 맛이 났다. 어린 시절 견과류 통에 잠자고 있던, 단단한 껍질로 애먹이던 호두와 비교되었다.

매장 천장에는 대형 파인애플과 멜론, 바나나 송이가 그물에 담겨 매달려 있었다. 캐슈애플을 집어들었다. 머리에 초승달 열매가 붙은 성난 고추와 흡사해 보였다. 녹색 캄부치스cambucis는 B급 영화에 나오는 비행접시 모형물을 닮았다. 당구공만 한 구아바는 냄새가 상당해서, 내가 사온 이 과일 덕분에 호텔에 머무는 내내 방안에 냄새가 진동할 정도였다.

내 쇼핑봉투는 점원이 추천해준, 묘사하기 어려운 열매들로 가득 찼다. 나는 해변으로 걸어가며, 이 과일들을 하나씩 먹어치웠다. 주홍색 배처럼 생긴 잠보jambos는 단맛 나는 스티로폼을 깨문 듯 상큼했다. 고무 같은 투명 속살이 든 레몬 모양의 아비우abiu 열매는 캐나다의 프랑스 음식점에서 제공하던 젤리사탕과 크림 캐러멜을 섞은 맛이 났다. 마체테machete(소형 현악기-옮긴이)를 휴대하고 다니던 코코넛 장사꾼이 내가 마라쿠자maracujá 열매의 쓴맛 나는 껍질을 소심하게 물어뜯는 모습을 보더니, 이 동그란 열매를 반으로 쪼개 라벤더 향이 나는 과일펀치 같은 속살을 후루룩 먹는 시범을 보여주었다.

수꾸suco(주스) 판매점에 들어갔다. 리오의 무너져가는 거리 모퉁이를 밝혀주는 무수한 주스가게 중 한 곳이었다. 이곳에서 파는 과일 중 내가 아는 과일이 한 개라도 있을지 궁금했다. 메뉴에 있는 보라색 아카이 열매는 초등학교 2학년 때 가지고 놀던 구슬 '나이트 메어'처럼 생겼다. 계산대 너머로 눈알이 가득 담긴 나무상자가 보였다. 가게주인이 내게 하나를 건네주었다. 눈알 주위에 빨간 테두리를 두른 이 열매는, 새까만 홍채와 곁눈질하는 흰자가 튀어나온 눈알처럼 대롱거렸다. 과라나guaraná라는 이 열매는 원기보충 셰이크와 청량음료 제조에 쓰이는 천연각성제라고 주인이 설명했다. 날 노려보던 놈들을 같이 노려보았다.

최면에 걸린 듯 가판대 메뉴에 있던 과일목록을 노트북에 그대로 옮겨 적었다.

그 무렵 태양이 벌써 파스텔 색조의 수평선 너머로 기울어가고 있었
다. 종이 꽃가루가 허공 속을 빙빙 돌더니, 땅바닥은 이내 적도의 눈으
로 뒤덮였다. 난 새해 전야라는 사실도 잊고 있었다. 해변은 하얀 옷을
입고 즐기러 나온 사람들로 붐볐다. 대다수는 산중턱의 빈민가에서 온
사람들로, 이들은 주술사 마쿰바Macumba 조각상을 들고 있었다. 사람
들은 변신술에 능한 바다의 여신 이에만자Iemanjá에게 제물로 바치려고
초에 불을 켜고 꽃잎에 리본장식을 달았다. 소원을 빌며 파도에 제물
을 던지자, 봉헌물들이 바다 표면에서 춤을 췄다.

적어 온 과일목록을 살펴보다가, 근처에 있던 바투카다batucada(브라
질 흑인들의 집단 춤—옮긴이) 드러머의 리듬에 맞춰 나지막하게 과일 이
름을 속삭였다. 조용히 읊조리며 눈을 감고 평온함을 느껴보았다. 잠시
동안 모든 것을 잊는다. 내 이름을 잊는다. 여기 온 이유도 잊는다. 내가
아는 것이라고는 아바까시, 아카이, 아메이셔, 쿠푸아쿠, 그라비올라, 마
라쿠자, 타페레바, 우바, 움부뿐.

숨겨진 과일세계

이보게, 아담이 누렸던 것은,
왕도 여왕도 결코 소유할 수 없고, 구할 수 없으며,
그 존재조차 모르는 그런 것이었다네.

_ 하울린 울프Howlin' Wolf(미국의 블루스 가수), 'Going Down Slow'

인간이 자연과 교감하는 이유를 설명하는 이론이 있다. 바로 생명애biophilia, 즉 '생명에 대한 사랑'이라는 이론이다. 이 신조어는 심리학자 에리히 프롬Erich Fromm이 1964년에 삶과 성장에 선천적으로 끌리는 현상을 설명하고자 만든 용어이다. 이 이론의 가설에 따르면, 죽음을 맞는 유기체는 생명체와 접촉하면서 자신을 보호하려 한다. 생물학자들도 이 용어를 채택하여, 인간이 자연과 교감하면서 유대감을 느끼고 정신적 변화를 일으킨다는 사실에 주목하였다. 하버드 대학의 곤충학자 에드워드 윌슨Edward O. Wilson도 "우리는 이러한 성향 덕분에 존재한다."고 하였다. 과학자들 역시 환자들이 자연이 가득한 녹지를 접할 경우 빠른 회복속도를 보였다는 증거를 인용하면서, 생명애는 상호의존적인 생명체의 생존을 보장하는 진화론적 장치라고 추측하였다.

브라질에서 과일이 나를 불러냈고, 나는 이 부름에 응답하였다. 그때부터 나는 과일의 유혹을 뿌리칠 수 없었다.

과일은 매우 흔한 만큼 우리의 마음을 끌어당긴다. 우선, 과일은 세상 도처에 있는 특별한 존재이다. 과일은 길모퉁이에서 땀을 흘리기도 하고 호텔 로비와 교사들의 책상 위에서 한가롭게 시간을 보내기도 한다. 또 요구르트나 음료수 속에 굳은 채 들어가 있고, 노트북 컴퓨터와 박물관 벽을 꾸미는 역할도 한다. 과일은 없는 곳이 없다.

비록 선택받은 몇몇 과일이 국제무역을 독점했다 해도, 지구상에는 손에 넣기 힘들거나 천대받고 금기시하는 과일들로 넘쳐난다. 피냐 콜라다piña colada(코코넛, 파인애플 주스, 럼주를 섞어 만든 칵테일-옮긴이) 맛이 나는 망고, 오렌지빛 호로딸기, 흰색 블루베리, 푸른빛 도는 살구, 빨간 레몬, 금빛 라즈베리, 분홍색 체리모아가 세상에 존재한다. 윌리 웡카Willy Wonka(『찰리와 초콜릿 공장』에 나오는 초콜릿 공장 사장-옮긴이)는 이 대자연 어머니의 능력에 비할 바가 못 된다.

이 다양한 과일을 들여다보면 머리가 아찔할 정도다. 대부분 아라카 열매에 대해 들어본 적이 없겠지만, 아마존 강의 과일관련 기관들에 따르면 이 연두빛 구아바 유사종은 브라질에 있는 해변의 수만큼 다양하다고 한다. 수만 가지의 식용식물에서 수십만 가지의 품종이 생겨날 뿐 아니라, 끊임없이 새로운 품종이 개량되고 있다. 마법콩, 달맞이꽃, 포탄 나무, 맛있는 괴물 열매, 좀비 사과, 생강빵 자두, 백조알 모양 배, 해골처럼 생긴 오악사카 나무, 콩고의 땅콩 열매, 화약심지 열매, 양초 열매, 잡종 체리, 빅나이, 벨림빙, 빌림비, 비리바 등등의 열매가 지구상에 있다. 햄릿이 이를 봤다면 아마 이런 말을 남겼을 것이다. "호레이쇼 Horatio(햄릿의 절친한 친구-옮긴이), 천상과 지구에는 자네 철학이 상상할 수 있는 것 이상으로 많은 과일이 있다네."

과일세계에서 가장 귀에 감기는 발음인 클로브 릴리 필리clove lilly pilly는 호박파이 맛이 나는 열매로, 캥거루 고기와도 잘 어울린다. 실존주의자들은 새콤한 자주색 방울 열매 카무카무camu-camu에 더 호감을 느낄지도 모르겠다. 얌얌 나무에서는 노란 먼지 같은 보풀이 돋아난다. 태평양의 어느 섬에 가면 음양보다 한 수 위인 양양 나무가 있다. 이 외에도 두 단어짜리 열매로 파르파르, 랍랍, 눔눔, 융융, 로비로비 등이 있다.

식물학에 기록된 것 중에도 거울 나무처럼 루이스 캐롤Lewis Carroll(『이상한 나라의 앨리스』의 작가-옮긴이)의 몽환적인 세계에서 튀어나온듯한 식물들이 많다. 바늘꽂이 열매는 하얀 광선이 박힌 열매로, 폭발하던 별이 얼어붙은 모습처럼 생겼다. 인도 펀자브 지방에서는 칫솔 나무 열매를 잠들기 전에 먹으며, 버지니아 주에서는 치통 나무 열매를 치아통증을 덜어줄 때 쓴다. 과즙이 풍부한 우산 열매는 콩고 지방에서 소중히 여기는 열매이다. 반짝거리는 푸딩처럼 생긴 에타eta 열매는 꼭지 부분을 뒤로 젖힌 다음 굴처럼 후루룩 들이마셔서 먹는다. 두꺼비 나무 열매는 개구리처럼 생겼는데 당근 맛이 난다. 웬 초우Wen-chou 밀크 오렌지는 크림 같은 안개가 가득 찬 감귤류로 껍질을 벗기면 공기 중에 매혹적으로 소용돌이친다. 아이들은 돈나무money tree 열매로 축구를 한다. 에뮤emu 사과는 며칠 동안 땅에 묻은 다음 먹는다. 검sword 열매는 달밤에 보면 대롱거리는 무기 같다. 이 열매는 부러진 뼈 또는 오밤중의 공포라고도 부르는데, 땅에 떨어진 열매 덩어리가 간혹 해골 잔해로 오해받기 때문이다.

어린이들이 탐독하는 해적소설을 보면, 열대 섬에 잠복한 해적들이 먹었다던, 상상도 안가는 맛있는 열매 얘기들이 나온다. 잃어버린 소년들과 피터팬은 네버랜드에서 "해골잎사귀에 뒤덮이고 나무에서 스며나온 수액에 흠뻑 젖은 채" 빵 열매와 마메이 사과, 호리병박 포포 열매를 구워 먹었다. 나는 브라질에 와서야 그런 열매가 실제 있다는 사실을 알았다. 세상에는 우리가 상상도 못한 수천 가지 종류의 열매가 있으며, 과일사냥 탐험을 떠나지 않고서는 이를 맛보기란 불가능하다.

열대 섬 아이들은 희귀한 열대과일을 북미 지역 사람들이 사탕 사먹듯 쉽게 접한다. 원산지에 오면, 슈퍼마켓에서 멀리했던 과일들도 갑자기 탁월한 맛을 낸다. 10대 시절, 나는 중앙아메리카를 여행하다 처음으로 파파야를 만났고, 입맛 돋는 향이 입안을 가득 메운 순간 깜짝 놀란 기억이 있다. 반면 고향에 돌아와 접한 파파야는 모두가 위생상태마저 의심스러웠다.

내 경험상 과일은 여행, 타지, 일탈과 뒤얽혀 있다. 몬트리올 교외에서 자란 나는 겨울이 오면 과일을 구경할 수 없었다. 13살 때, 우리 가족은 부다페스트로 이사 가서 몇 년간 산 적이 있다. 형과 나는 그때 우리 집 뒷마당과 친척들 과수원에서 자랐던 살구, 복숭아, 토마토만큼 맛있는 과일을 먹어본 적이 없다. '천국'에 해당하는 헝가리어인 파라디스콤paradiscom이 동시에 토마토를 뜻하는 이유가 이해 갔다.

10년 후, 헝가리에 있는 아버지 포도밭에서 포도를 먹던 순간, 나는 네다섯 살 때 기억이 떠올랐다. 형과 나는 새벽에 일어나 길가에 있던 사탕가게 검은고양이Black Cat로 포도맛 풍선껌을 사러 나갔다. 이 가게는 사탕과 더불어 접근금지 대상이었지만, 보라색 풍선껌이 너무나 간절했던 우리는 부모님이 깨기 전에 나가서 사오자고 머리를 굴렸다. 우리는 해가 뜰 무렵 검은고양이 매장에 도착했다. 당연히 가게 문은 잠긴 상태였다. 창문을 통해 불꽃놀이도구, 만화책, 오락기, 그리고 온갖 사탕 종류를 눈으로 훑었다. 우리는 푼돈을 손에 꼭 쥔 채 집으로 터벅터벅 걸어왔다. 그사이 자식들이 없어져서 불안에 떨던 부모님은 경찰에 신고했고, 경찰은 범인수색에 나서려던 참이었다. 잉그마르 베르히만Ingmar Bergman(스웨덴의 영화감독)의 작품 〈산딸기Wild Strawberries〉에 나오는 장면처럼, 잊고 지냈던 탈선행위가 콩코드 포도를 먹은 순간 갑자기 떠올랐던 것이다.

파블로 네루다Pablo Neruda(칠레의 시인)는 사과를 먹을 때면 우리는 잠시나마 어린 시절로 돌아간다고 말했다. 내가 파리에 있을 때, 알제리 출신 택시 운전사는 운전 내내 어린 시절 먹었던 까끌까끌했던 배 이야기를 꺼냈다. 그는 프랑스산 배 맛을 한탄스러워했지만, 자신의 고향에서 맛본 달콤했던 배 맛은 생생하게 기억했다. 뉴욕의 어느 도매상은 어린 시절 어머니 옷장에서 향을 내뿜던 모과를 발견한 이야기를 내게 해주었다. "그 모과를 발견하고는 어떻게 했나요?" 내 질문에 그는 이렇게 답했다. "코를 박고 쿵쿵거렸지."

베르톨트 브레히트Bertolt Brecht(독일의 작가)는 창밖 나무에 매달린 열매를 감상하다가, 순수했던 시절로 순간 이동한 이야기를 시로 옮겼다. 그 시에서 브레히트는 "작고 붉은 꽃자루에 매달린 블랙베리를 한 번 더 보려고" 안경을 낄지 말지에 대해 자못 진지하게 한참을 논한다. 그 시는 결론 없이 끝난다. 브레히트가 모호하게 처리해서 알 수가 없다. 나는 안경을 집어들고 프루스트Proust처럼 과일에 난 벌레구멍 속에 빨려 들어가, 시력 나쁜 과일열광자 중 하나가 되었다.

삶을 과일에 바치는 열광자들의 하위문화는 그 존재가 사람들의 시야 밖에 놓여 있다. 북미과일탐험대North American Fruit Explorers나 국제

희귀과일협회Rare Fruit Council International 같은 단체를 비롯해 숨겨진 과일세계의 영주권자들은 자신들이 추구하는 식물만큼이나 특별한 존재들이다. 라틴어 플로리스floris에서 유래된 단어 산림forest은 동시에 '외부세계'를 뜻하기도 해서 언제나 아웃사이더들을 끌어모았다. 1910년 이후, '과일'이라는 단어는 기인이나 별난 사람을 뜻하기도 했다. 이 책은 과일괴짜, 과일밀수꾼, 과일탐험가, 과일숭배자, 과일발명가, 과일경찰, 과일강도, 과일주의자, 심지어 과일안마사를 알아가는 여정이다. 우리는 이런 인물들 덕분에 식물과 인간 모두를 포함해 지구의 다양성을 살짝 엿볼 기회를 얻는다.

과일의 매혹적인 면모는 2002년에 나온 로버트 팔터Robert Palter의 책 『말피 공작부인의 살구, 그리고 문학에 등장한 과일들The Duchess of Malfi's Apricots, and Other Literary Fruits』에 잘 나와 있다. 이 책은 억누를 수 없는 열정을 지닌 마니아의 저작으로, 역사를 통틀어 과일이 등장한 이야기, 노래, 영화, 시, 기타 문학작품 모두를 분류하고 검토한 872쪽에 달하는 선집이다. 어떤 장에서는 과일의 부재를 통해 그 존재감을 알린 저작들에 대해 고찰하기도 한다.

80세의 퇴직 교수 팔터는 원자폭탄을 개발한 맨해튼 프로젝트의 구성원이었다. 그는 '우주적으로 중요'하나 세상에 알려지지 않은 과일에 대한 시, 예를 들면 앤소니 헥트Anthony Hecht의 작품 '포도The Grapes'처럼 우주의 행성이 나오고 생동감 넘치는 시구를 발췌해 논평할 때 가장 행복감을 느낀다.

심지어 그는 윌리엄 디키William Dickey의 시 '자두Plum' 중 아래와 같은 구절을 인용하며, 피스팅fisting(성기나 항문에 주먹을 넣는 행위-옮긴이)

에 대한 상세한 설명도 덧붙였다. "거친 입구에 파고든/ 어느 봄날의 주먹 그리고 상처입고 오그라든 세포막/ 이어지는 떨림" 팔터는 이 시에 대해 "잘 짜인 전통적인 전원시villanelle의 고상한 형식을 쥐고 흔든다." 며 글을 맺었다.

나는 전화번호부에서 팔터의 연락처를 찾아 그에게 전화를 걸었다. 그는 식용과일에 그다지 관심 있는 사람은 아니었다. 그는 "사 먹는 과일마다 후회스럽다."며 자신의 고향 코네티컷 주 얘기를 꺼내며 한숨을 내쉬었다. 그러나 이내 밝은 분위기로 최근 난생처음 신선한 무화과를 먹어본 적이 있다고 말했다. "어떻게 이런 유기체가 다 있나, 기대 이상이다.'고 생각했지요." 수화기 너머로 경쾌한 스타카토처럼 흥분된 목소리가 들려왔다.

그에게 문학적 과일에 지대한 관심을 갖게 된 이유를 물었다. "과일과 인간의 삶, 사랑, 섹스, 즐거움에는 명백한 관련이 있다."고 그는 답했다. "그러나 과일은 썩어버리게 마련이지요! 그래서 부정적인 의미도 담겨 있습니다. 과일은 정치적 부패도 상징합니다. 과일을 이용해 모든 인간의 감정, 때로는 다소 미묘한 감정까지 표현한 문학적 예도 찾을 수 있답니다. 온갖 감정이 모두 표현 가능해요."

밥 딜런Bob Dylan은 〈다시 가본 61번 고속도로Highway 61 Revisited〉 앨범해설에 "배의 진정한 의미에 대해 책을 쓴" 어떤 사람에 대해 언급했다. 팔터의 책에 딜런의 구절이 실리지는 않았지만, 배는 성적 대상물, 꺼져버린 희망, 엔트로피에 대한 은유 등 무궁무진한 의미가 담겨 있다고 적혀 있다. 팔터가 조사한 내용의 핵심은 과일의 진정한 힘은 바로 우리를 매혹하는 능력이라는 점이다.

그는 처음에 과일에 대한 짧은 에세이를 쓰는 것으로 책을 시작했지만, 갈수록 연구 자료가 급속도로 불어나기 시작했다. 곧이어 그는 온갖 예시들에 파묻혀버렸다. "매번 또 다른 과일 이야기를 찾아낼 때마다 '오! 이럴 수가!'라며 연신 감탄했습니다." 도서관 사서는 팔터가 없는 데서 그를 "과일사내"라고 칭하기 시작했다. 그는 산더미 같은 과일 관련 일화를 모은 뒤 사우스캐롤라이나 대학 출판부를 방문해 3백 쪽에 달하는 책 발간작업을 논의했다. 그가 원고를 보낼 때쯤 분량은 6백 쪽으로 늘어났다. 출판준비를 하던 와중에도 그는 충분하다는 생각이 들 때까지 계속해서 새로운 원고를 보냈다.

이 책의 도입부에 따르면 출판계획이 본래부터 특정한 제약이 없는 단지 '중간보고서' 성격이었다고 한다. 그는 또 끝이 없다는 징표로 마침표 없이 책을 끝냈다. 출간된 지 한참이 지났어도 그는 과일관련 에피소드 찾기를 게을리하지 않았다. 그가 펴낸 『나의 방대한 과일책My Big Fruit Book』이라는 회고담에는 이런 글귀가 있다. "본의 아니게 때로는 내 의지와 정반대로 인쇄물이나 사진에서 접하는 모든 과일을 계속 조사하게 된다."

대화가 끝날 무렵, 팔터는 자신이 가진 책 전부를 도서관에 기증할 생각이라고 했다. "이제 그만 과일에서 빠져나와야지요." 그가 또 다시 크게 한숨을 쉬며 말했다. 그러나 이런 대화가 오간 지 몇 달 후, 팔터로부터 과일관련 일화가 담긴 전자메일을 받았다. 거기에는 하비에르 마리아스Javier Marias(스페인의 작가)의 소설 『올 소울즈All Souls(옥스퍼드 대학 강단에서 2년을 보낸 스페인 강사의 일화를 닮은 소설-옮긴이)』에서 그가 "최근에 찾아낸" 장면이 적혀 있었다. 팔터는 해당 쪽수를 열거하면서 배경설명-교직원의 저녁회식자리-을 했고, 디저트를 먹던 학장이 "요크 대학 학장 아내는 만다린 조각으로 만든 목걸이 장식을 해야 한다고 고집'했다.'며 자세한 설명과 함께 "멋진 장면"이라고 덧붙였다.

문학적 과일이 매혹적으로 다가온 만큼, 우리가 실제로 먹는 과일에 얽힌 이야기도 알고 싶었다. 슈퍼마켓에서 주로 접하는 과일은 특정 인물이나 장소로 거슬러 올라간다. 하스Hass 아보카도는 패서디나Pasadena(캘리포니아 주의 남부 도시)의 우체부 루돌프 하스Rudolph Hass가 특이하게 생긴 묘목을 자르지 말아 달라는 자녀들의 애원을 받아들이면서 시작되었다. 1935년 그는 이 아보카도에 특허를 냈다. 현재 하스 아보카도는 전 세계에서 압도적인 주류품종이다. 빙 체리는 오리건 주에 살던 19세기 만주인 아 빙Ah Bing의 이름에서 따온 것이다. 만다린의 일종인 클레멘타인clementine은 1902년 알제리의 고아원에서 신부 클레멘타인 로디어Clément Rodier에게 받은 세례명이다. 탠저린은 탕헤르Tangiers(모로코의 항구도시)에서 건너온 만다린 품종이다. 딩간 사과는 형제를 살해한 뒤 살해당한 아프리카 왕의 이름에서 따왔다. 매킨토시 사과는 실연의 상처와 함께 시작되었다.

존 매킨토시John McIntosh는 1777년 뉴욕에서 태어났다. 이 젊은 사내는 돌리 어윈Dolly Irwin이라는 여성과 사랑에 빠졌는데, 그녀의 부모는 미국독립전쟁에 반대한 영국의 왕당파로, 딸의 결혼을 반대했다. 18세였던 매킨토시는 돌리가 가족과 함께 캐나다로 건너가자 바로 뒤따라 그곳으로 갔다. 비극적이게도 그가 콘월Cornwall에 있던 이들의 거주지에 도착할 무렵, 그녀는 세상을 떠나버렸다. 슬픔에 빠진 나머지 현실을 인정하지 못한 이 사내는 돌리의 죽음을 확인하기 위해 유골을 파헤쳤다. 돌리의 썩은 시신을 보며 흐느낀 그는 이곳을 떠나 근처 마을인 온타리오 주 이로쿼이Iroquois의 어느 경작지에 정착한다. 이 지대는 잡초와 가시나무, 덤불이 무성했다. 이 모두를 제거하고 나니, 스무 그루의 사과나무가 나타났다. 그러나 이내 단 한 그루를 빼고 모두 죽어버렸다. 그 나무는 보기 드문 열매를 맺었다. 이 나무의 잘라낸 가지를 다른 나무에 접목하면서, 20세기 초 널리 보급된 매킨토시 사과가 탄생했다.

현재 사과 품종 중 이름 있는 것만 해도 2만 개가 넘는다. 이름 없는 야생품종을 제외한 수치다. 또한 사과 종류 전체는 전부 셀 수 없을 정도로 어마어마하다. 하루에 사과 하나가 아닌, 각기 다른 사과 하나씩을 먹더라도 평생 먹을 수 있거나 적어도 55년이 걸린다. 어떤 뛰어난 사과들은 라즈베리, 회향 열매, 파인애플, 계피, 수박, 브로콜리, 바나나 헤이즐넛 아이스크림 맛이 난다. 한입 깨물면 우묵한 속심에서 감미로운 과즙이 흐르는 노란 네모꼴 사과도 있다. 이 사과는 가운데서 즙이 흘러나오는 천연 풍선껌 같다. 겉껍질이 거뭇거뭇한 길리플라워 사과, 상아 색깔의 하얀 투명 사과, 오렌지색 속살의 살구 사과, 짙은 붉은색 속살 사과도 있다. 몇 년 전 여름 나는 밴쿠버 스트래스코나Strathcona 공원의 재래종 사과 과수원에서 분홍 진주라는 이름의 진줏빛 사과를 본 적이 있다. 이 사과를 멋들어지게 잘라 친구들에게 보여주자, 밝은 분홍빛 속살에 모두들 숨을 멈추고 바라봤다.

우리는 매번 과일을 먹을 때마다 그 안에 숨겨진 역사를 맛본다. 황제, 차르, 왕과 여왕은 과일을 하사했다. 이븐 사라Ibn Sara(포르투갈의 시인)는 어느 시에서 오렌지는 처녀의 뺨, 붉게 타오르는 석탄, 사랑에 대한 고뇌로 붉어진 눈물, 황옥黃玉 가지에 열린 홍옥수紅玉髓라고 표현했다. 이 과일들 때문에 우리는 비유적으로 그리고 문자 그대로 들뜬 상태가 된다. 파인애플이 처음 영국에 도착하자마자 귀족들 사이에 열풍이 불었다. 바나나는 한때 미국에 이런 열풍을 몰고 와서, 미국독립선언 100주년 기념식장에 주 요리로 등장하기도 했다. 자유를 상징한 바나나는 동베를린에서 장벽이 무너질 때도 마찬가지였다. 당시 버려진 캔 주위로 바나나 껍질이 널렸었는데, 이는 동독인들이 처음으로 산 물건이었다.

인도와 파키스탄 사이에 카슈미르 지방을 둘러싼 논쟁이 계속되는 가운데, 이 지방 과일주스인 샤르바트sharbat를 마시며 양측이 휴전을 취한 순간이 있었다. 2000년, 2만 5천 명의 인도인들이 파키스탄의 국경 보초들에게 선의의 표시로 샤르바트를 건넸다. 이스라엘인과 팔레스타인인은 선인장 배cactus pear 열매가 각각 자국민을 상징한다고 보았다. 이스라엘인은 겉은 뾰족하고 속은 달콤하다는 점에 주목해 본인들과 닮았다고 보았다. 반면 팔레스타인인은 이 열매를 인내의 상징으로 보았는데, 열매껍질을 벗겨 먹을 때나 자신들의 문제를 해결할 때 대단한 인내심이 필요했기 때문이었다.

과일은 전쟁과 독재, 새로운 세계의 발견을 촉발한 불씨이기도 했다. 목마가 트로이 전쟁을 끝냈을지 몰라도, 그 시작은 파리스Paris가 아프로디테에게 건넨 불화의 사과 때문이었다. 크세르크세스Xerxes왕이 페르시아전쟁을 일으키도록 자극한 것은 아티카Attica 지방의 무화과였다. 카토Cato는 잘 익은 싱싱한 무화과를 들어 올리며 "카르타고에서 이틀 전에 따온 것이다. 적이 바로 코앞에 있다!"라고 외치면서 제3차 포에니전쟁을 충동질했다. 알비온Albion왕은 오렌지를 보여주며 롬바르드 군대가 이탈리아를 침공하도록 자극했다. 양귀비 중독은 영국과 중국의 아편전쟁에서 핵심이었다. 19세기에 채텀 제도Chatham Islands에 살던 모리오리족을 근절한 마오리족은 카라카베리가 그곳에서 난다는 얘기를 듣고 건너온 것이었다. 스칸디나비아에서는 핀란드와 스웨덴, 노르웨이의 호로딸기 수확자들 사이에 싸움이 터지면서 외무장관들이 '호로딸기 외교'를 위한 부서를 신설했다.

과일은 보이는 모습이 전부가 아니다. 붉은 심장과 검은 눈동자, 햇빛을 담은 꼬투리와 수정 같은 핏방울은 선악과처럼 유혹적이고 때로는 우리 눈을 속이는 달콤한 신기루로, 처음부터 우리에게 경이로움을 선사한다.

초기 인류는 나무 사이를 옮겨다니며 주린 배를 채웠다. 농경으로 정착하면서, 후손들은 과일을 숭배하였다. 종교로 과일을 섬겼고, 왕은 과일을 요구했으며, 시인들은 과일이 보여주는 형언할 수 없는 상징을 표현하려 애썼고, 밀교는 종교의식 때 과일을 이용해 환영을 보게 했다. 과일은 우리의 기본적인 유전적 본능을 활성화해서 열광에 찬 절정 상태로 우리를 고양시켰다.

결국 아담과 이브는 영원한 천국 대신 덧없는 과일 맛을 선택했다. 붓다는 무화과나무 밑에서 깨달음을 얻었다. 무함마드는 "천국에 들어서는 자들을 위한 과일이 마련돼 있다."고 말했다. 아스텍의 지상천국 틀랄로칸Tlalócan은 작열하는 과일나무로 가득한 공간이다. 자쿤족이나 세망족 등 말레이반도의 부족들은 죽은 영혼이 '과일 섬'에 머무른다고 표현했다. 시누혜Sinuhe가 남긴 고대 이집트 상형문자로 기록된 서신을 보면, 이집트의 약속된 땅인 야Yaa에는 무화과, 포도, 다른 많은 과일로 뒤덮인 나무들이 있다고 한다. 북유럽신화에 나오는 아스가르드Asgard(신들의 거처-옮긴이)에는 신들에게 젊음과 불멸을 선사하는 사과가 있다. 로버트 그레이브스Robert Graves(영국의 작가)에 따르면 고대 그리스의 이상향 엘리시온 벌판Elysian Fields은 영웅의 영혼들만 들어갈 수 있는 곳으로 사과나무가 가득하다고 한다. '사과 나라' 혹은 '사과 섬'을 뜻하는 아발론Avalon은 아서왕이 영생을 얻으려고 사과를 따먹기 위해 찾아간 곳이었다. 유대인의 민간전승 설화에서는, 천국에 들어설 때 8개의 은매화 열매와 기립박수를 받는다고 나온다. 아프리카의 브라크나Brakna 유목민은 천국에 호리병박 크기의 열매가 가득하다고 믿었다. 뉴잉글랜드 지역의 왐파노아그Wampanoag족은 딸기향을 맡고 영적인 세계에 들어선다. 토머스 캠피온Thomas Campion(영국의 문인)은 천국을 갖가지 기분 좋은 열매가 넘쳐나는 곳으로 묘사했다. 파라마한사 요가난다Paramahansa Yogananda(인도의 요기)는 "망고 없는 힌두의 천국은 상상조차 할 수 없다!"고 언급했다.

중국 신화에서 서왕모西王母가 기르던 복숭아는 영생을 준다고 했다. 서왕모는 산꼭대기에 황금벽으로 둘러싸인 궁궐에서 산다. 그녀의 정원은 향기를 발산하며 활짝 핀 꽃들로 가득하고, 나무에는 청록색의 우아한 보석들이 맺혀 있다. 보석호숫가에는 눈에 보이지 않는 악기들이 온유한 가락을 연주하며, 서왕모의 아름다운 시녀들이 3천 년에 한 번 열리는 복숭아를 접대하는데, 이 과일을 먹으면 영생을 얻는다.

최근 특정 이슬람 계율에 대한 원문해석을 놓고 학술적 논쟁이 일어난 적이 있었다. 독일의 언어학자 크리스토프 룩센버그Christoph Luxenberg는 현대판 코란이 원문을 잘못 옮겼다며, 순교자에게 72명의 처녀(하우리houris)를 약속했다는 구절은 사실 '흰 건포도'와 '과즙이 풍부한 과일'을 뜻한다고 주장했다. 룩센버그의 주요 가설은 코란의 원어가 아라비아어가 아닌 아람어와 가까운 언어라는 사실에 있었다. 아람어로 천국에 관한 구절을 분석한 결과, 그는 천국에 대한 신화에서 흔히 나오듯, 이 수수께끼 같은 하우리도 과일이라고 확신했다.

천국이라는 용어는 페르시아어로 된 아베스타Avestan 경전에서 유래했다. 파이리다에자Pairidaeza는 본래 과일나무가 가득하고 땅이 비옥한 쾌락의 정원을 뜻했다. 전통적으로 이슬람은 천국을 모방해 정원을 만들었다. 고대 중국도 마찬가지여서, 황실정원은 신비로운 내세를 축약해놓은 모습이었다. 1724년에 『실용적인 과일재배The Practical Fruit Gardener』를 쓴 영국의 스티븐 스위처Stephen Switzer는 "제대로 조성된 과일정원은 천국 그 자체의 축소판"이라고 적었다. 크리스마스트리에서 번쩍거리는 등불은 신성한 과일로 뒤덮인 소원성취 나무를 믿는 독일 이교도의 신앙과 관련이 있다. 신성함을 나타내는 표현이 과일의 학명으로 쓰이기도 한다. 분류학자들은 카카오 열매를 그리스어로 '신의 음식'을 뜻하는 테오브로마Theobroma라고 이름 지었다. 바나나를 칭하는 라틴어 명칭은 무사 파라디시카Musa paradisica, 즉 천국의 열매이다. 1830년 자몽은 시트러스 파라디시Citrus paradisi라는 이름을 얻었다. 감나무는 디오스피로스Diospyros, 즉 '신의 과일'이라고 부른다.

과거 과일은 손에 넣기 힘든 보물이었다. 1950년대 동유럽의 초등학교에서 그 해 최우수 학생에게 준 선물은 오렌지 반쪽이었다. 마크 트웨인Mark Twain(미국의 작가)은 수박을 세계 최고의 사치품으로 여겼다. 헨리 데이비드 소로Henry David Thoreau(미국의 사상가)는 사과를 "먹어버리기에 너무나 아름다운 고상한 음식"이라고 보았다. 중세 초기에는 너무나 희귀했던 과일을 천사들이 흘리는 기쁨의 눈물에 비유했다. 인생에서 서양자두를 한두 번밖에 맛볼 수 없는 사람이라면, 아마도 이를 요정가루pixie dust(〈피터팬〉에 나오는 팅커벨의 요정가루-옮긴이)가 묻은 신성한 자주색 덩어리로 기억할 것이다.

요즘에는 과일이 너무나 흔해졌다. 그래서 아무런 제약 없이 접한다. 일 년 내내 과일을 팔 뿐 아니라 값도 저렴하다. 주방에서 곰팡이가 핀 채 썩어가기도 한다. 사실 한입 먹는 게 귀찮을 때도 있다. 심지어 과일을 싫어하는 사람들도 많다. 아마 보통 수확 후 2·3주가 지난 과일이기 때문일 것이다.

세계경제는 표준화된 제품을 원한다. 즉, 확실하고 일관되며 동질한 성격을 요구한다. 자연을 상품화한 우리는 세계적으로 동질화된 폭탄의 파편을 맛본다. 나는 보르네오 섬, 브라질, 부다페스트, 보스턴 그 어디를 가더라도 똑같은 사과를 살 수 있다. 우리가 먹는 대다수 과일은 선적이 수월하고 슈퍼마켓의 생기 없는 불빛 아래 열흘간 버틸 수 있도록 개발한 것들이다. 그 결과 겉만 멀쩡한 과일Stepford Fruits이 나왔다. 완벽하리만치 멋지게 모방했지만, 식감은 실리콘 임플란트 같으며 맛은 테니스공이나 나프탈렌 혹은 거칠고 건조한 솜뭉치 같다.

진짜 과일은 섬세해서 조심스럽게 다루어야 하는 생명체이다. 우리가 온갖 처리과정을 도입해도 과일은 다루기가 매우 힘들고 예측하기 힘든 대상이다. 같은 나뭇가지에서 나온 사과라 해도 맛이 제각각이다. 수확시기도 품질에 영향을 준다. 귤도 조각마다 당도에 차이가 난다. 다음에 좋은 배를 발견하거든, 그 아래쪽을 먹어보라. 더욱 달게 느껴질 것이다. 과일은 생명력이 짧아서 수확기에 그 맛을 즐기도록 설계돼 있다. 우리는 이러한 제약을 뛰어넘을 방법으로 냉장유통체계, 정밀농업, 유전자조작 등을 고안했지만, 이 과정에서 맛을 희생시켰다. 현재 과일은 보편적인 만큼 개성이 없다.

파우스트적 거래로 유쾌하지 못한 부작용도 생겼다. 과일에 화학물질과 살충제가 잔류한다. 왁스칠을 하고 염료를 사용한다. 주체할 수 없을 정도로 과일에 윤기가 흐른다. 바나나 공화국도 탄생했다. 방사선 조사와 훈증 소독도 한다. 과일 녹병균은 냉동저장고에서 여러 달 동안 지속된다. 과일 억만장자들이 콜롬비아에서 대형 트레일러 트럭에 무허가로 수입을 한다. 계약 노동자들이 열대 밭에서 죽어간다.

그러나 이런 상황들이 바뀌고 있다. 단작농업에 대한 대안으로 과즙이 풍부한 부드러운 복숭아나 르네상스 시대부터 유래한 토종 배가 거론된다. 미각의 기쁨을 키우려면 고집과 끈기, 무엇보다도 열정이 있어야 한다. 다행히도 소규모 생산자들의 열정을 소비자와 요리사들이 이어받고 있고, 식품관련 매체 역시 유명 농가들을 탄생시키는 데 기여하고 있다. 그 다음 절차는 세계의 기아를 줄일 수 있는 잊혀진 열대작물의 발굴작업일 것이다. 에드워드 윌슨은 『생명애Biophilia』라는 책에서 이러한 소망을 담은 '스타 품종'으로 세 가지 열매를 제안했다. 날개콩, 동아wax gourd 그리고 바부사Babussa 야자나무이다. 여기에 큰 기대를 걸어볼 수 있겠다.

유엔의 통계에 따르면, 현재 전 세계 과일그릇에 담긴 가장 흔한 과일은 바나나[그리고 플랜테인plantain(요리용 바나나-옮긴이)], 사과, 감귤, 포도, 망고, 멜론, 코코넛, 배라고 한다. 복숭아와 서양자두, 대추야자, 파인애플은 접시 구석을 차지하고 있다. 선진국의 과일그릇은 크기도 더 크고, 딸기도 가득하다. 개도국은 널리 확산되지 못한 열대과일이 무궁무진하게 널려 있다.

뒷마당이든 해외에서든 우리는 과일의 존재를 발견하면서, 자연이라는 숭고한 영역과 결합한다. 생명애 체험은 다양성을 사랑하는 것으로 그 사랑이 덧없기도 하고 무한하기도 하지만, 그 다양성은 우리 주변을 떠돌면서 희망을 안겨준다. 이것은 과일에 대한 이야기이자, 과일과 인간 사이의 긴밀한 유대에 대한 이야기이다. 단, 이 사랑에 흠뻑 빠져버릴 수 있으니 조심해야 한다.

과학사가 로렌 대스턴Lorraine Daston은 "19세기에는 별난 취미에 완전히 몰입하는 일을 존중했고 덕망 있다고 보았다."고 언급했다. 그러나 20세기로 들어서면서 자연에 대한 지식추구에 전념하는 행동을 "거의 병적이거나, 훌륭하긴 해도 위험스런 집착"으로 간주하게 되었다. 모든 기쁨에는 대가가 따른다. 대스턴은 자연의 경이로움에 도취된 사람들, 특히 부단하게 특정 대상에 주목하는 사람들이 신경쇠약이나 사회적 고립뿐 아니라, 흥미롭게도 모든 중독 증상에서 나타나는 장애들을 동일하게 겪는다는 점을 보여주었다.

나는 거의 매일 밤 과일 꿈을 꾸기 시작했다. 과일가게에서 복숭아 아래쪽에 숨겨진 중요한 두루마리 문서를 찾는다. 망고로 연주하는 요령을 배우고 오렌지로 사진을 찍는다. 보물섬의 미로동굴에서 보물을 찾다가 먹을 수 있는 만화경도 발견한다. 불꽃 한가운데서 제물로 사라지던 내 앞에 과일이 모습을 드러내기도 한다.

내가 과일을 사냥하는 것인지 과일이 나를 사냥하는 것인지 사실 처음부터 모호했다. 나를 처음 유혹한 과일의 노랫소리를 들은 곳은 브라질이었지만, 과일 이야기를 사람들에게 들려주어야겠다는 뉴턴 같은 통찰을 얻은 것은 그로부터 몇 년이 지나서였다. 나는 할리우드 하이랜드 가든 호텔의 수영장 의자에 몸을 쭉 뻗고 누워, 동화가 현대문학의 밑바탕을 이뤘다는 책을 읽고 있었다. 요술씨앗이 영웅을 위험천만한 고난으로 이끈 장면을 읽던 중 황금색 알갱이가 책장에 착지했다. 머리를 들어 나뭇가지를 올려다보았다. 잠시 후 두 번째 알갱이가 펼친 책장의 영원이라는 글자 위로 떨어졌다. 손가락으로 알갱이를 누르다가 그 식물입자를 집어올려 자세히 들여다보았다. 후추 열매보다 조금 작은 이 타원형 열매는 짧고 억센 털로 뒤덮여 있다. 펜 뚜껑으로 터뜨리자, 노란 씨앗들이 터져 나왔다. 내 얄팍한 식물학적 지식으로 식물의 어느 부위인지 자신하지 못했지만, 내 짐작이 어긋나지는 않았다. 과일들, 너무나 흔해서 특별해진 과일들이 나를 부르고 있었다.

1부

자연의 과일

1장

야생에서 얻은 과즙덩어리

호머: 리사, 도넛 하나 먹을래?
리사: 됐어요. 과일은 없어요?
호머: 여기 도넛 안에 박힌 보라색 보이지? 그게 바로 과일이란다.

_ 〈심슨 가족The Simpsons〉

"벽난로 앞에서 책을 펼치기 전만 해도, 과일을 다룬 책을 읽게 될 줄 몰랐어." 집안끼리 친구로 지내는 사람이 내 연구주제를 듣더니 이렇게 말했다. 그래도 그는 어릴 때 좋아했던 과일 얘기가 나오자, 몇 년 전 여자 친구가 집에 구아바를 숨겨놓고 자신을 깜짝 놀라게 했던 일을 떠올렸다. "집에 발을 들여놓자마자 냄새가 났지." 그는 십 년 전인 15살 때 이스라엘을 떠난 뒤로 구아바를 먹어본 적이 없다고 했다. 구아바를 찾아낸 그는, 뿌듯한 기분으로 이를 침실로 들고 가 꼭 끌어안았다. 구아바 향을 깊숙이 들이마시며 오래도록 못 본 애인을 만난 듯 키스하고 온몸에 부비기 시작했다. "구아바와 사랑을 나눴다네." 그가 신음소리를 내며 말했다.

과일은 본래 에로틱해서 역사적으로도 성적 노리개sexual accessories

역할을 했다. 중세 시대 때, 여성들은 껍질 벗긴 사과를 겨드랑이에 품어 자신의 체취가 배이게 한 다음, 이 사랑이 담긴 사과를 애인에게 주었는데, 이는 매우 자극적인 선물이었다. 엘리자베스 여왕 시대 때 서양자두와 푸른은 매음굴의 필수품이었다. 찰스 2세 시대에는 '오렌지 처녀들Orange wenches'이 극장에서 몸과 과일을 팔았다. 세계 곳곳에서 과일은 최음제로 쓰이기도 했다. 중국의 비파나무 열매, 페르시아의 구미gumi 열매, 튀니지의 석류가 그런 기능을 했다. 브라질의 부족들은 생식기를 키우려고 바나나처럼 생긴 남근을 상징한 과일 아닌가aninga로 생식기를 두드렸다. 『카마수트라』(고대 인도의 경전-옮긴이)에 보면, 음경애무 훈련법으로 망고를 핥으라고 적혀 있다. 패츠 도미노Fats Domino(미국의 가수)는 블루베리 언덕에 서면 흥분해버린다고 했다. 성애문학 편찬자인 거손 레그만Gershon Legman은 "딸기나 체리같이 여성의 생식기를 닮은 과일에 남성을 집어넣는 음탕한 사람들도 있다."고 했다.(치아가 부실하거나 틀니를 낀 사람들은 이런 유혹을 참아내라는 조언도 그는 잊지 않았다.)

무화과는 바빌로니아 시대 때부터 정력 강화제로 이용됐다. 현재 몬트리올 시장에 가보면, 무화과에 비아그라 성분이 5그램씩 들어 있다고 외치는 행상인들을 볼 수 있다. 몬트리올이 낳은 예술가 빌리 마브리스Billy Mavreas는 어느 날 아침 커피를 마시며, 나와 친구들에게 그리스에 다녀온 여행 얘기를 들려줬다. 그는 그리스에서 노인들이 제철 햇무화과를 사려고 서로 밀치는 광경을 봤다고 한다. 노인들의 열정을 이해한다는 그는 이렇게 말했다. "무화과를 쪼갤 때마다, 나도 흥분하거든."

어떤 이들은 과일을 만지면 몹시 기겁한다. '합토디스포리아Haptodysphoria'는 키위나 복숭아처럼 표면에 잔털이 난 과일을 만지면, 공포심 비슷한 특이한 느낌이 드는 증세를 말한다. 식물학자들은 이 부드럽고 짧은 털을 '연모pubescence'라고 부른다. 『옥스포드 식품사전The Oxford Companion to Food』에 보면 "모든 과일 중 복숭아가 사람의 살결과 가장 흡사하다."고 나온다.

반면 부드럽고 말랑말랑한 멜론을 선호하는 사람들도 있다. 브라질의 유명한 속담 중 "여성은 아이를 낳고, 염소는 필수품을 제공하고, 소년들은 즐거움을 주며, 멜론은 황홀경을 안겨준다."는 말이 있다. 닉네임이 원숭이가면인 어느 블로거가 멜론에 얽힌 불상사를 글로 올렸다. 캔탈루프 멜론이 너무 차가워서 은밀한 용도로 적합하지 않다고 본 그는 적당히 덥히려고 이 과일을 전자레인지에 돌렸다. 나중에 은밀한 부분을 과일 마그마에 집어넣고 나서야 그는 멜론 안쪽이 부글부글 끓어올랐다는 사실을 깨달았다.

과일에서 성교를 연상하는 일은 숲에서 시작되었다. 인간과 DNA구조가 98퍼센트까지 일치하는 보노보bonobo 원숭이는 우리와 가장 가까운 살아 있는 유인원이다. 콩고에서 유인원을 연구하는 일본인 학자는 떠돌아다니는 보노보 원숭이들이 과일이 주렁주렁 열린 나무와 마주칠 때면 자유분방하게 집단섹스를 한다는 사실을 밝혀냈다. 이렇게 모두가 동참하는 섹스 덕분에 보노보 원숭이는 욕구를 발산하며 사이좋게 살아간다.

공동체의 과일섹스는 초기 농경사회에서 삶의 한 단면이었다. 종교사학자 미르치아 엘리아데Mircea Eliade는 보노보 원숭이처럼 인간에게도 과일수확기가 광란을 발산하는 중요한 기회라고 적었다. 이 광란의 축제는 엘리아데가 "억제할 수 없는 성적 발작"이라고 표현한 행동을 표출하는 무질서하고도 신성한 자리였다. 이때는 모든 일을 용납했고, 체면도 모두 벗어던졌다. 페루에서는 아카타이 미타Acatay Mita라는 연례 행사가 벌어지면, 성인남성과 남자아이들이 엉덩이를 드러낸 채 과수 원에서 날뛰면서, 지나가는 여성을 아무나 범했다. 인류학자들은 세계에 존재하는 부족 중에는 그룹섹스 시 과일로 분위기를 돋우는 집단이 있다는 사실을 알아냈다. 인도와 방글라데시의 오라온Oraon족, 뉴기니 제도 서쪽에 있는 레티Leti족과 사르마타Sarmata인, 아프리카의 바간다Baganda족, 피지 섬 주민과 브라질의 카나Kana족 등이 그런 경우이다. 유럽에서 추수철에 벌어진 광란의 축제는 590년 오세르 공의회the Council of Auxerre의 비난에도 불구하고 중세 시대까지 이어졌다.

서구 예술사에서 가장 수수께끼 같은 걸작으로 히에로니무스 보쉬Hieronymus Bosch의 〈세속의 정원The Garden of Earthly Delights〉을 꼽는다. 이 작품은 벌거벗은 남녀가 커다란 베리와 함께 희희낙락하는 장면을 묘사했다. 이는 식물계의 이상야릇한 에로티시즘이 식물의 한 기능이라고 빗대어 말하는듯하다. 어쨌거나 과일을 먹을 때마다 우리는 재생산행위에 동참하는 셈이다.

모든 과일의 시작은 꽃이다. 맨 첫 단계에서 꽃이 식물계의 생식기관이 된다. 18세기에 꽃에도 암수 생식기가 있다는 사실이 알려지자 일반 대중과 교회세력은 터무니없다는 반응을 보였다. 식물학자 칼 린네Carl Linnaeus가 꽃을 가리켜 수많은 여성이 한 남자와 침대에 있는 모습이라고 묘사하자 사람들은 "역겨운 매춘"이라며 헐뜯었다.

그래서 꽃의 질은 '암술대'로, 음경은 '수술대', 외음부는 '암술머리', 정액은 '꽃가루'로 각각 칭했다. 그 명칭을 뭐라 해도 꽃은 식물의 생식기이다. 그래서 꽃의 암술과 수술이 만나면 언제나 과일이 생긴다. 과일은 밑씨가 수정되면 생긴다. 따라서 과일은 사랑의 결실이고 향기로운 성교의 산물이다.

할리우드에서 내 무릎 위로 떨어졌던 금색 알갱이들처럼, 어떤 식물이든 씨앗을 품고 있는 부분이 과일이다. 식물학 용어로 보면 과실은 꽃의 씨방이 변한 것으로, 꽃의 다른 기관들과 함께 익으면서 하나의 개체를 구성한다. 과일은 원래 식물의 수정란이다. 산모로 치면 과일은 태아를 품고 있는 양수막인 셈이다. 태아는 씨앗(다섯 쌍둥이인 경우 씨앗들)이고 태아가 떠다니는 둥그런 용기가 바로 과일이다. 결국 식물은 과일을 통해 출산을 한다.

과일은 씨앗의 덮개로, 그 안에 유전자 정보를 담고 있어서 식물 전체를 한층 성장하게 해준다. 과일은 두 가지 역할을 한다. 씨앗을 보호하거나 씨앗에 영양분을 주는 일, 그리고 씨앗이 널리 퍼지도록 돕는 일을 한다. 앞으로 살펴보겠지만 이 두 번째 역할 덕분에 식물의 번식력이 커진다.

내 생각에는 이렇게 과일을 살펴보는 것이 예전부터 있던 밥상머리 논쟁, 즉 토마토와 아보카도가 과일이냐 채소냐는 논란보다 좀 더 엄밀해 보인다. 과일논쟁에서는 보통 당도가 관건이다. 당도논쟁은 사실상 1893년 미국 대법원에서 그 시비를 갈라주었다. 대법원은 토마토가 달지 않다는 이유로 채소라고 판결하였다. 루바브rhubarb는 사실 줄기인데 1947년에 법적으로 과일이라는 지위를 얻었다. 보통 달콤한 요리에 구워서 사용한다는 게 그 이유였다.

일상에서 말할 때 혹은 농업세 부과대상을 칭할 때 과일이란 보통 달콤함 맛이 나거나 디저트로 먹는 대상이어야 했고, 아니면 레몬처럼 어느 모로 봐도 명백한 과일이어야 했다. 그렇지만 과학적으로 봤을 때 과일의 정의는 광범위하다. 피망, 아보카도, 오이, 주키니, 호박, 가지, 옥수수 모두 엄밀히 말해 씨앗이 있으므로 과일이다. 올리브도 과일이다. 참깨는 참깨 열매에서 나온다. 샤워할 때 쓰는 수세미는 수세미오이 나무의 열매다. 바닐라는 일종의 난초 열매다. 장미는 들장미 열매로 변한다. 백합도 구슬 같은 열매가 된다. 양귀비씨는 모르핀이 가득한 수액이 담긴 열매 꼬투리에서 나온다. 해바라기씨는 해바라기 열매껍질을 깨물어 뱉으면 볼 수 있다.

여자 친구 리안Liane은 꽃이 열매가 된다는 내 얘기를 듣더니, 처음엔 믿지 않는 눈치였다. "우리 집 난간에 있는 수령초는 뭐야?" 리안은 걸이형 화분에 야들야들한 꽃이 떨어지는 것을 가리키며 물었다. 난 주변에 날아다니는 벌이 수분만 해주면 꼬투리 같은 것이 생기리라 보았다. 아니나다를까, 몇 달이 지나자 리안은 자홍색 꽃잎 사이로 짙은 밤색 베리 몇 개가 송이송이 달린 것을 발견했다. 속살은 물기 많은 블루베리 같았다. 우리는 바로 깨물어 보았다. 제대로 못 자란 식물마냥 아무런 맛도 안 났지만, 과일은 과일이었다.

모든 껍질콩, 대두, 콩과 식물도 과일이다. 땅콩은 땅속에서 자라는 과일이다. 수정이 되면 땅콩 꽃은 겁먹은 타조처럼 땅속에 들어가 어두컴컴한 곳에서 과일로 여물어간다. 세계 6대 작물인 밀, 옥수수, 당밀, 보리, 사탕수수, 콩 모두 엄밀히 말해 과일이다. 곡물은 크기가 작아도 마찬가지로 안에 씨가 있다. 아프리카 대초원에서는 천4백만 년 전부터 야생곡초와 곡물로 가득 찬 목초지를 경작하기 시작했다. 이때부터 인간은 나무에서 내려와 두 발로 걷는 동물로 진화할 수 있었다.

견과류는 단단한 외피에 씨앗이 단 하나 든 과일이다. 보통 견과류라고 불러도 실은 견과류가 아닌 경우가 많다. 아몬드는 엄밀히 말해 견과류가 아니다. 아몬드는 열매 안쪽을 구성하는 단단한 껍질 안에 든 씨앗으로, 사실 복숭아나 살구, 자두와 비슷하다. 즉, 아몬드도 나무에서 열린다. 그래서 아몬드를 먹는 것은 복숭아씨 안쪽을 먹는 것과 같다. 코코넛도 견과류가 아닌 과일에 속한다.

자연을 분류할수록 예외가 넘쳐난다. 딸기 표면에 씨앗이 박힌 깨알 같은 부분을 수과라고 한다. 사실 수과 하나하나가 열매이다. 그 빨간 과육은 열매의 씨앗을 흩뿌리는 데 도움을 주도록 변한 조직일 뿐이다. 무화과 꼬투리에도 자잘한 열매가 많이 담겨 있다. 파인애플은 딸기류처럼 열매들이 모여 가시 달린 형태로 변한 꽃이다. 그렇다면 채소란 무엇일까? 우리가 먹는 식물에서 씨가 없는 부위는 모두 채소이다. 뿌리(당근), 덩이줄기(감자), 줄기(아스파라거스), 잎사귀(양배추), 잎자루(셀러리)나 꽃자루와 꽃봉오리(컬리플라워)가 여기에 속한다.

브로콜리는 아직 피지 않은 꽃이 촘촘하게 뭉친 두상화이다. 만약 계속 자라게 놓아두면, 작은 녹색 머리가 열리면서 예쁜 노란색 꽃이 피어나오고 이것은 점차 씨앗이 담긴 열매 꼬투리로 변한다. 케이퍼 capers도 꽃봉오리로, 커다랗고 씨앗이 가득한 케이퍼 베리가 된다. 시금치는 식물의 이파리 부분으로, 시금치 꽃은 아주 작고 때로는 억센 열매 꼬투리로 변한다. 우리는 잎사귀 종류로 차를 끓여 마시는데, 차나무도 과실을 통해 번식한다. 대마초는 꽃 형태를 말아 피우는 것으로, 이것도 수분이 되면 열매의 씨앗에서 새로운 개체가 자라난다.

통계에 따르면 24만에서 50만에 이르는 서로 다른 식물이 열매를 맺는다. 이 중 대략 7만에서 8만 종 정도가 식용이다. 우리가 먹는 음식 대다수가 고작 20종의 작물에서 나온다. 원예학은 우리가 먹는 과일을 다루고, 과실학은 식용과 상관없이 꽃을 맺는 모든 식물의 열매를 연구한다. 식물원의 열매는 '카포떼끄carpotheque'라는 곳에 저장하는데, 그 발음이 과실학자들이 쉬러 가는 장소처럼 들린다.

우리가 향신료로 부르는 것 중에도 사실 말린 과일이거나 그 추출물인 경우가 많다. 후추, 생강, 육두구, 파프리카, 아니스, 캐러웨이, 올스파이스, 커민, 호로파, 고춧가루, 건포도, 쥬니퍼 등이 여기에 해당한다. 메이스mace는 육두구 열매의 껍질로 가느다란 끈처럼 생겼다. 정향은 사실 꽃을 말린 것으로 수분을 해주면, 자줏빛 열매가 열린다.

최근까지도 향신료는 최고의 사치품이었다. 이 때문에 향신료가 풍족한 섬들은 황폐해지거나 주민수가 격감하기도 했다. 유럽은 육두구와 후추 열매를 금 접시에 통째로 담아 후식으로 먹었다. 선물로 쓰인 향신료는 오늘로 치면 파텍 필립시계나 스와로브스키 스완Swarovski swans(크리스털 장신구-옮긴이)에 버금갔다.

신대륙 발견을 충동질한 것은, 당시 귀하게 여긴 말린 딸기류를 구하려고 동방으로 통하는 지름길을 찾아나선 욕망이었다. 후추는 상당히 중시해서 후추 열매를 화폐로 사용하기도 했다. 세든 사람은 후추로 집세를 냈다. 로마는 서고트족의 왕 알라리크Alaric와 훈족의 왕 아틸라Attila에게 해마다 향신료를 공물로 바쳐 침략을 막아냈다.

계피는 나무껍질이지만, 남미에서 이를 발견한 탐험가들은 당시 이를 과일이라고 생각했다. 역사가 가르실라소 데 라 베가Garcilaso de la Vega는 이런 기록을 남겼다. "도토리처럼 껍질 속에 자라는 작은 열매 덩어리. 나무와 잎사귀, 뿌리, 껍질 모두 계피향과 맛이 나지만 이 껍질만이 진짜 향신료다." 곤살로 피사로Gonzalo Pizarro(엘도라도 원정대를 조직한 인물-옮긴이)가 명령을 내리자, 이천 명의 병사들이 에콰도르 정글에 위험을 무릅쓰고 들어가, 이 보석 같은 열매 찾기에 나섰다. 밀림에서 길을 잃고 헤맨 지 2년 후, 겨우 80명만이 헐벗거나 정신 나간 부랑자가 되어 키토Quito(남미 에콰도르의 수도)로 돌아왔다. 계피 열매는 단하나도 못 건진 채였다.

종분화種分化(speciation), 즉 새로운 생명체가 등장하는 현상은 고립된 상태에서 무성하게 이뤄진다. 시간이 지나면서 종은 지리적으로 나뉘고 새로운 개체로 진화해간다. 수억 년 전, 두 개의 초대륙인 로라시아Laurasia(북아메리카, 유럽, 아시아 대륙)와 곤드와나Gondwana(나머지 지역들)가 있었다. 과일은 대부분 이 대륙들이 갈라지고 쪼개지기 전에 출현했으며, 이 때문에 일부 야생과일은 세계 곳곳에서 발견되기도 한다. 일설에 따르면 사과는 로라시아에서 처음 등장했다. 이 초대륙이 갈라진 후 사과는 정착한 환경에 맞게 각자 다른 방식으로 진화했다. 북아메리카에서는 원형사과가 야생능금으로 진화했다. 중앙아시아에서는 곰이 몇 천 년에 걸쳐 점차 커다랗고 달콤한 과일을 찾아 먹었고, 이로부터 현재 우리가 재배해 먹는 사과가 나왔다.

1982년에 『재배작물의 기원Origin of Cultivated Plants』을 출간한 스위스의 식물지리학자 캉돌A. P. de Candolle은 서로 흩어져 있는 과일들의 원산지를 최초로 밝혀냈다. 캉돌은 언어학, 문헌학, 고생물학, 고고학, 민족생물학을 결합한 다양한 접근법으로 뛰어난 품종의 원산지를 확인할 수 있었다.

복숭아, 살구, 버찌, 서양자두 모두 중앙아시아에서 왔다. 바나나와 망고의 원형은 인도이고, 배는 트랜스코카서스Transcaucasus(흑해와 카스피 해 사이에 있는 지역)에서 유래했다. 개머루는 흑해 동쪽연안에서 처음으로 자랐다. 야생모과와 뽕나무는 카스피 해에서 무성하게 자라났다. 수박은 열대 아프리카에서 나왔다. 원산지를 명확히 가릴 수 없는 경우도 있다. 감귤류의 경우 다른 어느 곳보다 남중국South China에 그 종류와 기생식물이 많아서 원산지 논쟁에 여지가 없다. 그렇지만 코코넛이나 대추야자는 출생지를 밝히기가 불가능하다고 한다. 주요 원산지가 너무 흩어져 있거나 도시로 뒤덮인 경우도 있고 또 산림이 벌채로 파괴된 경우도 있기 때문이다. 아주 먼 옛날 기후변화로 실마리가 대거 사라져버린 탓도 있다.

　연구자들은 더 깊이 파고들기 위해 원형과일의 흔적을 찾아 화석기록을 탐구해왔다. 생명체는 수십억 년 전 물속에 사는 단세포생물로 시작했다. 약 4억 5천만 년 전 심연에서 출현한 일부 초기 식물은 양치류와 이끼였다. 그러다가 1억 3천만 년 전 물속과 물가에서 과일과 꽃이 최초로 등장했다. 다윈의 진화론은 이들이 어떻게 갑자기 등장했는지, 또 얼마나 빠르게 지구를 뒤덮었는지 설명하려고 고심한 이론이다. 다윈은 이들의 등장을 "지독한 의문거리"라고 표현했다. 극작가 에드워드 올비Edward Albee는 이 순간을 다음과 같이 묘사했다. "당분과 산과 자외선 그리고 탠저린이 등장하며 벌어지는 현악 4중주."

　과학자들은 물속에서 열매를 맺는 수련, 그리고 나무 향 나는 별모양 열매를 맺는 붓순나무star anise를 세계에서 가장 오래된 식물로 본다. 체리모아, 가시여지, 커스터드 애플이 속한 포도나무과 식물도 원시시대부터 있었다. 최근 1억 2,500만 년 전의 수중식물 화석을 발견했는데, 이를 역사상 처음 등장한 열매로 본다. 이 화석의 이름은 아르케프룩투스 시넨시스Archaefructus sinensis로, '중국의 고대 과일'이라는 뜻이다.

식물은 씨를 뿌리기 위해 열매를 만들기 시작했다. 열매를 맺는 식물 angiosperms(속씨식물)이 등장하기 1억 년 전, 또 다른 식물인 겉씨식물이 있었다. 모든 겉씨식물gymnosperms처럼 침엽수와 소철 역시 씨가 열매 밖으로 드러난다. 짐노gymno-는 드러난다는 뜻이고 스펌sperm은 씨를 뜻한다. 솔방울을 떠올려보면 된다. 솔방울의 포苞는 씨를 둘러싸고 있지만 조금 열려 있다. 속씨식물에 든 씨앗은 훨씬 먼 곳까지 흩어질 수 있는 반면, 겉씨식물의 씨앗은 어미나무 근처에 떨어지고 만다. 가장 초기의 식물 생명체는 꽃도 맺지 않았다. 이들은 포자를 진흙 바닥 같은 곳에 흘리고 다녔다.

6,500만 년 전 공룡이 멸종한 후, 포유류와 조류가 눈에 띄게 많아졌다. 과일은 이들을 먹여 살리는 대신 번식이 가능해졌다. 곧 세상은 다종다양한 씨앗을 만들어내는 식물들 천지가 되었다. 속씨식물이 번성할 수 있었던 이유는 씨앗이 멀리까지 날아갈 방법을 고안해냈기 때문이었다. 4,500만 년 전쯤 열대우림이 지구의 상당 부분을 뒤덮었다. 이때 화석으로 남은 열대과일은 런던부터 앵커리지Anchorage(미국 알래스카 주 남부의 항구도시)를 비롯해 지구 곳곳에서 발견됐다.

씨앗이 다양한 방식으로 퍼지듯이, 과일도 갖가지 방법을 동원해 세상을 돈다. 어떤 과일은 자신의 운명을 바람에 맡긴다. 씨앗은 낙하산이나 헬리콥터 프로펠러처럼 기능하는 솜털 덕분에 바람을 타고 어미식물에서 멀리 떨어진 곳까지 날아간다. 여름에 민들레, 미루나무, 금관화 씨앗이 산들바람에 흔들리는 모습을 떠올려보자. 보르네오 섬에서 온 리아나liana 열매는 공기를 떠다니며 먼 거리를 날아가는 글라이더로, 씨앗을 품은 채 어미나무에서 멀리 떨어진 곳에 정착할 때까지 상승기류와 적도서풍을 타고 움직인다.

헤엄쳐가는 열매도 있다. 이 열매들은 구명보트처럼 물을 가로질러서 멀리 떨어진 물가에 싹을 틔운다. 코코넛도 물로 번식하는 경우로 여러 달 동안 해류를 따라 출렁거리며 움직인다. 백사장이 펼쳐진 휴양지의 안내책자에 나오는, 펄럭이는 야자나무 잎은 이 과정을 성공적으로 마쳤다는 증거이다.

시골길을 걸을 때 옷에 달라붙는 밤송이도 열매 종류이다. 우엉, 도꼬마리, 가막사리는 의도적으로 동물의 털에 들러붙어서 자신들을 털어내도록 한다. 이들을 털어낼 때쯤이면 이 씨앗들은 꽤 먼 장거리 여행을 마친다. 악마의 발톱devil's claw은 험상궂은 갈고리처럼 생긴 열매로 지나가는 포유류의 발에 들러붙는다. 히치하이커hitchhiker 열매의 가장 극단적인 예는 수마트라 섬에 있는 새잡는 나무bird-catching tree이다. 이 나무의 열매는 가시 달린 갈고리와 끈적거리는 점성물질로 뒤덮여 있어서 새의 깃털에 찰싹 들러붙는다. 새들은 이 열매를 다른 섬으로 옮긴다. 그러나 운 없는 새는 끈적이는 물질 때문에 날개를 움직일 수 없어서, 나무 밑동에서 수정해준 뒤 죽어버리는 경우도 있다.

별안간 파열음을 내며 속을 활짝 열어서 씨를 뿌리는 열매도 있다. 봉선화와 이삭여뀌는 때가 되면 개화해 허공에 씨를 퍼붓는다. 하마멜리스Witch hazel fruits는 소형 AK-47(구소련의 자동소총-옮긴이)처럼 씨앗을 몇 미터 밖으로 분사한다. 제비꽃이나 봉선화 같은 장식용 꽃은 대부분 탄환을 내뿜는 열매로 변신한다. 분출오이는 열매 꼬투리가 평하고 터지면서 로켓이 날아가듯 허공으로 씨앗을 내뿜는다. 참깨 열매도 무르익으면 속이 열린다. 그래서 나온 주문이 '열려라 참깨'이다. 클루시아 그란디플로라Clusia grandiflora는 대롱거리는 발톱을 가진 열매로, 무르익으면 오락실에 있는 인형뽑기 게임기 안에 든 죠스인형처럼 그 열매가 입을 쩍하고 벌린다. 피스타치오 껍질은 때가 되면 조용히 입을 열며 웃는다.

어느 날 밤, 식물학자 로렌 아이슬리Loren Eiseley는 정체를 알 수 없는 평하는 소리에 놀라 잠이 깼다. 그는 이렇게 기록했다. "작은 소리가 아니었다. 나무가 삐걱거리는 소리도, 쥐들이 후다닥거리며 달아나는 소리도 아니었다. 발을 잘못 놀려 포도주잔을 밟은 것처럼 뭔가 쪼개지는 듯한 파열음이 또렷이 들렸다. 난 바로 잠자리에서 일어나 숨죽인 채 긴장을 늦추지 않았다. 발소리가 또 나지 않을까 귀를 기울였다. 그러나 아무 소리도 없었다." 주위를 둘러본 그는 바닥에 떨어진 작은 단추를 발견했다. 얼마 전 집에 갖고 온 등나무 열매의 씨앗이었다. "등나무 열매가 한밤중을 택해 그 꼬투리를 터뜨려 불어난 생명체를 내 방 곳곳에 뿌렸다."

야생에서 자란 밀과 보리는 자연발생적으로 씨를 흩뿌린다. 신석기 혁명 초기에 우리가 경작한 작물은 열매를 터뜨리지 않는 품종, 즉 여물어도 열개하지 않는 식물이었다. 생강, 완두콩, 렌즈콩, 아마처럼 열매의 조상격인 이 식물들은 자동으로 씨를 퍼뜨렸었다. 그러다 인간이 끼어들자 이 식물들은 이제 그 커다란 입을 다물어도 된다는 사실을 깨달았다. 고대 페르시아인은 열개과 열매인 석류를 방패에 그려 폭발물인 수류탄이 연상되도록 했다.(수류에서 류grenade는 불어로 석류라는 뜻이다.)

7월 초 어느 화창한 날, 발코니에 나가보니 하늘 가득 허공을 가로지르며 여유 있게 빙빙 도는 미루나무 씨앗이 내게 인사했다. 계단 아래에 수천 개가 뭉쳐 생긴 덩어리가 목화 솜사탕으로 변해 있었다. 햇볕을 받으며 서 있자니, 수백만 개의 소용돌이치는 열매가 날 감싸고 있다는 생각이 스쳤다. 그때 씨앗 하나가 내 속눈썹 위에 앉았다. 마치 그 싹을 틔우려는 듯이.

식물들은 번식을 위해 먹이가 되는 방법을 택하기도 한다. 이때 식물들은 색깔과 당도를 이용하는데, 이는 마치 유럽의 식당들이 입담 좋은 호객꾼을 이용해 운 없는 관광객을 꼬드기는 것과 비슷하다. 열매는 씨앗이 어디든 멀리 날아가 뿌리내리기를 바라는 마음으로 자신을 희생한다. 유전적으로 봤을 때, 식물이 원하는 것도 다른 종과 마찬가지로 생존과 번식이다. 열매를 먹는 사람은 누구나 가급적 개체를 많이 만들려는 식물의 바람이 이뤄지도록 돕는 셈이다.

새들은 작은 열매를 쪼아먹을 때 씨까지 같이 먹는다. 새들의 소화기관을 통과한 씨는 하늘에서부터 씨를 뿌린다.(공중배설로 자란 나무를 원예학에서는 '크래플링crapling'이라고 부른다.) 다람쥐가 묻어놓고 깜박한 도토리도 새로운 나무로 자란다. 게는 코코넛과 열대아몬드를 먹고산다. 과일을 먹고사는 물고기도 많이 있다. 식인 물고기 피라니아는 소를 통째로 잡아먹지 않을 때는 구아바, 딸기, 피라니아 트리폴리아타 Piranhea trifoliata 나무 열매를 즐긴다. 개미나 다른 작은 곤충을 이용해 번식하는 경우도 있다.

어떤 영악한 식물은 곤충같이 생긴 열매를 맺은 뒤 그 곤충의 포식자에게 잡아먹히는 방법을 택한다. 스코르피우구스 서빌로사scorpiurus subvillosa 열매는 지네처럼 생겼다. 지렁이나 거미, 심지어 하늘소를 닮은 열매도 있다. 새들은 이 위장한 먹이를 낚아챘다고 착각하고 이들을 멀리멀리 실어나른다.

모든 종들은 다른 종과 함께 진화한다. 공생 상대가 사라진 식물의 경우 어떻게 해서든 그 열매가 살아남도록 한다. 14,000년보다 훨씬 이전에 아메리카대륙에는 거대나무늘보, 마스토돈, 매머드, 코끼리 같은 곰포테레스, 그리고 몸집이 지프만 한 비버가 돌아다녔다. 이 동물들을 총칭해 메가파우나megafauna(거대 동물들)라고 한다. 이들은 우둘투둘하게 생긴 녹색 과일 오세이지 오렌지를 먹고살았는데, 21세기에는 이 과일을 먹어주는 이가 없다. 중남미 지역의 신열대지구 산림에는 씨를 퍼뜨리지 않는 구근류 열매가 가득하다. 이들 식물을 가리켜 댄 얀젠Dan Janzen과 폴 마틴Paul Martin은 '시대착오anachronism' 식물이라고 불렀다. 두 과학자는 이 열매들이 홍적세 때 공생 상대를 잃어버렸다는 가설을 세웠다. 아보카도와 선인장 열매, 파파야는 몸집이 냉장고만 한 아르마딜 종류인 조치수彫齒獸가 씨까지 포함해 통째로 먹어치운 열매였다.

네팔 남쪽 지역에 사는 코뿔소의 주식은 트레위아 누디플로라trewia nudiflora이다. 이 열매를 먹은 코뿔소는 습지에 씨앗을 배설해 새로운 식물이 자라게 해준다. 현재 이 인도코뿔소가 멸종위기에 처하는 바람에 이 식물 역시 시대착오 생물이 될 가능성이 있다. 도도새는 멸종하기 전 도도나무 열매인 탐발라코퀘스tambalacoques를 먹고산 것으로 추정한다. 공생 상대를 잃은 이 마우리티안Mauritian 도도 나무도 1970년대에 멸종위기에 처했다. 탐발라코퀘스 씨앗을 소화해 그 딱딱한 껍질을 벗겨내는 역할을 했던 도도새가 사라지자 이 나무 역시 새로운 개체를 만들지 못한 것으로 보인다. 이러한 현상에 대해 계속 논란이 있기는 하지만, 현재 식물학자들은 도도 나무의 열매 씨앗을 칠면조에게 먹이면 새로운 싹이 나오고 나아가 도도 나무 숲을 일굴 수 있다는 사실에 동조하는 분위기다.

아몬드는 수분을 매개해주는 뒤영벌이 없다면 사라질 것이다. 아몬드는 캘리포니아 주에서 가장 많이 나는 수목작물이다. 2억 8천 킬로그램가량의 아몬드가 연간 2조 7천억 원이 넘는 수입을 올려, 포도주 수출로 벌어들이는 것보다 2배가 넘는다. 그런데도 아몬드 부족에 시달린다. 재배자들이 수요를 따라잡지 못하는 이 상황은 군집붕괴현상이라고 하는 기이한 벌 전염병 때문에 한층 심각해진다. 매해 봄이 되면, 400억 마리의 벌이 캘리포니아 주로 날아들고, 일부는 오세아니아에서 747비행기를 타고 날아온다. 캘리포니아 주 남쪽 베이커스필드Bakersfield에서 북쪽 레드 블러프Red Bluff까지 뻗어 있는 6억 5천만 평에 달하는 아몬드 재배지에는 외부에서 온 세균, 기생충, 병원균이 뒤섞이기 마련이다. 변종 바이러스, 살충제 과다사용, 소름끼치는 신종 진드기도 상황을 악화시킨다.

자연계에서 가장 끈끈한 유대관계를 보여주는 생명체는 무화과와 말벌이다. 어떤 말벌 종자는 무화과 열매 속에서 대부분의 생애를 보내기도 한다. 모든 것이 갖춰진 무화과 세계에서 부화하고 자라 짝짓기까지 하는 것이다. 암컷 말벌은 수벌과 짝짓기한 뒤 꽃가루를 몸에 뒤집어쓴 채 날아간다. 그런 후 다른 무화과의 작은 구멍에 알을 낳는데, 이 과정에서 암벌은 날개가 떨어지고 꽃을 수분시킨다. 알을 부화시킨 뒤 암벌은 숨을 거둔다.

그리스의 타르겔리아Thargelia 축제에서는 남녀가 자신의 성기를 야생 무화과 가지로 때리면 무화과나무가 풍요로운 결실을 맺는다고 생각했다. 수확량이 빈약하면 무화과로 만든 화관을 사람의 머리에 씌워 무화과 장작더미에서 화형시켜 풍요를 기원했다. 이들이 무화과 말벌만 있으면 된다는 사실을 몰랐던 게 아쉽다. 현재 대다수 사람들이 잘 모르는 사실이 있다. 무화과에 있는 벌레껍질은 보통 피신이라고 하는 효소로 분해되지만, 우리가 먹는 무화과 중 캘리미르나 무화과와 스미르나 무화과는 말벌 잔해가 남는 경우도 있다는 점이다. 그러나 상업적으로 키우는 무화과는 대부분 자가수분하는 품종이다. 따라서 수정 없이도 꽃이 열매를 맺기 때문에 꽃가루를 옮겨줄 말벌이 필요 없다. 이런 현상을 일컬어 단위결실單爲結實이라고 하는데, 수정 없이 씨 없는 과일이 나오는 현상을 뜻한다.

과거에는 무화과에 말벌이 필요했다. 단위결실하는 무화과가 등장하기 전까지 인간은 무화과를 마음대로 다룰 수 없었다. 자가수분하는 무화과를 경작한 것은 기원전 11400년으로 거슬러 올라가는데, 최근 요르단 밸리에서 그 흔적을 발견했다. 식물고고학자들은 현재 이것을 초기 농경의 증거로 삼으며, 밀이나 보리 등 초기 작물을 재배하기 천년 전쯤으로 본다.

씨 없는 과일이라고 이름붙였지만, 실제 안에 작은 불임씨앗이 있는 과일이 많이 있다. 씨 없는 포도를 자세히 들여다보면, 안에 발육하지 못한 싹이 보이는데, 너무 작아서 씹을 때 느껴지지 않을 뿐이다. 씨 없는 수박 역시 하얀 씨의 흔적이 있다. 단위결실하는 과일 중 씨 없는 망고, 서양자두, 아보카도는 매우 보기 드문 경우에 속한다.

그러나 단위결실 자체가 보기 드문 거래는 아니다. 식물이 이렇게 말한다. "좋아, 너희들이 편하게 먹도록 씨를 만들지 않겠어. 대신 날 복제한 놈들로 가득 찬 과수원을 많이 가꿔서 내 DNA가 널리 널리 퍼지게 해줘." 그래서 씨 없는 과일은 존재의 이유를 상실하지 않는다. 씨는 식물들이 자신을 복제하기 위해 택한 방법이었다. 오늘날, 인간은 주로 경작지를 잘 관리하기 때문에, 이러한 증식을 효율적으로 돕는다. 식물은 단위결실하는 쪽으로 진화해 자신의 생존을 지킨다. 아니면 우리가 이를 선택했다고 할 수도 있다. 어느 것이든 취향에 따라 해석하면 된다.

나사의 동결건조 복숭아는 우주에 첫발을 내디딘 과일이었다. 현재 우주 비행사들은 우주선 내부에서 신선한 딸기를 기른다. 중국은 위성에 종자를 실어 지구를 돌게 한다. 이는 우주방사선과 저중력 상태가 수확량에 어떤 영향을 주는지 알기 위한 실험이다. 캐나다에는 토마토스피어Tomatosphere라는 프로그램이 있어서, 우주선을 타고 몇 달간 우주에 다녀온 토마토 씨앗을 학생들이 심고 관찰하도록 한다. 과일은 여행에도 따라나선다. 트럭 타이어, 선박평형수(선박의 균형을 잡기 위해 배 밑바닥에 넣는 물-옮긴이), 선적 컨테이너에 끼어서 우리가 가는 곳 어디나 따라다닌다.

우리가 과일을 먹으며 맛을 음미하고 영양분을 섭취하듯이, 과일은 자신의 세력을 뻗는 일에 우리를 성공적으로 끌어들였다. 이렇게 보자면 우리가 과일에게 조종당한 셈이다. 우리가 건강한 음식을 얻었다면, 과일은 은하계 넘어서까지 끝없이 펼쳐진 과수원을 얻었다. 다음번에 라즈베리를 먹을 기회가 생기면, 유심히 보도록 하자. 딸기가 매우 먹음직스럽고 맛있는 나머지 이 씨앗들이 우리 소화기관을 타고 고스란히 넘어간 뒤 땅에 돌아가 새로 태어날 채비를 한다는 사실도 눈치 못 챈 채 이를 먹을 것이다.

구아바를 더듬던 내 친구도 알고 있듯 과일은 자극적이다. 이 외설적인 모양을 따 이름붙인 과일이 많다. 소돔사과, 비너스가슴 복숭아, 젖가슴사과, 처녀속살배 등이 그런 이름이다. 암소젖통 유두 과일은 젖꼭지 과일이라고도 하는데, 달걀 크기의 독특하게 생긴 오렌지로, 젖꼭지 같은 혹이 달렸다. 신대륙 정복자들은 바닐라 콩 이름에 라틴어에서 여성의 질膣을 뜻하는 말을 따다 붙였다. 엉덩이, 젖꼭지, 가슴, 허벅지, 손가락은 각기 다른 변종에 붙이는 이름으로 오랫동안 애용됐다.(변종 cultivar은 다른 품종과는 구분되는 형질을 지닌 재배품종을 뜻한다.)

인류는 과일과 우리의 은밀한 부위가 비슷한 것을 보면 늘 즐거움을 감추지 못했다. 3천 년도 넘은 이집트 파피루스에 보면 석류와 젖가슴은 서로 같다고 적혀 있다. 서양자두, 복숭아, 체리, 살구 모두 그 생김새를 둔부에 비유한다. 이상적인 엉덩이를 추구한 이들은 멜론에서 자신들의 성배를 찾았다. 아폴리네르Apollinaire(프랑스의 시인, 소설가)는 여성의 엉덩이를 한밤중의 태양midnight sun 아래에서 자라는 멜론에 비유했고, 제임스 조이스James Joyce는 『율리시스Ulysses』에서 "통통하고 달콤하고 향기로운 노란 멜론 같은 그녀의 엉덩이에, 통통한 멜론 같은 양쪽 볼기에, 매끄럽게 패인 노란 고랑 사이에, 오래도록 몽롱한 멜론향이 나는 도발적인 입맞춤을 했다."고 레오폴드의 키스를 묘사했다.

과일은 여성하고만 관련된 게 아니었다. 바나나를 한번 떠올려 보자. 1950년대에 유행한 요리인 촛대 샐러드는 크림을 녹여 거품을 내고 이를 바나나 위에 바른 뒤 파인애플 링 구멍 사이로 바나나를 끼워 위로 향하게 장식한 요리이다. '과일들'은 정액을 점잖게 이르는 말로도 쓰여, 어느 프랑스 시인이 쓴 서양자두를 따러 간 두 명의 사촌 얘기에 이런 구절이 나온다. "처녀는 과일을 한 아름 안고 돌아왔다네/ 그러나 서양자두는 아니었다네." 아스텍족에게는 아보카도가, 베르베르족 유목민에게는 무화과가, 세르비우스Servius(로마 제6대 황제)에게는 사과가 각각 고환을 일컫는 말이었다. 망고스틴은 음낭 안쪽을 닮았다고들 보았다. 조르주 바타유Georges Bataille(프랑스의 작가)는 리치를 "벗겨놓은 불알"이라고 썼다. 나폴리에서 온 다종다양한 무화과는 교황의 고환이라고 불렀는데, 투명에 가까운 딸기 빛 과육 때문이었다.

과일은 의도적으로 끌어들이는 신호를 보낸다. 그러니 이에 우리가 흥분할 법도 하다. 우린 그렇게 과일에게 길들여졌기 때문이다. 과일은 우리가 자신을 갈구하도록 만들어 번식을 한다.

사람들은 눈치채지 못하겠지만, 과일을 얻기 위해서라면 뭐든 하려든다. 우리처럼 과일도 살아 있다. 그래서 과일도 갈망하고 분비하고 펑하고 열린다. 심지어 과일은 지능도 있다. 켄 하시모토Ken Hashimoto와 클리브 백스터Cleve Backster 박사는 바나나와 오렌지에 거짓말 탐지기를 연결해 수학 문제를 풀도록 하는 실험을 했다. "2 더하기 2가 얼마인가."라는 질문에, 식물은 웅성거렸고, 잉크로 출력해보니 정점을 네 번 찍었다. 최근 몇 년 동안, 분자유전학자들은 식물의 지각능력에 대해 깊이 이해하게 되었다. 식물의 신호를 해독해본 결과, 식물도 지각능력이 있어서 온도부터 빛까지 모든 것을 계산하며, 위협에 처하거나 침수 지역에 있을 때, 그리고 독성물질의 위협이 느껴질 때 전기 탐지기가 떨린다는 사실을 알아냈다. 제레미 나비Jeremy Narby(인류학자, 저술가)는 『자연의 지능Intelligence in Nature』에서 식물세포가 어떻게 RNA 전사체와 단백질 링크를 이용해 정보를 전달하는지 설명했다. 이런 식으로 "식물은 뇌가 없이도 배우고, 기억하고, 결정을 내린다." 일본에는 자연계의 '인지능력knowingness'을 뜻하는 치세이chi-sei라는 단어가 있다.

양쪽 모두 서로에게 점차 영향력을 행사하며 진화해온 것은 분명한 사실이다. 그리고 과일이 우리에게 바라는 것과 우리가 과일에서 얻으려는 것은 동일하다. 그것은 바로 생존이다.

2장
하와이산 이색과일

사과 한 알로 파리를 정복하겠어.

_ 폴 세잔Paul Cézanne

부츠에 들러붙은 2월의 진눈깨비를 털어내며 친구들이 칵테일파티를 하러 내 아파트로 몰려오고 있었다. 영하 40도까지 떨어지는 몬트리올의 겨울 날씨는 인디 팝indie-pop적인 감수성을 자극할지 몰라도, 과일문화 번성에는 그다지 도움이 되지 않았다. 어쨌거나 난 친구들에게 전에 먹어본 적 없는 과일을 하나씩 들고 오라는 부탁을 하고 내심 기대를 걸고 있었다. 사실 빈손으로 올 녀석들이지만.

자정이 지나자마자 바로 초인종이 울렸다. 문을 열어보니, 친구 칼Karl이 부들부들 떨며 밝은 분홍색 공처럼 생긴 물체를 내게 건넸다. 타조알 크기에 이글거리는 오렌지색과 녹색 덮개가 날개처럼 붙어 있었고, 과일 위에는 말라버린 꽃잎이 달려 있었다. 베트남에서 건너온 용과dragon fruit라는 과일이라고 칼이 말했다. 차이나타운에서 건졌다고 했다. 용과는 화성에서 파견한 밀사 같았다.

친구들이 호기심에 찬 눈빛으로 지켜보는 가운데 나는 용과를 잘랐다. 아삭아삭해 보이는 하얀 속살에 작고 까만 씨앗이 촘촘히 박혀서, 마치 오레오 과자로 만든 밀크셰이크를 굳힌 모양 같았다. 칼이 조각낸 과일을 나눠주었다. 시선을 확 끄는 분홍색 껍질과 검고 하얀 속살이 잘게 썬 얼룩말 고기처럼 보였다. 식감은 수박과 비슷했고, 씨는 키위씨처럼 그다지 인상 깊은 맛은 아니었다. 이 섬세한 맛을 보니 딸기와 콩코드 포도가 떠올랐다. 용과 맛이 아리송하다는 사람도 있지만, 용과의 매우 절제된 맛에는 그 눈부신 생김새를 완벽히 받쳐주는 뭔가가 있다.

용과처럼 흥분되는 과일을 찾아 나는 차이나타운에 정기적으로 들르기 시작했다. 진기한 과일일수록 기쁨도 컸다. 심장처럼 생겨서 달콤한 즙이 흘러나오는 리치를 발견했다. 포도알 크기의 용안은 베이지색 껍질 안에 들어 있고, 그 속은 젤라틴 같은 과육으로 꽉 채워져 있었다. 이 달콤하면서도 새콤하게 터지는 과즙은 육두구, 정향, 생강과 은근히 어울렸다. 나는 미니 탠저린처럼 껍질을 까서 몽땅 먹는 이들 감귤류가 맘에 들었다. 페피노는 자줏빛 줄무늬가 그려진 오이수박과 열매로, 아쉽게도 맛은 생김새에 못 미친다. 뿔참외도 마찬가지다. 현란한 오렌지색 뾰족한 혹이 달린 이 과일은, 방사능 탐지기를 부착한 뿔난 두꺼비로 오해받게끔 생겼다. 그 안에는 별로 맛없는 끈적끈적한 녹색 씨앗이 들어 있어서, 단지 눈요깃감으로 나온듯했다.

이렇게 선택의 폭이 넓은 과일들 때문인지, 퀘벡 주 사람들은 다른 캐나다 지역 사람들보다 과일을 많이 먹는다. 언뜻 떠오르는 가장 맛난 과일로 전혀 요란하게 생기지 않은 망고스틴을 들 수 있다. 동남아시아에서 과일의 여왕으로 통하는 이 과일은 자줏빛과 황토색이 감도는 단단한 껍데기에 감꼭지 같은 것이 매달려 있다. 이를 잘게 썬 다음 껍질을 비틀면 알맹이가 빠져나온다. 과일 안쪽에는 마늘처럼 생긴 여섯 개의 상아색 과육이 들어 있는데, 그 맛이 상큼하면서도 인상적이다. 속이 꽉 찬 알갱이들은 매우 탱탱해서, 즙이 스며 나오지 못하게 막을 정도다. 알싸한 딸기-살구 셔벗느낌도 나는데, 망고스틴 맛을 진짜 알고 싶다면 하나 먹어보는 수밖에 없다. 철학자들은 한 번도 먹어보지 못한 자에게 과일 맛을 전달하기란 불가능하다고 했으며, 데이비드 흄David Hume(영국의 철학자) 역시 이런 말을 남겼다. "파인애플을 실제 맛보지 않고서는 그 맛을 관념적으로 상상조차 할 수 없다."

난 망고스틴을 사람들에게 보여주기 시작했다. 어떤 이들은 나처럼 감격하며 좋아했다. 또 이 과일이 망고랑 어떤 연관이라도 있는지, 혹은 이름이 '스틴'으로 끝나니 유대인하고 관련 있는 것인지 궁금해한 사람도 있었다. 반면 도통 관심이 없어서 이 과일의 여왕을 입에 대보려고 하지 않는 사람도 있었다. 어떤 친구는 싫증이 난다는 듯 내게 말했다. "나 작년에 뒷마당에 있던 거 한 그루 뽑아버렸어."

리안과 나는 맨해튼으로 가던 길에, 친구 커트 오센포트Kurt Ossenfort에게 선물하려고 차이나타운에 들러 과일을 한 아름 샀다. 우리는 늘 오센포트의 숙소에 머물렀다. 예술가인 그는 붓을 오크 나무에 매달아 바람이 불면 나무가 그림을 그릴 수 있게 하는 등 언제나 '키득'거릴만한 재미난 일에 몰두했다. 이를테면 「틴 보그Teen Vogue」지에 나오는 사진을 녹화테이프로 뜨기, 타이의 코끼리 오케스트라에 대한 다큐물 제작하기, 세계무역센터 소속 변호사들이 묵을 펜트하우스 객실 설계하기 등이 그런 일거리였다. 우리는 5번가에 위치한 그의 아파트에 도착했고, 망고스틴, 용과, 두쿠, 용안을 그의 품에 안겨주었다. 그는 고마워하면서도 어떻게 국경 넘어 과일들을 가져왔는지 의아해했다. 그의 말에 따르면 망고스틴과 용안은 미국에서 반입금지 대상이었다. 나는 깜짝 놀랐다. 어째서 몬트리올은 되고 뉴욕은 안 된다는 거지? 오센포트는 미국에 해충이 유입될 수 있기 때문이라고 설명했다. 우리는 사온 과일들을 나눠 먹으며, 졸지에 밀수꾼이 돼버린 사실에 한바탕 웃음을 터뜨렸다.

오센포트의 과일그릇에 노란색이 얼룩덜룩 박힌 빨간 자두가 가득 담겨 있었다. 작은 스티커를 살펴보니 자두와 살구를 교배한 플루오트pluots라고 적혀 있었다. 그 맛은 가장 달고 과즙이 풍부한 자두에 살구 맛이 살짝 가미됐다고 보면 된다. 이 과일 맛을 보고 있자니 실제 기억인지 꿈인지 헷갈리지만, 어느 먼지 날리는 여름날 오후 크로아티아 어디선가 난생처음 찍어본 사진이 떠올랐다. 그때 찍은 사진은 과일나무였고, 그때 맛본 과일이 바로 이 플루오트 같았다.

난 오센포트에게 대체 어디서 이런 과일을 구했냐고 물었다. 그는 어디서든 구할 수 있는 과일이라고 했다. 그렇지만 과일탐정이 귀띔해준 덕분에 특별히 좋은 플루오트를 알게 됐다고 했다.

"과일탐정?" 난 물었다.

"본명은 데이비드 카프David Karp인데 과일에 관해서라면 모르는 게 없어." 오센포트는 과일탐정이 잎사귀를 헤치고 뛰어다니며 파인애플에 접근하는 모습을 찍은 동영상을 내게 보여줬다. 카프는 피트헬멧pith helmet(탐험가용 헬멧—옮긴이)을 쓰고 있었고 눈은 사팔이었다. 그는 남들이 잘 모르는 온갖 종류의 장비들, 이를테면 과일당도 측정기나 상하이 그린갱Green Gang이 적을 찌르기 위해 소지하고 다녔던 칼 등을 사용했다.

또 하나 깜짝 놀란 것은, 이 과일탐정이 상상을 초월할 정도로 부유한 구리업계 대부호의 아들이라는 사실이었다. 카프는 환각제 LSD를 먹은 상태에서도 학력평가시험SATs에서 거의 만점에 가까운 점수를 받았을 뿐 아니라, 스무 살의 나이로 6세기 라틴계 시인의 저작을 번역출간해 어퍼이스트사이드Upper East Side(맨해튼의 대표 부촌) 사회에서 천재라는 소문이 자자했다. 매우 영향력 있는 증권 중개인으로 활동했던 카프는 헤로인 중독에 빠지면서 그 화려한 이력이 무너지기 시작했다. 한때 파리에서 뉴욕까지 정기적으로 콩코드 여객기를 타고 날아가 약을 구하기도 했다. 카프는 마약에서 벗어난 후 사랑하던 여자에게 깊은 인상을 주려고 과일전문가로 새 출발했다. 비록 그 여성의 마음은 얻지 못했지만, 그는 외골수 과일전문가로 거듭났다. 카프는 심지어 과일 먹는 것을 일컬어 "과일 마약주사a furit fix"라고 표현했다.

카프는 한줄기 빛이었다. 비록 강박에 가까운 애호가이긴 했어도, 숨은 과일과 하나가 된듯한 카프의 열정적인 모습은 내 호기심을 자극했다. 카프는 여태껏 접해보지 못한 글의 주인공감이라고 나는 확신했다.

몬트리올로 돌아온 후 나는 차이나타운으로 가서 최상급 용과를 골랐다. 에어캐나다 항공사의 기내잡지 편집장에게 줄 선물이었다. 나는 플루오트와 데이비드 카프, 그리고 브라질의 풍부한 과일 얘기를 꺼내며, 편집자에게 과일탐험을 해보자고 말했다. 용과 맛에 매료된 편집장은 편집회의 때 동료들에게 용과를 돌렸다. 며칠 후 전화가 왔다. 과일탐정과 함께 모험을 하며 특집기사를 써달라는 편집팀의 청탁 전화였다.

데이비드 카프에게 전화를 걸어 기사 얘기를 꺼내니, 자신은 조만간 「뉴요커The New Yorker」에 소개될 예정이라고 했다. 그 잡지의 차장급 기자가 전에 여름에 일주일 정도 시간을 내달라고 부탁해왔다고 했다. 카프는 그 기사가 나온 후에나 인터뷰에 응할 수 있겠다고 답했다.

생동감 넘치는 기사를 써볼 생각에, 나는 만약 잡지사에서 비용을 대주면 같이 여행갈 의향이 있는지 그에게 물었다. 그러자 그의 태도가 돌변했다. 잡지사에서 알래스카 주의 호로딸기를 찾을 수 있게 보내준다면, 그도 기꺼이 인터뷰를 하겠다고 했다. 카프는 또 전에 「세븐틴Seventeen」지에 인터뷰를 한 적이 있다고 했다. 그런데 이 10대 소녀들이 아직도 자신에게 잠옷을 집어던지며 열광할 낌새조차 보이지 않는다고 했다. 카프는 『롤리타Lolita』에서 제일 맘에 드는 장면이 국경을 넘어 캘리포니아 주에 들어간 롤리타에게 농업관리자가 꿀을 갖고 있는지 묻는 장면이라고 했다. 우리는 들떠서 호로딸기 사냥 얘기를 하며 대화를 마쳤다. 카프는 내게 호로딸기에 대한 메모를 몇 장 보내주었다. 주황빛이 감도는 이 북극지방 과일은 라즈베리처럼 생겼고, 사향 냄새가 강하게 나며, 북극이나 알래스카 주 등지에서 자란다고 메모에 적혀 있었다. 또한 호로딸기는 보통 습지에서 자라며, 서식지에는 "무시무시한 턱"으로 이 식물의 껍질을 벗겨 먹고사는 곤충들이 우글거린다고 쓰여 있었다.

그러나 애석하게도 편집장은 우리의 알래스카 주 호로딸기 꿈을 박살내버렸다. 대신 편집장과 나는 기사의 초점을 과일관광에 두기로 의견을 조율했는데, 사실 난 그런 게 있는지조차 자신 못했다. 내가 맡은 임무는 과일탐정 같은 사람이 또 있는지 물색하는 것, 그리고 과일여행의 동향을 조사하는 것이었다.

과일사냥꾼

58

나는 과일관광 행선지를 작성하기 시작했다. 볼로냐Bologna(이탈리아 북부 도시)의 사라진 과일정원, 일본 야마라시현 지역의 유리와 철로 지은 포스트모던한 과일 박물관, 나일 강변에 있는 자지라트 알 마으즈 Gazirat al-Mauz(바나나 섬이라는 뜻) 등이었다. 바나나 섬에서는 숱하게 많은 바나나를 맛볼 수 있었다. 난 편집자에게 과일사냥의 최적지는 말레이시아라는 소견을 전달했다. "말레이시아로 보내드리기는 힘들어요." 편집장이 눈알을 굴리며 말했다. 그래도 하와이로는 보내주겠지. ……

내가 잡아탄 택시의 운전기사는 빅 아일랜드 공항을 빠져나가며 슬랙키 기타 반주(하와이 특유의 연주기법–옮긴이)에 맞추어 소형 마이크에다 대고 "하와이에 오신 것을 환영합니다."라는 노래를 부르기 시작했다. 그 노랫소리는 대시보드에 설치한 앰프를 타고 지지직거리며 흘러나왔고, 앰프 옆에는 풀로 엮은 치마를 두른 훌라 인형이 서 있었다. 우리는 코나Kona 해안가를 따라 바람 부는 도로를 달렸다. 푸른 바다와 하늘이 끝없이 맞닿아 있었다. 녹색 잎이 시커먼 화산암을 비집고 이곳저곳 무성하게 피어 있었다. 신호등 옆에서 화려하게 핀 나팔 모양의 꽃이 향기를 내뿜었다. 아직도 붉은 자줏빛과 황금색이 뒤섞인 용암이 분출하는 이 화산섬에서 이 모든 식물이 피어났다. 묵어갈 호텔 옆에 잠시 차를 댄 뒤, 투숙절차를 밟고는 뷔페에서 공짜로 제공하는 파파야와 망고를 얼른 집어먹었다. 도로 뱉고 싶을 정도로 끔찍한 맛이었다.

이십 분 뒤, 우리는 낡은 마카다미아 가공공장 옆 뿌옇게 먼지 낀 길가에 차를 댔다. "마할로mahalos(감사합니다), 여기가 바로 나포오포오 거리Napo'opo'o Road입니다." 운전사가 마이크에 대고 노래했다.

난 주위를 둘러보았다. 나무와 먼지 낀 거리 말고는 아무것도 보이지 않았다. "시장이 어느 쪽이지요?" 난 물었다. "저쪽 길을 따라가면 나와요." 운전기사가 '코나 태평양 농부 협동조합'이라고 적힌 표지판을 가리키며 답했다. 길을 따라 걷다가 행상인들 몇 명이 피크닉 테이블 위에 상품을 진열하는 모습을 보았다. 멀리서 보면, 시장이라기보다 떨이 판매하는 장소 같았다. 몇 사람이 나무판자에 티키신tiki(인류를 창조한 신-옮긴이)을 조각 중이었다. 나는 이들에게 하와이열대과일생산자 Hawaii Tropical Fruit Grower 서부지회장인 켄 러브Ken Love를 찾는다며 말을 걸었다.

"이봐, 켄, 손님 왔어." 그중 한 명이 큰 소리로 외쳤다.

한 남자가 피크닉 테이블 아래에서 머리를 불쑥 내밀더니 손을 흔들며 인사했다. 난 다가가 악수를 청했다. 켄 러브는 수염을 깎지 않아 얼굴이 덥수룩했고 몸집이 컸으며, 더위 때문에 땀을 흘리고 있었다. 그가 입은 커다란 셔츠는 농장의 먼지에 절어 있었다. 그가 퍼덕거리는 녹색 모자를 벗고 이마를 닦자 하얗게 샌 곱슬거리는 주변머리가 드러났다. 그는 얼룩 때가 묻은 잠자리 안경을 쓰고 있었고, 덥수룩한 콧수염 아래로 문양이 새겨진 파이프 담배를 물고 있었다. 환하게 웃고 있었지만 두뇌회전이 빠르고 장난기 넘치는 사람 같았다. 난 단번에 호감이 갔다.

러브가 차린 진열대에는 수십 가지 과일이 담겨 있었다. 과일마다 사진과 함께 그 특징을 적어놓았다. 켄 러브는 이 과일들을 울트라 이색 과일이라고 불렀는데, 이는 망고, 파파야, 파인애플처럼 이색적이지만 상업적 생산으로 흔해져버린 과일들과 구분하기 위해서였다. 난 아세 로라를 맛보았다. 켄이 말하길, 이 상쾌하게 톡 쏘는 빨간 베리는 오렌지보다 비타민 C가 4,000배나 많다고 한다. 켄은 또 엄지손톱 모양의 녹색 빌림비도 보여줬다. 별과일과 친척뻘인 이 과일로 켄의 아내 매기는 처트니chutney(과일, 채소, 향신료 등을 섞어 만든 인도식 조미료-옮긴이)를 만들어 먹는다고 했다. 우리는 거뭇거뭇한 갈색 빛이 도는 치코를 칼로 베어 먹었다. 메이플 시럽푸딩 맛이 났다. 포도 크기의 황비는 리치 중독을 완화시켜준다고 켄이 설명했다. 중국에서는 리치를 너무 많이 먹으면 코피가 나고, 황비를 재빨리 먹으면 코피가 멈춘다고 믿는다. 나는 빅나이, 구어카, 사포타이즈, 몸빈, 랑삿, 자보티카바 등 모양과 크기와 빛깔이 제각각인 과일을 맛보았다. 처음 보는 과일이 너무 많아 따라잡기 벅찬 나머지 수첩에 과일 이름을 흘려쓰기 시작했다. 마치 네버랜드에 온 기분이었다.

사실 러브가 이곳으로 이주해온 동기는 지역에서 나오는 장려금 때문이었다고 한다. "난 미드웨스트에서 사진 찍는 일을 했는데 업무차 이곳에 오게 됐지. 그러다 길 한편에서 파파야와 망고가 몽땅 썩어가는 꼴을 봤는데, 속이 터지겠더라고. '아니, 다들 뒷짐 지고 뭐하는 건가?' 하며 참 의아해했다네."

러브는 여기저기 알아보고 다니면서 계속 진귀한 과일을 발견했다고 한다. 하와이는 동서양의 교차로여서 바짓단과 주머니에 씨앗을 감추거나 셔츠에 씨앗을 넣고 꿰맨 이민자들이 몰려왔다. "이 사람들 모두 금덩이를 지고 고향에 가고 싶어 했지." 러브가 말했다.

이 도입종자 중 히말라야 베리와 바나나 포크banana poke(시계풀 열매의 일종) 같은 일부 종자는 하와이 전역을 뒤덮어 토종식물을 몰아냈고 동물들에게도 해를 끼쳤다. 흔히들 하와이를 외래종의 세계적 중심지라고 한다. 찰스 엘튼Charles Elton(영국의 생태학자)은 『동식물 외래종의 생태학The Ecology of Invasion by Animals and Plants』에서 하와이를 "온갖 종을 교류하는 거대한 시장, 전 세계 대륙과 섬에서 모여든 개체가 서로 옥신각신 다투는 곳"이라고 묘사했다.

하와이에 종자를 들여온 이는 사람만이 아니었다. 앨런 버딕Alan Burdick(미국의 과학 저술가)은 『에덴을 벗어나다Out of Eden』라는 책에서 공중에서 기류를 타고 정착한 종이 수두룩하다고 설명했다. 과학자들은 비행기 창밖에 망사를 부착하는 방법을 통해, 하와이 상공을 떠돌다 공기를 타고 유입된 종자 수천 가지를 목록으로 작성했다. 이렇게 떠다니는 생물은 인간보다 앞서 들어온 종자의 1.4퍼센트에 불과했다. 생물학자 셔윈 칼퀴스트Sherwin Carlquist의 말에 따르면, 종자와 열매류 대부분이 새의 소화기관을 거쳐 오거나 날개나 다리에 붙어서 건너왔다고 한다. 나머지는 해류에 휩쓸려왔는데, 이런 상황은 최근 들어 선박폐수에 섞여오는 미생물 때문에 더 심각해졌다고 한다.

현재 하와이는 통제가 안 될 정도로 외래종 과일이 무성하게 자란다. 러브가 천직처럼 삼는 일은 이 모든 과일들을 분류하고 홍보해 파는 것이다. 하와이 사람들은 대부분 자기 집 뒷마당에 무슨 과일이 자라는지도 모른다고 러브가 설명했다. 사람들은 주변에서 자라는 신선한 과일보다 산업화한 식품 체인점을 통해 들어오는 질 낮은 과일을 선호한다는 것이다. 나는 오늘 호텔 뷔페에서 먹은 인상적이지 못한 과일이 떠오르면서, 그 과일들도 남미나 아시아에서 하와이로 그 먼 길을 이동해왔으리라 짐작했다.

사람들은 자기 고장에서 생산한 울트라 이색과일을 먹으려고 하지 않는다. 러브 말에 따르면 그 이유는 단지 그 존재를 모르기 때문이다. 러브가 농산물 직판을 하는 이유도 과일을 엄청나게 팔고 싶어서가 아니라, 사람들에게 다종다양한 과일이 바로 집 근처에 널려 있다는 사실을 알리고 싶기 때문이란다. 협동조합을 방문한 가족들에게 러브는 다양한 과일의 모든 면모를 알려주었다. 사람들은 열대 살구, 마운틴애플, 수리남체리를 한 아름 사들고 갔다. 난 꼬마 두 명에게 이곳이 어떠냐고 물어봤다. "엄마아빠가 오늘 뭔가 배워가야 한댔어요." 열 살 정도로 보이는 꼬마가 산딸기를 만지작거리며 답했다. "이것도 공부이긴 하지만 나쁘진 않아요. 사실 재밌어요."

진주 목걸이를 두르고 퓨마처럼 차려입은 여성 두 명이 러브가 써놓은 설명을 훑고 있었다. "오늘 뭔가 배웠네." 이브 생 로랑의 자줏빛 하이힐을 신은 여성이 '신성한' 람부탄을 한 아름 담으며 말했다. 털투성이 덩굴손에 뒤덮여서 성게와 다소 닮아 보이는 람부탄은 리치처럼 하얗고 맛있는 과육이 들어 있다. 러브의 자료에 따르면 이 과일 이름은 말레이 언어로 '털'을 뜻하는 '람붓rambut'에서 유래했다고 한다. 그 여성은 람부탄이 털 난 고환 같다며 키득거렸다.

파이프를 입에 문 러브는 과일이 사람들에게 의외의 기쁨을 안겨준다고 말했다. 난생처음 자보티카바jaboticaba를 맛본 어느 러시아 남자는, 외계인 알처럼 생긴 게 맛은 정말 환상이라고 평했다고 한다. 몇 주 전에는 베트남 여성들이 와서 오타헤이트otaheite 구스베리 나무를 보더니 소리치며 기뻐했다고 한다. "사이공에 어머니들이 기르던 오타헤이트 구스베리가 있었는데 자기네들이 어릴 때 그 나무를 베어버려서 그 이후로 이 열매를 본 적이 없다더군."

그날 내내 갖가지 과일을 쉼 없이 먹어본 나는 그 다양함에 놀라버렸다. 한번은 러브가 새끼손톱만 한 오블롱 베리를 건네줬다. 난 얼른 입에 넣고 깨물었다. 기분 좋은 즙이 흘러나와 혀를 적셨다. 러브가 씨는 뱉으라고 일러줬다. 그러더니 시큼한 라임 하나를 주며 맛을 보란다. 세상에, 라임이 달다니. 러브에게 단맛 나는 라임 품종인지 물었다. 러브는 웃으며 아니라고 한다. 단지 기적의 열매를 체험한 것이란다. 이 작고 빨간 베리를 먹으면, 요상한 생화학 작용을 거쳐 미각이 기적같이 바뀌기 때문에, 모든 신맛 나는 음식이 달게 느껴진다고 한다. 이 열매의 과즙이 미뢰味蕾를 한 시간가량 덮어서 신맛을 전혀 느끼지 못한다는 것이다. 기적의 열매를 먹으니 피클에서 꿀맛이 났다. 볼로냐 겨자 샌드위치는 케이크 맛이었다. 식초는 크림소다였다. 자연이 내려준 뉴트라스위트(설탕대용품-옮긴이)였다.

기적의 열매에 빠져 황홀해하고 있으니 시간이 훌쩍 지나가버렸다. 직판을 마감할 시간이 되어, 나는 러브를 도와 울트라 이색과일을 같이 주워 담았다. 러브가 내일은 섬 관광을 해보자고 제안했다.

그날 저녁, 호텔 로비에 있는데 기적의 열매 때문인지 그때까지도 소다수 맛이 약간 달달했다. 메모한 내용을 살펴보고 있는 내 옆자리로, 라운지 밴드 가수가 다가와 앉았다. 이 여성은 로베타 플랙Roberta Flack(미국의 R&B 가수)의 '사랑하고 싶어요Feel Like Making Love'를 부르며 현란한 공연을 막 끝낸 참이었다. 그녀의 이름은 프리실라Priscilla로 트랜스섹슈얼이었다.

"하와이에서 뭐해요?" 허스키한 중저음의 목소리다.

"잡지에 글을 쓰는 일을 해요. 지금은 이색과일에 대해 쓰고 있어요."

"나도 이색과일인데, 내 얘기를 써봐요!" 그녀가 애교를 떨며 말했다.

프리실라가 우아한 폼으로 무대로 돌아가자, 난 방으로 가려고 일어섰다. 녹색 샤기 양탄자에 녹색 양치류가 그려진 벽지, 녹색천장 등 온통 녹색인 복도를 걷고 있자니 녹색 터널을 지나 마법의 식물나라에 떨어진 기분이었다.

다음 날 아침 러브가 소형 화물트럭을 몰고 날 데리러 왔다. 러브는 비파라고 하는 살구처럼 생긴 노란 일본산 과일을 나무궤짝에 담아왔다. "비파나무loquat라면 할 말이 많지loquacious." 러브는 비파에 대한 자료만 오천 장 넘게 모았다고 한다. 러브는 일본에 있을 때부터 비파에 집착하기 시작했는데, 그곳에서 사귀었던 사람이 비파나무 열매를 한 개 따줬다고 한다. "중국에서는 비파가 일반인들에게 금기라네. 옛날에 물살을 거슬러 헤엄친 잉어가 비파 열매를 먹고 용이 되었다는 전설이 있거든. 그래서 왕이 이렇게 말했다지. '여봐라, 백성들이 비파를 먹고 용처럼 강해져서 내 권좌를 넘보는 일이 없도록 하여라.' 그래서 금기시된 과일이라는군."

비파는 러브가 보인 집착의 시작에 불과했다. 러브는 극동 지역을 여러 차례 여행한 아시아 애호족Asiaphile이었다. 한번은 싱가포르에서 얇게 포를 뜬 개의 뇌를 먹고 기절한 사건도 있었다. 최근 러브는 미국에 있는 일본식당 1,530곳의 인터넷 안내서를 썼다.("나는 실제로는 이 중 300군데를 가봤다네.") 기하학적 무늬를 사진에 담는 것을 좋아하는 러브는 운전 중에도 야자나무나 운전대, 우리가 먹는 과일에서도 유클리드 형태를 잡아냈다. 러브는 잡지의 필자 소개란에 이렇게 썼다. "새로 온 유치원 선생에게 가져다줄 콩을 심겠다고 집 앞마당을 헤집어놓았다가 난생처음 볼기짝을 두들겨 맞은 때부터 농업에 종사해왔음."

우리가 처음 들른 곳은 러브의 농장이었다. 러브는 돌투성이 길을 타고 어디론가 이동하더니, 빨간 열매로 뒤덮인 커피나무를 내게 보여줬다. 나는 커피가 열매에서 나온다는 생각을 전혀 해보지 못했다.

러브는 차에서 내리며, 굳어버린 용암이 섬을 뒤덮는 바람에 나무심기가 상당히 힘들어졌다고 말했다. 이를 직접 보여주겠다며 리치나무를 심어보자고 했다. 검은 화산토가 너무 단단해서 구덩이를 파려면 삽이 아니라 곡괭이가 필요했다. 그래도 나무심기는 멋진 체험이었다. 게다가 과일관광 체험활동으로 단연 백미였다. 아담이라고 이름붙인 리치나무는 지금도 그 농장에서 자라고 있다.

러브가 다음 행선지로 이동하면서 과일을 찾아 전 세계를 돌아다니는, 그가 아는 열성분자 수십 명에 대한 얘기를 들려주었다. 지구촌을 가로지르고 열대우림에 들어가 진귀한 과일을 찾아내는 애호가 집단이라니, 생각만 해도 마음이 끌렸다. 우리는 길가에 줄지어 심어놓은 과일나무를 끊임없이 지나쳐갔다. 러브는 셰브런 주유소 뒤편에 차를 세우고는, "향을 맡으려는 게 아니라 열매를 먹으려고 들렀다."며, 꽃이 활짝 핀 그루미챠마grumichama라는 일종의 브라질산 체리를 살폈다. 수액이 살짝 감돌며, 체리콜라 맛이 나는 열매였다. 도랑 근처에는 파인애플 머리가 끝이 뾰족한 덤불 사이를 비집고 튀어나와 있었다. 나는 파인애플이 나무에서 열리는 줄 알았는데, 이곳에 와보니 파인애플은 무릎높이만 한 풀 사이에서 자라고 있었다.

점심 때, 우리는 통통하고 안경 낀 켄의 16살짜리 딸 제니퍼Jennifer를 태우고는, 이들이 즐겨 찾는 중국식당으로 향했다. 식탁 위에 마이애미의 과일사냥꾼 윌리엄 휘트먼William Whitman이 쓴 책이 놓여 있고, 우리는 이 책을 자세히 들여다봤다. 책에는 저자가 타오를 듯 빨간 과일과 원숭이를 끌어안고 찍은 기묘한 사진들로 가득했다. 러브는 존 스터머John Stermer라는 괴짜 과일실험자 이야기를 들려주었다. 그 사람은 나체로 하와이의 과수원들을 거닐던 사람이었다고 한다. 이어 러브가 아시아산 과일예찬을 시작하려 하자, 제니퍼가 날 보며 말했다. "제 고충을 아시겠죠."

다음 목적지는 리온Lion이 운영하는 호텔, 게이트 비앤비Gate B&B였다. 이곳은 포멜로, 자보티카바, 수리남체리, 람부탄이 가득한 과수원이 딸린 곳으로, 호텔의 주요 테마는 과일이었다. 호텔주인은 젊은 시절 아시아에서 육군 중위로 지내며 '뜨거웠던 시절'을 보냈다고 한다. "일본 민간설화에 나오는 타누키tanuki는 방탕한 오소리야. 일본 사람들은 한 손에 돈을 쥐고 다른 손에는 술병을 든 타누키 동상을 만들었는데, 이 놈들은 발기한 채 마을을 찾아다녔다지. 일본에 있을 때 내 별명이 타누키였어."

이어 우리는 러브가 과일관광지라고 이름붙인 빈터를 둘러보았다. 현재 공사 중인 이 부지의 주인은 야무져 보이는 캘리포니아 주 출신 변호사 캐리 린덴바움Carey Lindenbaum이었다. 그녀는 과일을 기르려고 이곳으로 집을 옮겼다. "비앤비 호텔은 직접 따먹을 수 있는 온갖 종류의 유기농 열대과일을 갖출 예정입니다." 린덴바움은 잡초가 무성한 바위투성이 땅을 가리키며 말했다. 근처 나뭇가지에 린덴바움의 집이 파묻혀 있었다. 나무 위에 아담하게 지은 집이었다. 린덴바움이 장차 들어설 과수원을 설명하는데, 그녀가 기르는 애완 당나귀가 날 자꾸 코로 밀쳐낸다. "질투가 많고 독점욕이 강한 당나귀라서 그래요. 개인 공간을 비집고 들어가길 좋아하는 녀석이에요." 린덴바움이 말했다.

다음으로 찾아간 곳은 조지 스캇타우어George Schattauer가 소유한 과수원이었다. 러브는 스캇타우어의 희귀나무 관리인이다. 작은 관목 숲을 돌봐주는 대신 러브는 여기서 남는 과일을 가져다 직거래 장터에서 판다. 이곳은 아름다운 과수원으로 달걀 나무 같은 신기한 나무들이 가득했다. 달걀 나무에는 노란 눈물방울처럼 생긴 망고 크기의 열매가 열렸다. 정원 입구 주변에 노니가 있었다. 울퉁불퉁하고 장난스럽게 생긴데다 더러운 양말 냄새가 나는 과일이었다. 구토 나는 열매라고도 불리는 노니는, 암치료에 효과가 있다고 한다. 노니는 질겨서 날로 먹기 힘들지만, 노니 주스는 1990년대 식이요법 열풍의 중심이었다.

개 한 마리가 길바닥에 떨어진 망고를 핥으며, 과수원을 걷는 내내 우리를 따라왔다. 집에 돌아온 스캇타우어가 커다란 오렌지 나무를 가리켰다. 그의 말에 따르면 이는 하와이 최초의 오렌지 나무로, 18세기에 발렌시아 출신의 밴쿠버 선장이 들여왔다고 한다. 우리는 이곳을 떠나기 전에 가지가 축 늘어진 바라밀 나무 아래를 걸었다. 그 주변에는 나무를 감싼 잎사귀들이 동굴을 만들어놓았다. 나뭇가지 아래에 큼직하고 무수한 바라밀 열매가 어둠 속에서 석류처럼 반짝였다.(스캇타우어의 열매 중 하나는 무게가 34킬로그램이 넘어, 기네스북에 제일 큰 바라밀로 기록됐다고 한다.) 러브가 잘 익었는지 보려고 과일들을 눌러보더니, 원예용 절단기로 나잇살의 두께가 6년 된 바라밀 나무에서 열매를 하나 잘라냈다. 생김새는 영화 〈코쿤Cocoon〉에 나오는 외계인의 알 같았다. 러브가 나에게 한 개를 건네주었다. 끈적이고 우유처럼 하얀 즙이 스며 나왔다.

우리는 차도에 앉아 이 열매를 쪼개 유황 엑기스를 날렸다. 냄새가 참 고약했다. 자연주의자 제럴드 듀렐Gerald Durrell은 이 과일의 오싹한 냄새를 "파헤친 무덤의 고약한 냄새와 하수구에서 흘러나오는 악취가 뒤섞였다."고 표현했다. 과장된 묘사이긴 해도, 틀린 말은 아니다. 과육은 꿀에 절여놓은 호박보석 같았다. 난 이 과일에 매료되었지만, 한편으로 두렵기도 했다. 바라밀에서 풍기는 원시적이고 거북한 동물적인 냄새 때문이었다. 털이 나 있고, 부피가 크며, 고약한 냄새를 풍기는 이 과일은 자연 그대로의 모습이었다. 과일을 먹던 러브가 과즙 묻은 손을 바지에 닦으며 즐거운 불평을 늘어놓았다. 난 소심하게 한입 베어 물었다. 러브가 내게 크게 한입 베어 물라고 했다. 난 더는 못 먹겠다고 말했다. 러브는 어깨를 으쓱거리더니 한입 더 베어 물었다. 과일에 대한 애정은 나도 러브에 밀리지 않았지만, 그래도 이 냄새는 너무 고약했다. 바라밀을 말리려고 섬유질 부분을 모으는 그의 모습을 보면서, 내 자신이 실망스러웠다. 내 미각은 아직 이색과일세계의 미각적 즐거움을 접하기에 역부족인 것 같았다.

해 질 녘 우리는 켄트 플레밍Kent Fleming을 만나러 피자가게로 갔다. 그는 키가 큰 하와이 대학 교수로 『하와이에 농업관광 시대가 오다 Agtourism Comes of Age in Hawaii』의 저자였다. 러브는 "뭐든 관광 대상이 될 수 있다."며 재해관광과 음식관광을 언급했다. 플레밍 말에 따르면, 과일관광은 내가 이번 여행에서 체험한 농장과 농업현장 방문으로 구성된다. "농업관광은 교육적 모험ed-venture이기도 하다."고 러브가 재치 있게 덧붙였다. 과일관광은 과일이 셀 수 없이 다양하게 존재한다는 깨달음을 줄 뿐 아니라, 농촌 지역의 지속 가능한 모델개발과도 관련된, 교육적이고 모험적인 친환경 관광이다. 이는 전통적인 가족 농장이 기업형 농장에 맞서 새로운 시장을 창출하고, 최근에 등장한 과일몽상가들—내가 만나본 사람들처럼—이 실현 가능한 사업을 개척할 수 있는 기회이기도 하다.

러브는 인근 대학에 있는 과수원을 과일관광지로 바꾸고 싶은 바람이 있다고 말했다. "그렇게 되면 여행자나 농부에게나 중요한 자원이 된다네. 우리가 매장을 열면 사람들이 과일이나 책을 사가고, 또 과일관광에 대해 알 수 있거든. 지역에서 나는 커피와 하얀 파인애플도 살 수 있을 테고. 우리는 백여 종에 이르는 신기한 과일이 있고 아보카도 품종도 아주 다양해. 본토에서 파는 그 흔한 하스 아보카도는 취급도 하지 않는다니까. 우리는 돼지한테도 그런 품종은 먹이로 안줘." 러브는, 하와이야말로 세계에서 제일 이국적인 과일을 이국적인 위험-예를 들면 사람 등에 벌레가 알을 낳고, 여기서 꿈틀거리는 벌레가 부화하는 것- 없이 맛볼 수 있는 곳이라고 말했다.

다음 날 아침, 나는 러브에게 작별인사를 하고 빅 아일랜드의 다른 쪽에 위치한 힐로Hilo에 가려고 비행기에 몸을 실었다. 내 옆에 앉은 여성이 손가락으로 숫자 8(신 또는 빛을 상징하는 숫자-옮긴이)을 만들어 보이며 '빛의 사절단' 얘기를 시작했다. 이 여성은 자신이 지구별에 있는 모든 사람과 상상계약을 맺은 과정을 설명했다. 그녀는 계약서에 빨간 잉크로 '공허'라고 적고 우표 크기로 접은 후 보라색 불꽃에 태워 재가 불꽃 위로 흩어지게 하면 된다고 말했다.

내 첫 목적지는 오네메아Onemea 과수원이었다. 이 열대과일 농장주인은 인텔에서 일하다 지금은 은퇴한 리처드 존슨Richard Johnson이다. 자신감 넘치고 현실적으로 보이는 이 사람은 람부탄, 망고, 두리안을 재배해 소득을 얻는다. 존슨은 이 과일들이 조만간 키위만큼 인기를 얻을 것으로 확신했다. 과거에는 이 과일들을 본토로 반입할 수 없었지만, 하와이가 방사선 설비에 투자한 결과 현재는 울트라 이색과일의 본토수출이 가능해졌다고 설명했다.

존슨은 내게 꽃을 피운 자웅동체(암수 생식기관이 같이 붙어 있는 꽃) 두리안을 보여주었다. 두리안은 손으로 수분을 해줘야 한다. 고운 안

개 같은 것이 람부탄 나무 사이로 스며들었다. "매미 배설물"이라고 그가 말했다. 나는 사람들이 과일을 찾아 여행을 떠날지 궁금하다고 그에게 물었다. 그도 러브처럼 알고 지내는 과일사냥꾼들이 많은 사람이었다. 그는 켄 러브나 하와이의 다른 과일광들이 본인들을 일컬어 "하와이 마피아"로 부른다고 일러주었다.

"과일주의자라고 들어본 적 있어요?" 존슨이 물었다.

"과일주의자요?"

"그러니까, 과일만 먹고사는 사람들을 뜻해요. 근처 마을인 푸나Puna에 가면 그런 사람들이 많아요. 우리는 그들을 푸나틱스Punatics라고 불러요." 존슨은 내게 그 근처에 사는 오스카 자이트Oscar Jaitt와 함께 과일주의자 얘기를 해보라고 권했다. 존슨의 말로, 자이트는 과일을 찾아 온갖 열대지방을 여행 다니며, 이색과일 씨앗을 파는 웹사이트 www.fruitlovers.com도 운영한다고 했다. 또 사랑을 담아 만든 알로하세라피 과일로션 제품도 만든다고 했다.

나는 오스카 자이트의 집에 도착해 평온함이 감도는 불교식 정원을 걸어 들어가, 나무로 만든 6각형 오두막 문을 두드렸다. 턱수염을 허옇게 기른 매우 나긋해 보이는 한 남자가 발목부위에서 통이 좁아지는 보라색 소용돌이 무늬가 새겨진 주바즈Zubaz 바지(1990년대에 유행한 품이 넉넉한 바지-옮긴이)를 입고 나왔다. 그는 나와 함께 근처 부지에 있는 과수원을 돌며, "과일농사를 하면 영적으로 충만해집니다. 과일농사는 인생이 순환한다는 기적을 보여주거든요."라고 말했다.

그에게 과일주의자가 맞는지 물어보았다. 그가 웃더니 자신은 생식주의자라서 주로 과일을 먹긴 하지만, 엄밀히 말해 과일주의자는 아니라고 했다. 이어 과일주의자들이 실제로 있다며, 그들 중 상다수가 푸나에 살고 있다고 말해주었다. "과일주의자들은 변비가 없어요. 이들은 변비약을 보면 코웃음 치지요."

우리는 자보티카바를 맛보았다. 알이 굵은 짙은 보라색 포도알처럼 생긴 이 과일은, 그가 입은 바지와 잘 어울렸다. 이 과일은 달콤한 버섯처럼 나무 몸통에서 바로 열려서 이를 따먹는 제일 좋은 방법은 '자보티카바 키스'라고 한다. 브라질에서는 아이들이 다른 사람의 뒤뜰에 몰래 들어가 과일에 키스해 나무에서 떨어뜨린다.

자이트가 나에게 롤리니아 나무를 보여주었다. 이 나무의 열매는 크기가 머리통만 했고, 맛은 레몬을 넣은 머랭 파이와 비슷했다. 근처에 그가 특별히 아끼는 작은 나무 두 그루가 있었다. 땅콩버터 과일과 블랙베리잼 과일이다. "이 땅콩버터 과일은 빨간 올리브처럼 생겼지만 스키피Skipppy(땅콩버터 제품-옮긴이) 맛이 나고 식감도 똑같아요." 이름이 정확히 블랙베리잼인 이 과일은 겉이 노랗고 속은 까맣다. 호놀룰루에 사는 어떤 사람은 땅콩버터 과일을 블랙베리잼 과일과 빵나무 열매와 함께 접대한다고 자이트가 귀띔했다. 아이들에게 이 과일을 바른 샌드위치를 보여주면 단연코 환호성을 지를 것이다.

위를 보니, 나뭇가지에 매달린 길쭉한 녹색 과일이 보였다. "저것 좀 보세요." 자이트가 말했다. 기다란 가위를 가지러 가더니, 과일을 싹둑 잘라 나에게 준다. 아이스크림 콩, 혹은 원숭이 타마린드monkey tamarind라고도 부르는 과일이었다. 나는 사이키델릭 펑크 밴드의 '종말의 시작Beginning of the End'이라는 노래제목이 떠올랐다. 그 가사에 보면 "낫소Nassau거리를 따라 열리던 야생과일"이라는 구절이 나오는데, 이를 먹으면 몸이 근질거릴 수 있으니 먹지 말라고 경고한다.(짐작컨대 이들 노래에 맞춰 몸을 흐느적거리게 된다는 소리 같다.) 난 언제나 몸을 흔들거리게 하는 금단의 열매에 호기심이 많았다.

자이트가 아이스크림 열매를 내게 건넸다. 겉모양은 특대 크기의 깍지콩과 크게 다르지 않았다. 그 안을 쪼개보니, 비슷한 구석이 전혀 없었다. 아이스크림 콩은 눈처럼 하얗고 냄새가 향긋한 솜사탕 같은 알맹이로 가득 차 있고, 반투명한 잎맥을 따라 바닐라 아이스크림이 흐르고 있었다. 구름을 먹는 기분이었다. 내가 지금껏 먹어본 것 중 최고의 맛이다. 이걸 먹으면 왜 신이 나서 춤추는지 알 것 같았다.

"과일관광의 특징은 어디를 가든 늘 새롭다는 것이지요. 세계 어디를 가든 자연은 경이롭잖아요. 우리가 지금까지 알아낸 과일 종류만 해도 수만 가지입니다. 당신 동네 슈퍼마켓에는 몇 가지 종류나 취급할까요? 아마 25가지 정도 될까요?" 자이트가 물었다.

자이트는 신기한 과일로 가득한 그릇을 가리키며 초콜릿이 어디서 나오는지 아냐고 물었다. "코코아 콩 아닌가요?" 나는 자신 없는 목소리로 답했다. "좋아요, 그럼 코코아 콩은 뭐지요?" 자이트가 다시 물었다. 난 모른다는 말밖에 할 수 없었다. 자이트는 미식 축구공처럼 생긴 오렌지를 가리킨다. "저게 카카오에요. 과일이지요. 모든 초콜릿은 카카오 열매 씨앗에서 나와요. 한번 먹어볼래요?" 자이트는 열매를 쪼개더니 젤라틴같이 하얀 물질에 둘러싸인 각 얼음 크기의 씨앗을 건네주었다. 망고스틴 맛이 났다. 유럽 사람들이 후추를 화폐로 사용했듯이, 아스텍 사람들은 카카오 씨앗을 돈으로 사용했다. 중세 시대 중앙아메리카에서는 돈이 말 그대로 나무에서 열린 셈이다. 내가 과육을 빨아먹고 나자, 자이트가 초콜릿을 만들 때 이 씨앗을 어떻게 볶고 가공하는지 설명했다. "사람들은 자신이 먹는 음식이 어디서 어떻게 자라는지 전혀 몰라요. 그냥 슈퍼에서 사오면 그만이지요." 자이트가 말했다.

떠날 채비를 하던 내게, 자이트가 과일잡지를 몇 권 건네주었다.「과일재배Fruit Gardener」라는 잡지를 훑어보았다. 알 수 없는 장소에서 놀라운 과일을 손에 들고 자세를 취한 과일사냥꾼들의 사진을 들여다보고 있자니, 아직 그 모습을 드러내지 않은 과일애호가 세계가 내게 열린듯했다. 나는 이들에 대해 알고 싶고, 그들의 열정을 이해하고 싶었다. 또 같이 여행을 다니며 과일을 맛보고 싶었다.

공항에서 유리구슬 같은 보라색 자보티카바를 한 움큼 꺼냈다. 자이트의 송별선물이었다. 이 열매를 바라보는 순간, 너무 흔해서 그다지 관심 두지 않았던 과일이, 그 초자연적인 신비로움을 드러내는 것 같았다. 제임스 조이스에게 일상에서 깨닫는 통찰이란 "별안간 다가오는 영적인 징후"였다. 아름다움, 진실, 신은 어디에나 존재하며, 그 존재가 너무나 당연해 보여 관심조차 두지 않는 곳에 존재한다.

푸코Foucault는 호기심을 "우리를 둘러싼 낯설고 특이한 대상을 찾아나설 준비가 된 상태. 익숙한 것을 깨뜨리고 똑같다고 지나칠뻔한 것을 바라보는 집요함"이라고 정의했다. 자보티카바 사진 한 장을 뚜렷이 보다가 초점을 흐리게 해 쳐다보기도 했다. 작은 방울이 순수한 기하학 무늬로 변했다.

앞으로 인기몰이를 할 이 자보티카바는 내가 아직 경험하지 못한 새로운 경험들을 암시하는 것 같다. 사진을 손에 쥐고 있으니, 뭔가 기적적인 일이 내 손바닥 안에 떨어질 것 같았다. 내가 무의식중에 올린 기도에 대한 응답처럼.

3장

인간을 만든 조물주, 과일

과일나무에 숨겨진 신의 섭리는
오직 축복받은 자만이 알아챘다.

_ 힐데가르트 폰 빙엔 St. Hildegard von Bingen**(중세 시대 독일의 수녀)**

돌아온 호텔에서 중년의 영국인 두 명이 내 옆에 앉아 있었다. 부유하나 매우 무료해 보이던 이들이 내게 말을 걸어왔다. 두 사람은 휴가차 이곳에 왔지만 지금껏 한 일이 없다고 했다. "여기 와보니 4백 년 된 나무가 있던데 나만큼 지루한 표정은 아니더라고." 그중 한 사람이 느긋하게 파이프 담배를 한 모금 빨더니 축 늘어진 표정을 지었다.

이 난봉꾼 같은 사내들 옆에 여자 친구들이 앉아 있었다. 가슴이 큰 20대 쌍둥이로 노란 점프수트(상하의가 연결된 활동적인 바지-옮긴이)를 똑같이 맞춰 입었고, 큰 고리모양 귀걸이에 해적두건을 둘렀으며, 머리는 옆으로 한데 모아 묶었다. 나는 이들에게 연예계 방면에서 일하는지 물었다.

"그렇소, 노래하고 춤추는 애들이지요." 늘어진 턱이 설명했다.

"우리 밴드 이름은 체리서머Cherry Summer예요." 쌍둥이 중 하나가 맨체스터 억양으로 마르미테Marmite 소스보다 더 걸쭉한 목소리로 외쳤다.

"이름을 왜 체리서머라고 지었어요?"

잠시 머뭇거리더니 다른 쌍둥이가 눈을 굴린다. "음…… 그러니까 우리가 체리를 좋아해서였나?"

"글쎄, 이름을 보면 알지 않나." 축 처진 사내가 파이프를 깊이 빨아들이며 답했다.

당시 나는 과일의 신비로운 힘을 생각하며 많은 시간을 보냈기 때문인지, 그 이유가 그렇게 간단할까 싶었다. 브라질에 다녀온 후 나는 이유는 잘 모르겠지만 과일을 보면 행복감을 느꼈다. 과일이 주변에 있을 때, 특히 나무에서 바로 따먹을 수 있을 때 나는 즐거웠다. 쌍둥이 중한 명에게 왜 그리 과일에 관심이 많은지 질문을 받자, 나는 엉겁결에 머릿속에 떠오른 생각을 말해버렸다. "과일은 세상의 모든 경이로운 현상을 상징하거든요."

이는 어디까지나 진실의 일부이다. 우리가 과일을 좋아하는 또 다른 이유는 훨씬 이기적이다. 과일이 없었다면 인간은 생겨나지 못했을 것이다. 나무 위에서 유인원처럼 살던 원시인류는 5백만 년에서 9백만 년 전 사이에 처음으로 등장했다. 과일은 이들의 진화를 도왔다. 어마어마하게 다양한 과일이 없었다면 "인류는 아직도 밤에 바퀴벌레를 갉아먹으며 야행성 식충동물로 남아 있었을 것"이라고 로렌 아이슬리는 『광대한 여행The Immense Journey』에 기록했다.

과일은 우리가 눈을 뜨게 해줬다. 인간은 몇몇 조류 및 영장류와 더불어 녹색과 빨간색을 구분할 수 있는 선택받은 종이다. 3차원 빛 수용체를 지닌 시력은 무성한 녹색 잎사귀에서 빨갛게 익은 과일을 분간

해야할 필요성에서 생겨났다. 오늘날 '정지'를 뜻하는 빨간 신호등을 보고 멈추듯이, 원시림에서도 빨간 과일을 보면 똑같이 멈춰 섰다. 녹색과 빨간색은 이제 아스팔트 정글의 일부가 되었지만, 그 의미는 크게 바뀌지 않았다. 이와 마찬가지로, 인류가 애초에 설탕처럼 단맛을 추구하는 방향으로 진화한 점도 과일이 익었는지 분간하기 위해서였다고 미각 전문가들은 추측한다.

네 발로 기어다니던 선조들이 허리를 곧추 세우고 조잡한 도구 몇 가지를 뚝딱거려 만들기 시작하면서, 과일은 선사시대 인류의 일상 식단이 되었다. 나무에서 빠져나온 우리는 초원에서 자라는 열매와 곡물을 먹기 시작했다. 인류는 점차 아프리카에서 벗어나 전 세계로 지혜롭게 뻗어 나갔다. 약 1만 3천 년 전, 수렵채집자였던 인류는 네 손가락과 마주보는 엄지opposable thumbs(일부 영장류와 인간만이 보이는 진화의 특징으로 이 덕분에 도구사용이 가능해졌다-옮긴이)를 이용해 손에 넣을 수 있는 것은 뭐든(주로 오크 나무 열매인 도토리였지만) 게걸스럽게 먹어 치웠다. 인류는 밀이나 다른 과일보다 도토리를 훨씬 많이 먹었다고 추측한다.

신석기 혁명 초기에 처음으로 재배한 작물은 무화과, 밀, 보리 그리고 완두콩을 비롯한 콩 종류였다. 기원전 4000년경, 비옥한 초승달지대에 거주했던 인류는 올리브, 대추야자, 석류, 포도를 길렀다. 토지가 있던 수메르인, 이집트인, 그리스인들은 재배하기 힘든 일부 과일 종류도 즐겼고, 로마제국 시대에 이르러 이 과일들이 널리 확산되었다. 카이사르Caesar 시대에는 해외전쟁에서 승리하고 돌아올 때 전에 본 적 없는 과일들을 신비로운 물건처럼 가지고 들어왔다. 로마제국 시대에는 도처에 과일을 심었으며, 로마인들은 어디를 가든 씨앗을 지니고 다녔다. 보통 사과가 영국이나 미국에서 온 것으로 생각하지만, 실은 카프카스산맥을 거쳐 로마를 통해 전파된 과일이다.

당시에는 과일을 대부분 말려 먹거나 요리해 먹었다. 그때의 과일들은 현재 우리에게 익숙한 과일보다 작고 질기며 신맛이 강했기 때문이었다. 올리브는 소금에 절이거나 압착해서 오일로 만들었다. 포도는 경우에 따라 날것으로 먹기도 했지만, 주로 와인을 만드는 데 쓰였다. 무화과는 제철에 나무에서 따서 바로 먹기도 했지만, 굽거나 절여 먹었다. 다른 과일들도 보통 가공한 후 소비했다. 문명이 들어서면서 야생 상태에서 벗어난 것이었다. 레비스트로스Lévi-Strauss(프랑스의 인류학자)는 『날것과 익힌 것The Raw and the Cooked』에서, 음식을 조리해 먹은 시대의 등장은 "자연에서 문명으로 이행했다는 징표"라고 서술했다.

인류는 경작을 하면서 과일을 개량하여 원하는 속성만 선택할 수 있었다. 즉, 씨앗은 더욱 작게 과육은 풍부하게 그리고 맛은 더 뛰어나게 개량하였다. 이는 야생과일이 가장 맛있다는 믿음과 상반된다. 사실 경작하지 않은 품종 중에는 먹기에 부적합한 종류들이 있다. 야생 복숭아는 완두콩만 한 작은 알갱이로 쓴맛이 난다. 야생 바나나에는 치아에 자극적인 씨앗이 가득하다. 야생 파인애플도 오톨도톨한 자갈 같은 것들이 많다. 달콤한 오렌지는 1400년대 말쯤에 지중해 유역으로 건너왔다. 옥수수는 테오신트teosinte라고 하는 집게벌레보다 조금 큰 매우 작은 곡물에서 진화했다고 추측한다. 인류의 선택으로 테오신트가 사람 손가락만 한 크기가 되는 데 수천 년이라는 세월이 걸렸고, 오늘날 우리가 버터를 듬뿍 발라 먹는 알이 굵은 옥수수를 얻는 데 다시 수천 년이 흘렀다.

고대의 의학 권위자들은 신선한 과일이 대부분 건강에 이롭지 않다고 여겼다. 플리니우스Plinius(로마의 학자, 자연주의자)는 배를 익히거나 말려 먹지 않으면 소화하기 힘들다고 말했다. 콜루멜라Columella(로마의 작가)도 복숭아에서 "몸에 해로운 유독성분" 냄새가 난다고 했다. 의사들도 살구를 먹은 다음 게워내라고 조언했다.

의사 갈레노스Galenos가 2세기 때 전파한 가르침이 1,500년 가까이 의학계를 지배했다. 갈레노스는 과일이 두통, 식도장애, 소화장애, 발열, 심지어 조기 사망까지 모든 면에서 문제를 일으킨다고 보고, 과일 섭취를 경계했다. 또 생과일은 소화제 역할을 하므로, 과일을 즐기지 말고 불순물 제거에 활용하도록 했으며, 보미토리움vomitorium(먹은 음식을 토할 수 있게 만든 공간-옮긴이) 근처에 두는 게 최상이라고 그는 생각했다. 갈레노스는 또 좋게 봐도 과일은 하제下劑일 뿐이라고 생각했다. 그는 "과일을 음식으로 먹을 필요는 없고 약제로만 써야 한다."고 기술했다. 변비 환자를 왕진갔을 경우 갈레노스는 배와 덜 익은 과일을 먹도록 했다. 그러면 놀랍게도 환자들이 곧바로 배설했다고 그는 흡족해하며 기록을 남겼다. 과일을 약물용도로만 써야 한다는 서구의 믿음은 르네상스 시대까지 이어졌다.

로마를 약탈한 유목민족은 농경의 필요성을 몰랐기 때문에 나무를 뿌리째 뽑았다. 그 결과 유럽은 불모지로 뒤덮였다. "불모지가 사라지지 않아 중세 시대는 40대에 걸쳐 고통받았고, 이들의 애처로운 운명은 계속 전승됐다."고 역사가 윌리엄 맨체스터William Manchester는 기록했다.

아시아에서 과일문화가 싹튼 것은 7세기에서 10세기까지 번영한 당 왕조의 전성기 때였다. 황실정원에서 황제와 그 측근들을 위해 최고급 과일을 재배했다. 송 왕조 때는 자두나무 재배기술 개발이 크게 유행하였다. 감귤, 바나나, 체리, 살구, 복숭아 같은 과일 종류가 모두 극동 지역을 거쳐 서구로 건너갔으며, 이를 매개한 것은 인도양을 건너던 어선 그리고 중국과 페르시아를 잇는 실크로드로 이동한 상인집단이었다.

지중해 남쪽에서는 이슬람이 성장하면서 과일이 전파되었다. 이슬람의 칼리프가 북아프리카를 통해 뻗어 나가면서 새로운 아시아산 과일도 그 뒤를 따라갔다. 이슬람 교리에서 술은 금기였으므로, 포도밭을 없애고 대신 과일나무를 심었다. 유럽인은 아라비아 문명에 빚진 셈인데, 항해지도 덕분에 아프리카나 아메리카를 찾는 데 도움을 받았을 뿐 아니라, 현대 자본주의를 탄생시킨 숫자체계 또한 전수받았기 때문이다. 아라비아인은 미적분을 비롯해 지질학, 천문학, 고고학의 선구자였다. 또 유럽인들에게 과일 즐기는 법을 알려준 것도 아라비아 사람들이었다.

1100년경, 십자군이 유럽인들에게 과일이 무성하게 자라는 해외 지역을 소개했다. 마르코 폴로Marco Polo가 동방을 여행하며 쓴 기록은 훌륭한 배와 살구, 바나나에 대한 묘사로 가득해서 상당한 흥미를 불러모았다. "이곳에는 우리 땅에서 자라는 과일과 비슷한 것을 단 한 개도 찾아볼 수 없다."고 그는 적었다. 당시 사람들은 과일과 향신료가 실제 천국에서 온다고 생각했고, 이 천국이 동방 어디쯤에 있다고 믿었다. 아메리카대륙을 발견한 정복자들이 파인애플, 파파야, 감자 같은 신기한 과일을 가지고 돌아왔다. 콜럼버스는 그가 발견한 과일에 대해 이런 기록을 남겼다. "수천 가지 종류의 과일나무에 저마다 다른 과일이 열리며, 이 모두가 놀랄 만큼 향기로운 냄새를 뿜는다. 이 소중한 열매들을 여태껏 모르고 살아왔다니, 이 얼마나 비극인가."

그렇지만 대다수의 유럽인은 갈레노스가 남긴 가르침을 고수해서 생과일을 기피했다. 생과일은 "소화도 안 되고 배에 가스가 차게" 만들었다. 또 우울증을 심화시켰고, 기분을 가라앉혔다. 또 과일은 아동들을 대거 사망케 한 유아설사의 주범이라고 보았다. 14세기에 프랑스의 시인 위스타슈 데샹Eustache Deschamps은 과일 때문에 전염병이 생겼다며, 독자들에게 "오래됐든 신선하든 장수하고 싶으면 과일"을 피하라고 경고했다.

그리 놀랄 일은 아니지만, 식민주의자들은 어디를 침략하든 그 지역에서 나는 농작물을 쓸모없다고 보았고, 한때 필수작물이었던 것들을 하찮게 여겼다. 이들은 또 토종작물을 뿌리 뽑아 지역의 고유식물에 대한 축적된 지식도 사라지게 했다.

폴 프리드먼Paul Freedman(예일대 역사학과 교수)은 『음식, 그 맛의 역사Food: The History of Taste』에서 "생과일은 중세 시대나 르네상스 시대에 비록 즐거움을 선사했을지라도(혹은 즐거움을 주었기 때문에) 위험한 음식으로 보았다."며, 1860년대까지 신선한 과일소비는 최저수준에 머물렀다고 언급했다. 유럽인 중 생과일의 참맛을 처음으로 알아본 사람은 16세기의 왕족이었다. 루이 14세는 주치의의 권고를 무시하고 보란 듯이 딸기를 먹었다. 러시아의 짜르는 산딸기를 모으기 위해 라플란드Lapland(유럽 최북부 지역)에 전령을 파견했다. 1545년에 침몰한 헨리 8세의 기함 메리로즈Mary Rose호에서 나온 보물 중에는 그린게이지 자두도 끼어 있었다. 보헤미아의 겨울왕 프리드리히는 하이델베르크에 있는 자신의 성에서 오렌지 나무를 재배하기 위해 일 년 내내 난로를 가동했다. 찰스 2세는 파인애플을 배경으로 자신의 초상화를 제작하도록 화가에게 명했는데, 당시 파인애플은 최고의 신분을 상징했기 때문이었다. 또한 1667년에 수도사 아타나시우스 키르허Father Athanasius Kircher는 파인애플에 대해 "맛이 환상적이라, 중국과 인도의 귀족계급들이 다른 무엇보다도 좋아할 것"이라고 적었다.

　군주들의 모범을 따라 귀족들도 과일에 탐닉했다. 1698년에 프란시스 미숑 드 발부르Francis Misson de Valbourg는 "과일은 위대한 자들의 식탁에, 그것도 극히 소수에게만 내놓아야 한다."는 글을 남겼다. 과일은 상류층과 룸펜 프롤레타리아를 구분 짓는 경계였다. 오만한 상류층 사람들은 과일에 향수와 향신료를 뿌린 포맨더pomander라는 것을 들고 다니면서 거리에서 나는 불쾌한 냄새를 멀리했다. 유독성 기체가 엄습해오면 이들은 코를 포맨더에 파묻고 그 향기를 맡았다.

　당시 과일은 대부분 크기도 작고 즙도 풍부하지 않았다. 인류는 과일을 재배하고 번식하는 방법을 알아냈지만, 원하는 속성만 골라 개량하는 방법은 아직 걸음마 수준이었다. 과일정원을 가꾸기 시작하면서, 과일품종 모으기가 상류사회의 취미 생활로 자리 잡았다. 과수원은 부의 상징이었고 정원관리사와 상주정원사를 두기 시작했다. 과일정원은 기호와 우아함뿐 아니라 권력의 징표였다. 우수한 과일을 골라 그 품종을 재배하면서 식감이 향상되었다. 계몽주의 시대에 자연계를 연구한 결과 과일재배를 다룬 논문이 무수히 쏟아졌다. 율리스 알드로반디Ulisse Aldrovandi(이탈리아의 박물학자)의 유명한 분더캄머른Wunderkammern(골동품 수집품실-옮긴이)과 프란체스코 칼졸라리Francesco Calzolari의 칼세올라리움 박물관Museum Calceolarium을 비롯한 골동품 진열장은 자연의 무수한 산물, 그중에서도 과일을 주인공으로 삼았다.

　역사가 켄 알발라Ken Albala는 르네상스 후기가 되자 "이탈리아 사람들이 어떤 식으로든 과일에 푹 빠져버렸다."고 기록했다. 곧이어 유럽의 의사들은 사실 과일이 건강에 이로울 수도 있다는 의견을 밝히기 시작

했다. 1776년이 되자 의사들은 생과일이 "소화도 아주 잘 되고 건강에
도 좋은 음식"이라고 설명했다.

허기진 백성들은 여전히 뭐든 구할 수 있는 음식을 먹었다. 소작농들
이 흔히 먹던 과일은 서양모과였다. 지금은 잊혀진 이 갈색 과일을 당시
에는 반드시 말려 먹었다. 이 과정을 일컬어 블레팅bletting이라고 했으
며, 이렇게 만든 과일을 '알궁둥이open-arse'라고 불렀다. 이 외에 사람
들이 먹을 수 있던 음식은 묽은 죽, 오트밀 죽, 순무, 양배추, 소금을 조
금 뿌린 고기, 소량의 빵 정도였다. 19세기 초까지 지주나 귀족 일부를
제외하고는 전 세계 모든 이들이 찢어지게 가난한 상태였다. 평균수명
은 40세를 맴돌았다.

사람들은 과일을 음료로도 소비했다. 미국에서는 과일 대부분을 사
이다cider(과일을 발효시킨 알콜 음료-옮긴이)나 페리perry(배를 발효시킨
술-옮긴이), 그리고 복숭아 브랜디인 모비mobby를 만드는 데 이용했다.
식수가 안전하지 않다고 보았기 때문에, 사람들은 모두 과일주를 마셨
다. 존 폰테스큐John Fontescue(영국의 법학자)는 영국 사람들이 늘 술에
취해 있다고 지적했다. 영국인은 종교적 목적이 아니면 물을 마시지 않
았다. 헤드릭U. P. Hedrick(식물학, 원예학 교수)은 "미국에서 자라는 과일은
세상에 나와 200년 동안 거의 술과 뒤섞이는 용도로 사용됐다."고 썼
다. 역사가들은 오래전부터 미국인들이 과일을 마시지 않고 먹기 시작
한 것은 획기적인 변화라고 기록했다. 오직 부유한 자들만 신선한 과일
을 맛볼 수 있었다. 워싱턴과 제퍼슨, 그리고 땅을 소유한 부호들은 과
일을 중요시 여겨, 식후 잡담할 때 다양한 과일 종류에 대해 이야기했
고 노예를 두고 과수원을 돌보도록 했다. 이러한 상류층을 생계형 농부
들과 구분지어 "취미로 농사짓는 사람들gentleman farmers"이라고 불렀다.

산업혁명 때까지, 북아메리카에는 농촌인구가 두드러졌다. 사람들은 자급자족하며 살았다. 여름에도 신선한 과일을 거의 접할 수 없었고, 겨울에는 아예 찾아볼 수도 없었다. 도시 거주자들 역시 말할 것도 없었다. 과일을 도시까지 가져가려면 그 기간이 너무 오래 걸려, 도시에 도착할 때쯤에는 과일이 부패하는 경우가 다반사였다.

식민지 침략자들은 커피나 차, 초콜릿 같은 자극제를 사들였고, 당시 출현한 굶주린 도시 노동계급은 칼로리를 채우려고 게걸스럽게 입을 벌렸다. 과일이 들어간 방부제, 잼과 마멀레이드 만들기가 더욱 널리 보급되면서 설탕가격이 떨어졌다. 19세기에 로라 매손Laura Mason은 『사탕과 셔벗Sugar-Plums and Sherbet』에서 과일 맛 사탕을 일컬어, "가난한 사람들이 그나마 감당할 수 있는 과일 대용품"이라고 적었다. 설탕을 녹여 만든 값싼 과일이 널리 이용되면서, 기술의 힘을 빌려 사회를 기만하는 일이 한결 쉬워졌다. 애초부터 진짜 과일은 없었다.

오늘날 슈퍼마켓 선반에 있는 사탕제품은 과일을 흉내 내거나 과일에서 추출한 제품이 대부분이다. 스웨디쉬 베리Swedish Berries, 졸리 랜처Jolly Ranchers와 스키틀즈Skittles가 바로 그런 제품들이다. 생식주의자 자이트가 일러준 대로 초콜릿은 카카오 열매에서 나온다. 풍선껌은 달콤한 치코 열매로 유명한 사포딜라 나무 유액에서 나온다.

아스텍인은 유럽인들이 도달하기 훨씬 전부터 치클chicle을 씹었다. 20세기 초에, 미국의 껌 제조사들은 치클로스chicleros라고 부른 수천 명의 남아메리카 풍선껌 수확일꾼을 고용해 사포딜라 수액을 채취했다. 이 산업은 제2차 세계대전 이후 석유화학원료가 도입되면서 사라졌다. 오늘날 껌은 PVA(폴리초산비닐)라고 하는 합성수지오일 추출물로 만든다.

1809년에 통조림이 등장하면서 과일 이용은 한걸음 더 진전했다. 비록 과일 통조림에서 금속성 맛이 느껴지긴 해도, 이러한 기술혁신 덕분에 일 년 내내 과일을 즐길 수 있게 되었다. 1800년대 중반, 미국의 작가 다우닝A. J. Downing은 농부들에게 먹을 수 있는 과일을 재배해달라며 따끔한 지적을 남겼다. "미국에서 땅을 어느 정도 소유한 자들은 과일로 돈을 벌었으면서도 재배하는 과일이라고는 야생 사과나 떫은 배 종류들뿐이니, 지각 있는 사람들이 이런 과일을 외면해도 할 말이 없을 것"이라고 했다. 반면 1869년에 퀸P. T. Quinn은 좋은 과일은 "사치품이라서 부유한 계층이나 누릴 수 있다."고 했다. 이 무렵부터 미국에서 맛이 한결 나아진 과일재배가 확산되었다. 그러나 팽창하던 도시인구에게 이 과일들을 실어나를 방법은 여전히 찾기 힘들었다.

운송수단이 말과 버기buggy(고르지 못한 길을 달릴 수 있게 만든 차량-옮긴이)에서 기관차로 진화하면서 과일운송이 손쉬워졌지만, 농부들은 장거리 운송에 적합한 과일들을 직접 생산해야 했다. 맛이 뛰어난 조지아 복숭아는 앨버타 품종으로, 과육이 단단해서 뉴욕 시까지 물러지지 않고도 운송이 가능했다. 헨리 포드Henry Ford의 일괄작업라인assembly line은 대량생산 모델로 자리 잡았다. 냉장장치 시대가 오면서, 맛은 좀 떨어져도 슈퍼마켓과 자가용 덕분에 도시인들의 과일소비가 촉진되었다. 7백만 명의 이탈리아 사람들이 대거 들어온 것도(주로 1880년에서 1921년 사이에) 미국인들의 식습관과 농업에 큰 영향을 미쳤다. 농산물에 대한 이들의 열정은 파급력이 컸다.

20세기까지 영국은 나무에서 썩어가는 과일이 상당히 많았다. 이 과일들은 결실을 보지 못했을 뿐 아니라 영국의 습기 찬 기후 때문에 햇빛을 받으며 제대로 익지 못했다. 1890년대에 사과는 영국의 국민적인 과일이 되었다. 정부는 '과일 더 먹기' 운동을 벌였다. 감귤류가 괴혈병을 예방한다는 사실이 알려졌어도 수만 명의 군인들이 괴혈병으로 사망한 것은 비교적 최근인 1910년이었다.

제1차 세계대전 즈음 비타민의 존재가 확실하게 알려지면서, 생과일이 단지 몸에 이로울 뿐 아니라 필수적이라는 결정적인 인식의 변화가 생겼다. 그러나 신선한 과일은 20세기 전쟁기간 동안 접할 수 없었다. 캐나다 가정은 '라즈베리' 잼을 배급받았다. 사실 이는 달게 만든 순무였고, 딸기 씨앗이 들어간 것처럼 보이게 하려고 그 안에 나무 부스러기 같은 것을 드문드문 섞어 넣었다. 화가 마티스Matisse는 전쟁 당시 "아름다운 여성보다 더 귀한 것이 과일"이라고 말했다. 자몽은 대공황 이후 미국에서만 인기를 끌었는데, 그 이유는 자몽이 식량배급표와 교환 가능했기 때문이었다. 그때까지도 사람들은 과일을 먹기 전에 여러 시간 동안 끓여야 한다고 생각했다.

제2차 세계대전이 끝나자 영국정부는 모든 아이들에게 바나나를 배급했다. 바나나가 도착하는 신나는 날, 에블린 워Evelyn Waugh(영국의 풍자작가)의 세 자녀는 흥분으로 들떠 있었다. 둘째인 오베론 워Auberon Waugh(영국의 작가이자 저널리스트)가 『이것으로 충분할까?Will This Do?』에서 회상한 것처럼 아이들의 즐거움도 잠시였다. 배급받은 바나나는 "아버지 접시에 올라갔고, 자녀들의 고뇌에 찬 눈동자 앞에서 아버지는 하늘의 별따기처럼 구하기 힘든 크림과 힘들게 배급받은 설탕을 바나나와 뒤섞더니, 세 가지를 한꺼번에 삼켜버렸다. …… 그때부터 우리 아버지는 평생 내 기억에 이런 인물로 각인됐다. 아무리 성적 일탈을 꿈꿔본들 성공 못 할 사람이라고."

전후 시기부터 새로운 과일이 슈퍼마켓에 계속 모습을 드러내면서,

과일은 눈부신 인기를 끌었다. 테드 휴스Ted Hughes(영국의 시인)는 스물다섯 살 때인 1955년 생애 처음으로 런던에서 신선한 복숭아를 맛보았고, 그 해는 실비아 플라스Sylvia Plath(미국의 작가, 소설가)를 만난 해이기도 하다. 키위는 1960년대에 도착했다. 망고와 파파야는 바로 그 뒤를 이어 출현했다. 이민 물결과 여행으로 서구인들이 이국적 진미에 눈을 뜨자, 남미, 아시아, 아프리카, 카리브 해, 중동 지역에서 온 과일들이 모든 이들의 식단에 조금씩 올라가기 시작했다. 신선한 무화과는 몇 년 전에 몬트리올에 발을 디뎠다. 2006년까지 석류를 먹어본 미국 인구는 단 5퍼센트였지만, 이 수치는 지금 빠르게 바뀌는 중이다.

지난 반세기 동안 과일의 품질은 떨어졌어도 접근성은 크게 향상됐다. 이런 변화는 아마 불가피했을 것이다. 여러 가지 면에서 과일의 황금기가 시작되었다. 전에는 이렇게 많은 이들이 무척 다양한 과일을, 개량종이든 재래종이든 상관없이 지금처럼 신선한 상태로 접해본 적이 없었다. 그리고 혁신적인 품종연구가와 생산자들이 계속 맛에 주목하고 소비자들이 제철과일의 맛을 재발견하면, 앞으로 농산물 코너는 훨씬 더 흥미로워질 것이다. 우리는 주변에 있는 다양한 품종을 이제야 인식하기 시작했다. 적포도나 청포도 같은 단순한 구분은 잊어버리자. 세계적으로 만여 가지가 넘는 포도 품종이 있다. 야생종 체리의 경우, 지난 수십 년 동안 재배해온 천여 가지의 품종을 제외하고도 백여 가지가 존재한다. 배는 목록에 올라온 품종만 해도 5,000가지이다. 세계적으로 재배 중인 수박 품종은 1,200가지이다. 대추야자는 600여 종이 넘는다. 앞으로 살펴보겠지만, 우리가 아직 이 모든 과일 맛을 접하지 못한 이유는 여러 가지이다. 요점은 전 세계의 과일들이 계속 진화 중이라는 사실이다.

'fruit'이라는 단어는 '기뻐하다'를 뜻하는 라틴어 fruor와, 즐거움, 쾌락, 만족을 뜻하는 단어 fructus에서 나왔다. fruc-이 원시 게르만어 bruk로 꼴이 바뀌면서, '즐기다'는 뜻이 포함되었다. 그러나 중세 시대에 이르러 본래 의미를 잃고 '소화하기 쉽다'는 뜻이 되었다가, 16세기에는 '꽤 좋은' 상태를 뜻하게 되었다. 굽이치는 어원의 시냇물을 따라 bruck는 영어에서 견디다를 뜻하는 동사 'brook'이 되었다. 분명 현재 과일은 오래 견디도록 재배하고 있지만, 초기 의미인 더없는 기쁨을 준다는 뜻도 지니고 있다.

윌리엄스W. C. Williams(미국의 시인)는 슬픔에 잠긴 노파를 위로하기 위해 '탐스런 자두의 위로a solace of ripe plums'를 썼다. 세잔Cézanne은 사과를 통해 내면의 평화를 찾았다. 솔로몬은 구약성서 아가서Song of Songs에서 "사랑에 질린 나는 사과에서 위안을 얻네."라며 심경을 토로했다. 아인슈타인에게 과일은 즐거움을 얻는 간단한 공식이었다. "탁자 하나, 의자 한 개, 과일 한 바구니와 바이올린. 행복하려면 이것 말고 뭐가 더 필요할까?" 니콜라 드 본퐁스Nicholas de Bonnefons(프랑스의 작가)는 과일나무와 교감하며 스트레스를 다스렸다. 그는 과일이 안도감을 준다고 믿었다. "모든 음식 중 최고의 만족감을 주는 것은 오직 과일뿐이다." 『천일야화』에 나오는 바나나는 비통에 잠긴 여성에게 특별한 마력을 선사한다. "바나나…… 어린 소녀가 눈을 번뜩인다/ 바나나! 목을 타고 내려가면, 우리 몸은 기뻐하며 맞이한다/ …… 게다가 오직 바나나만이 공감하는 능력을 지녔다. 오, 과부와 홀아비를 위로해주는 과일이여!"

학계이론 중에 10대의 불안증세와 식단 사이의 연관성을 보여주는 내용이 있다. 이에 따르면 주의력결핍 과잉행동장애로 리탈린Ritalin을 처방받은 아이들이 아침에 과일을 먹기 시작하자 상당한 진전을 보였다고 한다. 과일치유학fructology은 환자의 기를 점성술에 나오는 운명의 과일로 정화하는 치료법이다. 홈페이지 www.thefruitpages.com에 가보면 과일을 주기적으로 먹어서 우울증을 극복한 사람들 얘기를 접할 수 있다. 앤디 마리아니Andy Mariani는 새너제이San Jose(미국 캘리포니아주에 있는 도시)에서 미국의 최고급 복숭아를 기르는 과수재배자다. 그는 자신이 자가면역 질환으로 쇠약해졌을 때 어머니가 건네준 넥타린 덕분에 살아야겠다는 의지가 생겼다고 술회했다.

과일의 치유력을 뒷받침하는 과학적 연구도 있다. 무화과는 오메가3와 폴리페놀 함량이 와인이나 차보다 많으며, 감귤류의 껍질은 피부암을 낮게 해주고, 키위는 아스피린과 유사하게 혈액을 희석하는 작용을 한다. 바나나는 긴장을 풀어주며 우울증을 완화해주는데, 이는 세르토닌 수치를 높여주는 단백질인 트립토판 때문이다. 크랜베리에 많이 들어 있는 식물성 화학물질은 요로감염을 치료해주고 신장결석, 콜레스테롤, 궤양에도 효과가 있다고 한다. 크랜베리는 또 PAC라고 부르는 프로안토시아니딘proanthocyanidin을 함유하고 있어서 해로운 박테리아를 감싸 이것이 우리 몸속에 들러붙지 못하게 한다.

아보카도를 제외한다면, 우리가 슈퍼마켓에서 사 먹는 과일은 단백질, 탄수화물, 콜레스테롤, 나트륨, 지방 함량이 무시해도 좋을 만큼 적다. 또 과일에는 적정량의 식이 섬유질이 포함되어 있다. 비타민과 미네랄이 풍부하다는 점도 과일의 빼어난 점이다. 모든 과일을 포함해 식물에는 인체건강에 필수인 식물성 생리활성물질phytonutrient도 다양하게 들어 있다.

이들 영양소를 흡수하는 최고 좋은 방법은 일곱 가지 색깔의 과일을 매일 먹는 것이다. 과일의 색상은 서로 다른 영양소가 들어 있다는 뜻이다. 수박이나 붉은 자몽, 카라카라오렌지처럼 분홍색 계통 과일은 모두 노화방지제인 리코펜lycopene을 함유하고 있어서 해로운 활성산소의 활동을 억제한다. 블루베리나 체리, 사과껍질, 붉은 오렌지, 석류 등 붉은색이나 보라색 과일은 안토시아닌anthocyanin이 들어 있다는 표시이다. 이는 2007년 연구에서 밝혀졌듯이 정상세포는 건드리지 않고 암세포만 파괴하는 플라바노이드flavanoid계 물질이다. 파파야, 망고, 복숭아 같은 오렌지 계통 과일은 심장병을 예방하고 근육퇴화를 막는 카로테노이드carotenoid가 들어 있다. 아보카도, 청포도, 완두콩 같은 노란색과 녹색 과일은 눈 건강에 필수적인 루테인lutein과 제아산틴zeaxanthin이 함유돼 있다.

20세기 초 사과생산자들은 사과를 홍보하려고 "하루 사과 한 알이면 의사가 필요 없다."는 문구를 만들어냈다. 오늘날 이 견해를 뒷받침해주는 연구결과가 나오고 있다. 사과는 폐를 정화하고 천식증상을 완화하며 암발생률을 낮춘다. 또 입안 박테리아를 제거하는 데 칫솔보다 낫다는 연구결과도 있다. 사과껍질을 깎는 행위는 두뇌활동을 활성화하고 향상시킬 뿐 아니라, 치매를 막고 창의력을 자극해준다. 예일 대학의 한 연구에서는 사과향이 공황장애를 막아준다는 사실을 확인했다.

우리 선조들은 약효성분이 가득한 과일을 숲에서 나는 의약품이라고 생각했다. 동양은 약초치료를 할 때 서구에 잘 알려지지 않은 열매를 많이 사용한다. 천련자는 진통제로 쓰인다. 솔로몬제도에서 나는 스카이 열매는 혈액순환을 돕고 신장기능을 좋게 한다. 최근 불가리아에서 발기부전을 호소하는 남성 200명을 대상으로 트리불루스 테레스트리스Tribulus terrestris의 말린 열매를 사용한 결과 정자 수가 늘고 정력이 좋아졌다고 한다.

제약업계는 과일의 의학적 성질을 해명하려고 노력 중이다. 검은 오디에는 인체면역결핍바이러스HIV와 싸우는 데옥시노지리마이신 deoxynojirimycin이 들어 있다. 초콜릿 제조업체 마스Mars는 코코아를 이용해 만든 신제품을 출시했는데, 이는 당뇨, 뇌졸중, 혈관성 질환에 치료효과가 있는 의약품이었다. 자몽의 경우 항우울제나 고혈압 치료제를 포함한 여러 가지 약제의 작용을 방해하는 것으로 최근 밝혀졌다. 위장 내 가스배출효능이 있는 아니스anise는 아메리카 원주민 부족 사이에 '바람을 몰아내는tut-te see-hau' 열매라고도 불린다. 아니스는 항균작용을 하고 경련을 막는 진경제와 더불어 최면제로 쓰일 뿐 아니라 물과 같이 먹을 경우 딸꾹질을 치료한다.

우리는 하루에 적어도 과일을 다섯 차례 먹는 것이 좋고, 자주 먹으면 더욱 좋다. 미국인 1인당 과일소비는 하루 1.4회 정도이다. 북아메리카에서 감자와 양상추는 채소판매의 3분의 1을 차지하는데 이는 패스트푸드에 많이 들어가기 때문이다.

소득은 과일섭취량에 직접적인 영향을 준다. 과일을 많이 먹을수록 그 오묘한 건강원리에 대한 이해가 높아져, 신선한 제품에 관심을 기울인다. 생활이 풍족해지면서 과일소비도 다양해졌다. 한편 과일이 담배나 술보다 값이 싸다고 해도, 최저생계 수준에 놓인 사람들에게 이는 사치품이다. 바나나나 오렌지 정도는 감당할 수 있겠지만, 이런 과일을 먹지 않고도 생존은 가능하기 때문이다. 식당, 특히 패스트푸드 업체에서 신선한 과일을 쓰는 경우는 극히 드물었지만, 현재 애플디퍼(껍질을 벗긴 사과조각 메뉴-옮긴이)가 하나의 모범을 보여주고 있다.

과일은 현재 예방의학과 심신통합의학에서도 중대한 역할을 한다.

우리는 과일의 중요성을 이제야 깨닫기 시작했지만, 사실 잊고 살았던 지혜를 되찾은 경우가 대부분이다. 일찍이 히포크라테스가 남긴 격언처럼 "음식이 약이 되게 하고, 약이 음식이 되게" 해야 한다.

과일에서 영감을 얻어 혁신을 이룬 사례도 수없이 많다. 인류의 첫 예술작품으로 20만 년에서 30만 년 전 구석기시대에 아몬드나 씨앗의 모양을 본떠 규석에 새겨 넣은 작품을 손꼽는다. 수메르인들은 곡물과 과일을 거래한 기록을 남기기 위해 문자를 발명했다. 최초의 쐐기문자판은 농경관리자의 회계기록이었다. 로고스logos(말, 언어, 이성)나 레게레legere(읽다), 렉스lex(법)는 원래 도토리 열매처럼 숲에서 모은 것을 칭하던 말이었다. 라틴어로 쓴 최초의 산문집은 카토Cato의 『농업론De Re Rustica』으로, 이 책은 도시 근교의 과일재배법을 다루고 있다. 수레바퀴는 황소가 끄는 짐수레와 더불어 과일을 운송하려고 만든 도구였다. 오디 덕분에 인류는 종이와 비단, 포크를 발명했다.(종이는 처음에 뽕나무에서 나왔고, 뽕나무 없이는 누에가 마술처럼 실을 자아내지 못했을 것이다. 또 오디는 다른 음식처럼 맨손으로 먹기에는 너무 너저분해서 포크가 필요했다.) 최초의 사발과 용기는 조롱박이라고도 부르는 호리병박나무 열매로 만든 것이었다.(조롱박은 아메리카 지역에서 농경의 탄생에 결정적인 역할을 했다.) 스위스의 엔지니어 조지 드 메스트랄Georges de Mestral은 옷에 들러붙은 우엉 열매의 가시를 보고 영감을 얻어 벨크로Velcro(일종의 접착천)를 발명하였다.

그리스신화에 보면, 아폴론이 고안해낸 최초의 악기 류트lute(만돌린과 비슷하게 생긴 현악기-옮긴이)는 멜론 조각에 새겨 만든 것이었다고 한다. 최초에 여러 가지 악기들은 과일에서 비롯되었다. 아프리카 호리병박은 현악기나 타악기로 변신했다. 악기점에서는 여전히 토투모 열매와 래커 칠을 한 마라카스(마라카 열매를 호리병박 속에 넣어 만든 전통악기-옮긴이), 그리고 씨앗으로 만든 발목 장신구 같은 물건을 판다. 미국에서 처음 등장한 기타와 바이올린 중에 노예들이 만든 현이 달린 박도 있었다. 고대 중국의 시가집인 『시경詩經』을 보면 인류는 적어도 기원전 1000년경부터 과일을 노래했다는 기록이 나오며, 관련된 시가 17편을 소개하고 있다.

과일은 과학적 발견에도 중추적 역할을 했다. 우리가 중력을 알게 된 것은 사과 덕분이었다. 다윈은 구스베리로 실험을 거듭한 결과 자연선택설을 확인할 수 있었다. 현대 로켓공학의 아버지 로버트 고더드Robert H. Goddard는 16살 때 체리 나무에 올라가 화성으로 날아갈 수 있는 장치를 만들겠다고 다짐했다.

우리는 과일을 이용해 화장용 크림, 화장품, 세안제를 무수하게 만들어냈다. 일리프 너트illipe nut는 입술연고에 쓰인다. 아보카도 껍데기는 얼굴 각질제거제로 이용한다. 아프리카의 카리테 나무 열매에서 추출한 시어버터는 연고와 로션에 쓰인다. 엘리자베스 테일러의 보라색 눈동자 같은 작살나무 열매는 벌레 퇴치제에 쓰이는 화학물질이 들어 있다.

남미의 립스틱 나무에는 아치오테achiote라고 부르는 빨간 덩어리가 생기는데, 이는 예전에 몸에 칠하는 화장품으로 쓰였다. 요즘에는 이 열매의 씨앗을 아나토annatto라고 하는 염료를 만드는 데 쓰며, 이는 버터에서부터 샐러드 오일에 이르기까지 모든 것을 붉게 물들인다. 선홍색 카민 염료인 코치닐은 선인장 열매를 먹으면 몸이 붉게 변하는 작은 벌레를 가루로 만들어 얻는다. 이 밖에도 페인트나 염료, 착색제로 쓰이는 타닌산은 수없이 많은 과일에서 얻을 수 있다.

유독한 세제를 상당 부분 과일로 대체하는 것도 가능하다.(세제에는 대부분 '향긋한 귤향' 같은 인공향이 들어간다.) 발리 섬에서는 머리를 감을 때 캐퍼라임을 쓴다. 자메이카 사람들은 오렌지 잎으로 바닥을 닦는다. 파리 토박이인 내 친구는 중국의 무화과나무 열매를 말린 것으로 세탁을 한다. 이들 딸기류 열매에는 물에서 거품이 생기는 천연 스테로이드성 사포닌이 들어 있다. 나도 이를 사용해본 경험이 있는데, 세탁물이 깨끗했고 냄새도 향긋했다.

그 출처가 분명치 않지만, 과일은 피임약으로도 사용했다. 중세 유럽에서는 감귤류가 우유를 응고시키듯 레몬이 정자를 무력하게 만든다고 믿었다. 카사노바는 레몬을 반으로 잘라 속을 비워낸 뒤 피임도구로 사용했다고 적었다. 고대 이집트인들도 오렌지를 반으로 갈라 같은 용도로 사용했는데, 이는 요즘 일부 10대들이 잘못된 정보를 듣고 따라 하는 모습 같다. 전통사회에서는 덜 익은 파파야가 유산을 유도한다고 믿어, 이를 사후피임약으로 썼다. 16세기에는 멜론을 처방해 성욕을 억제시켰다. 당시 약초치료사들은 서양모과가 여성들의 욕망을 잠재워준다고 주장했다.

특정 과일에 대한 우리의 태도-욕정적이고, 욕망이 가득하며 미신적인 모습-는 잠재의식에 깊이 자리한 번식과 생존본능 때문이다. 우리는 과일로부터 자극받아 본능에 충실한 기이한 행동들을 키워왔다. 그리고 이제 내가 만나보려는 사람들 역시 저마다 독특한 방식으로 과일과 관련을 맺어온 이들이다.

4장
국제희귀과일협회

탠저린 몇 조각이 눈앞에서 사라졌다.
그 신비로운 맛의 비밀은 전달하기 힘들다. ……
그렇지만 내 뜻을 이해한 사람들이 있을 것이다.

_ 피셔M. F. K. Fisher(미국의 여성작가), 『음식을 내오다Serve It Forth』

복잡한 과일재배 책들로 가득 찬 마이애미의 한 작은 사무실. 페어차일드 열대식물원 수석 관리자 리처드 캠벨Richard J. Campbell이 페루 사람들이 츄파츄파chupa-chupa 열매를 쪼개 먹는 방법을 몸소 보여주었다. 주머니칼을 이용해서 과일 위쪽 꼭지 모양의 중앙돌기부터 시작해, 소프트볼 크기의 타원형 과일 표면에 똑같은 간격으로 세로로 다섯 군데에 칼자국을 냈다. 그런 다음 갈색과 녹색이 뒤섞인 부드러운 껍질 조각을 활짝 핀 꽃이 그 속을 드러내듯 벗겨보면, 놀랄 정도로 밝은 오렌지빛 속살이 드러난다.

캠벨이 다섯 조각으로 잘라낸 불꽃처럼 붉은 공에는, 각 조각마다 큼직한 씨앗이 들어 있었다. 30대 후반인 캠벨은 군인 머리를 했고, 매일 운동으로 몸 관리를 한 듯 체격이 좋아 보였다. 주말이면 그는 아이들을 데리고 상어를 잡으러 다니며, 새롭고 맛있는 과일이 더 널리 이용되길 바라며 과일을 찾아 전 세계를 누빈다. 캠벨이 오렌지빛 츄파츄파를 한 조각 건네며 내게 말했다. "이 울트라 열대과일들 몇 개로 세상을 바꿀 수 있습니다."

캠벨은 과육을 핥아먹는 시범을 보여주었다. 어쨌거나 열매 이름 츄파츄파는 스페인어로 '핥고 핥는다'는 뜻이었다. 나도 열매를 입에 대고 핥아보았다. 망고, 복숭아, 캔털루프 멜론, 산딸기 맛이 골고루 느껴지는 달콤한 과즙이 흘렀다. 모두가 깜짝 놀랄 맛이다.

캠벨은 이 과일이 사람들 마음을 파고들 것으로 확신하지만, 동시에 소비자들에게 다가가려면 그 길이 아득하다는 것도 잘 알고 있다. "상점에 이 과일을 진열해놓아도 저처럼 먹는 법을 아는 사람이 어디 있겠습니까?" 캠벨의 목표는 식물원에서 입소문을 내서 상업적으로 인기몰이를 하는 것이다. 그는 현재 매우 이색적인 과일 열댓 가지를 슈퍼마켓 농산물 코너에서 시판하려고 노력 중이며, 츄파츄파도 그중 하나이다. 이를 위해 캠벨은 세계 최고의 츄파츄파를 찾아, 페루에서 콜롬비아를 거쳐 브라질까지 아마존 강을 따라 돌아다녔다. 캠벨은 방금 함께 맛본 것이 가장 뛰어난 품종이라고 했다. 이 품종의 씨앗은 1963년에 친구이자 정신적 지주인 윌리엄 휘트먼William Whitman이 페루에 있는 이키토스Iquitos의 한 시장에서 처음 손에 넣었고, 그때부터 휘트먼은 자기 집 뒷마당에서 이 품종을 재배했다고 한다.

내가 마이애미에 온 것도 휘트먼을 만나기 위해서였다. 그는 수백 종에 이르는 이색과일을 플로리다 주에 선보인 사람이다. 윌리엄 휘트먼의 열대과일 전시관은 내가 방문했을 때 처음 문을 열었다. 12미터 높이의 크리스털 온실은 두리안, 망고스틴, 두꾸, 뱀방안, 따랍, 이 외에도 보기 드문 열대과일들로 가득했다. 캠벨과 휘트먼은 여러 해를 같이 여행하며 전시관에 진열할 과일을 모았다. 게다가 휘트먼이 60억 원이 넘는 돈을 페어차일드 식물원에 쾌척해 이 행사가 성사되도록 도왔다. 이 기부금을 관리한 캠벨은 전시관을 준비하며 축적한 지식들이 미국에서 이색과일을 상업화하는 데 큰 도움이 될 것으로 확신했다.

전시관이 그 모습을 드러내면 미국의 골수 과일팬을 끌어모을 것이다. 나도 전시관이 개장한다는 소식을 접하자마자, 커트 오센포트에게 전화해, 함께 마이애미로 가는 비행기 표를 예약했다. 우리는 희귀종 중에서도 희귀종을 기르는 것으로 유명한 '바나나 왕' 윌리엄 레살드William 'The Banana King' Lessard를 촬영하고 싶었다. 또 남남, 캔디 줄무늬 말레이 애플, 거대한 사포딜라, 진홍색 객gac 열매, 보라색 속살 구아바, 자메이카의 냄새 나는 엄지발가락 등을 찾아 온갖 곳을 누빈 경험담을 써낸 모리스 콩Maurice Kong도 영상에 담고 싶었다. 나는 또 과일전문가 브루스 리빙스톤Bruce Livingstone에게 안부도 전할 계획이었다. 그는 www.tropfruit.com의 운영자로 본인 이름도 자신이 좋아하는 과일인 산톨Santol로 바꿨다. 타이 바나나 클럽 회원인 산톨은 해충피해가 거의 없는 바나나 품종을 찾아 산림을 고생스럽게 돌아다녔고, 이때 찾아낸 품종을 보존하기 위해 고향으로 가지고 돌아왔다. 산톨이 타이 북부에서 사르트라Sarttra 바나나를 찾아내자, 과일계에서 대단한 사람이라는 평판이 자자했다.

플로리다 주가 미국 내 과일애호가들의 본거지인 이유는, 그 기후가 해외에서 찾아낸 보기 드문 아열대 과일의 재배조건에 적합하기 때문이다. 과일재배가 취미인 사람들은 이곳에 모여 집에서 재배할 새로운 과일을 찾아 여행을 떠난다. 처음에 플로리다 주에는 코코 플럼과 바다포도 외에는 과일을 찾아볼 수 없었다. 그러다가 십 년 넘게 답사를 다닌 결과 뒷마당을 기적의 열매, 바라밀, 달걀 나무로 채울 수 있었다. 달걀 열매는 지역에서 '달걀 열매 노그egg-fruit nog'라고 부르는 밀크셰이크를 만들 때 쓴다. 캠벨은 이렇게 말했다. "열대과일에 심취한 사람 중에 재미난 분들이 많습니다. 서로 연락을 주고받으며 여행도 같이 하고 재미난 얘기도 나눌 수 있는 친구들이 세계 곳곳에 흩어져 있지요."

오센포트와 내가 윌리엄 휘트먼을 만난 곳은 발 하버Bal Harbour에 있는 자택이었다. 그의 집은 난평면亂平面으로 설계된 주택이었다. 소싯적에 파도타기 명예의 전당에 이름을 올리고, 바하마Bahamas에 최초로 작살사냥을 선보인 패기 넘치던 젊은이의 모습은 더는 휘트먼에게서 찾아볼 수 없었다. 해군 모자를 눌러쓴 이 아흔 살의 노인은 노인용 전동 스쿠터를 타고 질주하며, 자신의 정원을 우리에게 구경시켜주었고, 과일나무들이 어디에서 어떻게 처음 들어왔는지 설명을 해주었다.

휘트먼은 빵나무breadfruit tree의 몸통을 쓰다듬었다. 그의 과일사랑은 1949년 타히티 섬에서 처음 빵나무 열매를 먹어본 시점으로 거슬러 올라간다. 당시 예쁜 폴리네시아 소녀와 동침한 휘트먼은, 다음 날 아침 눈을 떠보니 풀로 엮은 오두막에 마을 사람들이 모여 말없이 자신을 뚫어져라 쳐다봤다고 한다. 타히티 섬에서 돌아온 그는 마당에 빵나무를 심어 간신히 결실을 볼 수 있었다. 그 뒤 그는 국제희귀과일협회the Rare Fruit Council International 창립 회원이 되었고, 마이애미 지부에서 진귀한 과일연구에 몰두했다. "난 원래 사람들이 듣도 보도 못한 숨은 과일을 찾아 그 가능성을 알리는 데 관심이 많다네." 그가 휠체어에서 손을 뻗더니, 달걀 크기의 밝은 노란빛 차리추엘라 열매를 땄다.

"처음 이 나무를 발견했을 때, 이것도 관심 좀 끌겠다고 생각했지." 그가 나에게 열매를 주더니 한입 먹어보라 권했다. 레모네이드를 섞은 솜사탕 맛이다. "그 맛을 보니 보통 맛있는 게 아니야. 그래서 이 맛에 흠뻑 빠져들었다네."

일하지 않고도 먹고살 만큼 부유한 휘트먼은[아버지는 시카고에서 성공한 기업가이고 가족은 발 하버 샵(명품취급 쇼핑몰-옮긴이)을 소유하고 있는데, 미국에서 수익이 가장 높은 매장 1위를 기록했다.] 성인이 된 후 열대탐험을 수차례 다녔고, 이곳 발 하버에서 새로 들여온 과일품종을 재배하며 세월을 보냈다.

우리는 아프리카를 제외했을 때 세상에서 제일 큰 기적의 열매 관목 앞에 도달했다. 나는 작고 붉은 열매 몇 개를 주머니에 챙겨 넣었다. 나중에 그 맛을 확인해보면 켄 러브와 함께 하와이에서 맛본 것과 동일한 열매인지 알 수 있을 것이다. 휘트먼은 자신이 북미 지역에서 처음으로 기적의 열매를 재배한 사람이며, 이제는 설탕 대신 기적의 열매만 쓴다고 했다. 그의 아내 안젤라Angela는 매일 아침식사 전 남편더러 열매를 따오게 했다. 그의 설명에 따르면, 이 종자는 1927년 미국 농무부 소속 과일사냥꾼인 데이비드 페어차일드David Fairchild가 카메룬에서 들여온 것이라고 한다. 또 이 열매를 맛볼 수 있는 곳은 몇 군데 안 된다고 했다. 이 열매를 상업적으로 생산하려 했으나, 설탕산업에 위협이 된다는 인식 때문에 1960년대에 미 식품의약국이 상업화 추진을 가로막았다고 한다.

근처에 용과로 뒤덮인 가시 돋친 선인장이 있었다. 그 길을 따라 조금 더 가보니, 그가 각별히 애정을 쏟는 사업품목이라고 밝힌 과일이 있었다. 케펠keppel이었다. 처음 케펠을 발견한 곳은 현재는 인적이 끊긴 인도네시아의 물 궁전Water Palace이었다. 고대 하렘인 이곳에서 술탄과 여자노예들은 이 열매를 최음제로 사용했다. 또 이 열매를 먹으면 배설물에서 제비꽃 냄새가 난다는 소문도 있었다. 휘트먼은 이 소문을 확인해봤다고 한다. "종이컵을 가져다가 매시간 소변을 받아 냄새를 맡아봤지. 젠장, 사람들이 말한 그런 향이 날 리가 있나. 그 속설을 다시 살펴보니, 케펠 사과를 여러 개 먹으면 오줌 눌 때마다 향수병을 여러 통 채우고도 남는다는 소리였어. 뭐, 그 정도까지는 아니겠지만." 의도치 않게도 휘트먼이 발견한 사실을 확인할 기회가 내게도 찾아왔다. 과일여행을 마치고 손을 닦으러 화장실에 들어갔다가 물을 안 내린 변기를 보고 말았다.

휘트먼은 새로운 시도에 박차를 가하기 위해, 해변 빈터의 알카리성 토양을 파내고 트럭 600대 분량에 달하는 검은 산성 참흙으로 채웠다. 그는 플로리다인 중 최초로 새로운 식물을 찾아내 기른다는 도전의식에 탄력을 받았다. 성공적으로 망고스틴을 재배한 몇 안 되는 미국인인 그는 유명한 탐험가 클럽의 회원이기도 하다. 그가 과일 분야에서 세운 업적은 『열대과일과 함께한 50년Five Decades with Tropical Fruit』이라는 커피 테이블용 책자(사진이 많이 담긴 커다란 책자-옮긴이)로도 나왔다. 그가 떨리는 손으로 사인을 해 나에게 한 부 선사했다. "열대과일세계에 빠진 아담, 당신에게 행운이 있기를."

"휘트먼의 외골수 기질은 정말 보통이 아닙니다. 내가 지금껏 같이 일한 사람 중에 휘트먼만큼 과일사랑이 지대한 사람은 없었어요. 그는 만사를 내팽개치고 과일을 찾아다니고, 꿈도 과일 꿈만 꾸는 그런 사람입니다." 리처드 캠벨의 증언이었다. 또 어떤 이들은 휘트먼을 "열대과일 편집광"이라고 부르기도 한다. 최근 몇 년 동안에도 그는 치매에 걸린 상태에서 휠체어에 의지한 채 아마존 강을 따라 여행하는 근성을 보여주었다.

젊은 시절, 그는 가족 모두를 이끌고 정글 섬으로 고된 여행을 다녔다. "부모님과 여행 다닌 기억이 납니다. 가족들과 파도타기 보드 5개, 외바퀴 자전거 4대를 짊어지고 열대과일을 찾아 탐험을 떠났지요." 아들 크리스Chris가 발 하머 매장 꼭대기에 위치한 휘트먼의 개인 박물관에서 촬영 인터뷰에 응하며 당시를 회상했다. "사람들이 우리더러 서커스단이냐고 많이들 물어봤어요." 휘트먼의 자녀들은 과일광 아버지 밑에서 자란 사실을 자랑스러워했다. 이들은 다른 사람들도 모두 뒷마당에 츄파츄파를 키우는 줄 알았다고 한다. 친구들은 크리스가 도시락으로 싸온 이색과일을 맛보려고 난리였고, 부모나 교사들이 그 과일에 독이 들었을지 모른다고 뜯어말려도 소용없었다고 한다.

우리는 인터뷰를 마치고, 쇼핑매장 지하로 통하는 엘리베이터를 탔다. 지하는 발렌티노, 샤넬, 오스카 드 라 렌타Oscar de la Renta 같은 고급 옷가게가 즐비한 호화 쇼핑몰이었다. 미국 쇼핑센터의 평방피트당 소득이 평균 13만 원일 때, 발 하버 매장은 초창기부터 그 열 배에 해당하는 소득을 올렸다. 휘트먼의 남동생 더들리Dudley가 우리에게 같이 점심을 먹자고 제안했다. 그가 오센포트에게 제2차 세계대전 후 형과 함께 하와이에서 찍은 영상물을 사라고 부추기는 사이, 활력 넘치는 60대인 휘트먼의 아내 안젤라가 나를 한쪽으로 끌고 가더니 20달러짜리 지폐를 한 장 내 손에 쥐여주었다. 다시 돌려주려 했으나 안젤라는 끝까지 마다했다. 그녀는 단정하게 빗은 은색 머리를 쓸어 넘기며 말했다. "자네를 보니 우리 아들 생각이 나서 그래. 처음 시작할 때 이 일이 얼마나 고생스러운데."

안젤라가 하얀 캐딜락에 우리를 태워, 휘트먼의 주거단지로 안내했다. "우리는 일이 년에 한 번씩은 새로 사들여." 차량을 바꾼다는 소리인지, 집 아니면 주거단지를 통째로 바꾼다는 뜻인지 알 수 없었다. 안젤라가 운전 중이던 거리의 소유권 문제 얘기도 나왔다. 나는 백미러로 안젤라가 낀 불투명 선글라스를 가만히 들여다보았다.

우리는 이들 부부의 컨트리클럽(교외에서 스포츠를 즐기기 위해 만든 시설-옮긴이)에 도착한 후, 휘트먼이 차에서 내리는 것을 도왔다. 그는 몸을 일으키기 버거워했고, 무리해서 움직일 때면 온몸을 떨었다. 치즈버거를 먹던 크리스가 가족들이 즐겨 찾는 과일사냥 장소는 보르네오섬이라고 말했다. 이에 휘트먼이, "보르네오 섬은 에이커당 열대과일이 세계에서 제일 많이 난다."며 덧붙여 말했다. 피타부pitabu 과일을 설명하는 그의 모습에서 애정이 느껴졌다. 피타부는 아몬드와 라즈베리 맛이 나는 오렌지 셔벗 같은 과일이다. 또 겉과 속이 모두 붉은 두리안의 열혈팬이기도 한 그는 보르네오 섬이 최고급 망고스틴의 본고장이라고 말했다. 내가 곳곳을 돌며 이 과일들과 그 진가를 아는 사람들의 모임을 기록으로 남기고 싶다는 포부를 밝히자, 휘트먼이 떨리는 손을 가로저으며 부정적으로 말했다. "쉽지 않을걸세."

1898년, 당시 28살이었던 데이비드 페어차일드는 미국의 신생부서인 식물도입국 설립을 관장했다. 그는 세계 곳곳을 누비며 여러 차례 과일탐사를 했고, 망고, 체리, 대추야자, 넥타린 등 2만여 종의 식물을 미국에 들여왔다. 망고스틴 예찬자였던 그는 다른 열대과일들도 곧 교외에 사는 미국인들 식탁에 오를 것으로 전망했다. 캠벨과 휘트먼은 자신들의 전시관으로 이러한 전망이 현실이 되길 희망했다.

페어차일드는 자신을 "과일박쥐fruit bat"라고 불렀다. 장난꾸러기 괴짜였던 그는, 어린 시절 자연에 심취한 나머지 온갖 장난을 치며 돌아다니느라 정신이 없었다. 또 그의 취미는 현미경으로 식물입자를 관찰하는 것이었다. 그렇지만 그의 인생항로를 바꿔놓은 것은 파자마 한 벌이었다.

이 운명의 파자마 주인은 세계 각지를 돌며 여행하던 어마어마한 부자 바버 래스롭Barbour Lathrop이었다. 샌프란시스코의 보헤미안 클럽에 적을 둔 래스롭은 멋진 기항지에서 막대한 유산을 쓰며 하루하루를 보냈다. 1983년 11월 어느 날 아침, 기선 풀다Fulda에 승선한 24살의 청년 페어차일드는 파자마 차림의 래스롭을 보고 깜짝 놀라 넋을 잃은 채 쳐다보았다. 일본에서 건너온 파자마는 당시 대세였던 셔츠형 잠옷을 대체하기 시작했고, 난생처음 연구차 외국에 나온 페어차일드는 이런 잠옷을 처음으로 구경했다. 젊은 친구의 강한 호기심을 눈여겨본 래스롭은 극동 지역 식물탐사에 자금을 대기로 결심했다.

이 두 사람은 이후 4년 동안 세계를 같이 여행하며 돌아다녔다. 페어차일드는 래스롭을 삼촌이라고 불렀고, 래스롭은 자신의 피후견인을 페어리Fairy라는 애칭으로 불렀다. 미국 농무부 산하에 식물도입국을 설립한 페어리는 이후 4년간 유용한 식물, 특히 과일류를 찾아 전 세계를 누볐다.

이 과정에서 그는 이질을 유발하는 오염된 물도 마셔야 했고, 출구도 없고 열병마저 창궐한 열대우림에서 길을 잃는 등 불운한 상황을 계속 겪었다. 페어차일드의 고물차가 남태평양에서 불에 탄 사건도 있었다. 그는 "세상의 온갖 더러운 곳은 거의 다 가봤다."고 했다. 그러다 셀레베스Celebes 섬(인도네시아 중앙에 위치)에서 배가 난파당한 상황에서, 과일계에서도 희귀종으로 손꼽는 과일을 우연히 발견했다. 진주가 조개를 만들듯 껍질 안에 코코넛을 만드는 딱딱한 코코진주였다. 그는 페즈 Fez(모로코의 북부도시)의 전통시장과 알제Algiers(알제리의 수도)의 오아시스에서 대추도 먹어봤다. 또 스리랑카 캔디왕조의 마지막 세습왕에게서 수박 크기의 꿀 바라밀(일반 바라밀보다 훨씬 우수한 품종)을 먹는 법을 전수받기도 했다.

1905년 그는 알렉산더 그레이엄 벨Alexander Graham Bell(스코틀랜드계 미국인 과학자)의 딸 마리안Marian과 결혼했다. 이들 부부는 함께 여행 다니며 파당Padang(수마트라 섬 서쪽 기슭에 있는 항구도시)에서 노란 라즈베리를, 모잠비크에서 각진 네모난 열매 바링토니아를 발견했다. 시아오에Siaoe(인도네시아 시아우 섬 남쪽)에서는 이 신혼부부를 따라 수십 명의 어린 아이들이 나지막이 노래 부르며 섬 전체를 돌아다녔다.

페어차일드는 나이가 들자, 미탐사 지역에 과일사냥꾼들을 보내기 시작했다. 그가 라틴아메리카로 보낸 윌슨 포피노Wilson Popenoe는 그곳에서 당구공 크기의 블랙베리를 발견했다.(이 콜롬비아 블랙베리는 인류가 발견한 대형 딸기류로, 열매 한 개를 여러 번 깨물어 먹어야 한다.) 페어차일드가 극동 지역에 보낸 밀사 조지프 록Joseph J. Rock은 깔로kalaw를 찾아낸 인물이었다. 한센병 치료에 효험이 있다고 알려진 깔로는 다분히 전설적인 열매였다. 록은 과학적 기록도 없는 이 열매를 찾아 인도, 타이, 버마 산간 지역을 뒤졌고, 표범, 호랑이, 독사와 맞서 싸웠다. 마르타반 만the Gulf of Martaban(미얀마의 중부에 위치)에서 그는 나무 한 그루를 발견했지만, 이는 깔로의 사촌뻘 되는 종자였다. 마침내 친드윈Chindwin 강(미얀마 북서부를 흐르는 강) 상류 근처에 있는 쇠락한 야영지에서 그는 우연히 야생 깔로를 발견했다. 당시 이 마을은 성난 코끼리와 태풍으로 쑥대밭이 되어, 텐트는 짓밟히고 나무는 쓸려 내려가기 직전이었다고 한다.

페어차일드는 아시아에 파견할 사람을 찾기 위해 "온갖 육체적 고통을 참아내고, 길도 없는 지역에서 수천 킬로미터를 걸어 다닐 만큼" 도보에 능한 사람을 수소문했다. 몸집이 헤라클레스 같던 프랭크 메이어 Frank Meyer는 장거리 도보여행으로 얻은 명성 덕분에 페어차일드와 인터뷰할 기회를 얻었다. 당시 29세였던 이 청년은 지나치게 긴장한 나머지 땀을 비 오듯 흘렸다. 그렇지만 이 땀투성이 청년은 페어차일드의 마음에 들었고, 1905년부터 1918년까지 모래폭풍을 뚫고 빙산을 타며 과일을 찾아다녔다. 깊고 넓은 틈 사이에 대나무 다리가 위태롭게 놓여 있으면, 당나귀를 보내는 기지를 발휘했다. 중간에 흉악한 약탈자도 만났다. 시베리아 빙하 지대도 거쳐 갔는데, 너무 추운 날씨에 컵에 든 우유가 다 마시기도 전에 꽁꽁 얼어버렸다.

메이어는 크고 건장한 백인은 고사하고 백인조차 구경할 수 없는 지역을 수차례 돌아다녔다. 각 지역 사람들은 메이어의 근육을 보고 웅성대기도 하고, 그가 목욕하는 것을 훔쳐보려고 모여들기도 했다. 배를 기르던 중국 어느 지역에서는 마을 주민들이 그를 훔쳐보려고 옥상에 앞 다투어 몰려들었다. 또 다른 지역 원주민들은 이 외국에서 온 몸집 큰 괴물을 두려워했다. 그래서 메이어는 이들을 진정시키기 위해 원주민들과 앉아 함께 과일을 먹으며 똑같은 사람이란 사실을 보여줘야 했다.

사진에 나온 메이어는 턱수염을 길렀고 옹이 박힌 지팡이를 들었으며, 다 헤진 무릎받이를 댄 옷을 입어 강인한 인상을 준다. 그렇지만 양가죽 코트 안쪽에 세로줄무늬 스리피스 정장을 받쳐 입고 다니던 멋쟁이였다. 아마도 외알 안경도 낀 채 잠들었을 사람 같다. 그는 "내게 이 일은 병자에게 처방한 약과 같다. 사람들과 거리를 두고 사는 나는 식물에서 위안을 얻으려 한다."는 글을 남겼다.

그는 톈진(중국 화베이 지방의 도시)에서 씨 없는 감과 살살 녹는 모과를, 한국에서 빨간 딸기를, 중국 산둥성 페이청에서 유명복숭아를, 엘리자베트폴Elizavetpol(아제르바이잔의 도시인 간자의 18세기 러시아 점령기의 이름)에서 파라다이스 사과를, 이창(중국 양쯔 강 유역 도시)에서 키위를 가지고 돌아왔다. 펑타이(중국 베이징 도심 지역)에서 그는 불후의 명성을 안겨준 과일을 우연히 발견한다. 바로 메이어 레몬이었다. 과거 어느 때보다도 널리 퍼진 이 레몬을 뒤로 한 채, 메이어는 1918년 6월 1일 밤 중국 우한과 난징을 오가던 증기선 갑판에서 홀연히 사라지고 말았다.

데이비드 페어차일드는 마이애미에서 인생의 말년을 보냈다. 그가 남긴 유산은 그의 이름을 딴 식물원에 살아 숨 쉬고 있다. 이 무성한 식물의 성역에 몰려드는 과일사냥꾼들은 페어차일드의 책을 신줏단지처럼 모신다. 캠벨도 "그의 책을 읽고 걷잡을 수 없는 여행벽이 생겼다."고 했다. 윌리엄 휘트먼 역시 페어차일드의 책에 매료되어 그와 같은 인생을 살기로 결심했다. 바로 과일을 찾아 고향에 가지고 들어오는 삶이었다. 휘트먼은 자서전에서 페어차일드 이후 자신만큼 미국 본토에 과일을 많이 들여온 모험가는 없었다고 밝혔다.

휘트먼 전시관을 개관하는 날 아침, 40대에서 90대에 이르는 관객들이 온실 앞에 웅성거리며 몰려들었다. 한쪽 구석에 놓인 탁자에는 열대과일을 솜씨 좋게 배치해놓았다. 사람들은 미소 띤 얼굴로 커피를 나눠 마셨고, 날씨와 희귀과일에 대한 담소를 나누었다. 블랙 사포네의 효능에 대한 열띤 논쟁도 들렸다. 한 사람이 이 열매가 초콜릿 푸딩 같다고 하자, 상대방은 바퀴에 친 기름, 소고기 패티 혹은 젖은 똥 같다고 맞받아쳤다.

화젯거리 중에는 홈스테드Homestead에 있는 프루트 스파이스 공원Fruit and Spice Park의 관리자 크리스 롤린스Chris Rollins가 주도하는 아시아 단체여행에 대한 애기도 있었다. 나는 액스칼리버 종묘회사Excalibur Nurseries의 사장 리처드 윌슨Richard Wilson에게 과일여행을 떠나는 동기를 물었다. "아무도 들여온 적이 없는 과일이 있고, 그걸 가져올 수 있는 능력이 있다면 제2의 휘트먼이 되는 것 아니겠냐."는 답변을 들려줬다. 휘트먼은 매우 존경받는 인물로, 마이애미에서는 6월 7일을 휘트먼의 날로 지정해 그를 기렸다.

펄럭거리는 밀짚모자를 쓴 지상의 환희 종묘회사Garden of Earthly Delights Nursery의 사장 머리 코먼Murray Corman은 흡사 〈길리건의 섬(무인도에 표류한 미국인들의 소동을 그린 1960년대 시트콤-옮긴이)〉에 나오는 나이든 주인공 같았다. 코먼은 휘트먼이 "실제 세계에 존재하는" 참맛을 알려준 사람이라고 말했다. 그는 직접 맛본 이색과일로 브로멜리아 펭귄Bromelia penguin을 손꼽았다. 이 과일은 야생에서 자라는 오렌지색 파인애플 유사종으로, 육질을 연하게 하는 데 쓰인다. 이 때문에 이 과일을 먹은 뒤 혀의 미뢰가 녹고 나서야 이런 사실을 실감한다고 한다. 또 그는 선 사포테sun sapote의 경우 맛난 고구마 맛이 연상되면서도 수세미 솔 같은 거친 질감을 가진 과일이라고 설명했다. "정말 끌리는 과일이지만, 그 맛을 즐기려면 섬유질부터 완전히 없애야 한다."고 그는 덧붙였다.

나는 이 과일을 각자 사는 지역에서 누구나 접할 수 있는지 물어보았다. 그가 무심코 밀수 얘기를 꺼냈다. "밀수요?", "네, 밀수요." 어떤 열성적인 사람들은 희귀품종을 가져오려고 때로 밀수를 감행하기도 한단다. 좀 더 자세한 얘기를 그에게 부탁하자, 어수룩해 보이던 코먼의 웃음은 이내 사라지고 "이 자리에서 나눌만한 대화 같지 않다."며 잘라 말했다.

마이애미의 과일사냥꾼들은 대부분 수입 요건을 준수하지만, 일부 관련규정을 피해가는 사람들이 있다. 이 때문에 농무부 직원들이 전투견을 이끌고 무장한 채 희귀과일 재배자의 뒷마당을 불시에 단속했다. 리처드 윌슨은 기관총을 든 농무부 직원 몇 명이 자신의 종묘가게에 들이닥쳐 자신을 씨앗 밀수혐의로 고소하자, 자신도 농무부를 시민권 위반혐의로 고소했다고 한다. 아직도 분이 풀리지 않는 듯 그는 말했다. "그 작자들이 빌어먹을 비밀경찰마냥 쳐들어왔어요. 마치 우리를 테러에서 구해주겠다는 폼이었다니까. 농무부 직원 여섯 명이 매장으로 들어오더니 불법으로 반입한 종자를 찾겠다며 온갖 군데를 샅샅이 뒤지는 겁니다. 마약 단속반처럼요. 가게를 찾은 손님은 말할 것도 없고 제 아내도 까무러칠 듯 놀랐지요. 그놈들이 여기저기 사진을 찍고 종자를 압수해갔어요. 내가 아시아에서 '유해 잡초'를 들여왔다고 생각했겠지요. 걔네들이 찾는 것은 크기가 0.2센티미터도 안 되는 종자였고, 내 야자씨앗은 2.5센티미터 정도였어요. 그 인간들은 야자나무에서 자라는 유해 잡초가 뭔지도 모르는 사람들입니다. 아마 자기네들 궁둥이에서 유해 잡초가 자라도 몰랐을 작자들이지요. 여기서 50억 규모로 사업을 하는 내가, 사업을 말아먹으려고 그런 불법 식물을 재배하겠습니까? 그 직원들이 재배법도 알려지지 않은 야자나무를 세 그루나 뽑아가서 죽여버렸습니다. 그것도 모조리. 내가 사이테스CITES(the

Convention on International Trade in Endangered Species of Wild Flora And Fauna, 멸종위기에 놓인 야생 동식물종 국제 거래에 관한 협약) 미국 측 총책임자에게 이 사실을 알렸더니, 본인도 전혀 몰랐던 사실이라고 해요. 전 부당하게 고소당한 것이지요. 게다가 불법 식물과 종자 밀수입을 금지하는 부서가 있는지도 전혀 몰랐어요."

과일애호가의 과일사랑이 때로는 도를 넘어서기도 한다. 페어차일드 식물원 책임자인 마이크 마운더Mike Maunder는 열대과일에 병적으로 집착하는 관람객 얘기에 다소 흥분하더니, 이들은 원예계의 광신도들이라며 이렇게 말했다. "과일에 빠져든 사람들은 실제 탐험하지 않고는 못 배겨요. 아마존 강, 뉴기니에 가서 보기 드문 과일을 찾아야 직성이 풀리는 사람들입니다." 마운더가 풀밭에 무리지어 앉아 있던 사내들을 가리키더니, 오센포트와 내게 저들과 함께 "과일사랑, 과일인생, 과일수집" 얘기를 나눠보라고 권했다.

레저복장 차림에 희귀과일협회 녹색 야구모자를 쓰고 턱수염을 기른 사내의 이름은 하르 마흐딤Har Mahdeem이었다. 그는 아노나속 식물Annonas 전문가였다. 이 수목은 아떼모야, 과나바나, 체리모아, 라마스, 어린 수소의 심장 열매처럼, 커다랗고 커스터드가 꽉 들어찬 열매를 맺는 종류들이다. "희귀과일 추종자에게 새로운 과일을 찾는 일은 대단한 모험"이라며 그가 환히 웃었다. 그는 플로리다 주 보인톤 해변에 위치한 질 하이 퍼포먼스 식물연구소Zill High Performance Plants 직원이었다. 그는 연구소에 주황색, 빨간색, 분홍색 아노나 열매를 가져오기 위해 과테말라와 중앙아메리카 지역을 여러 차례 여행 다녔다고 한다.

마흐딤은 미시간 주에서 태어났지만, 브라질 마나우스Manaus시 근처에 있는 아마존 강 분지에서 자랐다. 그곳에서 선교사인 부모님이 농업

학교를 열었다. "그때 얻은 별명이 보우리티라나Bouritirana였어요. 작고 쓸모없는 과일이라는 뜻이지요." 그는 알아듣기 힘든 남부식 비음을 섞어 단조로운 목소리로 말했다. 이 별명은 사람들에게 매번 먹어도 되는 열매인지 묻고 다녔기 때문에 붙었다고 했다. "숲을 거닐 때도 머릿속을 떠나지 않던 질문은 '이거 먹을 수 있나? 이거 먹어도 되나?' 뿐이었어요."

최근 그는 이름을 하르 마흐딤이라고 법적으로 개명했다. 히브리어로 '화성의 언덕', '화성의 산'이라는 뜻이다. 그에게 과일이 좋은 이유를 물었다. 그가 웃으며, "눈길을 끌고, 후각을 자극하고 입맛을 다시게 하기 때문"이라고 답했다. "식용열매를 맺는 식물이 수천 종이나 되지만, 지금까지 그 5분의 1이라도 맛본 사람은 없다."고도 했다.

마흐딤 옆에 앉아 있던 장난기 넘치는 60대 남자의 이름은 크래프톤 클리프트Crafton Clift였다. 그는 같은 질문을 받자 얼굴에 인상까지 쓰며 심각하게 고민하더니, 자신도 그 이유를 모르겠다고 답했다. 아마 다시 어린 시절로 돌아가고 싶은 심리 때문인 것 같다고 말했다. 그의 별명은 접목광 크래프톤Graftin' Crafton이다. 친구들은 "틈만 나면 접붙이기를 하기 때문"이라며, 이를 옆에 앉아 있던 10대의 조카 스코트Scott에게도 귀띔해줬다.

접목은 식물의 가지를 잘라 다른 나무의 몸통에 결합해 개체를 번식시키는 방법이다. 이는 보통 원하는 품종을 복제해 다른 나무에서도 이 과실이 대량으로 열리게 할 때 사용하는 기법이다. 열정(아니면 강박)에 찬 클리프트는 여기에 그치지 않고, 가능한 한 많은 종들을 접목해 그 결과를 지켜본다. "열매를 만들면서 새로 창조하는 재미에 삽니다. 그레이트 데인Great Dane(독일 원산의 초대형 수렵견-옮긴이)을 처음 기를 때 느끼는 흥분감 같은 것이지요." 클리프트가 말했다.

접목은 유사종끼리만 가능하다. 그래서 사과나무 가지를 오렌지 나무에 접붙일 수 없다. 반면 서로 다른 감귤 종류를 접목해 한 나무에서 레몬, 라임, 자몽, 탠저린, 시트렌지가 한꺼번에 맺히게 하는 일은 가능하다. 최근 칠레의 한 농부가 「인생의 나무Tree of Life」라는 글을 써서 전 세계 신문의 머리기사를 장식한 적이 있다. 그 글은 자두, 복숭아, 체리, 살구, 아몬드, 넥타린 등의 접목에 관한 이야기였다.

접목으로 뜻밖의 과일이 나오는 경우도 있다. 바로 돌연변이라는 것이다. 백만 번 중 한 번 정도 자연발생적으로 돌연변이를 일으켜 원종과 다른 특징을 보여준다. 가지변이bud mutation가 흥미로운 이유는 이를 통해 원종과 다른 색상과 맛을 지닌 개체를 번식시킬 수 있기 때문이다. 그래서 돌연변이를 일으키려고 가지를 방사선에 노출시키기도 한다.

인류가 처음 접붙이기를 시작한 것은 기원전 6000년경으로, 당시 사람들에게 이는 마법처럼 보였을 것이다. "중세 말까지 접붙이기는 초보자에겐 비밀이었고, 일반 대중에게는 기적이었다."고 프레더릭 젠슨Frederic Janson(캐나다의 식품 연구가)은 기록했다. 어떤 사람들은 접붙이기를 하려면 남녀가 달밤에 사랑을 나눠야 한다고 믿었다. 절정의 순간이 왔을 때 여성이 어미그루와 새로운 가지 사이의 접목을 확실하게 만드는 역할을 한다고 생각했다. 당 왕조시대에 장안長安에 곱사등이 정원사가 있었다. 사람들은 그에게 신비한 능력이 있다고 믿어, 황실의 최고급 과일 접붙이기는 항상 그의 몫이었다. 영국의 철학자 존 케이스John Case는 배나무와 양배추를 접목하는 것은 "경이로운 예술"이라고 표현했다.

초기 미국에서는 음흉한 자들이 접목에 무지한 대중을 속이는 일이 있었다. 이 사기꾼들은 밀랍초를 이용해 접목을 했다. 사람들이 이들에게 사기당한 사실을 알아챘을 때는 이미 이 뜨내기 정원사들이 종적을 감춘 후였다.

시인들 사이에 접붙이기 윤리를 둘러싼 논쟁도 있었다. 마블 Marvell(영국의 시인)은 이런 글을 썼다. "그가 야생종과 재래종을 접목한다/ 결과도 품질도 알 수 없다/ 미각에도 논쟁이 생길 것이다/ 그가 체리 나무를 괴롭힌다/ 성교 없이 결실을 맺게 하려고" 반면 에이브러햄 카울리Abraham Cowley(영국의 시인, 수필가)는 접붙이기에서 신의 기운을 느꼈다. "이 전지전능한 손을 보고 즐겁지 않을 자가 어디 있을까/ 모든 식물계를 지배하는 이 전능한 기운." 종교 지도자들은 접붙이기를 신의 영역에 함부로 개입하는 것이라며 못마땅하게 생각했다.『탈무드』에서도 이를 혐오스럽게 여겼다.

셰익스피어는 희곡『겨울 이야기The Winter's Tale』에서 접붙이기를 매우 자연스러운 현상이라고 주장했다. "자연은 자신을 개선시킬 방법을 고안하지요. 당신이 자연에 손댄다고 표현한 그 기술이 바로 자연이 만들어낸 것이랍니다. 자연을 개조하거나 손보는 작업 또한 자연이지요." (사람들은 셰익스피어가 유전자조작이나 육류복제에도 같은 주장을 펼지 궁금해한다.)

결국 이러한 우려는 누그러졌다. 성 제롬St. Jerome(라틴어 성서번역을 최초로 완성한 이탈리아의 성인), 동고트족의 테오도리크 대왕, 조지 워싱턴 같은 역사적 인물들이 접붙이기에 지대한 관심을 보였다. 과일재배처럼 접붙이기 역시 열렬한 신도들을 끌어모았다. 기원전 5세기경 중국의 외교관 리펑은 접붙이기에 심취한 나머지 직업을 그만 두었다. 북미과일탐험대 안내책자에 보면 접목은 "다소 빠져나오기 힘들고……
강박으로 흐를 수도 있는 열정적인 활동"이라고 경고했다.

클리프트는 이러한 경고를 신경 쓰지 않는 사람 같았다. "그 사람은
접붙이기만 할 수 있다면 행복한 사람이다."라고 리처드 캠벨이 말했다.
페어차일드 열대식물원에 푹 빠진 클리프트가 나무에 올라가 여러 종
자를 접붙이기 하자, 경비원들이 칼이나 접붙이기 도구를 문에 두고
가라며 그를 제지했다. "그 사람은 번식시키지 않고는 못 배깁니다." 캠
벨의 설명이다. "전 그 심정 이해해요. 뭔가 근사한 식물을 발견하면 접
목하고 싶은 마음이 생기거든요. 그래도 전 우리 집 정원에서만 합니
다. 식물원에서는 하지 않아요. 누가 그에게 별난 과일을 보여주기라도
하면 클리프트는 만사 제쳐놓고 그 과일만 쫓아다니다가 결국 직장도
잃을 겁니다."

사실 클리프트는 이런저런 일을 하며 생계를 유지하고 있었다. 회지
에 보면 클리프트가 식물원에서 퇴직한 이야기, 행정적 문제 때문에
"새로운 과일을 찾아나서는 꿈의 직업"을 얻지 못한 얘기가 나왔다. "클
리프트 같은 사람은 조직체에서 못 받아들여요. 왜냐, 남들과 다르고
특이하니까요." 캠벨은 이에 덧붙여 클리프트가 평화봉사단Peace Corps
에서 쫓겨난 사연도 들려줬다. 또 믿기지 않겠지만, 코스타리카에서 클
리프트에게 과일관련 일을 해보지 않겠냐는 제안을 해온 적도 있었다
고 한다. 당시 클리프트는 플로리다 주에서 차를 몰고 코스타리카까지
가기로 했다. 과테말라에서 그는 가방을 도둑맞았다. 엘살바도르에서는
노숙하다가 옷마저 도둑맞았다. 클리프트는 나체상태로 계속 차를 몰
고 이동했다. 그는 니카라과에서 차량을 버렸고, 몇 주 동안 정글에서
열매를 주워 먹으며 알몸상태로 열대 숲을 헤쳐나온 뒤 나머지 길을

걸어서 코스타리카에 도착했다.

"클리프트는 완전히 원시적인 과일세계에서 인생을 살아갑니다." 캠벨은 또 클리프트가 부유한 타이 가문에 고용돼, 세계에서 규모가 제일 큰 열대과일 식물원을 만드는 일에 동참한 얘기도 자세히 들려줬다. 당시 종자유출이 금지되었는데, 클리프트는 이를 어기다 현장에서 발각되었다. 그 처벌로 손이 잘릴 뻔했지만, 운 좋게도 타이를 빠져나와 탈출할 수 있었다.

페어차일드 식물원 잔디밭에서, 클리프트는 농눅Nong Nooch 식물원과 계약했던 일을 꺼내며, 이는 실존적 차원의 문제였다고 말했다. "저더러 세상에 있는 열대과일을 모두 모아달라고 했어요. 그 관리자가 '어째서 아무도 이런 발상을 하지 못했냐?'고 묻더군요. 전 아무 말도 안했습니다. 그리고 생각했죠. '이 세상에 열대과일이 얼마나 많은지 도통 모르는 양반이로군. 설령 그 과일을 모두 손에 넣었다 해도, 여전히 출발선이지. 왜냐, 뒤이어 최고급 품종을 찾아나설 테고, 접목에 교배까지 하게 될 테니까.'"

자연계에 존재하는 과일의 무궁무진함을 논하는 클리프트에게서 한껏 심취한 분위기가 느껴졌다. "이것은 방문을 열고 그곳에 놓인 모든 열대과일을 본 뒤 '이게 다야?'라고 생각하는 것과 같지요. 당연히 아니지요. 보르네오 섬의 정글이든 아마존 강의 정글이든, 어떤 방문을 열어도 더 넓은 방이 나와요. 우리가 잡종을 만들고 유전자를 결합하거나, 크고 과즙이 풍부한 종자를 얻으려고 계속 노력하니까요. 이는 열대과일과 만난 첫날에 불과해요. 이루 말할 수 없는 품종이 이제야 이름을 얻었고 발견됐어요. 열대림이 존속하는 한, 계속해서 새로운 과일이 나올 겁니다. 시간을 몇 세기 정도 주고 이 과일들을 재배하도록 하면, 과일들은 완전히 달라집니다. 제 생애에도 과일은 상당히 많이 변했어요."

나는 오전 내내 전시관 개관식에 온 사람들에게 어떤 과일들을 선호하는지 물어보았다. 그 대답은 클리프트의 정글 방 얘기만큼 끝이 없었다. 달콤한 품종들은 보통 이스탄불이나 로얀Royan(프랑스 남서부도시) 근처에서 자라지만, 최고급 하얀 딸기는 칠레산 퓨렌Purén을 으뜸으로 쳤다. 가장 훌륭한 대추야자는 사우디아라비아 알 무타이르피al-Mutairfi의 클라스khlas산 대추라고 한다. 하얀 비파 열매는 중국의 소주蘇州에서 5월 마지막 주에만 볼 수 있다. 폴리네시아 식인종들이 스스로 사용하는 식인 토마토 얘기도 나왔다. 크림 같은 버터 열매는 필리핀에서 최고의 맛을 즐길 수 있으며, 노란색 리치 같은 알루파그alupag와 칼몬kalmon도 마찬가지라고 한다. 플로렌스 스트레인지Florence Strange는 칼몬 열매를 쪼갰을 때 "섬모가 꼭지부터 사방으로 뻗으면서, 아름다운 나선형모양으로 된 젤라틴 같은 중앙이 드러난다."고 묘사했다. 달콤한 모호보-호보mohobo-hobo 열매는 오렌지 포리지porridge를 만들 때 쓰이는데, 남동아프리카에서는 이 요리를 무툰다바이라mutundavaira라고 부른다. 은하수 야마보시 열매는 납작한 타원꼴의 주홍색 과일로 일본에서 그 파파야 같은 맛으로 유명하다. 마다가스카르에서 건너온 판다누스 에듈리스Pandanus edulis는 빨간색과 갈색, 노란색이 뒤섞인 과일로, 밑동이 넓은 바나나 송이처럼 생겼고, 파인애플처럼 한데 뭉쳐 자란다. 석류는 이란의 카산, 사베, 야즈드에서 나오는 것을 최고로 친다. 레바논에서는 덜 익은 자두나 포도, 사과, 레몬, 녹색 아몬드를 스낵처럼 소금을 뿌려 먹는다. "오감에서 쫙 퍼지는 기분이 들지요." 관람객 중 한 명이 매우 간절한 눈빛으로 그 맛을 묘사했다.

리처드 캠벨은 세상에 있는 그 어떤 과일이든 적당한 환경에서 자라 절정에 이르렀을 때 그 맛이 최고라고 말했다. "중국 하이난Hainan 섬에 있는 오래된 리치 과수원에 가서 얼굴에 인생의 주름이 가득한 노인과 나란히 앉아 있으면, 그 노인이 가족 대대로 천 년 넘게 재배해온 리치를 하나 건네줄 겁니다. 그걸 먹으면 바로 그 과일에 빠져들지요."

수만 가지의 식용 우산종umbrella species(생물보전학적으로 먹이사슬의 가장 꼭대기에 있는 것-옮긴이)에서 수백 수천 가지의 품종들이 소용돌이처럼 뻗어 나왔다. 접목광 크래프톤의 지적대로 과일이 얼마나 많은지 아무도 알 수 없는 이유는, 새로운 품종을 계속 발견하고 또 기록도 하기 전에 사라지는 경우가 있기 때문이다. 게다가 인위선택이나 자연선택으로 새로 등장하는 품종도 있다.

과일은 기후와 지역을 가리지 않고 자란다. 고도와 미기후微氣候, 토양의 차이 모두 다양한 품종을 등장시킨다. 탁하고 축축한 습지나 늪, 소택지에서도 과일이 자라듯이, 화상을 입을 듯 뜨거운 사막의 열기에서도 과일은 자란다. 습기 많은 열대지방의 산림인 운무림은 줄곧 안개와 구름에 뒤덮인 곳으로, 다른 곳에서는 자랄 수 없는 종류들이 많이 있다. 가장 야생상태로 자라는 과일은 지구에서 찬란한 턱시도 허리장식에 해당하는 북회귀선과 남회귀선 사이에 있다. 온대 서식지에도 수백 종이 자라나지만, 수만 종이 공존하는 열대우림 지역의 풍부함과는 비교가 안 된다.

사하라사막 이남을 찾은 사람들은 자두를 닮은 카우라, 소네와 테켈리, 그리고 해즐넛만 한 코바이 열매를 포함해 셀 수 없이 많은 딸기 종류를 접한다. 이 과일들은 제철이면 다른 음식이 눈에 안 들어올 정도로 그 맛이 뛰어나다고 한다.

750종이 넘는 무화과 중에는 사막에서 자라는 품종도 있고 땅속에서 익는 종류도 있다. 비올레트 드 보르도Violette de Bordeaux 무화과는 라즈베리 잼 맛이 나는 살살 녹는 과육으로 꽉 차 있다. 파나쉐Panachée, 즉 호피무늬 무화과는 녹색 줄무늬가 그려진 노란 과일이다. 이 무화과의 붉은 속살은 딸기 맛 밀크셰이크와 비슷하다. 무화과 전문가 리처드 와츠Richard E. Watts는 격월간지 「과일재배」에서 "서던 캘리포니아에서 나오는 희귀종 무화과 대부분을 손에 넣은 개인 수집가들이 있다."고 썼다. 그중 한 사람인 존 버딕Jon Verdick은 www.figs4fun.com 운영자로, 300종이 넘는 무화과를 기른다. 어디에 가야 질 좋은 무화과를 맛볼 수 있을까? "답은 간단하다. 나한테서 사는 것이다.(싱긋)" 버딕이 올린 글이다. 아니면 직접 재배할 수 있겠다. 무화과는 한때 바빌론의 공중정원에서 길렀다. 10세기 이전에 최고의 무화과로 친 스바이는 지금도 이스라엘에서 자란다. 근거는 부족하나 성서에 따르면 에덴에서 자란 무화과는 크기가 수박만 했다고 한다.

만주에서 매니토바Manitoba 주(캐나다 중부에 위치)까지 펼쳐진 대초원 역시 수많은 과일의 서식지이다. 블루베리는 뉴저지 주의 파인 바렌스Pine Barrens에서 처음 재배하기 시작했고, 현재 그 생산량이 상당하다. 혹독한 북극성 기후에서도 과실들은 자란다. 독특하게도 샤넬 넘버 5의 향을 풍기는 두아엔 뒤 코미스 배Doyenne du Comice pear는 캐나다 토론토 북쪽 지대에서 잘 자란다. 사과, 자두, 복숭아는 여러 달을 눈 속에 파묻혀 지내야 하는 러시아 카잔에서도 잘 자란다. 시베리아에서 자라는 키위 품종도 있다.

알래스카 주는 유일하게 뉴욕의 헌츠 포인트 터미널 시장에 생산물을 보내지 않는다. 시장 관리책임자에게 왜 알래스카 주의 과일을 취급하지 않는지 그 이유를 묻자, 그녀는 저능아나 어린아이 대하듯 잠시 말이 없더니, 퉁명스럽게 답했다. "거기는 과일이 자라지 않으니까요."

사실 알래스카 주는 사과, 블루베리, 라즈베리와 여타 과일은 물론이거니와 수많은 채소의 본고장이다. 내가 호로딸기, 나군베리, 새먼베리, 마우스 너트, 비치 아스파라거스, 야생 오이, 켈프, 덜스, 대황, 스파이크 범의귀, 실버베리, 서비스베리-이것은 바다쇠비름과 순록의 지방과 뒤섞어 에스키모식 아이스크림을 만드는 데 쓰인다-를 줄줄이 대자, 헌츠 포인트 관리책임자는 또 다시 말이 없더니 모두 처음 듣는 이름이라고 쌀쌀맞게 대답했다.

전 세계는 북아메리카나 유럽에서는 구경도 못하는 수천 가지 종류의 감칠맛 나는 과일을 매일 먹고 있다. 이런 과일의 존재를 알고 있다해도, 국경을 넘어 수입하려면 식물학적, 경제적, 지정학적으로 고민되는 문제에 봉착한다. 잘 알려지지 않은 과일들 대부분이 선적해올 만큼 수확량이 많지 않다는 점도 문제를 복잡하게 만든다. 제철시기가 짧다는 이유도 있다. 또한 대부분 대량생산하지 않는데다 품질도 나무마다 크게 차이가 난다. 이 모든 것이 과일사냥꾼에게는 흥미를 주겠지만, 슈퍼마켓 공급업체에게는 아주 곤혹스러운 문제로 다가온다.

기온 차가 나는 지역으로 과일을 운송하는 일은 쉽지 않다. 템퍼레이트 베리가 열대지방으로 가면 품질이 떨어지듯, 열대과일도 추운 지방에 가면 맛이 떨어진다. 과일은 쉽게 상하기 때문에 몇 주씩 걸려 운송하면 문제가 더 심각해진다. 상업용 과일은 다 익은 상태에서 따지 않는다. 과일은 배가 출발하는 날짜에 맞춰 수확한다. 이렇게 제대로 익지 않은 과일은 보통 운송 중에 물렁해지거나 발효되는 경우가 많다.

이러한 온갖 이유들에도 불구하고, 휘트먼 전시관에서 진행 중인 연구는 북쪽 지방 과일세계에 눈뜨게 해 줄 것이다. 온실에 있는 어린 나무가 앞으로 10년간 잘 자라준다면, 여기서 나온 과일을 대규모로 재배하고 판매하기 위한 연구도 이어질 것이다.

"가자꾸나, 에릭." 안젤라가 나를 자신의 의붓아들로 착각하며 말했다. 안젤라는 나를 진 듀폰 쉐한 안내소Jean duPont Shehan Visitor Center로 끌고 가더니, 유명 화학약품 제조업체인 듀폰duPont의 일가족이 참석한 경위를 설명했다. 개관식 후 이어진 점심 환영행사에서 하와이산 빨간 람부탄 바구니가 연회장을 돌았다. 이 과일들은 방사능 신기술 덕분에 미국 본토에 들어올 수 있었다. 하와이뿐 아니라 동남아시아, 남미, 다른 열대 지역에서 온 X선 쪼인 과일이 곧 미국에 들어올 거라는 소문으로 연회장 안이 웅성거렸다.(처음으로 방사선을 쪼이고 법적으로 수입이 허용된 선적물인 동남아시아산 망고스틴은 3년 뒤인 2007년에 전면 허용됐다.) 방사선 과일이 결코 최고급품은 아니라는 데 다들 수긍한다. 이 과일들을 제대로 알려면, 과일사냥꾼처럼 그 원산지로 찾아가는 일이 여전히 필요할 것이다.

2부

모험의 과일

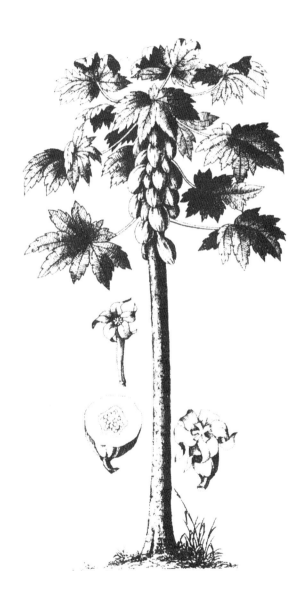

5장
보르네오 섬에 가다

자연이 우리 눈앞보다 이 세상 끝에서 더욱 내밀하게
그 모습을 마음껏 발산하듯, 이 세상 머나먼 곳에서
놀랍고 경이로운 일이 벌어진다는 사실을 기억하라.

___ 라눌프 히그던Ranulf Higden(영국의 연대기 편자)

2007년 1월 어느 월요일 아침, 뉴욕 사람들은 유황냄새와 달걀 썩은 냄새가 뒤섞인 악취에 잠이 깼다. 거대한 방귀냄새가 로우어 맨해튼Lower Manhattan 사방으로 퍼진듯했다. 언론은 이 사라지지 않는 냄새를 '지독하다', '불쾌하다', '불길하다'고 표현했고, 급기야 이 냄새 때문에 학교와 사무실에서 대피소동이 벌어졌다. 911 긴급출동 지역이 꽉 막혔고, 통근 열차와 지하철은 운행을 중단했으며, 십여 명의 사람들이 병원으로 후송되었다. 블룸버그Bloomberg 시장은 "단순히 불쾌한 냄새일지 모른다."며 시민들을 안심시키려 했다. 뉴저지 주의 화학공장이 냄새의 출처로 지목당하기도 했고, 고약한 냄새를 풍기는 메르캅탄mercaptan의 누출을 의심한 사람도 있었다. 결국 불쾌한 냄새의 원인은 밝혀내지 못했다.

난 이 소동의 정체를 알 것 같았다.

두리안durian은 세상에서 냄새가 가장 심한 과일이다. 43가지 유황 화합물이 포함된 이 뾰족한 과일에는 양파, 마늘, 스컹크 냄새와 동일한 성분이 들어 있어서, 밀폐된 공간 어디서나 특유의 냄새를 피운다. 이 코를 찌르는 냄새는 오랑우탄이나 호랑이, 코끼리를 끌어들이기 위한 것이다. 썩어가는 두리안은 사방을 초토화시키기 때문에, 열대우림이면 몰라도 유해가스를 내뿜는 쓰레기통이 있는 맨해튼 거리라면 무척 난감해진다.

과장이 심한 얘기 같다고? 오센포트와 함께 마이애미 여행을 다녀오고 몇 달이 지나, 우리는 뉴욕에 있는 오센포트의 아파트에서 두리안 시식파티를 열었다. 두리안을 쪼개자 아주 상쾌한 냄새가 흘러나오는 것이, 테이프에서 흘러나오는 소리에 머리카락이 강하게 나부끼며 사람들이 의자를 꼭 붙들고 있던 오래전 카세트 광고 속에 들어온 기분이었다. 차이나타운에서 골라온 두리안 두 개는 구린내가 상당히 심해서, 우리가 두리안 시식회를 자축하는 사이 같은 건물에 살던 다른 거주자들은 모두 가스누출을 의심하며 대피소동을 벌였다. 우리도 모르게, 두리안 향이 복도를 지나 엘리베이터 이동공간을 타고 다른 층으로까지 뻗어 나간 모양이었다. 불안해진 주민들은 귀중품을 챙겨 택시를 잡아타고 높은 지대로 이동하거나, 길모퉁이 식료품 판매점에서 근심에 찬 얼굴로 줄지어 섰다. 관리인과 전력가스회사 직원이 당황한 얼굴로 누출 진원지를 찾아나선 후에야 우리의 시식현장이 발각되었다.

그 해에 우리말고도 두리안을 먹은 맨해튼 주민이 있었다. 「런던 리뷰 오브 북스The London Review of Books」는 수잔 손탁Susan Sontag(미국의 소설가, 철학자)과 루 리드Lou Reed(미국의 가수), 그리고 현대미술박물관의 큐레이터가 참석한 두리안 파티를 소개했다. 두리안이 제공된다는 얘기에, 팝 밴드 피셔스푸너Fischerspooner의 싱어는 "10대 소녀처럼 고함을 질렀다."는 소문도 있었다.

물론 열광적이지 않은 반응도 있다. 이들은 두리안 냄새를 썩은 고기, 굳은 토사물, 안 빤 양말, 운동선수의 국부보호대, 썰물에 밀려온 해초, 납골당, 맹더위 때 나온 오물 덩어리, 돼지 배설물, 아기 기저귀, 테레빈유 냄새, 푸른곰팡이 치즈를 덩어리째 움켜쥐고 죽은 시체를 파낸 냄새, 하수구를 타고 흐르는 프렌치 커스터드에 비유했다. 두리안 먹는 모습을 화장실 변기에 앉아 좋아하는 아이스크림을 먹는 꼴이라고도 표현했다. 우리가 맨해튼에서 먹은 두리안은 땅콩버터와 박하향이 섞인 오믈렛에 사람 암내 소스를 뿌린, 요리하다만 오믈렛 같았다. 트림하면 그 냄새가 올라와 다음 날 아침까지 사라지지 않았다.

이런 이유로 품종연구자들은 냄새 없는 두리안을 개발 중이다. 그래도 열렬한 두리안 애호가들은 이 자극적인 향마저 사랑한다. 말레이시아에는 "두리안이 나무에서 떨어지면, 사롱(말레이반도의 전통의상으로 몸을 감싸는 기다란 천-옮긴이)이 몸에서 흘러내린다."는 말이 있다. 인도네시아에서는 두리안 향이 나는 콘돔이 크게 성공했다. 동남아시아 사람들이 생우유로 만든 로크포르 치즈에 고개를 가로젓듯, 서구 사람들은 두리안에 끌리는 이유를 이해하지 못한다. 썩기 직전의 음식을 즐기는 문화권이 꽤 있다. 이탈리아 사르디니아Sardinia에서는 꿈틀대는 구더기가 가득한 카수 마르추 치즈를, 아이슬란드에서는 보트리티스 곰팡이균이 핀 포도로 만든 디저트 와인과 썩힌 상어고기를 각각 즐긴다.

두리안의 속살은 그 냄새와 달리 매우 달콤하다. 사람들이 자주 쓰는 두리안 관련속담 중에, "냄새는 지옥 같아도 맛은 천국"이라는 말이 있다. 두리안 팬 사이트 durianpalace.com에는 두리안 맛을 묘사한 글이 올라와 있다. "제일 맛있고 감각을 자극하는 최고의 바나나 푸딩을 떠올려라. 거기에 버터스카치, 바닐라, 복숭아, 파인애플, 딸기, 아몬드 향을 섞는다. 여기에 생뚱맞게 다진 마늘을 넣어라. 그 맛이 바로 두리안이다." 영어권에서 두리안을 처음으로 긍정적으로 묘사한 글은 그 냄새를 크림치즈와 양파, 갈색 쉐리brown sherry(화이트 와인에 브랜디를 첨가한 와인-옮긴이)의 '부조화'가 풍기는 향이라고 표현했다.

아시아에는 호텔이나 공공장소에서 두리안을 금하는 경우가 많다. 싱가포르의 지하철역 표지판에는 두리안을 소지한 사람에게 벌금으로 500 싱가포르 달러를 부과한다는 경고문구가 쓰여 있다. durianpalace.com 사람들은 자연이 준 이 환상적인 푸딩을 금한다는 소식에, "다들 남몰래 방귀 뀌고 쾌감을 느끼면서도 이를 불법으로 금지하는 대책 없는 규율"이라고 생각했다. 비행기 내 경고문구는 여행 가방에 두리안을 넣어 수송하려 했던 어느 승객이 그 빌미를 제공했다. 버진 항공사Virgin Airlines의 경영자 브렛 갓프리Brett Godfrey는 2003년 호주에서 안전상의 문제가 아닌 '지독한 악취' 때문에 항공운행을 취소한 적이 있다고 했다. 누가 몰래 버리고 간 두리안 때문이었다. 그는 "상당히 자극적이고 메스꺼운 냄새 때문에 옥외 변소에나 어울리는 과일"이라며 당시 상황을 떠올렸다.

두리안을 먹을 때는 알코올을 삼가라고들 한다. 두 가지를 함께 먹으면 몸이 심각하게 붓기 때문이다. 『별난 요리Extreme Cuisine』의 저자 제리 홉킨스Jerry Hopkins는 책에 "한 뚱뚱한 독일 관광객이 잘 익은 두리안을 게걸스럽게 먹은 다음 쌀로 만든 타이 메콩 독주를 마시고 뜨거운 물로 샤워한 후 몸이 터져버린" 사례를 실었다.

나 역시 시식파티를 하고 나서 폭발하고 싶은 심정이었다. 우리가 먹은 두리안의 상태를 봤다면 공감했을 것이다. 신선한 두리안도 악취를 풍기는데, 하물며 몇 달간 냉동상冷凍傷을 입은 채 혼잡한 차이나타운 바닥에서 흐물흐물해져버린 질 낮은 두리안들은 얼마나 고약한 악취를 풍겼을지 생각해보라. 두리안 냉동에 들어가는 돈만 해도 연간 120억 원 이상이다. 이 두리안들은 갓 수확한 타이의 황금배게Golden Pillow 두리안과 비교해보면, 모두 품질이 떨어지고 비위 상하는 과일들이다. 19세기에 자연선택이론을 토대로 진화론을 준비했던 알프레드 러셀 월리스Alfred Russel Wallace(영국의 박물학자)는, 두리안을 일컬어 "그 맛을 찾아 동양으로 떠날 가치가 있다."고 주장했다. 괜찮은 이색과일을 맛보려면 열대지방 여행은 필수라는 휘트먼의 말을 떠올리며, 나는 두리안 왕국의 고동치는 심장부로 날아갈 채비를 했다.

세계적으로도 큰 섬에 속하는 보르네오 섬은 지정학적으로 봤을 때, 말레이시아의 사라와크Sarawak와 사바Sabah, 인도네시아의 칼리만탄Kalimantan, 그리고 브루나이의 술탄 영지 이렇게 세 지역으로 구성된 섬이다. 다른 곳에서는 찾아볼 수 없는 무수한 과일이 풍토성 강한 이 머나면 땅에서 무성하게 자란다. 방대한 품종이 수두룩한 이 섬의 다우림 지대는 최근 10년 사이 벌목으로 심각하게 파괴되었다. 다행히 이 지역에서 자라는 매우 귀중한 과일 중 상당수는 자연보호론자들이 재배하고 연구하는 중이다.

식물학자 푼 분 호에Voon Boon Hoe는 이 지역에서 윌리엄 휘트먼, 리처드 캠벨과 함께 오랫동안 연락을 주고받으며 지낸 사이였다. 말쑥하고 마른 체격에 희끗희끗한 콧수염을 기른 푼은 사라와크 농업 연구단지에서 두리안을 연구하며 일생을 보냈다.

그와 함께 수도 쿠칭 외곽에 있는 연구단지의 과수원을 걷다보니, 변종들이 점점 눈에 또렷이 들어왔다. 짙은 빨간색, 연두색, 노란색, 오렌지색 람부탄이 있었다. 이와 유사종인 뿔라산은 주홍색과 녹색 모두 람부탄보다 훨씬 달았다. 우리가 먹은 폭탄다발 같은 두쿠와 랑삿은 완벽한 구연산 결정체가 달콤하게 톡 쏘는 맛이었다. 서구에서도 이 과일들을 모두 접할 수 있다면 선풍적인 인기를 얻을 것 같다. 군궁gungung은 산딸기에 라즈베리 쿨리coulis(부드럽고 걸쭉한 소스-옮긴이)를 얹은 맛이다. 다바이dabai는 아주 큰 보라색 올리브같이 생겼는데, 느끼한 과즙이 입안에서 녹았다. 별처럼 생긴 바차우레아 레티쿨라타 Baccaurrea reticulata는 겉은 주홍빛이고 속은 우윳빛인 열매로 그 속에는 아보카도 크기만 한 씨앗이 반짝거리고 있었다. 그저 바라만 봐도 황홀했다.

보르네오 섬은 무려 6,000개가 넘는 재래종 식물을 자랑한다. 이 섬은 홍적세 빙하기 때 시작된 멸종위기도 견뎌내는 등 비교적 생태계가 잘 보존된 상태라 유전자 풀genetic pool이 상당히 풍부하다. 연간 강수량은 7미터에 이른다. 남미나 아프리카에 있는 적도 부근의 열대우림처럼 보르네오 섬도 보기 드문 생명체가 풍성하다. 작은 올빼미, 쥐 크기만 한 사슴, 날아다니는 도마뱀, 〈오즈의 마법사〉에 나올법한 날아다니는 원숭이, 빛을 내는 버섯, 산호초를 닮은 화려한 색의 곰팡이가 이곳에 있다.

가는 곳마다 모기떼가 쫓아다닌다. 항말라리아제를 복용하고 있었지만, 병원에서 곤충이 옮기는 뎅기열에는 백신이 없다는 주의사항을 들었다. 매번 모기에 물릴 때마다 내 피를 타고 흐르는 희귀한 열대성 바이러스가 떠올랐다. 적어도 의사가 일러준 유해한 생물인 흡혈 호랑이 거머리, 다리 위로 기어오르는 송곳니 개미, 식인 악어 등은 보이지 않았다.

풋과 함께 두리안 과수원을 걷다가 나무에서 뭔가 툭하고 떨어지는 소리를 들었다. 풋이 기다란 풀을 헤치며 신이 난 아이처럼 뛰어들어 갔다. 흐뭇한 표정으로 뾰족하게 생긴 과일을 들고 나오며, 말레이시아에서는 먹기 직전에 떨어진 두리안을 최고로 친다고 말했다.(반면 타이에서는 두리안이 떨어지기 전에 나무를 베어버린다.) 함께 열매를 쪼개보았다. 풋이 꾸닝 두리안이라는 설명과 함께, 연어 빛 고기 한 점을 건네줬다. 이 꾸닝 열매는 우리가 흔히 접하는 노란 속살 두리안과 달리 밝은 오렌지색부터 짙은 주홍색까지 색깔이 다양하다. 이 품종은 중독성 강한 아몬드 맛이 날 뿐 아니라, 냄새도 거의 없다. 맨해튼에서 본 썩은 악취가 진동하던 폭탄과 비교조차 할 수 없었다.

두리안 품종은 27가지 정도이며, 대부분 보르네오 섬이 원산지다. 여기에는 지네 두리안, 씨가 매우 작은 미니 두리안, 냄새가 안 나는 사오 두리안 등이 있다. 두리안은 보통 가시투성이에 껍질이 녹색이고 속살은 노란 게 대부분인데, 두리오 둘시스 같은 일부 품종은 겉이 눈길을 사로잡는 빨간색이다. 베트남 달라트에 있는 어느 꾸닝 두리안 나무는 크기가 어마어마해서 이를 에워싸려면 열댓 명이 팔을 뻗어야 한다. 이 나무의 종자는 농장주인의 조부가 꿈에 귀신에게서 받았다고 전해진다.

풋과 함께 걷다가 따랍 나무 앞에 도달했다. 풋은 조수를 올려보내 커다랗고 축구공만 한 열매를 땄다. 열매의 절반은 이미 왕박쥐가 갉아먹었다. "갉아먹은 걸 보니 잘 익은 열매"라고 풋이 설명했다. 풋은 벌레 몇 마리를 털어내고는 커다란 알맹이를 건넸다. 잘 만든 디저트 같았다. 풍부한 즙이 흐르는 하얀 주사위 모양의 속살은 커스터드의 풍부한 맛과 케이크 같은 질감이 어우러져 있었다. 통째로 바닐라를 입혀 장식한 것 같았다. 정글 생명체가 찍어놓고 간 승인도장 때문인지 맛이 더욱 달게 느껴졌다. 날개 달린 갯과 동물과 과일을 같이 나눠 먹었다는 사실에 말로 표현하기 힘든 원시적인 일체감을 느꼈다.

당시 나는 온갖 과일에 마음을 빼앗겨, 댕기열로 병원에 실려가는 상상 따위는 더는 하지 않게 되었다. 우리는 열매가 가득 열린 망고스틴 나무 앞에 섰다. 북미 사람들이 사과나무 대하듯, 보르네오 섬 사람들도 나무를 타고 올라가 나뭇가지에 열린 망고스틴을 바로 따서 먹는다고 푼이 설명했다. 그러더니 나더러 한번 해보라고 했다. 나는 나무를 타고 올라가 사과만 한 갈색 과일이 잔뜩 열린 가지에 앉았다. 몇 개를 따서 푼에게 던졌다. 그는 열매를 쪼개기 위해 엄지손톱으로 두껍고 가죽 같은 껍질에 구멍 뚫는 시범을 보여주었다. 꼭지를 비틀자, 그 안에 눈처럼 하얀 속살이 가득했다.

하루가 끝나갈 무렵, 푼이 집에 가져가라며 향기 나는 쩜프닥chempedak을 챙겨주었다. 꿀처럼 달콤한 작은 오렌지 덩어리가 가득 든 이 과일은 럭비공 크기의 국방색 과일이다. 몇 입 베어 먹은 뒤 호텔 3층에 있는 내 방 침실탁자에 두고 저녁을 먹으러 나갔다. 근처 노점상에서 저녁을 먹고 돌아와 보니, 호텔 로비에 들어서는 순간부터 쩜프닥 냄새가 날 압도했다. 뒷문을 통해 몰래 밖으로 가지고 나와 근처 빈터에 앉은 다음 쩜프닥을 쪼갰다. 짙은 안개 사이로 달빛이 너울거리는 풍경을 보며 나는 먹기 시작했다. 오후 때보다 맛이 한결 나아졌다. 그새 완전히 익은듯했다. 왠지 익숙한 맛인데 감을 못 잡겠다. 한입 베어 물 때마다 맛의 정체를 떠올려봤다. 그때 퍼뜩 떠오른 생각, 프루트 룹스!Froot

Loops.(켈로그사에서 나오는 시리얼 제품-옮긴이)

쩜프닥을 먹다가 어릴 때 용돈으로 프루트 룹스를 몇 상자씩 산 기억이 났다. 나는 프루트 룹스를 담은 그릇을 끌어안고 침대 이불속으로 들어간 뒤 손전등을 키고는 『아치Archie』(미국 10대들의 좌충우돌 생활을 그린 만화책-옮긴이)를 보며 이를 몰래 먹던 추억이 떠올랐다. 잠시 후 내 발밑에는 쩜프닥 가죽만 남았다. 어느새 모조리 먹어버렸다. 손으로 껍질을 갈가리 찢자 과육이 꽉 찬 알갱이가 보였다. 지금도 아이싱icing(달걀흰자와 설탕으로 만든 생크림 케이크 재료-옮긴이)처럼 내 치아를 뒤덮던 과당 결정체가 느껴진다.

공식적으로 기록된 최초의 과일사냥꾼은 고대 이집트의 하트셉수트Hatshepsut 여왕이 모집한 사람들이었다. 기원전 15세기경 하트셉수트는 동아프리카 푼트Punt(홍해 연안 지역)에 선박을 보내 종자와 식물을 찾아오게 하였다. 대형선박 갤리온이 해안가에 들이닥칠 때마다 그 지역에 사는 부족들은 환영의 선물로 과일을 내놓았다. 콜럼버스가 아메리카대륙을 밟았을 때도 커스터드 애플을 접대받았다. 스페인의 탐험가 코르테즈Cortez도 원주민들에게 이름 모를 별난 과일을 선물로 받았다. 영국의 탐험가 쿡선장은 "크기와 모양은 어린아이 머리통 같고 송로버섯과 달리 그물무늬가 선명하지 않은" 과일을 받았다. 아마존 강 삼각주에서 레비스트로스 같은 구조주의 인류학자를 맞이한 것은 이국적 과일을 실은 여러 척의 작은 보트였다. 비교적 최근까지, 파푸아뉴기니에서는 화물숭배의식cargo cult(배나 비행기를 통해 화물을 받은 백인들을 보고, 자신들에게도 이런 물품을 보내달라고 신에게 비는 원시부족의 의식-옮긴이)을 열 때, 모형 비행장에서 바나나를 올렸다.

보르네오 섬에 가다

콜럼버스가 1493년 과달루페Guadalupe 섬(카리브 해에 위치)에서 파인애플로 환영을 받은 이후, 문기둥이나 뾰족탑에 걸어둔 파인애플은 유럽에서 환대의 상징이 되었다. 당시 사람들은 방문객을 환영하고 우애를 표현하기 위해 입구에 파인애플을 걸어두는 원주민들의 전통을 받아들였다. 500년이 지난 후, 코네티컷 주에서 대저택 전문중개업자로 일하는 윌리엄 피트William Pitt는 최고급 주방용품 업체 윌리엄스 소노마Williams-Sonoma처럼 파인애플을 회사 로고로 사용했다. 슈퍼 8 모텔Super 8 Motel(중저가 숙박업소-옮긴이) 가맹점 사장들은 본인들을 파인애플 같은 사람들이라고 홍보했다. 이들이 파인애플을 내세운 이유는 "서비스업에서 완벽함의 극치"라는 문구를 보면 이해가 갈 것이다.

과일사냥에 얽힌 유명한 이야기도 있다. 유럽의 선구적 식물탐험가였던 윌리엄 댐 피어William Dampier는 다리엔 지협the Isthmus of Darien(파나마운하 남쪽)과 콜롬비아 해안에서 허세를 부리던 유명한 해적이었다. 그는 통나무배를 타고 가다 수마트라 섬에서 수백 킬로미터 떨어진 곳에서 좌초했다. 가까스로 영국으로 돌아온 그는 이후 식물학자로 여행을 다니며 새 삶을 시작했다. 그가 1697년에 펴낸 책 『항해하며 세상을 돌다A New Voyage Round the World』에는 환상적인 과일 이야기가 가득하다. 그는 책을 낸 후에도 식물사냥 모험을 계속했다.

존 트라데스칸트John Tradescant는 1621년 알제리 살구를 획득하러 원정을 떠났다가 유명세를 얻었다. 그는 알제리 연안에서 바르바리 해적대Barbary pirates(북아프리카 해안을 따라 활동하던 이슬람 해적-옮긴이)를 생포하려는 함대에 가담했다가, 그때까지 기록에도 없던 수많은 핵과를 안고 돌아왔다. 이후 항해에서 그는 하얀 살구와 '매우 뛰어난 체리'-현재 트라데스칸트의 검은 심장으로 알려진 열매-를 고향에 가져왔다. 트라데스칸트는 또 영국 사우스 데본의 한 쓰레기 더미에서 새로운 딸기 품종 플리머스Plymouth가 자라는 것을 발견했다. 이 과일은 특이하게도 딸기씨(혹은 수과)가 생기는 부분에 작은 잎들이 자란다. 그는 들여온 품종 모두를 램버스Lambeth(런던 남부의 자치구) 인근에 있는 장대한 식물원, 일명 '노아의 방주'에서 재배하였다. 비록 후각을 상실했어도 그는 아들과 함께 뛰어난 멜론 품종을 기른 것으로 유명했다. 또 확인 가능한 연구기록을 남기지 않았지만, 이들은 초창기에 타가수분 책임자 역할을 맡았다고도 한다.

이러한 모험심은 관련지식이 부족했어도 꺾이지 않았다. 트라데스칸트 이후 신세계 탐험에 도취된 젊은이들 사이에 식물사냥이 유행처럼 번져나갔다. 이들은 미지의 세계로 돌진했다. 그리고 온갖 고충을 겪고 찾아낸 중요한 발견물을 빼곡히 기록하였다. 이들은 도중에 길을 잃거나 독수리 날고기를 먹으며 이동하기도 했다. 열대우림을 헐벗은 채 맨발로 헤맸으며, 몇 시간 동안 연달아 소용돌이를 만나기도 했다. 미처 날뛰는 들소의 공격도 피해야 했고, 하마가 뒹구는 수렁에 타고 가던 말이 빠지기도 했으며, 밤에 자다가 쥐에게 머리카락을 모조리 뜯긴 일도 있었다. 외국인을 혐오하는 무장한 부족과 협상도 해야 했다. 이 부족이 자신들의 신성한 경지를 침범한 외국인들을 돌멩이로 공격하려 했기 때문이었다. 오리건 포도를 발견한 데이비드 더글러스David Douglas는 1834년 하와이에서 멧돼지를 잡으려고 파놓은 구덩이에 빠져 사망했다. 구덩이에 빠진 직후 바로 야생 황소의 뿔에 받혔기 때문이었다. 데이비드 페어차일드의 후견을 받던 윌슨 포피노Wilson Popenoe의 아내는 덜 익은 악키 열매를 먹고 독소가 온몸에 퍼져 사망했다.

과일을 발견하는 일은 한동안 높은 신분의 보증수표였다. 성공을 거둔 탐험가의 이름을 따서 과일의 이름을 지었기 때문이었다. 스웨덴 출신의 선버그C. P. Thunberg는 일본 국경을 넘어 현재 양매자berberis thunbergii로 알려진 열매를 슬쩍해 유럽에 갖고 들어왔다. 브라질에서 발견한 피조아feijoa 열매 혹은 딸기 구아바는 스페인의 탐험가이자 식물학자인 페이조Don de Silva Feijo의 이름을 따서 지었다. 금귤의 라틴어 명은 포츈넬라Fortunella로 식물사냥꾼 로버트 포츈Robert Fortune의 이름에서 따왔다.

프랑스 정보부 요원 아메데 프랑수아 프레지에르Amédée-François Frézier는 스페인에서 첩자노릇을 하던 중 1714년 칠레 딸기를 우연히 발견했다. 프레지에르라는 이름은 우연하게도 딸기를 뜻하는 불어에서 유래했다. 그는 국가기밀보다 딸기가 더 가치 있다고 보고 이를 조심스럽게 본국으로 가져왔다. 이 기간이 반년이나 걸렸고, 또 식물에게 줄 신선한 물이 부족한 바람에 고작 5개만 무사히 가져올 수 있었다. 이 프라가리아 칠로엔시스Fragaria chiloensis 열매는 버지니아 딸기와 DNA 교잡을 통해 현재 우리가 먹는 딸기로 탄생했다.

종자를 고국에 들여오는 것은 그 식물의 서식범위뿐 아니라 그 식물에 대한 지식을 넓히는 방법이다. 토머스 제퍼슨Thomas Jefferson의 말처럼 "국가에 바칠 수 있는 가장 큰 공헌은 농경지에 유용한 식물을 보태는 것"이었다. 이를 근거로 제퍼슨은 이탈리아에서 쌀을 밀수하거나(위험부담이 컸다.) 중국에서 대마씨앗을 밀수하는 일을 정당하게 보았다.

포피노는 과일사냥꾼들이 작업하는 방식을 솔직하게 설명했다. "잘 알려지지 않은 마을에 가서 그곳에 사는 소년을 한 명 고용합니다. 그리고는 말, 노새나 낙타 등을 본인과 소년, 짐용으로 세 마리 사요. 그 다음 시골 오지로 갑니다. 조리도구도 없고, 하룻밤 숙박료로 텅 빈 토마토 통조림을 내줘도 되는 지역이 나올 때까지 계속 들어갑니다. 그리고 그 마을 시장에 가서 뭐든 가져다 팔만한 것을 매 같은 눈초리로 샅샅이 찾아봅니다. 현지인들과 사랑에 빠지는 경우도 있지요. 저녁에 초대도 받고요. 그러면 원하는 식물이나 종자를 손에 넣을 수 있어요."

20세기 초반에도 과일사냥은 인적 없는 미개척지에 뛰어드는 방식이 아닌 시장에 접근하는 과정을 통해 이뤄졌다. 최고의 품종은 대체로 오래전에 발견해서 바람직한 속성을 골라 여러 세대에 걸쳐 기른 것이었다. 민속식물학자들은 연구를 위해 아직도 산림이나 산, 평지, 골짜기를 직접 조사해야 한다. 제도권에 속한 과일추적자들은 헬기나 낙하산, GPS와 레이더 장비를 이용해 대상을 찾는다. 요즘 과일사냥꾼들은 원시림도 마다하지 않는다. 현지 가이드를 고용하면 개인 농장, 과수원, 농업부처, 식물원, 종자회사, 식물표본실, 연구소, 지방 시장으로 안내해주기 때문이다.

리처드 캠벨은 이렇게 말했다. "가까운 공항에 가서 비행기를 타고 마을로 들어가 차량을 타고 이동하면서 뒷마당을 유심히 들여다봅니다. 그런 뒤 그 지역에서 나는 최고급 과일을 아는 사람을 찾아가 이렇게 말을 건넵니다. '이봐요. 나 미국에서 온 사람인데, 당신네 마메이에 매우 관심이 가네요. 꼭 좀 봤으면 해요.'"

과일광들은 생물의 다양성을 보존해야 한다는 일념으로 야생종을 기록에 남기거나 고향에 가져와 번식시킨다. 희귀과일을 본국에 가져오는 것은 식물 멸종위기에 대한 안전한 대처법이다. 수잔Susan과 알랜Alan은 30년 가까이 멸종위기에 놓인 산림에 들어가 사라져가는 종을 보호하고자 이를 집중적으로 수집하며 여행을 했다. 이 종들은 식물계

노아의 방주라고 부르는 자신들의 호주 사유지에서 기른다.

아프가니스탄과 이란에서 포도수집 모험을 한 해롤드 올모Harold Olmo는 '포도계의 인디아나 존스'로 알려진 사람이다. 한번은 7미터가 넘는 골짜기에 차량이 빠진 사건이 있었다. 이때 유목민들과 함께 낙타털로 꼰 밧줄을 이용해 차를 끌어올리느라 사흘을 보냈다. 그가 수집해 기른 포도 품종은 캘리포니아 주에 와인산업을 낳았고 또 이를 지탱하는 데 중요한 역할을 했다. 아프가니스탄의 식물학자들은 최근 해롤드가 수집한 과일의 자른 가지를 얻어갔다. 그 품종이 모국에서 사라졌기 때문이었다.

기독교 선교사들인 로이 댄포스Roy Danforth와 폴 노렌Paul Noren은 콩고 우방기Ubangi 강 유역에 열대과일 보존구역을 만들었다. 이들이 벌인 일명 로코농림사업Loko Agroforestry Project의 주목적은 식용과일 위주로 보존과 재조림을 하는 것이다. 나는 이들을 만나볼 생각을 했다가, 어느 침착한 식물학자들이 쓴 글을 보고 마음을 바꿨다. 그 글에는 이들을 인터뷰하러 이 지역으로 떠나려면 전투용 헬기를 구하고 민병대를 꾸려야 할 것이라는 조언이 담겨 있었다.

포피노의 말대로, 시장만큼 좋은 과일탐색 장소는 없다. 뭐든 재배하거나 먹을 가치가 있는 것은 모두 시장이라는 중심지에 모여든다. 시장은 한 지역의 특산물이 모일 뿐 아니라, 친목을 다지는 장소이기도 하다. 여행자들은 현지인들을 만나고 친구들끼리 연락을 주고받으며, 낯선 사람들과 공통된 관심사로 인연을 맺는다. 나는 시장에 가면 행복감에 빠진 채 몇 시간씩 보낸다. 넘쳐나는 과일들에 사로잡힐 뿐 아니라 사람과 자연이라는 친구와 교류하며 커다란 활력을 얻는다.

가공하지 않은 식재료는 모두 탁월한 요리로 변할 기회를 기다리는

데, 시장에 가면 이런 기운이 한껏 느껴진다. 시장은 기쁨의 징후이고, 더 큰 행복으로 통하는 다채로운 간이역이다. 어마어마하게 많은 과일이 진열된 모습을 보고 있자면, 굶주리는 일 따위는 없을 것 같다. 우리가 시장을 사랑하는 이유는 이곳에 있는 음식이야말로 진짜이기 때문이다. 게다가 세상 어느 식료품 매장보다도 신선하고 품질이 좋다. 특히 북아메리카와 유럽의 농산물 직판장이 바로 그러한 곳이다.

먼 지류支流에서 가져온, 다시 접하지 못할 수확물들로 가득한 이곳 열대 정글시장에는 이색적인 풍경도 있다. 다름 아닌 제멋대로인 흥정과 투명치 못한 상도덕으로, 이런 모습은 슈퍼마켓의 정갈한 태도와 영 딴판이다. 또 이곳에 오면 두렵거나 혼란스러운 느낌이 들기도 한다. 눈앞에서 동물이 도살되기 때문이다. 액살縊殺의 냄새가 공기 중에 진동한다. 이러한 모습 때문에 시장은 문명과 야생의 중간지대 같다.

과거에 서구의 시장은 친근한 곳이 아니었다. 유럽이나 뉴 프랑스New France(북아메리카에 있던 프랑스 식민지-옮긴이)에 있던 중세 시대의 시장은 물건을 사러 들르는 장소만이 아니었다. 시장은 형벌을 내리고 공시하던 장소였다. 또 방랑시인과 사기꾼이 여행자, 서민, 특권층을 울고 웃게 한 곳이었다. 당시 시장은 처형장이기도 했다. 잔 다르크는 시장에서 화형당했다.(그 심장은 화염에도 타지 않았다는 설이 있다.) 하층민들은 불에 타는 시체를 보려고 서로 밀고 당기며, 시체 타는 연기를 들이마셨다.

일요일에 열리는 보르네오 섬의 쿠칭 시장에 가보면 바람총부터 깃털 달린 화살, 1미터가 넘는 콩꼬투리, 악몽에 나올듯한 털투성이 식물까지 모든 물건을 두루 구경할 수 있다. 시장 입구부터 길가에서 뿜어져 나오는 악취에 콧속이 콱 막혀온다. 두쿠 껍질, 썩어가는 코코넛, 동물 내장, 진흙 같은 액체가 담긴 투명한 자루, 과다 숙성된 두리안이 한데 뒤섞인 이곳은 학질을 일으킬 것만 같다. 발효시킨 채소와 코를 찌르는 기름으로 요리한 밀가루 반죽 역시 시큼한 냄새를 풍겨와 목구멍 뒤쪽이 콱 막혀온다. 냄새분자가 너무 강력해 그 맛이 느껴질 정도이다. 기분 나쁜 가시가 달린, 털투성이 빨간 줄무늬 식충식물은 비닐봉지 속에서 헐떡거리며 입을 열어 숨을 내쉰다. 사고sago 나무에 붙어있던 통통한 벌레도 판다. 이 벌레들은 몸부림치며 사방을 휘젓고 다닌다. 오징어 촉수가 깔린 길바닥에서 사람들이 욕설을 주고받는다. 거무스름한 갈색 가루로 뒤덮인 돌기둥 사이에는, 길이가 엄지손가락부터 50센티미터가 넘는 크고 작은 바나나 수십 개가 달콤한 가시여지 열매, 산더미 같은 칠리 고추, 밝은 분홍색 구아바, 바다콩과 함께 파묻혀 있다.

이곳에 백인은 나 혼자였다. 장사꾼들이 내게 웃음을 지어 보냈다. 그렇지만 대개는 무관심하며 자기네 물건을 사라고 고함을 쳤다. 나는 흥정에 전혀 소질이 없었다. 억척스런 장사꾼들은 내 어설픈 흥정시도를 즐기는 듯 보였다.(결국 그쪽이 득을 보고 끝날 터이니.) 터무니없이 싼 가격은 물론이거니와, 모든 것이 구미가 당기고 매혹적으로 다가온다. 나는 과일과 채소 봉지를 휘청거릴 정도로 짊어지고 시장 바닥을 떴다. 먹는 법이나 조리법도 모르면서 사들인 과일이 수두룩했다. 호텔 방 탁자 위에 사온 물건을 꺼낸 뒤, 균형과 색상을 고려해가며 가지런히 쌓았다. 냄새가 고약해 보이는 것은 조심스레 맛도 봐가면서. 그리고는 두쿠, 람부탄, 가시여지 열매, 망고스틴, 두리안을 맘껏 포식하였다. 다시는 원산지에서 그 맛을 보지 못할 것을 알기 때문이었다.

그로부터 일주일 내내, 푼이 내게 준 「사라와크의 재래종 과일」이라는 안내책자를 탐독하며 맛보고 싶은 과일을 모두 목록으로 만들었다. 그중에는 엄지손 크기의 케란지 파판keranji papan이 있다. 이는 카라멜 맛이 나는 달콤한 오렌지빛 과육이다. 진주같이 반투명한 속살을 자랑해서 손에 넣고 싶은 탐포이tampoi도 목록에 올라와 있다. 그리고 피타부pitabu도 있었다. 이는 윌리엄 휘트먼이 좋아하는 열매로, 오렌지 셔벗과 아몬드, 라즈베리를 혼합한 맛이다. 그러나 아쉽게도 지역 음식센터에 가보니 내가 몹시 찾던 과일들은 대부분 제철이 아니라고 했다.

푼의 아내가 이런 얘기를 들려줬다. 한번은 이들 부부가 접목왕 클리프트와 어울린 자리에서 "당신들은 매일 과일타령만 하는데, 다른 화젯거리는 없어요?"라고 푼의 아내가 물었다. 그러나 클리프트가 "다른 게 뭐 있는데?"라며 심드렁한 답변을 했다고 한다.

과일에는 언제나 새롭고, 뛰어나며, 희귀한 품종이 있다. 무한을 쫓는 기분이다. 나는 순진하게도 어떻게든 모든 과일을 맛볼 수 있으리라 생각하고, 이곳을 다시 찾을 계획을 짰다. 과일재배자에게 이 얘기를 꺼내니, 매달 서로 다른 과일들이 결실을 맺기 때문에 관광객이 모든 과일을 맛볼 수 있는 시기는 없다고 한다. 한 가지 방법이 있다면, 일 년 내내 보르네오 섬에서 지내는 것뿐이라고 했다. 설령 이곳에서 산다 해도, 거리가 너무 멀어 맛볼 수 없는 과일이 수두룩하다고 했다. 침대에 누워 과일생각으로 열병을 앓고 있는데, 전화가 울렸다. 여자 친구 리안이었다. 내가 여태껏 맛본 온갖 과일 얘기를 쉴 새 없이 들려주자, 리안이 말했다. 내 인터뷰 대상자들 말고도 이상한 과일나라에 빠진 사람이 한 명 더 생긴 것 같다고.

계속 솟구치는 열망을 달래기 위해, 노점상과 시장, 식당을 돌며 두리안을 열댓 개 정도 사 먹었다. 밤공기에서 두리안 내음이 느껴질 때마다 가까운 행상인에게 가서 한 덩어리씩 사 먹었다. 노점상들은 닭가슴처럼 보이게 담아놓은 두리안을 스티로폼 접시에 담아 팔고 있었다.

사람들이 두리안을 먹는 모습을 볼 때마다, 그 표정에서 생각에 잠기거나 꿈을 꾸거나 아니면 게슴츠레하다는 인상을 받았는데, 나 역시 그런 표정을 짓고 있었다. 처음에는 그저 최고의 커스터드 맛에 빠졌기 때문이라고 생각했다. 그러다가 점차 두리안을 먹는 행동이 우리 뇌 속에 있는 과거의 메커니즘을 움직이게 한 것 아닐까라는 의문이 들기 시작했다.

푼의 집에서, 바라밀을 먹을 때도 이런 생각이 들었다. 그러나 이번에는 하와이에서 켄 러브와 함께 있을 때 느꼈던 두려움과는 다른 감정이었다. 바라밀을 핥을 때 손가락이 끈적거려오면, 마치 지금까지 잠자고 있던 기억장치의 통로가 일부 뚫린 기분이 들었다. 과일을 먹으면 어린 시절의 기억뿐 아니라, 인류가 초기 진화하던 때가 떠올랐다. 과일을 즐기고 있자면, 숲에서 살아남기 위해 과일을 먹어야 했던 선조들과 피를 나눈 느낌이 들었다. 두리안과 따랍, 바라밀을 바라보고 맛보고 마주하면, 피질하부에 있던 원시시대의 기억이 되살아나면서 맥박이 빨라진다. 이는 머나먼 옛날, 나무 사이를 오갈 때의 그 느낌일 것이다.

토착 생태계와 식물자원을 연구하는 민속생물학자 낸시 터너Nancy J. Turner는 "야생작물을 찾아나서는 일은, 과거 생존에 필수였던 만큼 무의식적으로 그 본능을 채우려는 몸짓"이라고 했다. 내가 처음 브라질의 지상낙원에서 머핀으로 뒤덮인 천국의 열매 나무를 보았을 때도 굳어 있던 흥분감이 갑자기 되살아나는 기분이었다. 이 정글 열매를 맛보앉을 때도 동일한 신경 회로가 순식간에 살아났다. 이것은 우리가 내일도 생존하리라는 자아보전self-preservation에 대한 희망이자 암시이다. 과일을 찾고 발견하면서 우리의 무의식 깊은 곳이 활성화되는 것 또한 생명에 대한 애착을 보여주는 것이다.

이 어리둥절한 신경화학반응을 체험하면서 동시에 내 눈길을 사로잡은 것은, 당혹스러울 정도로 과도한 벌목현장이 끝없이 펼쳐진 모습이었다. 보르네오 섬은 산림벌채로 지난 50년간 절반이 넘는 나무가 사라졌다. 이 지역의 중심부를 차를 타고 지나가다 보면, 눈에 띄게 줄어든 녹지와 오염된 풍경에 민망한 기분이 든다. 산허리는 민둥산이 돼버렸다. 마구 파괴당한 흔적이 황무지에 고스란히 남아 있었다. 열대우림 중 상당한 면적이 야자유 플랜테이션 때문에 파괴되었다. 말레이시아 국토의 경우 현재 13퍼센트가량을 야자수가 점하고 있다. 오렌지와 복숭아 크기의 야자열매는 야자유를 만들 뿐 아니라 각종 요리와 바이오 연료에도 쓰이는 중요한 상품이다. 2007년에 식비가 27퍼센트 상승하자(야자유는 70퍼센트 넘게 올랐다.), 각 가정마다 기름을 비축하기 시작했다. 기름부족에 항의하는 사태가 벌어지면서 숲은 점점 야자유 생산지로 바뀌었다. 배기가스를 내뿜는 벌목용 트럭이 교통량의 상당 부분을 차지했다. 어두침침한 방의 한줄기 빛처럼 안개로 뒤덮인 산꼭대기에도, 인간의 개입으로 생긴 흉터가 남아 있었다.

산림벌채는 지구온난화의 최고 방어막인 탄소를 먹고사는 식물을 없앨 뿐 아니라, 열을 대기권에 가두는 이산화탄소를 대거 배출한다. 이러한 기능을 하는 산림을 잃는 것은 자살행위나 다름없다. 매분 7,300평의 열대우림이 사라진다. 1년이면 3,900억 평이 넘는다. 매해 아프리카 산림은 1퍼센트씩 사라진다. "아마존 강 지역은 매해 벌목과 벌채로 뉴저지 주 크기의 땅을 잃는다."고 「뉴욕 타임스The New York Times」는 보고했다.

여기 보르네오 섬은 날마다 무덥고 날씨가 흐렸다. 불길해 보이는 갈색 구름이 섬 전체를 덮은 채 사라지지 않는다. 푼은 인도네시아 산불 때문에 이러한 연무煙霧가 한차례 오면 몇 달씩 간다고 했다.

이 고대 산림이 황폐해지면서 비극적 결과를 낳았다. 야생나무 열매를 따먹으며 생계를 유지했던 페난Penan족 같은 유목 민족이 다시는 전통적인 생활방식을 고수할 수 없게 되었다. 이들이 수렵하던 땅이 사라지자 말레이시아 각료들은 동화정책에 초점을 맞췄다. 전 수석 장관인 압둘 라함 야쿱Abdul Raham Yakub은 이렇게 말했다. "이 부족들이 정글에서 입에 담지도 못할 것을 먹게 하느니 맥도날드 햄버거를 먹이겠다."

내가 쿠칭에 있을 때, 「말레이시아 투데이Malaysian Today」 첫 지면에 이런 얘기가 실렸다. 부족민이었던 21살 청년이 정글에서 두리안을 따다가 총에 맞았다. 4시간 동안 덤불 아래를 기어다니던 그를 친할아버지가 발견하고 병원으로 옮겼다. 수술로 총알을 제거해 안정을 되찾았지만 범인은 끝내 밝혀내지 못했다.

내가 머물던 텔랑 우산Telang Usan 호텔은 오랑 울루Orang Ulu 부족에 속한 이들이 소유하고 운영하는 곳이다. 안내데스크 여직원이 최고의 랑삿이 자라는 과수원으로 안내해주겠다고 했다. 시골길로 차를 몰고 가던 중 여직원은 자신이 인간사냥 풍습이 있던 잔인한 이반Iban족, 혹은 씨 다약Sea Dayaks으로 알려진 부족의 후손이라고 했다. 그녀가 사는 마을에는 페인트칠 된 작은 표지판에 다음과 같은 글귀가 적혀 있었다. "우리는 영원을 믿는다." 공동주택에서 이 여성의 가족들과 함께 쌀로 빚은 전통술 뚜악tuak을 마셨다. 가족들은 현재 고추농사를 짓는다. 그녀의 할머니가 격자판 위로 올라서더니 피망을 발로 밟아 줄기에서 떨어뜨리는 시범을 보여주었다.

보르네오 섬에서 보낸 마지막 날, 농부의 날 기념식을 보려고 비행기를 타고 그 옛날 화이트 라자스White Rajahs 왕조의 영토였던 사리케이 Sarikei 지방에 갔다. 비행기 창밖을 바라보니 기름야자나무 농장이 수평선까지 뻗어 있었다. 이 야자나무들이 풍부한 식용기름과 함께 농부의 날에 집중적인 조명을 받았다. 기대와 달리 전통적인 행사풍경이 아니었다. 푼은 이 행사에 가면 토종 제철과일이 많을 것이라고 했고, 실제로 그러했다. 동시에 이 행사에 참여한 기업들도 많았다. 생명공학 회사들은 어떻게 자사제품이 수확량 극대화에 도움을 주는지 그 설명이 담긴 소책자를 돌렸다. 행사 로고는 실험실 비커에서 작은 녹색 잎이 싹트는 그림이었다. 농업과학으로 삶을 더 풍요롭게 하자가 그 주제였다.

페난 부족의 사진을 보니, 이들은 푼이 준 안내책자에도 나오지 않는 열매를 먹고 있었다. 이 지역의 산림이 사라지면 그 풍요로움도 영원히 사라진다는 생각에 서글퍼졌다. 그러나 이번 여행으로 깨달은 사실이 한 가지 있었다. 바로 어마어마한 풍요로움이 아직도 우리를 감싸고 있다는 사실이다. 보르네오 섬의 야생종이 사라질지라도, 전부 맛볼 수 없을 만큼 풍부한 과일이 동시에 재배 중이다.

마지막 날, 푼과 나는 그의 동료들과 함께 야외무대에서 펼쳐지는 민속춤 공연을 보러 갔다. 전통춤 공연은 넓은 금속성 무대와 어울리지 않았다. 관중들은 셔츠의 단추를 채우고 정장 구두를 신은 채 공연을 지켜보았고, 나중에는 다 같이 일어나 축가를 따라 불렀다. 축가는 귀에 감기는 멜로디에 진보와 사이버 기술을 포용하자는 가사를 입힌 곡이었다. "전통적인 방식에 경의를 표합니다. 이제 우리는 새로운 시대를 맞이할 때입니다." 그들은 다 함께 노래했다.

6장

과일주의자

과일이 내 입술 사이로 흘러들어 갔을 뿐이다. ······
이 과일을 먹어보라.
정녕 과일이야말로 인간에게 진정한 음식이다.
_ 라이더 해거드H. Rider Haggard(영국의 소설가), 『그녀She』

　　방콕은 '야생자두마을'이라는 뜻이다. 이 도시의 식료품 시장은 한밤 중에 가장 활기를 띠다가 새벽 무렵에야 끝이 난다. 그래서인지 야생자 두도시라는 말이 더 어울려 보인다. 나는 새벽 4시에 일어나 시장으로 가는 툭툭(오토바이를 개조해 만든 인력거-옮긴이) 운전사를 불러세웠다. 내가 엔진이 장착된 타이 인력거에 오르기가 무섭게 한 바퀴를 휙 회 전한 운전사는 전속력을 내는가 싶더니, 일 미터를 지나자마자 급제동 을 걸었다. 바로 코앞에 트럭이 주차돼 있었다. 곧이어 운전사는 검은 콧수염을 덥수룩하게 기른 대머리 보행자를 칠 뻔했다. 운전사가 과속 방지턱을 전속력으로 넘는 바람에, 뒷자리에 앉아 있던 나는 어딜 붙 잡아야 하나 고민하며 붕붕 떠다녔다. 의지할 것이라고는 툭툭 바깥에 있는 금속 난간뿐이었는데, 불가피한 충돌사고라도 터지면 내 손가락이 짓눌릴 판이었다. 손가락을 충격완화장치로 희생하느니 의자를 꽉 붙잡고 알을 낳는 연어처럼 몸을 고정한 채 그저 버티는 수밖에 없었다. 속력을 낸 인력거는 덩치 큰 트럭을 따라잡더니만 아주 아슬아슬하게 비켜갔다. 날 태운 운전사는 차선변경이나 신호등 따위는 안중에도 없었고, 차량 배기관을 따라잡거나 엔진 달린 박쥐마냥 획획 방향 트는 것을 즐기는 것 같았다.

도착하기 전부터 시장냄새가 풍겨왔다. 처음에 맡은 냄새는 기분 좋은 향기였다. 바질, 레몬그라스, 생강, 강황, 양강근, 그리고 막 갈아놓은 카레 가루와 코코넛 부스러기 냄새가 났다. 그러나 시장 안쪽에 들어서자 이 냄새들이 감당 못할 악취로 돌변해, 안구 뒤쪽이 가려울 지경이었다. 구아바 냄새가 아니었다. 이것은 야생의 냄새, 코를 찌르는 정글과 열대과일 찌꺼기 냄새, 적도의 암흑에서 느껴지는 강한 냄새, 그리고 서구 문명이 얼버무리거나 윤색하고 떠올리기조차 싫어하는 그 모든 것을 추려놓은 냄새였다. 후각을 마비시킨 냄새의 진원지는 시장 한쪽 구석에 있었다. 수천 마리의 게가 꿈틀대는 용기 옆쪽에, 내장을 제거한 개구리가 든 나무상자가 쌓여 있었다. 속이 벌어진 양서류의 자극적인 냄새, 새벽공기 속에 김을 모락모락 피우던 동물내장 냄새는 잘라놓은 게 냄새와 뒤섞여 누구나 기겁할 악취를 풍기고 있었다.

칠리 고추를 다듬던 한 남자가 내게 웃으며 다가와 달과일moon fruit을 건넸다. 노란 감처럼 생긴 납작한 이 과일은 장사꾼들이 시장냄새를 피할 때 쓴다. 코를 달과일에 파묻고 시장을 돌아다니며, 가급적 짐꾼들의 통행로에 가까이 가지 않으려고 애를 썼다. 이들이 신고 다니던 짐짝이 깨진 시장 바닥 위로 떨어졌기 때문이었다. 눈에 잡힌 풍경을 기록하던 나를 차 한 대가 치고 지나갔다. 뼈가 부러질 정도는 아니었어도 몸이 휘청거렸다. 머리가 어질어질했지만, 나는 배낭에 망고와 살락, 산톨, 람부탄, 잠부와 망고스틴을 가득 채워 시장을 빠져나왔다.

그때쯤 되자 해가 뜨기 시작했고 시장의 활기도 시들해졌다. 오토바이를 개조한 택시를 타고 집으로 왔다. 택시가 너무 빨리 달려 머리 위로 공중부양하던 헬멧을 턱 언저리에 끈으로 겨우 잡아맬 수 있었다. 신호등은 중요치 않았고, 아무 의미도 없어 보였다. 네온사인이 액정에 찍힌 흐릿한 설형문자처럼 보였다. 어둠 속을 시속 190킬로미터로 지그재그로 달리며 눈을 감고 있자니, 시장에서 본 해부된 개구리마냥 길바닥에 쫙 펼쳐진 내 몸뚱이가 떠올랐다.

나는 방콕을 경유해 타이 남부에 있는 여러 섬으로 가던 길이었다. 하와이에서 전해들은 과일주의자 푸나틱스가 궁금했던 나는 durianpalace.com의 운영자이자 유명한 두리안 애호가 순얌 니라브Shunyam Nirav와 만날 약속을 잡았다. 그는 1년 중 절반을 코 팡안Koh Phangan 섬에서 멀리 떨어진 바닷가 오두막에서 하룻밤에 2달러씩 주며 살고 있었다. 이곳에 가려면 먼저 코 사무이Koh Samui 섬으로 들어가야 한다. 나는 방콕에서 시암Siam 중심부를 가로질러가는 심야 열차를 예약했다.

담배 저장고 같던 열차 칸에서 밤새 잠도 못 자고, 모기에 뜯겨 온몸이 가려운 상태로 실버 비치에 있는 호텔에 도착했다. 날 기다린 것은 니라브가 보낸 쪽지였다. 코 사무이 섬에 있을 동안 그의 친구인 스콧 '키아위' 마틴Scott 'Kiawe' Martin을 만나라는 메모였다. 나는 뚜렷한 계획도 없이 영업용 오토바이를 잡아타고 소개받은 친구네 집으로 갔다.

키아위와 그의 타이인 여자 친구 타Ta는, 웅장한 야자나무와 죽음기처럼 생긴 꽃에 둘러싸인 허름한 해변 방갈로에서 살았다. 내가 도착했을 때, 그을린 피부에 몸이 우락부락한 잘생긴 미국인 한 명이 좁은 베란다 앞 그물침대에 누워 있었다. 그는 저녁 내내 그물침대 위에서 시간을 보냈으며, 상황에 따라 드러눕기도 하고 일어나 있기도 했다. 난 그의 맞은편에 있는 기다란 나무 의자에 앉았다. 머리띠를 두르고 탱크톱을 입은 여자 친구 타는 다소 수줍어하는 얼굴로, 대부분 실내에서 시간을 보냈다.

내가 도착하고 나서 얼마 후, 20대로 보이는 호리호리한 과일주의자 제임슨Jameson이 스쿠터를 타고 도착했다. 그는 헬멧을 벗으며 내가 두리안주의자에게 관심 있다는 말을 전해들었다며 인사를 건넸다. "내 입에 들어가는 건 십중팔구 두리안입니다." 제임슨이 긴 금발머리를 찰랑거리며 말했다. "두리안 추적여행이라고 들어본 적 있어요? 잘 익은 두리안을 쫓아 여기저기 여행하는 사람들 모임입니다. 그래야 늘 제철 두리안을 찾아낼 수 있거든요."

우리는 저녁으로 야생 토종 두리안이 담긴 나무상자 하나를 비우며, 제임슨이 시장에서 처음으로 두리안을 봤던 얘기를 경청했다. "벌어진 두리안 사이로 그 냄새가 풍겨왔어요." 그의 머리카락이 떨렸다. "난 하나를 집어들었지요. 이 과일을 먹다가 죽을지도 몰랐지만, 그 맛을 보고나자 바로 매료돼버렸지요. 그래서 트럭에 두리안 60개를 싣고 와 사흘간 몽땅 먹어버렸습니다."

"한 끼에 두리안을 몇 개나 먹어요?" 두 개째 먹자 벌써 물리기 시작한 나는 이렇게 질문했다.

"앉은 자리에서 열 개는 해치워요." 그러더니 바로 눈앞에서 그 장면을 보여주었다.

키아위와 타의 식단은 훨씬 독특했다. 우리와 함께 두리안을 몇 개 먹기는 했지만, 자신들의 주 요리는 아직 시작도 안했다고 말했다. 이들은 과일 외에도 날고기를 먹는데, 대부분 직접 말린 것이었다. 키아위는 이를 "동굴 원시인의 식사"라고 불렀다.

"우리는 음식을 있는 그대로 먹어요. 불이 생기기 전 원시인들이 먹던 방식이지요." 키아위는 이렇게 설명하며, 이 식단에 적당한 이름은 본능에 따르는 생식이라고 말했다.

일반적인 초밥이나 육회는 이들이 즐기는 날고기와 비교가 되지 않았다. 키아위는 '몸에 유익한 구더기'를 먹기 위해 차 트렁크에 토끼를 말리는 본능식주의자instinto 얘기도 들려주었다. 그는 또 병에 걸리는 것이 실상 건강해지는 방법이라고 설명했다. "모든 병은 단지 호전반응 好轉反應일 뿐이에요. 몸에서 독소를 배출하는 과정이니까요."

타가 커다란 접시에 닭 뼈와 생선 말린 것, 육포, 기타 말린 고기류를 내왔다. 나는 어느 것 하나 손이 가지 않았다. 그들은 몹시 즐거워하며 음식에 덤벼들었다. 키아위가 말린 닭고기를 집어들더니 내게 내밀었다.

"이걸 먹으면 나도 '호전반응'을 겪을까요?" 그가 준 고기를 정중히 거절하며 나는 물었다. 외떨어진 타이의 섬에서 병에 걸려보는 일(아니, 호전상태를 겪는 일)이 내 업무의 우선순위는 아니었다.

"먹으면 호전반응이 올 수도 있지요." 키아위가 하나 마나 한 답을 했다.

"불안해하잖아." 타가 말했다.

"그럴 만도 하지." 키아위가 답했다.

"너라도 그렇겠지." 타가 말했다.

나는 거무스름한 닭 몸통을 하나 집어들었다. 몇 주간 건조돼 부피가 줄어서인지 살점이 거의 없었다. 바스라질 것 같은 힘줄을 내 입에 넣었다. 마스킹 테이프를 씹는 맛이었다.

"어때요?" 타가 얼른 물었다.

"전 일반 고기가 낫네요." 대외용 답변으로 얼버무렸다.

"맞다!" 키아위가 그물침대에서 흔들거리며 말했다. "지금이 박테리아가 가장 활발할 때지. 숙성한 고기는 치즈나 와인처럼 효소가 가득하거든요. 냉동실에서 세 달 동안 저장해 둔 쇠고기는 그 맛이 끝내줍니다. 치즈에 곰팡이가 어떻게 생기는지 알지요? 쇠고기도 마찬가지로 치즈 맛이 나요. 우리가 혈거인들처럼 보여도, 사실 이 음식들을 얼마나 정교하게 만드는데요."

저녁식사를 하는 동안 제임슨과 키아위는 함께 구상 중인 사업을 설명했다. 바로 환상적인 야생재래종 두리안 과수원이었다. '야생 두리안 보호사업'을 하려는 이들에게 필요한 것은 5억 원의 자금이었다. 난 이들에게 굉장한 사업 같다고 말해주었다. 키아위가 내 어깨에 손을 얹더니 나에게 특별한 재능이 있어 보인다고 했다. 그건 바로 호기심이란다.

타는 뼈다귀 사발을 치우고는 함께 근처에 있는 숲으로 가보자고 했다. 타는 희귀한 자줏빛 블랙베리 종류가 가득한 덤불로 나를 안내했다. 그 열매들은 설탕절임한 과당 같은 것으로 뒤덮여 있었다. 마치 어릴 때 먹어본 질긴 대추사탕 같았다. 아마 그 사탕 개발자가 이 모양을 본떴거나, 아니면 이 모양이 태고적부터 집단 무의식에 녹아있는 것 같았다. 하나를 잡아 뜯어 설탕을 입힌 듯 반짝이는 표면을 들여다보았다. 촉촉하고 포동포동한 부분을 쪼개자 피처럼 빨간 라즈베리 잼이 나왔다. 당밀 뿌린 모래를 씹는 맛이다. 타가 거울을 보여주었다. 혀와

치아가 완전히 까맣게 변했다. "우리가 좋아하는 과일이에요." 타는 웃으며 내일 아침쯤이면 색깔이 사라질 거라고 안심시켰다. "이름은 모르겠는데, 우리 둘 다 참 좋아하는 과일이에요."

나는 까맣게 변한 혀를 내보이며 날음식주의자들에게 작별 인사를 했다. 제임슨이 스쿠터로 내가 묵는 호텔까지 데려다 주었다. 오는 길에 모래에서 뿜어져 나오는 천연 간헐천을 지나쳤다. 한쪽에 스쿠터를 대고 샘을 감상했다. 달의 후광을 받아 생긴 원형 고리가 어둠 속에 뜬 회색빛 달무리 같았다. 제임슨이 날 보더니 입이 까만 좀비 같다고 했다. 근처에 과일박쥐 몇 마리가 바나나를 씹어먹고 있었다. "저 박쥐들은 날개폭이 6미터라서 샘을 덮을 정도예요. 익룡이라니까요." 제임슨이 말했다.

제임슨이 날 실버비치에 내려주고 떠난 후, 나는 모래사장에 있는 아름드리나무 아래에 드러누웠다. 흐릿한 빛 아래서 고동소리가 느껴졌다. 꿈을 꾸고 있나? 그때 희미한 빛이 내 가슴 위로 떨어졌다. 반딧불이었다. 나무는 반딧불이로 뒤덮여 있었다.

다음 날 아침, 아래쪽 앞니 두 개가 드러나 보이는 쭈글쭈글한 노파 하나가 호텔 로비에 절뚝거리며 들어섰다. 노파는 내 테이블 앞에서 걸음을 멈추고는 여행용 가방을 열었다. 가방 안에는 수상적은 찜질약, 나무토막, 반투명한 오렌지색 액체, 갈색 환약, 그리고 녹색과 붉은색 싹이 돋은 울퉁불퉁한 열대 송로버섯 같은 물건이 들어 있었다. 내가 이 물건을 손으로 가리키자, 떠돌이 치료사는 고개를 가로젓더니 웃기 시작했다. 영문을 몰랐지만 나 때문은 아니라고 생각했다.

호텔 숙박료를 지불하고, 영업용 오토바이 뒤에 탄 다음 선착장으로 출발했다. 운전사가 흥미로운 유적지를 일러줘서, 함께 왓쿠나람Wat Khunaram 사원에 들렀다. 이 관광명소는 소름끼치게도 명상자세로 입적한 승려를 유리관에 보관해놓은 곳이었다. 이 승려는 1973년에 열반했지만 시신은 아직 부패하지 않았다. 그는 주황색 가사와 장삼을 입었고, 눈구멍을 가리기 위해 선글라스를 꼈다. 그의 마지막 바람은 후세대들이 자신의 시신을 보고 감화받아, 불교의 가르침을 따르고 번뇌의 고리를 끊는 것이었다고 한다.

코 팡안 섬 부두로 간 나는, 모랫바람 날리는 비포장도로가 깔린 유흥도시 통 실라Tong Sila를 거쳐 갔다. 이곳은 타이판 닷지시티Dodge City(남북전쟁 이후 서부 지역에 들어선 상공업과 무역의 중심지이자 무법자들의 도시-옮긴이)였다. 조금 지나자 순얌 니라브의 바닷가 오두막에 도착했다. 오두막 발코니 위로 커다란 가지에 매달린 자줏빛 부겐빌레아가 드리워져 있었다.

깡마른 체구에 사롱을 두르고, 금발 곱슬머리 사이로 흰머리가 난 50대 중반의 남성이 나를 마중나왔다. 니라브는 나와 함께 집앞 계단에 앉아 녹색 사롱에 튀지 않도록 쩜프닥을 조심스럽게 쪼개 먹었다. 여전히 맛있는 과일이었다. 프루트 룹스 시리얼이 다시금 생각났다.

니라브는 1989년에 방콕을 여행하다 두리안에 푹 빠지게 된 경위를 설명했다. "보자마자 맘에 쏙 들면서 탄성이 절로 나왔어요. 눈이 튀어나올 뻔 했지요. 처음 본 순간부터 열광적으로 빠져들었답니다. 당시 내 여자 친구가 '집에서 치우라'고 할 정도였으니까요." 그동안 니라브는 두리안을 예찬하는 노래와 시도 지었다. 일본식 단가 하이쿠haiku에 맞춰 지은 시도 있었다. "황홀한 맛/ 뾰족한 과일이 주는 딜콤한 푸딩 맛/ 자연이 선사한 최고의 음식"

니라브는 동남아시아를 비롯해 자칭 "진정한 전문가 현장"을 모두 누비며, 두리안 시식여행을 다녔다. 먼 지역에서 맛본 것 중 최고였던 말레이산 토종 두리안 얘기에 이르자, 그는 잠시 말을 잃었다. "그 맛은 뭐랄까⋯⋯." 눈을 감고 눈꺼풀을 떨며 손을 허공에 올리더니, 자신을 완전히 내맡긴 듯 손을 천천히 가로저었다. 그리고는 다시 현실로 돌아왔다. "난 영적으로 10등급으로 나눠보는데, 어떤 두리안은 13등급이에요."

두리안을 먹는 행위는 니라브에게 일종의 영적 수행이었다. 그의 이름은 '덧없음과 침묵'을 뜻했다. 이 이름은 그의 스승 오쇼 라즈니쉬(또는 어마어마한 자동차 수집으로 '롤스로이스 구루'라고도 불리는 자)가 지어줬다. 본명은 로버트 제임스 팔머Robert James Palmer이고, 1990년에 법적으로 슌얌 니라브로 개명했다.

젊은 시절 니라브는 베르너 에르하르트 개인변화 세미나Werner Erhard's personal transformation seminars의 회원이었다. 이 모임은 나중에 랜드마크 에듀케이션Landmark Education으로 이름을 바꾼 단체였다. 1973년 6월 7일, 21살의 나이로 니라브는 깨달음을 얻었다. "그렇지만 난 이것으로 소란피우지 않았다. 이는 그때나 지금이나 '그래서 어떻다는 것인가'에 불과하기 때문이다." 그는 온라인 자서전에 이렇게 썼다.

그때부터 니라브는 마우이Maui 섬에 있는 나무집과 여기 코 팡안에 있는 바닷가 오두막에서 번갈아가며 시간을 보냈다. 그는 두리안 재배법과 유기농 정원 손질 외에도 여러 주제로 책을 썼다. 이 중에는 스위치워드Switchwords라는 한 단어짜리 확언affirmation을 소재로 쓴 책도 있다. 이는 곤경에 처했을 때 특정한 단어를 반복해서 되뇌면 그 해결책이 저절로 나온다는 내용이었다. 예를 들어 히치하이크할 때 차를 언어타려면, 그저 '온on'이라는 단어를 반복해 말하면 된다. 물건을 잃어버렸을 때 스위치워드는 '닿다reach'이다. 이 책에는 백 가지 간결한 주문이 담겨 있다.

니라브의 미국인 여자 친구도 50대였다. 그녀는 유타 주의 고대 해저에서 나온 돌가루에 바나나와 캐슈너트를 넣어 우리에게 알로에 베라 셰이크를 만들어주었다. "니라브는 수년째 광물질이 담긴 돌가루를 셰이크에 넣어 섭취하고 있어요." 여자 친구가 말했다. 두 사람은 오쇼를 통해 만났다. 둘 다 주황색 옷을 입고 다니며, 자유로이 사랑을 나누는 오쇼 교단의 제자였다. 처음 이 교단은 오리건 주 대농장의 라즈니쉬 농업공동체에 자리 잡았다. 이후 라즈니쉬가 이민법 위반으로 국외 추방을 당하자 이들도 그를 따라 인도 푸나에 있는 아쉬람에 왔다. 여자 친구는 최고의 망고와 최상의 명상을 찾아다닌 자신들의 여행기를 즐겁게 들려주었다.

내가 빌린 해변 방갈로는 도마뱀 집이었다. 밤새 도마뱀이 휘리릭 돌아다니는 소리가 들려왔다. 잠들기 전 나는 과일주의자를 소개한 책을 몇 권 훑어보았다. 클라우스 볼프람Klaus Wolfram은 『과일, 최고의 음식Fruits : Best of All Foods』에서 오직 과일만 먹는 습관을 기르는 것은 극소수만이 해내는 고된 여정이라고 했다. 모리스 크록Morris Krok은 『과일, 인류를 위한 음식과 의술Fruit : The Food and Medicine for Man』이라는 책에서, 『과일을 먹으며 살다I Live on Fruit』의 저자 에시 호니볼Essie Honiball과 함께 어느 과일주의자의 강연을 들은 사연을 소개했다. 그 강연에서 사람이 먹어야 할 음식이 무엇인지 질문하니, 돌아온 답은 "당연히, 과일."이었다고 한다. 과일주의자 구루들은 하나같이 과일만 먹으며 살 때 초월적인 체험을 한다고 믿고 있었다.

저술가 조니 러브위즈덤Johnny Lovewisdom의 경우에도 그 기본적인 가르침은 인류가 과일을 통해 지상낙원으로 돌아갈 수 있다는 것이었다. 그는 이 지상낙원을 "하이퍼보리안Hyperborean(반신半神으로 추앙받는 현인들의 고향-옮긴이)"이라 불렀다. 그리고 "양지바른 이곳은 언제나 봄으로, 사람들은 과즙이 풍부한 과일을 먹고 지내며, 고통이나 죽음을 모르는 곳"이라고 표현했다. 그는 또 사진이 실린 40쪽짜리 논문, 「영성을 키우는 과일주의 식이요법의 과학적 원리The Ascensional Science of Spiritualizing Fruitarian Dietetics」에서 과일은 통찰력을 키우는 촉매제가 될 수 있다고 주장했다. "우리는 지금 마음속으로 상상한 것을 얘기하는 게 아니라, 바른 마음가짐으로 명상할 때 체험하는 찬란한 총천연색 영상을 전하는 것"이라고 그는 적었다. 플로리다 주에서 감귤류에 탐닉했을 때, 그는 〈스타트랙〉에 나오는 커크선장Captain Kirk이 엔터프라이즈호로 돌아갈 때처럼 자신의 몸이 허공에서 빠져나와 에테르 상태로 드러나는 광경을 보았다고 했다. 그는 또 과일은 사람의 몸을 수증기상태로 만들어 창공을 하얀빛처럼 떠다닐 수 있게 한다고 주장했다. 안데스산맥의 휴화산 꼭대기에 있는 분화구로 거처를 옮긴 후, 그는 일곱 달 동안 전혀 음식을 먹지 않고 보낸 뒤 황홀경을 체험했다. 그러나 과일이 영생을 보장한다는 그의 믿음과 달리 그는 2000년에 세상을 떠나고 말았다.

눈을 떠보니 새벽이었다. 덧문을 열어보니, 길 잃은 개 한 마리가 해변을 따라 걷다가 바닷가 근처로 들어가고 있었다. 썰물 때였지만, 햇볕이 젖은 모래를 내리쬐어서 마치 개가 물위를 걷는 것처럼 보였다. 개는 수 킬로미터 밖까지 반짝이는 신기루 속을 달려나갔다.

오로지 과일만 먹는 사람들은 영양학계의 비주류에 속하며, 보통 어떤 필요성 때문에 이런 섭생을 선택한다. 드루이드교Druid(고대 켈트족의 종교-옮긴이) 교인들은 오로지 도토리와 딸기류만 먹었다. 먹을거리를 찾아다니는 카보클로스caboclos 주민이나 아마존 강 하류에 사는 일부 부족들도 브라질 호두와 우유 나무 수액 외에는 먹지 않았다. 북아프리카의 유목민은 장기간 이동할 때 거의 대추만 먹고 지냈다.

수렵채집인인 칼라하리사막 쿵산족의 주식은 몽공고 나무 열매이다. 이 열매는 껍질이 두꺼우며, 식용 가능한 씨앗이 들어 있다. 이들은 또 과베리와 차마 수박도 먹는다. 이 과일들은 땅속에서 자라고 과즙이 풍부해 가뭄 때 유용하다. 1960년대에 쿵 부시맨은 왜 농경을 하지 않느냐는 질문에 이렇게 답했다. "세상에 몽공고 나무가 이렇게 풍족한데 왜 심어야 하지요?" 당시에 칼라하리사막에는 몽공고가 엄청나게 많아서 이 부족들이 다 먹지 못할 정도였다. 그러나 현재 사하라사막 이남 사헬 지역에 퍼져 있는 영양실조를 생각하면, 그 많던 몽공고 나무가 다 어디로 갔는지 의아할 따름이다.

인류학자 마샬 살린스Marshall Sahlins는 유명한 글에서 수렵채집사회를 "근본적으로 풍족한 사회"라고 했다. 그 이유는 물질적 필요나 욕구 그리고 먹는 음식이 단순해서, 여가시간이 풍부하기 때문이라고 했다. 물론 살인이 빈번하게 일어나기도 하지만, 이들 수렵채집자들은 사회적 유대가 강하고 가족과 친구들에게 보살핌을 충분히 받는다. 그리고 몽공고를 비롯한 음식들을 부족민들은 늘 함께 나눠 먹는다. 인류학자 로나 마샬Lorna J. Marshall은 혼자 먹거나 함께 나누지 않는 일은 쿵족에게 상상할 수도 없는 일이라고 했다.

멕시코의 세리Seri 인디언은 아메리카대륙에 마지막 남은 수렵채집사

회에 속한다. 이들 부족은 현재 용과로 알려진 열매인 피타하야pitahaya
와 밀접한 관련을 맺고 살았다. 음식이 부족했던 세리 인디언들은 이
선인장 열매가 풍족할 때 이를 먹고 난 다음 배설물을 샅샅이 뒤져 피
타하야 씨앗을 찾았다. 그런 뒤 씨앗을 볶고 가루로 만들어 다가올 겨
울에 대비했다. 현재 동화정책에 휩쓸린 세리족은, 젊은 세대의 경우 피
타하야가 식용열매라는 사실조차 잊어버렸다.

　역사적으로도 과일주의자들이 많았다. 붓다의 제자들이 남긴 경전
에 보면 고타마 싯다르타가 과일주의자였다고 묘사한 부분이 나온다.
플루타르코스Plutarchos는 리쿠르고스Lycurgos(고대 그리스 시대 스파르타
의 입법자-옮긴이) 시대 이전의 고대 그리스인들이 과일을 먹고살았다고
기록했다. 무함마드는 메디나에서 대추와 물만 먹고살았다. 세례자 요
한은 한동안 딸기만 먹고 지냈다.(사실 캐럽 콩을 먹었다는 얘기도 있다.)
우간다의 포악한 독재자였던 이디 아민Idi Amin도 말년에 사우디아라비
아에서 과일주의자로 살았다.(자파 오렌지를 끔찍하게 사랑한 나머지 '자파
오렌지 박사'라는 별명을 얻었다.)

　간디가 과일주의에 관심을 두게 된 계기는 『새로운 치료과학New
Science of Healing』을 쓴 독일의 과실주의자 루이스 쿠네Louis Kuhne 때문
이었다. 19세기 후반부터 20세기 중반까지 보헤미안들이 캘리포니아
주에서 과일공동체 실험에 착수했을 때 그 진원지는 독일이었다. 『자연
으로 돌아가다Return to Nature』를 쓴 아돌프 저스트Adolf Just는 독일 선
조들이 딸기류와 열대과일 말고는 먹지 않았다고 주장했다. 히피 운동
의 기원은 독일의 하위문화인 반더포겔wandervogel(자유로운 영혼이라
는 뜻으로 1901년 독일에서 일어난 청년운동)과 나투르멘쉬naturmensch(자
연인)운동으로 거슬러 올라간다. 이 방랑하는 청춘들은 1900년부터

1920년까지 스위스 아스코나Ascona에 있는 영성 공동체에 몰려들었다. 몬테 베리타Monte Verità(진실의 산)라고 부른 이 건강한 저항공동체는 과일주의를 신봉했고 나체로 유기농 정원 가꾸기를 실천했다.

웰즈H. G. Wells의 반유토피아적인 공상과학소설 『타임머신The Time Machine』에 보면 인류는 두 부류로 나뉜다. 어둠 속에 살며 지하에서 노예처럼 일하는 몰록Morlocks과, 햇볕을 받으며 춤추고 노래하는 어린아이같이 유약한 엘로이Eloi다. "독특하고 즐거움을 안겨주는" 과일만 먹고사는 엘로이는, 거대한 라즈베리와 삼면이 껍질로 된 별난 가루투성이 과일을 먹었다.

이러한 섭생법은 공상과학소설에나 나오는 얘기 같지만, 어떤 이들에게는 실제 삶이기도 하다. 과일주의자들은 과일을 먹으면 형언할 수 없는 기쁨을 느낀다고 한다.(이를 두고 과당이 낳는 환각상태로 보는 사람도 있다.) "텔레파시를 느꼈다, 내적 자각이 커졌다, 모든 생명체와 하나가 된 느낌이 들었다, 전에 없던 활기를 느꼈다고 숱한 이들이 증언한다." 2004년에 나온 책, 『과일, 궁극적 음식Fruit : The Ultimate Diet』의 저자 레진 뒤레뜨Rejean Durette의 말이다. 뒤레뜨는 과일 덕분에 시력이 상당히 좋아져서, 과일주의자가 된 후 운전면허 시력검사를 처음으로 안경 없이 통과했다고 한다. 과일주의자들은 "외모도 출중하다."고 과일주의섭생 지도자 아이네즈 마투스Inez Matus는 말했다. 그녀도 시력이 시각 장애 수준이었다가 1.0을 회복했다. 여성 과일주의자들은 '매우 맵시 있는' 몸매를 되찾아, 뭇 남성들의 시선을 한 몸에 받는다고 했다. 일본의 한 과일주의자는 청력이 매우 예민해져서 10킬로미터 밖에서도 개미가 땅바닥을 기어가는 소리나 사람들이 나누는 대화 소리가 들린다고 했다.

의사들은 대부분 과일주의 식단이 균형 잡힌 식생활에 필요한 영양소가 결핍되어 있다고 경고한다. 객관적으로도 장기간 과일주의를 실천한 사례는 거의 없었다. 과일주의자들이 겪는 또 다른 문제로 B_{12} 결핍을 들 수 있다. 어느 과일주의자는 생식주의자 동호회에 자신은 "구강애무로 B_{12}를 보충한다."는 글을 남겼다.

과일주의자 식단은 다양하게 균형 잡힌 아미노산이 부족해서 어린이에게 특히 위험하다. 2001년, 영국의 게리베트 마누엘리안Garebet Manuelyan과 그의 아내 하스믹Hasmik은 아홉 달 된 딸 아레니Areni에게 과일만 먹였다가 아이가 영양실조로 죽자, 과실치사혐의로 기소되었다. 2년 뒤 하스믹은 브라이튼 근처 바닷가에서 시신으로 발견됐는데, 자살한 것으로 추정했다. 1999년에는 크리스토퍼 핑크Christopher Fink의 두 살배기 아들이 영양실조에 빠지자, 보건당국이 아이를 유타 주 병원에 입원시켰다. 핑크가 아들에게 수박과 상추만 먹인 것으로 확인된 후였다. 들리는 얘기에 따르면, 아들을 병원에서 납치한 핑크는 가중폭행미수와 2급 중죄에 해당하는 아동학대사실을 인정했으며, 아들의 건강문제를 초래한 과일식 식단도 시인했다고 한다.

과일주의자들은 과일을 식물학적으로 정의하기보다 일상적인 의미로 사용하는 것 같다. 나는 샌디에이고에 있는 한 생식용품 매장에서 생식주의자들(그중 카카오콩 분말만 먹고사는 한 청년도 있었는데, 그는 '원기가 솟는듯한' 기분으로 산다고 했다.)을 만났다. 이들은 실실거리며 최근에 아보카도를 먹는 과일주의자들과 갈라섰다고 말했다. 그렇지만 아보카도도 과일 아니던가? 돌가루 과카몰리안rockguacamolians이라고 불리는, 아보카도에 돌가루로 양념해 먹는 종파들과도 갈라섰다고 한다. 화식을 허용하는 과일주의자들은 오레가노를 뺀 파스타 마리나라

marinara(토마토, 마늘, 향신료를 넣어 만든 이탈리아 소스-옮긴이)부터 양상추와 양파를 넣은 콩으로 만든 베지버거veggieburger(식물성 단백질로 만든 버거-옮긴이), 땅콩버터, 젤리 샌드위치까지도 먹는다. 고지식한 과일주의자들은 조리하거나 가공한 음식을 못마땅하게 여긴다.

떨어진 과일만 먹고사는 과일주의자들도 있다. 또 장차 자랄 식물이 들어 있다는 이유로 씨앗을 먹지 않는 사람들도 있다. 키아위와 제임슨이 말해준 어느 과일주의자는 담백한 과일과 가공 안 한 화분만 먹고 살았다. 조니 러브위즈덤은 누비아사막에서 하루에 무화과 15개를 먹고산 은둔자 얘기를 하면서, 하루에 적당량만 먹어야 한다고 강조했다. 여기에 동조하지 않는 사람도 있다. 신념들이 참 다양하다. 생식식단 피라미드를 보면, 과일은 공복상태에서 먹어야 한다. 과일 샐러드는 언감생심이다. 서로 다른 종류의 과일을 섞어 먹으면 안 되기 때문이다. 미국의 유명한 과일주의 전문가 뒤레뜨는, 오직 과일 한 종류를 물릴 때까지 먹는 것이 최고라고 했다. 그렇지만 그의 경우 하루에 적어도 4.5킬로그램이 넘는 과일을 섭취하므로, 뒤레뜨는 온종일 먹는 게 일인 것 같았다. 그의 일상적인 하루 식단을 보면 다음과 같다.

8:00 수박 450~900g

9:00 포도 200g

10:00 바나나 450g

10:30 복숭아 450g

11:30 하스 아보카도 2개, 토마토 200g

12:30 수박 900g

1:30 포도 200g

2:30 망고 1개

3:30 바나나 450g

4:30 수박 1.3kg

5:30 포도 110g

6:30 복숭아 450g 또는 블루베리 0.25리터

7:00 수박 450~900g

8:00 하스 아보카도 1개 또는 바나나 450g

겨울에는 여기에 귤 종류와 감, 아몬드나 해바라기씨를 더해 먹는데, 견과류와 종실류가 원칙적으로 어긋난다는 사실은 그도 잘 알고 있다.

내가 애리조나 주 자택에 있던 뒤레뜨에게 연락했을 때, 그는 한동안 숨어 지냈다며 그간의 안부를 전했다.(「플레이보이」에 실린 노골적인 기사를 언급하며 말했다.) 그래도 뒤레뜨는 본인의 사는 방식을 솔직하게 얘기해주었다. 그는 전자우편에서 "이제 외부에 모습을 드러내고 내 존재를 알릴 시기가 온 것 같다."고 적어 보냈다. 그는 단백질이 과대 평가받고 있으며, 과일이 선사하는 생명력은 헤아릴 수 없을 정도라고 설명했다. 과일주의자들은 과일을 먹으면 일종의 영적 에너지에 다가서는 기분을 느낀다고 말했다. 캘리포니아 주에 사는 29살의 과일주의자 사무엘 리체Samuel Riche는, 과일주의자가 되고부터 신과 교신가능한 상태가 되었다고 한다. "이는 마치 신체 바깥에 존재하는 희미한 영역에서 사는 느낌입니다."

뒤레뜨도 이 생각에 동조하며, 그에게 먹는 행위는 천국에 한 발짝 다가서는 수단이라고 하였다. "우리는 에덴동산에서 일 년 내내 과일을 먹고살도록 태어난 존재임이 성서에 명시돼 있다."고 그는 적어 보냈다.

성서에서 아담과 이브가 사과를 먹었다고 명시한 적은 없다. 사실 선악과나무에 열린 열매가 무엇인지도 확실하지 않다. 서기 5세기경에 선악과 열매가 사과를 상징한다고 보기 시작했을 뿐이다. 이탈리아에서는 오렌지가 선악과 열매라고 보았다. 1750년에는 자몽이 '금단의 열매'였다. 린다 패스턴Linda Pastan(미국의 시인)은 배가 바로 선악과 열매라고 적었다. 민속식물학자들은 서아프리카에서 자라는 눈물방울처럼 생긴 아편중독 치료제 이보가iboga가 선악과라고 주장했다. 또 석류, 포도, 레몬, 두리안, 복숭아, 체리, 커피 열매, 포포pawpaw 열매, 심지어 환각버섯(버섯은 식물학적으로 곰팡이의 결실이다.)이라고 본 사람도 있었다. 에덴동산으로 돌아간 에녹(그 후 사나운 천사 메타트론이 되었다.)은 금단의 열매가 사실 대추야자거나 혹은 해석하기에 따라 타마린드 나무 열매의 일종이라는 글을 남겼다.

선악과는 무화과였을지도 모른다. "진정 내 입으로 천국에서 내려온 과일을 말해야 한다면, 그것은 바로 무화과이다."라고 예언자 무함마드는 말했다. 13세기부터 전해 내려오는 베니스의 산마르코San Marco대성당의 모자이크에도 무화과가 묘사돼 있다. 미드라시Midrash 텍스트들(히브리 성경을 랍비들이 풀이한 주석서-옮긴이)에 보면 특정한 품종들이 그 후보로 나온다. 바트 시바 무화과로 보는 랍비도 있고, 바트 알리 변종이라며 의견을 달리하는 랍비도 있다. 어느 쪽이 맞든 벌거벗은 몸을 가리고 있던 건 무화과 이파리였다. 아니면 바나나 잎이었을지도 모른다. 아시아에서는 바나나가 선과 악의 원천이라고 보았다. 혼란스럽게도 중세 유럽 사람들은 바나나를 '천국의 무화과', '이브의 무화과', '천국의 사과' 등으로 불렀다. 바나나 중에 탁구공만 한 피토고pitogo라는 품종이 있는데, 그 생김새가 바나나라기보다 통통한 무화과에 가깝다.

어떤 자료는 선악과에 50만 가지의 열매가 열렸다고 한다. 카발라(유대교 신비주의-옮긴이) 주해서에 보면 신이 약속한 이스라엘 땅에서 나는 일곱 가지 과일-밀, 보리, 포도, 무화과, 석류, 올리브, 대추 꿀- 모두가 아담과 이브의 종교적 타락과 관련 있다고 보았다. 서기 3세기경에 전권을 가진 랍비들이 이 문제를 확실히 매듭짓기 위해 토론회를 열었다. 이들은 창세기 라바 주해서가 분명히 한 것처럼, 유대교 전통에서 죄악은 육욕과 아무런 관련이 없다고 입장을 밝혔다. 어느 랍비가 뱀이 이브에게 말을 거는 동안 아담은 어디 있었는지 궁금해하자, 다른 랍비가 이렇게 답했다. "좀 전에 관계를 맺은 직후라 곯아떨어져 있었소." 토론회에 모인 랍비들은, 과일 이름을 구체적으로 밝히지 않은 이유는 현 세계에 있는 특정 사물과 결부시킬 경우 그 이미지가 갖는 상징성이 퇴색하기 때문이라고 결론지었다.

선악이라는 뒤얽힌 이름이 암시하듯, 선악과는 깊이 고민해보아야 할 은유이다. 이 과일은 이중성을 넘어 다른 차원과 물질세계 사이의 차이를 암시한다. 두 가지 상반된 대상이 신비롭게도 하나라는 사실은 우리의 의식 수준에서 이해하기가 불가능하다. 이 사실을 과일을 예로 들어 설명한 까닭은 아마 과일에 암술과 수술, 당분과 산, 죽어가는 과육과 곧 태어날 씨앗이 공존하기 때문이었을 것이다.

성서에 보면 과일을 따먹은 직후 인간은 축복받은 에덴동산에서 쫓겨나, 선과 악이 존재하며 절대적으로 상반된 물질계로 들어온다. 요한계시록은 마지막 장에서 열두 가지 과일을 더 언급한다. 이 과일들은 강가 양옆에 자라는 생명수 Tree of Life에서 달마다 결실을 맺는다. 이 과일들 너머로 신의 음성이 들려온다. "나는 알파와 오메가요, 처음과 마지막이요, 시작과 끝이니라." 하느님은 모든 상대적 존재이자 하나인 것이다.

　과일은 새로운 현실로 통하는 입구로 우리를 이끈다. 카카오 열매는 중미에서 '신에게 다가가는 통로'였다. 북유럽신화의 여신 프리가Frigga 는 떠다니는 딸기로 아이들을 감싸 천국에 데려갔다. 『복낙원Paradise Regained』의 주인공은 천상의 왕국 입구에서 과일을 선사받는다. 이 창조의 세계를 되찾은 것을 구원으로 본 것이다. 그리고 그 예는 숱하게 나온다. 볼테르의 『캉디드Candide』에 나오는 엘도라도 외부의 야생과일, 그리고 어린 소년의 종교적 깨달음을 다룬 안데르센의 『벨The Bell』 이야기에 나오는 커다란 비눗방울처럼 희미하게 빛나던 사과도 그 예이다. 또 일레인 페이절Elaine Pagels(종교학 교수)의 말처럼, 그노시스주의자들은 에덴을 "영적인 깨달음에 다가선 사람의 내면체험을 기록"한 상징적 공간이라고 보았다.

　이때 쓰인 은유는 늘 푸르다는 것이다. 1982년에 작가 윌리엄 볼먼 William T. Vollmann은 무자헤딘 세력과 함께 국경을 넘어 아프가니스탄으로 들어갔다. "우리가 그곳에 들어간 날 아침, 소련군 기지와 떨어져 있던 언덕 위 살구나무를 전 평생 잊지 못할 것입니다. 그 나무는 황금빛 과일의 무게 때문에 가지가 휘어져 있었습니다. 나무 근처 모랫바닥에는 인간의 턱뼈가 뒹굴고 있었습니다." 그에게 그 장면이 인상적이었던 이유를 물었다. "강한 번식력이 느껴지고 평온해 보이면서도 동시에 소름 돋는 광경이었기 때문입니다." 볼먼은 아직도 그때 기억에서 빠져나오지 못했다. 그것은 생명과 죽음, 혹은 죽음 속에 깃든 생명이었다.

　아이네이아스Aeneias(트로이의 영웅으로 로마를 세움)가 지옥의 신 하데스를 지키는 머리가 셋 달린 수비견에게 과일을 미끼로 던진 일이나, 단테가 메마른 과실수가 연옥과 천국 사이에서 생명력을 얻는 모습을 목격한 장면에서 알 수 있듯 과일은 구원을 속삭이는 의식과 잠재의식의 경계에 존재한다.

과일은 꽃이 떨어진 자리에서 자란다. 사과 밑바닥에 보이는 회갈색 부분은 꽃받침이 말라버린 것으로, 보잘 것 없이 시든 꽃의 흔적이다. 다 익은 과일이 가지에서 떨어질지라도, 이듬해에 똑같은 가지에서 다시 과일이 생긴다. 과일이 썩고 부패해야 씨앗이 살 수 있다. 자연은 순환하는 고리로 썩고 무르익는 과정을 반복한다.

인류는 수만 년 전에야 씨앗에서 식물이 자란다는 사실을 알아냈다. 식물이 경이롭게 성장하는 모습은 인간 삶의 신비를 밝혀주는 것 같았다. 씨앗은 마치 죽은 사람처럼 흙으로 돌아간다. 아마도 이처럼 신비로운 현상이 사후 우리의 육체와 영혼에도 일어난다는 암시일 것이다.

인류학자 프레이저James George Frazer는 죽은 조상들이 과일나무에 떠돈다고 믿는 부족들의 일화를 모아 글로 엮었다. 『황금가지The Golden Bough』에 보면 "사후 인간의 영혼은 육체를 떠나 야생 무화과나무mumbo(뭄보)에 산다."고 믿는 동아프리카 아캄바Akamba 부족 이야기가 나온다. 다른 수렵채집인들도 특정한 나무에서 조상이 환생한다고 보았다. 솔로몬제도의 주민들은 과일로 윤회한 이야기를 들려준다. "영향력 있던 어느 분이 죽기 얼마 전, 자신이 바나나로 환생할 거라면서 자신이 죽으면 바나나를 먹지 말라고 했대요. 노인분들은 아직도 그분 이름을 언급하시며 '이런저런 이유로 우리는 먹을 수 없다'고들 말씀하세요."

이 책을 마무리하던 중, 아버지가 유언장을 쓰며 장례절차를 고민 중이라고 말씀하셨다. 아버지의 마지막 소원은 화장해서 헝가리에 있는 아버지의 포도밭에 뿌려지는 것이라고 했다. 그러더니 재래종을 개량시킨 포도로 환생할 거라고 농담하셨다. "오, 아버지가 면도하시니 이 바다소니 술케바라트(헝가리의 대표적인 와인-옮긴이) 맛이 더 특별한데요."

작가와 시인들은 이러한 착상에 오랫동안 매달렸다. 가브리엘 가르시아 마르케스Gabriel García Márquez가 쓴 책에 보면, 자신이 가꾼 오렌지 나무에 죽은 남편의 자취가 남았을까 봐, 그 나무의 오렌지 열매를 먹지 않던 여자 이야기가 나온다. 고대 웨일즈의 서사시 『나무 전쟁Câd Goddeu』의 주인공은 과일에서 이야기를 시작한다. "과일 중의 과일, 그 과일의 결실로 신이 나를 만드셨다." 노벨상을 수상한 노르웨이의 작가 크누트 함순Knut Hamsun은 자신이 전생에 "페르시아 상인이 전해준 과일의 씨앗"이 아니었을까 상상한 적이 있다고 했다.

유럽의 민간설화 중에 과일나무에서 태어난 인간 이야기가 있다. 독일 헤센 지방에서는 보리수가 "모든 지역에 아이를 전해준다."고 믿었다. 이탈리아의 아브루치Abruzzi에서는 포도가 그런 역할을 했다. 마다가스카르의 안타이파시Antaifasy에서는 자신들의 조상이 바나나라고 믿었다. 인도차이나 신화에는 만물의 어머니가 호박씨에 생명을 불어넣어 아이를 만드는 이야기가 나온다. 스리랑카 신화 파티니헬라Pattinihella에는 망고로 태어난 여성 이야기가 있다. 프리지아제도의 신 아티스Attis는 어머니가 처녀의 몸으로 석류를 가슴에 품어 태어났다.

이러한 설화들보다 낯설게 들리겠지만, 피타고라스나 뉴턴 같은 과학자들도 윤회에 대한 믿음 때문에 특정 음식을 먹지 않았다. 피타고라스는 자신에게 학문을 전수해준 칼데아인Chaldeans처럼 사람이 죽어 누에콩이 된다고 생각했다. 내가 대학 때 본 철학 교재에도 "콩을 삼가라."는 피타고라스 학파의 교리 일부가 실려 있었는데, 이것이 조상을 먹는 행동일지도 모른다는 설명은 빠져 있었다.[헤라클레이토스 Heracleitos(고대 그리스의 철학자)는 오류에 빠지기 쉬운 인간에 대해 이런 격언을 남겼다. "피타고라스는 인류 중 학식이 가장 뛰어난 사람일지 모른다. 그런데도 그는 자신이 전생에 오이였다고 회상했다."]

『조하르Zohar』 등 유대교 신비주의 경전은 인간의 영혼을 신의 나무에 열리는 과일로 묘사했다. 이 영혼이 담긴 과일은 지구로 오면서 두 쪽으로 나뉜다. 이렇게 반쪽짜리 영혼으로 태어난 인간은, 사랑하는 사람을 만나 과일영혼의 나머지 반쪽인 소울프룻메이트Soulfruitmate를 찾아야 온전한 영혼이 된다.

루리아 카발라Lurianic Kabbalah(유대교 비밀 신비주의-옮긴이)의 창시자 이삭 루리아Isaac Luria는 과일나무를 응시하다 환영을 체험한 뒤 제자들에게 이렇게 말했다. "너희들이 저 나무들을 볼 수 있다면, 나무에 있는 영혼의 무리를 보고 기겁할 것이다." 유대 밀교의 다른 종파들도 사후에 영혼이 실제 과일나무에 걸려든다고 믿었다. 만약 어떤 이가 와서 이 열매를 먹기 전에 축복을 내려주면 그 영혼은 풀려나 천국에 간다. 그렇지만 축복을 받지 못한 영혼은 세상이 끝날 때까지 갇힌 신세로 지낸다. 그래서 나도 오렌지 껍질을 벗기거나 사과를 썰다가 육체에서 빠져나온 영혼을 위해 기도를 올렸다.

식사 때 감사기도를 올리는 전통도 잠시 과일감옥에 갇힌 윤회하는 영혼을 풀어주는 일과 관련이 있다. 불교와 자이나교 수행자들이 칼로 자르거나 손톱으로 찌른 과일만 먹은 이유도 과일 안에 영혼이 산다고 믿기 때문이었다. 피지 섬 사람들은 과거에 코코넛을 쪼개기 전에 허락을 구하고자 이렇게 물었다. "당신을 먹어도 되겠습니까?"

슌얌에게 작별 인사를 하고, 인도네시아로 가는 비행기를 탔다. 이슬람이라는 다도해 사이에 위치한 발리 섬은 힌두교 신자가 대다수이며, 과일이 영적인 삶에 중요한 역할을 한다. 곳곳에 성지가 있는 이 지역의 식물은 초자연적 힘이 머무는 거처이며, 주변 풍경마다 영적인 잠재력이 넘쳐흐른다.

발리 섬 사람들은 눈에 보이는 물질세계인 서칼라sekala와 눈에 보이지 않는 영적 세계 니스칼라niskala 둘 사이를 오가며 산다. 과일은 발리 섬의 종교 의식에서 두 세계의 중간 영역쯤에 존재한다. 과일공물은 할례나 결혼, 화장, 치아를 갈아내는 성년식(이는 동물적인 욕정과 욕구를 없앤다고 믿는 풍습이다.)과 같은 의식을 치를 때 영혼을 달래는 역할을 한다. 과일은 다양한 신에게 매일 공헌을 올리거나 통과의례를 치를 때, 고대 가락을 연주하는 가멜란gamelan(실로폰과 비슷한 타악기-옮긴이)연주자들과 함께 반드시 등장한다.

힌두교는 주요 종교 중 처음으로 과일을 통해 윤회개념을 탐구하였다. 『브리하다란야까 우파니샤드Brhadaranyaka Upanishad』를 보면, 인간의 영혼은 딸기가 줄기에서 떨어져 나오듯이 사후 연기가 되어 달로 피어오른다. 달에 도착한 영혼은 신들에게 먹힌다. 이 영혼들은 비를 타고 지구로 돌아와 열매 맺는 식물에 들어간 후, 다시 인간에게 먹혀 정액이 되면 환생하게 된다.

리코Rico는 마을 사제의 아들로 나에게 섬을 안내해줬다. 파도타기를 즐기는 친구들이 리코를 가이드로 삼으라고 권했다. 리코는 호주에서 온 파도타기꾼들을 멀리 떨어진 해변까지 태워다주는 일을 했지만, 발리 섬 문화에서 과일이 차지하는 역할을 잘 아는 친구라서 이상적인 동행자였다. 종교적 분위기에서 자란 탓에, 리코는 치유력 있는 희귀

한 자줏빛 열매가 풍부하게 열리는 사원을 잘 알고 있었다. 그는 과일
노점상에서 다양한 과일을 가네샤Ganeesha(코끼리 형상을 한 지혜의 신-
옮긴이)에게 봉헌하는 법을 설명해줬다. 나를 코코넛 숲으로 데려간 그
는 코코넛 껍질에 난 구멍 세 개가 시바신의 눈을 상징한다고 알려줬
다. 서양 사람들이 배 위에서 샴페인 뚜껑을 따듯, 코코넛도 배를 띄우
거나 중요한 일을 처음 치를 때 신을 달래기 위해 쪼갠다고 했다.

우리는 리코의 밴('리코의 웃긴 마차')을 타고 시골길로 달렸다. 그곳
에서 리코는 잘 익은 조우앗 열매와 바늘잎으로 뒤덮인 뱀 열매 나무
가 가득한 곳으로 날 안내했다. 이름이 왜 뱀 열매 나무인지는 쉽게 짐
작이 갔다. 비늘 같은 갈색 껍질이 흡사 뱀이 벗어놓은 허물 같았다. 우
붓Ubud(발리 섬의 문화적 중심지-옮긴이)에 있는 시장의 연기가 자욱하
고 어두컴컴한 곳에 가보니, 망고스틴과 총천연색 팬케이크 그리고 끈
적거리는 반죽 등이 어슴푸레한 불빛 아래 흔들리고 있다. 덴파사르
Denpasar의 페켄 바둥Peken Badung 중앙시장의 비좁은 통로는 손에 장
바구니를 든 여자들로 붐볐다. 리코는 블랙 젤리 너트를 자세히 살펴봤
고, 칼리아셈, 케푼둥, 사우케시크 같은 숲 속 열매 먹는 법을 설명해줬
다. 리코는 어릴 적 살던 집 근처에 특이한 나무가 있던 기억이 난다고
했다. 그래서 우리는 그 나무를 찾아 차를 돌렸다. 한 시간 가까이 달
려 그 나무를 찾아냈다. 분홍색 속살이 든 특별한 과일, 킨바란이 가
득 열려 있었다. 녹색 껍질을 벗기며 우리는 뛸 듯이 기뻤다.

마지막 날 나와 함께 근처 오솔길에서 자라는 치쿠 열매를 맛보던
리코가 날 보며 말했다. "당신 이름은 상징적이네요. 생각해봐요. 금단
의 열매를 찾아나서는 아담!"

과일의 이중성에 대해 곰곰이 생각하며 해가 저물던 해변을 따라 거

닐었다. 높다란 왕관을 쓰고 금색 의복을 입은 한 사제가 해변에서 의식을 진행 중이었다. 십여 명 남짓한 사람들이 성가를 불렀다.

넘실거리던 바다에 해가 녹아버리자, 해변을 빠져나와 번화가로 갔다. 정체를 알 수 없는 바닷가 호텔을 가로질러 어딘지 모를 길로 접어들었다. 길 건너 작은 통로를 발견하고 이를 따라 걸었다. 나무 사이로 난 구불구불한 길이었다.

30분 후 나는 길을 잃었고, 차량 소리도 들리지 않는 농촌마을에 도달했다. 어둡고 적막한 먼지 날리는 길 위에 홀로 서 있었다. 수탉이 활개를 치며 돌아다녔다. 밤이 오기 전에 위치를 파악하려고 둘러보는데, 헛간 담벼락에 스프레이로 멜론이라고 쓴 단어가 눈에 띄었다. 덜 익은 망고가 손이 닿을 듯 말 듯한 곳에 매달려 있었다.

계속 걷다가 좁은 길을 따라 벼농사 밭을 지나갔다. 암소 한 마리가 풀밭에서 꼬리를 탁탁 치고 있었다. 저 소도 신성한 소인지 궁금했다. 길을 따라가니 졸졸 흐르는 개울가가 나왔다. 용기를 내 흔들 다리를 건넌 다음, 나무로 된 출입구를 열고 들어갔다. 공동묘지 혹은 장지로 보이는 곳이 나왔다.

그때쯤 되니 달도 숨어버렸다. 찬 기운에 몸을 떨고 나서야 상당히 어두워진 사실을 깨달았다. 인적이 없었다. 코코넛 껍질이 모랫바닥에 썩은 채 뒹굴었다. 잿더미를 보니 최근에 화장한 곳이었다. 맹금이 머리 위에서 원을 그리며 날아다녔다. 용처럼 생긴 덤불이 소리 없이 비명을 지르며 고개를 들고 허공에 발톱을 할퀴는 것 같았다.

공기가 더 쌀쌀해졌다. 바로 그때 오싹해 보이는 신상神像 두 개가 어둠 속에서 모습을 드러냈다. 혀를 빼물고 눈알을 굴린 채 아이를 안고 있었다. 죽음 속의 탄생을 보여주는 역설적인 광경이다. 발리 섬 사람들에게 선악을 상징하는 흑백 체크무늬 옷을 입고 있었다. 과일바구니가 발밑에 놓여 있었다. 그때, 경비원 두 사람이 공동묘지 반대편에서 내게 소리쳤다. 난 번쩍이는 손전등 불빛 쪽으로 황급히 달려갔다.

7장

숙녀과일

아담이 가로되, 이는 내 뼈 중의 뼈요,
내 살 중의 살이니,
여자라 부를 것이다 하니라.
_ 창세기 2장 23절

동남아시아에서 보낸 마지막 날, 가위손이 손질한듯한 정원에서 과일 라용을 둘러보며 시간을 보냈다. 타이 관광청 소속 안내인 암Am은 키가 크고 마른 20대 여성이었다. 암은 내게 이웃집 나무에서 타콥takob이라는 신맛 나는 베리를 슬쩍한 사연을 들려주더니, "훔친 과일이 훨씬 맛있잖아요."라며 씩 웃었다.

우리는 람부탄 나무 그늘에서 잠시 쉬었다. 이 나무 옆 덤불은 원숭이가 바나나를 먹는 형상이었다. 암이 자기 배꼽과 골반, 허벅지 주변에 동그라미를 그리며, '숙녀과일lady fruit'을 아느냐고 물었다. 난 고개를 가로저었고, 뭘 암시하는 건가 싶어 긴장된 얼굴로 웃었다. 암은 엉덩이를 토닥거리더니 갸우뚱한 표정으로 날 바라봤다. 나는 완전히 굳어버렸다. 암이 휴대용 번역기에 뭔가를 입력했다. "영어로는, '여성이 생겨난 과일'이라고 하네요."

암의 설명을 듣고 나서야 붉혔던 얼굴이 진정됐다. "사람들은 이 과일이 『라마야나』(고대인도의 대서사시-옮긴이) 전설 속에나 나온다고 생각했지만, 지금은 실재하는 과일이란 사실을 알게 됐어요." 암은 이 얘기를 어느 승려에게 들었다고 한다. 그 승려는 여러 해 동안 해외를 돌며 금욕수행을 했다. 그는 인도에서 숲을 떠돌다가 우연히 힌두교 순례자를 만났다. "정글에는 믿음이 통하는 사람끼리 스치는 곳이 있다."고 암이 말했다. 순례자는 자신들의 상서로운 인연을 기리기 위해 승려에게 선물을 하나 건넸다. 여성의 골반 부위를 앞뒤로 빼닮은 딱딱한 열매 껍데기였다. 타이로 돌아온 승려는 이 열매 껍데기를 증거로 내보이며 여기서 여성이 실제로 진화했다고 말했다.

내 의심스러운 눈초리를 알아챘는지, 암이 타이 북쪽 시골 마을에 있는 사원에 가서 직접 확인해보자고 했다. 안타깝게도 예약한 비행기가 다음 날 아침 출발예정이었고, 그 승려는 열차로 23시간 걸리는 곳에 사는데다, 그 지역 주민들이 침수로 몇 주째 지붕 위에서 잠을 청하는 상황이었다.

몬트리올로 돌아온 후 나는 암이 들려준 의심스런 이야기의 증거를 찾아보기 시작했다. 그러나 숙녀과일에 대한 참고자료가 부족했다. 17세기 기록에 보면, 그 생김새와 들어맞는 열매가 어떤 섬에서 자랐다고 하나, 이 열매는 애써 찾지 않는 자에게만 그 모습을 드러냈다고 한다. 멜라네시아의 창조신화를 보면, 태초에 네 명의 남자가 코코넛처럼 생긴 열매를 땅바닥에 던져서 네 명의 여성을 창조해낸 이야기가 나온다. 난 암이 말한 과일은 실재하지 않는다고 단정했다. 그러다 인도의 주술을 다룬 어떤 책을 접하고서 생각이 변했다. 그 책에 보면 보르감파

드Borgampad에서 수행하는 사두sadhu(인도의 탁발승, 고행자를 뜻함-옮긴이)들은 의식을 치를 때 쓰는 물그릇을 가지고 다녔다고 한다. 카만달kamandals이라고 부르는 이 용기는 여성의 엉덩이를 닮은 과일로 만들었다. 사람들이 숭배한 이 열매는 세이셸Seychelles(아프리카 인도양 서부 마다가스카르 북동쪽에 있는 섬나라)에서만 자랐는데, 그곳에서는 이를 코코드메르coco-de-mer라고 불렀다.

이름을 확인한 나는, 당장 온라인에서 사진을 찾아봤다. 숙녀과일이 실제 있을 뿐 아니라, 과일 중 단연코 제일 야한 모습이었다. 외설적인 생김새는 둔부, 노출한 상복부, 허벅지 두 짝, 외음부의 갈라진 틈, 거기다 불두덩 사이로 삐져나온 털까지 실물 크기의 여성 생식기와 똑 닮았다. 뒤쪽 역시 여자 엉덩이와 놀랍게 빼닮았다. 세이셸을 찾은 방문객들은 이 과일을 음부과일, 음란한 과일, 엉덩이 열매라고 불렀다. 점잖은 여행안내서에서는 이를 "불경스럽다."고 언급했다. 내가 친구에게 이 사진을 보여주자, 친구는 "이거…… 이거 너무 야해!"라며 숨도 제대로 쉬지 못했다.

이 야자수의 꽃은 인간의 생식기와 한층 흡사해 보인다. 우거진 암꽃은 그 크기나 모양이 부풀어오른 가슴 같다. 물기 머금은 밑씨도 바로 젖꼭지 위치에 있다. 꼬리꽃차례라고 부르는 수꽃은 잔뜩 발기한 모양새다. 어린 남근 토막은 30cm 길이에 오렌지빛을 띠고 뻣뻣하게 위를 향한다. 그러다가 원숙해지면 팔 길이로 부풀어오르고, 별처럼 생긴 노란 꽃들이 붙어 반짝거린다. 이 꽃에서 나온 꽃가루로 암꽃이 수분된다. 수분이 끝나면 팽창했던 꼬리꽃차례는 시들고 축 늘어져서 점점 갈색으로 변하고, 차차 오그라져서 습기 찬 안개와 함께 숲 바닥에 떨어진다. 그리고 수분한 암꽃은 코코드메르 열매로 변해간다.

외설스러운 특징만큼이나 이 과일의 역사도 신비스럽다. 1756년 유럽의 지도제작자들이 우연히 프레슬린Praslin 섬의 모래사장을 발견하기 전까지 이 섬의 존재를 아는 이는 거의 없었다. 그 전까지는 동아프리카, 인도, 마다가스카르 사이에 멀찌감치 숨어 있어서 몇몇 아랍 상인들 정도가 이곳을 약탈하러 오거나 떠돌이 선원들이 이를 우연히 발견했을 뿐이었다. 사람은 살지 않았지만, 이 섬의 숲은 코코드메르 천지였다.

프레슬린 섬을 발견하기 전, 이 매혹적인 껍데기가 간혹 몽정처럼 바다를 떠다니는 모습을 본 항해사들은 그것이 물속에서 자란다고 추측했다.(그래서 코코드메르라는 이름도 바다의 코코넛이라는 뜻이다.) 선원들은 파도 아래에서 잎사귀가 흩날리는 것을 봤다고도 했다. "소심하지 않고 용기 있으며, 신앙심이 있으되 미신을 믿지 않는 자, 그리고 허약하거나 바보가 아닌 사리 분별력 있고 부지런한 남자들"이 찾아내지 않으면, 이 열매는 인어처럼 바다 깊은 곳으로 사라졌다.

말레이시아의 그림자신화에 보면, 이 열매는 모든 생명체가 솟아나오는 소용돌이 한가운데서 싹을 틔운다. 1563년 가르시아 드 오르타 Garcia de Orta는 최초로 이 과일에 대해 자세히 설명하면서 해수면 아래 화석이 된 나무에서 자란다고 주장했다. 마젤란 시대 때 코코드메르는 큰 소용돌이에 휩싸인 푸짜타르Puzzathar라는 땅에서 자란다고 믿었다. 중세를 거치면서, 뱃사람들이 수집한 코코드메르는 거액에 팔렸다. 17세기에 신성로마제국의 황제 루돌프 2세는 이 열매 하나를 4,000플로린 금화를 주고 샀다. 스웨덴의 왕 구스타프 아돌프Gustavus Adolphus의 예술품 전시관 작품 중 백미는 실버 넵튠호 꼭대기에 높이 달았던, 금장식에 산호가 자란 코코드메르 술잔이었다. 동양에서는 야생에서 발견한 코코드메르를 전부 자동으로 왕실재산이라 여겼다. 군주는 자신의 하렘에 이 과일을 이용했고 인도의 어느 종파는 사원에서 의식을 지낼 때 이를 숭배했다.

영국의 찰스 고든Charles Gordon 장군은 1885년 카르툼Khartoum에서 수단의 탁발승 손에 죽음을 당하기에 앞서 세이셸을 발견했고, 이곳이 에덴동산이라고 확신했다. 그가 자필로 남긴 기록인 『에덴과 신성한 나무 두 그루Eden and Its Two Sacramental Trees』에 보면 코코드메르가 선악과라는 사실을 입증하기 위해 열성적으로 그린 그림이 나온다.(그리고 빵나무는 생명수에 해당한다고 보았다.)

식물학 서적을 뒤적이다가 무르익지 않은 코코드메르는 그 음탕해보이는 생김새 이면에 달콤한 커스터드 같은 과육이 있다는 사실을 알아냈다. 1970년대까지 귀빈들은 때로 코코드메르의 반투명한 젤리 맛을 보는 영광을 안았는데, 당시 이 과일은 억만장자의 과일로 알려졌다. 그렇지만 요즘은 거의 멸종위기에 처해서 그 맛을 보기가 힘들다. 1978년에 보호법을 제정하여 정부의 허락 없이 코코드메르를 사고팔 경우 5천 루피(100만 원 정도)의 벌금을 물거나 2년간 감금에 처한다. 그 결과 열 명 남짓한 코코드메르 밀렵꾼이 이 과일을 딴 죄로 징역형을 받았고, 지금도 복역 중이다. 금단의 열매를 맛본다는 생각에 홀린 나는 내게도 용기와 사리 분별력이 있으니 이 열매를 맛볼 자격이 있다는 꿈에 부풀어, 인도양 어디쯤 적도의 한 점 티끌 같은 프레슬린 섬에 가고자 비행기를 예매했다.

세이셸에서 제일 큰 섬 마에Mahé의 빅토리아 국제공항에서 사람들을 뚫고 지나가다가 안내 표지판 하나가 내 눈길을 끌었다. 방문객이 소지한 과일이나 식물은 지역 생태계에 위협이 될 수 있으니, 직원에게 그 사실을 알리라는 내용이었다. 캐나다에서 갖고 온 엠파이어 사과를 직원에게 건네주자, 여권에 국가문양인 아름다운 코코드메르 도장을 찍어주었다. 공항에는 온갖 별난 사람들로 붐볐다. 불어 억양이 섞인 크레올어(프랑스에 끌려온 노예들이 의사소통하기 위해 사용하기 시작했던 언어-옮긴이)를 구사하는 파란 눈의 아프리카 공주들, 안마사로 일하는 케냐 노예의 후손으로 보이는 더벅머리 청년, 영국 억양에 앵무새 주둥이를 한 키 크고 가슴이 풍만한 모리셔스 여자들, 그 외에 중국 유목민, 스페인의 한량, 인도네시아의 유랑자, 스리랑카의 구도자들이 모두 섞여 있었다.

한 시간 후, 근처 프레슬린 섬으로 가는 좌석 12개짜리 쌍발기가 활주로로 이동했다. 갑자기 분화구와 산호섬이 눈 아래 펼쳐졌다. 물고기 떼가 껑충 뛰노는 파도 위로 저공비행하자, 백사장에 둘러싸인 작은 섬들이 반투명한 청록색으로 변해갔다. 바다표면에서 소용돌이치는 거품은 마치 코코드메르 나무가 심연으로 사라지는 모습 같았다.

프레슬린 공항 밖에서 택시를 기다리다가, 코코드메르 수꽃 모양을 딴 청동분수 네 개가 가로세로 3미터 크기의 코코드메르 조각상을 향해 물을 분출하는 광경을 보았다. 남성의 성기처럼 생긴 꽃차례가 커다란 여자 생식기 반신상에 그 생명력을 내뿜고 있었다. 이 반신상의 허벅지와 외음부와 복부는 어머니 여신을 형상화한 구석기시대의 빌렌도르프 비너스Venus of Willendorf를 끝부분만 잘라낸 모습 같았다. 외설스럽지만 너무나 자연스러웠다.

코코드메르가 원서식지에서 자라는 모습을 보길 원한다면, 마이계곡Vallée de Mai 자연보호지역을 방문하는 게 가장 좋다. 가파른 길을 타고 올라가 자연보호지역 입구에 도착하면, 덩굴에 휘감긴 야자수 모습이 보인다. 나무의 몸통은 매우 가늘고 길며, 하늘 위로 30미터 넘게 뻗어 있다. 꼭대기에는 열매와 이파리가 왕관처럼 퍼져 있다.

좁고 구불구불한 길을 걸어 다니며 이곳을 돌아보려면 서너 시간이 걸린다. 나는 유쾌하고 통통한 산림경비원, 엑시안 볼세르Exciane Volcere와 함께 동행했다. 카키색 유니폼을 차려입은 그녀는 식물학자였다. 그녀 말에 따르면, 방문객들이 첫눈에 받는 이곳의 인상은 너저분한 산림이라고 한다. 마른 나뭇가지와 잎사귀, 썩어가는 야자수 잎, 씨앗껍질, 식물의 잔해더미, 흰 개미집, 유기분해물 등으로 산림이 뒤덮였기 때문이다.

가수 퀸 라티파Queen Latifah를 닮은 볼세르가 코코드메르 열매 두 개 사이에 생긴 커다란 거미줄에 손을 뻗더니, 주홍, 검정, 보라색이 뒤섞인 거미를 잡아냈다. 가늘고 긴 거미다리가 볼세르의 오므린 손바닥에 간신히 들어갔다. 볼세르는 거미를 자기 가슴팍에 올려놓고는 위험하지 않다며 걱정하지 말라고 했다. 거미는 날름거리는 불꽃처럼 셔츠 위를 재빠르게 움직였다. 해롭지 않다는 것을 보여줄 심산이었는지, 볼세르가 내 팔뚝에도 거미를 올려놓았다. 황급히 움직였는데도, 크기에 비해 무게감이 없었다. 속눈썹이 내 피부에 키스하는 것 같았다. 볼세르가 거미를 다시 집어올리려 하자, 거미가 내게 거미줄을 내뿜었다.

토종 과실수들이 오솔길에 줄지어 서 있었다. 판다누스Pandanus목에 속하는 한 나무는 털이 억센 열매가 열리는데, 이를 이용해 옷솔을 만든다. 스파게티 야자수에 매달린 끝이 뾰족하고 커다란 씨앗주머니를 쪼개보면, 케이퍼를 곁들인 기다란 알덴테 스파게티 면발이 한 가닥 흘러나온다. 해파리 나무의 암술머리는 촉수와 닮았다. 카피센kapisen 열매를 보면 삭발한 중의 머리가 떠오른다.

이 나무들은 수많은 토착 생물들의 서식지이다. 자몽 크기의 달팽이, 검은 희귀 앵무새, 발에 주머니 모양 흡판이 달린 청동도마뱀이 살고 있다. 볼세르가 가리킨 곳을 보니, 초록색 형광도마뱀 한 마리가 코코드메르 수꽃의 노란 꽃밥에서 꿀을 핥아먹고 있었다. 이 작고 노란 꽃은 남근을 상징하는 꽃차례의 갈색 비늘에서 피어난다. 가까이에 있는 다른 꽃차례에서도 휴대전화기만 한 하얀 민달팽이가 꽃을 우적우적 씹고 있었다. 마치 야외에서 성교육 비디오를 시청하는 기분이었다.

혀를 날름거리던 도마뱀붙이가 꽃을 철썩 치자, 미세한 꽃가루 입자가 공기 중에 퍼져 나갔다. 바람을 타고 흩어지면서 수분이 일어난다. 전설에서는 오밤중에 나무가 서로에게 다가가 요란스럽게 관계를 맺는다고 했다. 또 이 장면을 목격한 사람은 운 없게도 그 자리에서 검은 앵무새나 코코드메르 열매로 변해버린다고 했다.

수정된 열매가 완전히 여물기까지 7년이라는 세월이 흐른다. 어린 열매는 색깔이 노르스름하며, 그 안에 점액질이 들어 있다. 1년쯤 지나면, 이 액체가 푸딩같이 응고돼 딱 먹기 좋은 상태가 된다. 이때부터 열매의 녹색 껍질 윗부분에 얇은 금색 띠가 생긴다. 이 금색 띠가 너무 두꺼우면 속에 물기가 많아진다. 이 노란 띠가 사라지면 하얀 연분홍빛 젤리가 딱딱한 식물상아로 굳기 시작하며, 열매가 익어 땅에 떨어질 때까지 이 과정이 계속된다.

볼세르에게 과일을 한 개 맛볼 수 있는지 물어보았다. 볼세르는 마이 계곡에 있는 그 어떤 열매도 먹는 것을 엄격히 금지하며, 특히 코코드메르는 단속이 더 심하다고 했다. 대신 근처에 떨어진 커다란 껍데기나 하나 주워가란다.

섬유질이 많은 녹색 껍질은 호박 크기만 한 심장이다. 이 심장 모양의 용기에 충격을 가하면 쉽게 갈라지면서, 기분 좋은 코코넛 향기가 난다. 껍질 안에는 여성의 생식기를 닮은 속열매껍질(씨껍질)이 들어 있다. 세상에서 가장 큰 씨앗인 코코드메르는 상아질이 꽉 차 있어서 그 무게가 20킬로그램 정도 나간다. 씨앗이 두세 개 든 열매의 경우 45킬로그램까지 나갔다는 기록이 있다.

씨앗을 가만 놔두면, 새로운 나무가 자란다. 열매가 땅에 떨어지면, 열매 중앙의 갈라진 틈에서 오싹하게도 줄기가 나온다. 새로운 개체의 눈은 이 부풀어오른 줄기의 끝부분에 있다. 새싹은 배젖이라고도 부르는 이 눈줄기umbilical cord에서 필요한 양분을 얻는다. 땅으로 나온 눈줄기는 20미터 밖까지 나간다. 눈줄기는 어미와 다투지 않고도 뿌리내릴 곳을 확보해 그곳을 파고든 다음, 온기를 찾아 땅밖으로 고개를 내민다. 새싹을 보호하는 것은 날카로운 잎집이다. 꽤 날카로워서 조심하지 않으면 발이 베일 정도다. 곧 잎사귀가 나오기 시작하면 어린 나무가 하늘 위로 자라난다.

씨앗에 든 단단한 상아색 배젖은 처음 2년간 이 식물을 먹여 살리는 양분으로, 숲의 하층목을 뚫고 그 모습을 세상에 드러낸다. 다 익은 코코드메르도 똑같이 연료탱크 노릇을 해서 자라나는 식물에 양분을 공급한다. 일단 새로운 야자 잎이 배젖을 모두 먹으면, 생물학적 임무를 다한 탯줄은 썩어 바스라지고 텅 빈 껍질만 남는다. 이 껍질은 몇 년 동안 주변을 뒹굴기도 하고, 폭우라도 만나면 바다로 씻겨 내려간다. 배젖이 가득한 코코드메르는 떠다닐 수 없으므로, 사실상 수매화가 아니다. 속이 꽉 찬 씨앗이 다른 섬으로 옮겨갔다 해도, 암수가 만나 수분되지 않으면 싹을 틔울 수가 없다.

코코드메르의 수명에 대해서는 의견이 분분하다. 대다수가 200년에서 400년 정도 산다고 추정하지만, 800년까지 산다고 보는 사람도 있다. 사실 확인이 가능할 만큼 오랫동안 접해온 열매가 아니기 때문이다. 18세기 이후에 발견한 섬이라, 현재 우리가 아는 세이셸의 역사도 모두 추측에서 나온 것이다.

이 다도해의 지질구조 중 특히 해변에 툭 불거져나온 화강암 표석을 살펴보면, 이 지역의 과거사를 엿볼 수 있다. 6억 5천만 년 전부터 역사의 풍랑을 묵묵히 지켜온 암석의 표면은 이 섬이 선캄브리아대부터 출현한 매우 오래된 곳임을 보여준다. 이로 미루어 세이셸은 7천5백만 년에서 6천5백만 년 전, 남미와 아프리카, 마다가스카르, 인도가 모두 연결됐던 곤드와나 거대 대륙의 일부였다가, 아프리카에서 떨어져나와 표류를 멈추고는 인도양에 정착한 후 이곳에 외떨어진 채 진화한 생명체를 가득 품고 오늘에 이른 것으로 보인다.

공룡은 세이셸이 인도양에 정착할 때쯤 멸종하였다. 이러한 사실을 바탕으로 한때 브론토사우루스가 이 열매를 먹었을 것으로 추측한다. 볼세르는 "코코드메르가 20미터가 넘는 초식동물에게 맛있는 후식거리였을 것"이라고 말하며 쿵쿵 걷는 공룡 춤을 추었다.

사람들은 해진 후, 특히 바람이 불 때 숲에 들어가는 것을 두려워한다. 숲은 대낮에도 요란하다. 거대한 잎사귀가 맞부딪치고, 바람이 불면 무거운 야자열매가 야자수를 잡아당긴다. 삐걱거리는 소리가 끊임없이 크게 울려 퍼지며, 툭탁거리는 소리도 난다. 목구멍에서 올라오는 으르렁대는 소리와 신음소리가 태고적부터 흘러온 듯 공기 중에 퍼진다. 떡갈나무 문짝이 갈라지는 소리 같기도 하다.

위를 올려다보니 난데없이 나타난 코코드메르 야자수가 우리를 감싸고 있었다. 거대한 녹색 심장이 머리 위에서 험상궂게 흔들거렸다. 볼세르는 여태껏 머리에 코코드메르를 맞아본 사람은 없었다고 했다. "언젠가 그런 일이 터지면, 여기 천국에서 영원히 잠들게 되겠지요. 좋은 추억거리 아니겠어요?" 볼세르가 공포스러운 웃음을 흘리며 말했다.

세이셸 사람들은 관광산업과 복잡하게 얽혀 있었다. 관광산업이 지역경제를 유지하기도 하지만, 동시에 지역 생태계를 위협하기 때문이다. 볼세르에게 마이계곡에서 밤을 지새운 적 있느냐고 물었다. 그녀는 사실 어젯밤이라고 답했다.

"왜 여기에 있었나요?"

"야당과 벌이는 논쟁 들어본 적 있나요?"

난 그날 아침 신문에서 독자적인 라디오 방송국 운영을 요구하며 장외투쟁을 하던 야당 지도자를 경찰이 구타했다는 기사를 접했다.(이곳은 라디오 방송국이 딱 하나 있고, 그것도 국영 방송국이다.) 현장에서 긴장감이 고조되자, 경찰 책임자가 야당 지도자에게 권총을 발사해, 머리 뒷부분에 스물여섯 바늘을 꿰맸다고 한다.

"어젯밤에는 마이계곡에 전경이 배치됐어요. 야당 지지세력이 숲에 불을 지르겠다고 협박했거든요. 그래서 사람들이랑 여기서 밤을 샜어요."

"그 사람들이 숲을 태우려는 이유가 뭡니까?"

"구타에 항의하려는 목적도 있겠고, 또 관광산업을 근절시키는 방법도 되니까 그렇겠지요." 볼세르가 토론이 필요한 사안인지 잘 모르겠다는 표정으로 답했다. 그래도 언론의 자유가 이 미숙한 민주주의 국가에 알게 모르게 다가오고 있었다. 볼세르 말에 따르면, 야당 지지세력은 숲을 불태우겠다는 협박이 단지 현 정권에 타격을 주려는 전술이며, 자신들의 자연유산을 파괴할 생각은 조금도 없다는 입장을 밝혔다고 한다. 1990년에 폰도 퍼디낸드Fond Ferdinand 근처에서 화재로 숲 일대가 파괴된 사건이 있었는데, 이를 다시 복원하는 데 수백 년이 걸릴 것이라고 했다. 대대로 내려온 너무나 귀중한 유산이 위험에 처해 있다는 사실에 머릿속이 아찔해졌다.

현재 남아 있는 코코드메르 야자수는 2만 4,457그루이다. 이 중 3분의 2는 아직 어려서 열매를 맺을 수 없고 절반은 수나무이다. 2005년 통계에 1,769그루가 매해 성숙기를 맞는다고 한다. 매년 관광객이 십만 명에 가깝다는 점을 고려하면 그리 많은 편이 아니다. 마이계곡을 감시하는 환경단체 세이셸 재단Seychelles Island Foundation의 이사장 린제이 총숭Lindsay Chong-Seng은 코코드메르가 과다하게 수확되지 않도록 그 거래를 반드시 규제해야 한다고 말했다. 그는 "밀렵이 성행하고 있다. 열매를 가져가려고 훔치거나, 나무를 통째로 베어가는 일도 있다. 이들은 야밤에 선박을 타고 도주한다."고 설명했다. 코코드메르는 자연보호연맹의 멸종위기 생물목록에 오른 열매로, 현재까지는 그 보호 노력이 성공적이었다. 이 야자수가 자라는 쿠리오스Curieuse 섬과 그 이웃한 섬들 모두 자연보호지역으로 지정해 교통을 차단하고 있다. 정부는 세이셸에서 자라는 코코드메르에 관한 정보를 모두 모아 데이터베이스로 구축했고, 재배자들이 분기별로 열매의 성숙도를 보고하도록 의무화했으며, 이를 어기면 법적 처벌까지 감행하고 있다.

코코드메르 열매가 떨어지기 시작하면, 그 안에 담긴 상아색 과육을 추출한다. 속이 빈 껍질은 허가증을 발급받아 지정된 매장에서 20만 원에서 100만 원 사이의 가격을 받고 판매한다. 누구든 허가받지 않은 코코드메르를 수출할 경우, 열매를 압수당하며 벌금을 물어야 한다. 그러나 이 규제에도 허점이 있어서 허가증을 위조하거나 재사용하는 경우가 있다. 현재 사용 중인 허가증은 관인이 찍힌 얇은 녹색 스티커이다. 총승은 "적합한 확인절차가 필요하다. 전산화하거나 마이크로칩을 이용해야 한다."고 의견을 밝혔다.

코코드메르를 보호할 다른 방법들도 모색 중이다. 그중 섬유유리로 만든 열매를 관광객에게 파는 방법이 추진 중이다. 그 견본을 직접 봤는데, 정말 실물과 똑 같았다. 또 단순히 속이 빈 껍질을 가져가도록 할 게 아니라, 관광객이 상아색 배젖이 꽉 찬 성숙한 씨앗을 사서 이를 기르도록 후원하는 방안을 고려 중이다. 일단 식물이 자라면 그 나무 옆에 기부자 명판을 만들고, 속이 빈 껍질은 다음에 기부자가 다시 방문할 때까지 보관하는 것이다. 이 얘기를 듣고 있자니, 켄 러브의 하와이산 리치재배 프로젝트가 떠올랐다.

총승에게 이 과일을 먹어볼 방법이 없겠는지 물었다. 그는 어깨를 으쓱거리며 적법한 방법은 딱 하나뿐이라고 했다. "제 땅에 아직 익지 않았어도 먹을만한 코코드메르 야자수가 있다면, 초대해서 맛을 보여드릴 텐데 아쉽네요. 그러나 판매는 허락받지 못합니다." 즉, 사고파는 것은 불법이어도, 소유는 가능하다는 뜻이다. "뒤뜰에 이 나무를 가진 사람을 만나면 소원이 풀리겠지요." 헤어지려는 찰나, 총승이 한 가지 정보를 일러줬다. "어디서든 하고 싶은 일이 있으면 택시기사에게 말해보세요."

익지도 않은 과일을 먹는 것은 윤리적으로 문제가 있다. 이 경우 새로운 개체를 얻지 못하기 때문이다. 총승은 이것이 반드시 문제는 아니라고 했다. 다 익은 과일을 관광객에게 판다해도 새로운 개체를 얻지 못하기는 매한가지라고 했다. 게다가 어린 식물에게 양분으로 쓰일 식물상아를 아일랜드 센트Island Scent 회사에서 깎아낸다고 했다.

이 회사는 마헤Mahé 섬에 작은 공장을 두고 있었다. 이곳을 방문해 공장노동자들이 코코드메르 껍질의 속살을 끌로 파는 광경을 보았다. 이렇게 파낸 덩어리들을 건조시켜 포장한 다음, 극동 지역에 보낼 때까지 온도조절실에 보관한다. 중국과 홍콩에서 코코드메르 슬라이스는 킬로그램당 130만 원이 넘는 가격에 팔린다. 이를 파는 허브매장은 호랑이 뼈, 날아다니는 도마뱀가죽, 코뿔소 뿔가루도 취급한다고 한다. 코코드메르 과육은 용도가 다양하다. 말레이시아에서는 얼굴용 미백크림에 넣는다. 파키스탄에서는 최음제로 쓰이고, 인도네시아에서는 기침약에 들어간다. 중동 지역의 어느 사업가는 아일랜드 센트사에 돈을 주고 껍질을 한가득 사서 텍사스 엘 파소El Paso에 실어간다. 그곳에서 이를 멕시코로 밀수한 다음, 여기에 아라비아 문양과 모티프, 문자를 세공해 넣는다. 카쉬쿨kashkul로 부르는 이 물건들은 쿠웨이트와 이란에서 부호나 모스크(이슬람교 성원-옮긴이)에 팔린다.

"코코드메르는 오래전부터 페르시아의 고행자나 인도의 탁발 수행자들이 종교적 의식을 치를 때 사용했어요." 칸틸랄 지반 샤Kantilal Jivan Shah가 설명했다. 칸티로 불리는 그는 80대로, 세이셸의 역사학자이자 환경운동가이다. 내가 그를 만난 이유는 유네스코가 마이계곡 자연보호지역을 세계문화유산으로 지정하는 데 앞장선 인물이기 때문이었다. 직물을 야드 단위로 파는 골동품점 주인 칸티는 과일에 대해서도 일가견이 있었다. "참 독한 방법도 많이 썼다."며, 그는 피곤에 지친 눈을 번뜩이며 금니가 보이게 웃었다.

세이셸을 통틀어 유명한 야자수 감별가인 칸티는 내게 자신의 경력서를 보여주었는데, 참 다양한 일을 해왔다. "난 구루이자 요리사이고 조각가지요. 또 내 이름 덕분에 샤shah(이란 국왕의 존칭-옮긴이)이기도 하고요." 목소리에 강한 인도 억양이 묻어났다. 듬성듬성 보이는 빳빳한 흰머리가 산들바람에 흩날리는 모습에서 광기 어린 모습과 함께 호감이 느껴졌다. "나는 성직자인데다 우표도안과 치료행위도 합니다. 이것저것 하는 일이 많지요."

칸티의 매장에 어느 이탈리아 관광객이 들어섰다. 칸티는 손님과 크레올의 전통 건축양식에 대해 이야기를 주고받기 시작했다. "난 국제건축가학회 회원으로 추대받은 사람입니다." 칸티가 눈짓을 보내며 말했다. 이란에서 온 신혼부부는 칸티의 사진첩을 훑더니 어떻게 파라 팔라비Farah Pahlavi 왕비를 초대해 저녁식사를 같이 했는지 물었다. "내가 매력남이라서 그런지 왕비가 먼저 청해왔어요. 전 세계를 주름잡는 사람들을 초청한 파티를 성대하게 열기도 했고요."

자칭 수정에너지 기술분야 권위자인 칸티는 평판 있는 화폐연구가에, 색채치료사, 패류수집가였다. "난 자개작업도 남다르게 합니다. 별자리에 맞춰 도안을 하거든요. 왕립지리학회 회원이기도 해요. 또 자이나교 교도입니다. 그래서 식당에 가는 일이 없어요."

"눈코 뜰새 없이 바쁘시겠어요." 이탈리아에서 온 건축학도가 말했다.

나는 화제를 다시 코코드메르 쪽으로 돌렸다. 칸티는 이 열매에 대한 글을 써본 적이 있었는데, 누렇게 변색된 종이더미를 파고들다가 관련자료 찾기를 포기했다고 한다. "엉망이더라고요, 건질만한 게 없었어요." 그는 이어 말했다. "게다가 지나치게 힘겨운 일도 많았거든요. 온갖 위원회가 뭔가 하는 곳에 몸담고 있고, 또 프랑스 어학원 재무 이사직도 맡고 있으니까요."

"이것 보세요. 힌두교 성인들은 이것을 수세기 동안 동냥그릇으로 썼지요." 그가 여기저기서 오려낸 스크랩북을 넘기며 설명했다. 거기에는 로만 폴란스키Roman Polanski 감독에게 검을 빌려준 일, 배우 오마 샤리프Omar Sharif의 상대역을 한 일, 이안 플레밍의 소설 『포 유어 아이즈 온리For Your Eyes Only』에 나오는 인물 아벤다나Mr. Abendana에 대한 영감을 불어넣어준 이야기 등이 담겨 있었다. "이 열매는 탄트라(힌두교, 불교의 밀의적 수행법-옮긴이)에서 하나의 상징이어서, 헌신적인 숭배 대상이지요. 생식과 번식을 뜻하는 여음상女陰像으로 추앙받았어요."

칸티는 현재 코코드메르에 온갖 종류의 약효성분과 신비한 성질이 있다고들 말하지만, 최음제라는 주장은 틀렸다고 했다. 그는 코웃음 치며 말했다. "다 마음에서 생겨난 일이지요. 말린 열매가 방광을 자극하면 발기가 되거든요. 새벽 4시에 방광 내부가 꽉 차올 때의 느낌 알지요? 그때처럼 똑같이 피가 솟구치는 기분일 뿐이랍니다."

칸티의 수입품 매장을 나와, 품종보존을 고려해 수확한 열매껍질을 사려고 근처 선물용품점으로 갔다. 매장 뒷벽에는 코코드메르가 천장 꼭대기까지 쌓여 있었다. 큰 것 작은 것 골고루 있었다. 어느 것 하나 똑같은 모양이 없었다. 둥글둥글한 것, 호리호리한 것, 두툼한 것, 납작한 것 등 두루두루 살펴보았다. 선뜻 고르기가 힘들었다. "어떤 여성을 좋아하세요?" 가게주인이 자신은 모델 케이트 모스Kate Moss같이 세련된 외모가 좋다며 내게 물었다. "그게 코코드메르를 고르는 방법이랍니다. 전 개인적으로 늘씬한 여자를 좋아해서, 저라면 이걸 고르겠어요."

내게 증명서와 허가서를 내주던 가게주인에게, 이 열매를 맛본 적 있냐고 물었다. 젊은 시절 여러 번 먹어봤다고 그가 답했다. "야생의 맛이지요. 독특하면서, 뭐랄까 알싸한 정액 맛이 나요."

총승이 해준 조언을 기억하며 나는 가급적 자주 택시를 잡아탔다. 첫 번째 택시기사는 도와줄 수 없다고 했다. 사실 최근 경찰직에서 퇴직한 이 사람은 코코드메르 밀렵꾼을 잡으려고 함정수사를 해왔다고 했다. 다른 기사는 500달러를 주면 야자수에 올라가 하나 따 주겠다고 했다. 솔깃한 제안이었지만, 내 도덕적 양심과 재정적 허용치를 넘는 행동이었다. 해변으로 가보라고 권한 운전기사도 있었다. 그곳에 가면 '불법호객꾼과 비치보이'가 훔친 코코드메르를 한 숟가락씩 파는 경우가 있다고 했다. 그러나 해변에서 근무하던 구조대원이 그런 관행은 몇 년 전에 사라졌다고 했다. "마약을 한 봉지 거래하는 게 더 돈이 되거든요. 그 작자들은 뭐든 오래 못해요."

해변에서 돌아오던 길에 잡아탄 택시의 운전사는 라스타파리안 Rastafarian(에티오피아 황제를 신으로 받드는 자메이카 흑인-옮긴이)이었다. 그는 늘 코코드메르를 먹는다고 했다. 그 맛을 물어보자 그는 잠시 머뭇거리더니 이렇게 물었다.

"모유 먹어본 적 있어요?"

"어릴 때 먹었지요."

"음, 그 열매는 날것 그대로의 맛이 느껴져요. 매우…… 개인적인 느낌인데, 막 짜낸 모유 같아요."

그날 오후 늦게 이 운전사와 만나 코코드메르 시식알선을 상의해보기로 했다. 태양이 뉘엿해질 무렵 백사장이 내려다보이는 술집에서 그와 만났다. 바닷물은 금색 버터가 녹아버린 듯했다. 큼직한 게 한 마리가 코코넛 나무에 재빨리 올라가 집게발로 열매를 따더니, 곧바로 다시 내려와 떨어진 열매를 먹었다. 바다갈매기만 한 과일박쥐가 그 가까이에서 빙글빙글 돌고 있었다.

처음에 그는 맛보기 힘들 것이라며 단호하게 나왔다. "우리 둘 다 총에 맞을걸요. 진짜 불법이거든요." 그러나 나는, 돈을 내고 먹는 것은 범죄다, 그렇지만 그 과일을 내게 팔려는 게 아닌 자발적으로 같이 먹겠다는 사람을 찾아내면 문제될 것 없다며 그를 설득했다. 술이 몇 잔 들어가자, 그의 태도가 누그러졌다. "그러면 당장이라도 해볼만하지요." 그가 전화를 몇 통 넣더니 크레올어로 빠르게 통화했다. 전화를 끊고 그는 환하게 웃었다. "80.56퍼센트 정도 장담하는데, 맛볼 수 있을 겁니다."

숙녀과일에 대해 알아가면서, 처음 암이 내게 이 열매를 묘사했을 때처럼 여전히 수수께끼 같은 게 있었다. 크고 무거우며 아래로 드리워진 수꽃, 꼭지에서 꿀이 스며 나오는 가슴 모양의 암꽃, 심장 모양의 외피, 열어보면 콩팥을 닮은 엉덩이 모양의 열매, 탯줄 같은 눈줄기까지 이 모든 게 인간과 유전적으로 유사해 보여도, 이는 진화과정에서 생긴 우연의 일치일지 모른다. 또 코코드메르가 여성이 탄생한 열매가 아니라 해도, 그 DNA 지도가 나온다면 일부 유사한 면이 밝혀질지도 모른다. 모든 종의 조상은 하나이니, 그 일치 가능성이 완전히 터무니없는 생각은 아닐 것이다. 인간의 망막에서 발견한 물질인 루테인lutein도 결국 녹색 식물에서 찾아내지 않았던가.

내심 이 운전사에게 소식이 오길 기다리며, 프레슬린 섬의 마지막 날 오후를 존 크루즈 윌킨스John Cruise-Wilkins와 함께 보냈다. 올해 쉰 살로 역사 선생인 그는 18세기의 해적 올리버 레바서Olivier Levasseur가 묻어둔 보물에 근접했다고 믿는 사람이었다.

레바서는 1730년 리유니온 섬에서 타마린드 나무에 매달려 교수형에 처해지기 직전, 구경꾼들에게 암호가 적힌 양피지를 던졌다고 한다. 1949년 이 암호문이 크루즈 윌킨스의 아버지 손에 들어왔다. 부친은 하루에 16시간씩 암호를 해독한 결과, 암호문에 힘센 장정 열두 사람을 동원해야 가능한 작업들이 묘사돼 있다며 그 믿음을 굳혔다. 이 일을 해내면 더 많은 실마리가 밝혀질 것이었다. 지난 27년 동안 그의 부친은 집 건너편 해안에서 대대적으로 땅을 파보았지만 별다른 성과가 없었고, 그때 주문 제작해 사용한 펌핑기계는 현재 그 근처에서 녹슬어가고 있었다.

존 크루즈 윌킨스는 지금까지 두 부자가 찾아낸 단서들을 보여주었다. 그중 여자 머리 모양의 암석은, 바닷물에 잠겼다가 썰물 때 그 모습을 드러내는 아프로디테 흉상의 석관石棺을 상징한다고 했다. 풍요를 상징하는 녹슬어가는 뿔, 양털 같은 모양이 찍힌 도자기 파편, 그리고 샌들(이는 '그리스신화에 나오는 이아손의 신발'이라고 한다!)처럼 생긴 돌도 있었다. 폭삭 주저앉을 것 같은 방갈로에서 존은 캐비닛 내부를 구석구석 뒤졌다. 붉은 새가 날아들어 와 활개치고는 다시 창밖으로 나갔다. 그의 아버지는 보물찾기 열병에 빠지기 전 맹수 사냥꾼이었다고 한다. 그래서인지 사슴뿔과 동물의 두개골을 비롯한 사냥물들로 벽면을 장식해놓았다. 이들 부자가 가장 설득력 있다고 여긴 단서는 조수가 낮을 때 그 모습을 드러내는 표석(빙하가 운반한 암석-옮긴이)으로, 아래쪽 가운데에 길게 홈이 파여 있다고 했다. 나를 해안가로 끌고나간 존은, 그 표석을 보여주며 이것이야말로 문제해결의 열쇠라고 했다. 내 눈에는 크고 단단한 코코드메르 열매로만 보였다.

신념이 강한 크루즈 윌킨스는 흐릿한 담청색 눈동자에 몸집이 건장하며, 인상이 강렬한 사람이었다. 유난히 복잡한 단서-페가수스의 해골을 닮은 바위 같은 것-를 일러줄 때면 왼쪽 입가가 슬며시 올라갔다. 이때 양쪽 뺨도 투명 도르래로 끌어당긴 듯 올라가면서, 자글자글한 눈가의 주름이 팽팽해졌다. 그리고 잠시 동안 얼굴에서 빛이 났다! 그러나 그를 짓누르는 피해갈 수 없는 현실을 다시금 깨닫고 나면, 그의 눈썹은 벼락처럼 툭하니 떨어졌다. 아버지의 머릿속을 떠나지 않던 집요한 보물탐색전이 이제 그를 괴롭히고 있었다.

"보물은 우리 코앞에 있습니다. 아시다시피, 부인할 수 없는 증거가 있잖습니까." 그가 Y자 모양으로 된 산호화석을 집어 보이며 말했다. 그는 모든 것에 의미를 부여한듯했다. 그의 집으로 돌아오는 길에, 하늘에 걸린 눈부신 무지개가 만灣 건너편 언덕에 있는 붉은 집까지 쭉 뻗어 있었다. "봐요, 저것은 노아와 하느님이 맺은 계약 같은 그런 길조라니까요." 우리는 온갖 사소한 일에도 의미부여를 하려는 인간적인 욕구로 가득했다. 다시 한동안 말없이 발걸음을 옮겼다.

그가 도로 한쪽에서 걸음을 멈췄다. "권위자들은 '월킨스, 당신 몽상가야'라고 말하지요. 그럴지도 모르지만, 전 뜬구름 잡는 사람이 아닌 현실적인 몽상가입니다. 사람들이 놀리고 조롱한다 해도 이것만큼은 사실입니다. 우리 아버지가 옳았다는 것을 보일 겁니다."

택시를 타고 출발하는데, 얘기를 듣던 택시기사가 고개를 가로저으며 이렇게 말했다. "희망을 버리지 마요." 그러자 크루즈 월킨스가 눈빛을 번뜩이며 쏘아붙였다. "희망 같은 게 아닙니다. 역사적이고 고고학적 증거가 있는 현실적인 얘기란 말입니다."

타이에 있던 니라브의 해변 오두막과 전혀 딴판인 고급 휴양지 레무리아Lemuria의 호텔에 돌아오자, 전화벨이 울렸다. 라스타파리안 택시기사가 레스 로처스Les Rochers 식당에 있는 마당에 코코드메르 야자수가 있다고 전해주었다. 그렇잖아도 그 식당에 저녁을 먹으러 갈 참이었으니, '모든 게 맞아떨어지고 있었다.' 비록 법적으로 아주 떳떳한 일은 아니었어도, 공평한 거래 아니겠는가. 난 저녁을 사고, 그들은 나와 함께 과일을 맛본다. 드디어 나도 코코드메르를 맛볼 수 있겠구나. 황급히 비옷으로 갈아입고 퍼붓는 빗줄기 속으로 뛰어들었다.

해변 식당에 도착할 때쯤 억수같이 내리던 빗줄기가 가늘어졌다. 그러나 애석하게도, 비가 심하게 와서 코코드메르를 딸 수 없다며 주인이 양해를 구했다. "비에 젖은 야자수는 매우 미끄럽고 위험해서 사람을 나무 위로 올려보낼 수 없답니다." 주인이 사과하며 말했다.

저녁을 먹는데, 지구 반대편에서 이곳까지 왔는데도 잡힐 듯 안 잡히는 이 금쪽같은 열매를 아직 맛보지 못했다는 생각이 스쳤다. 철없는 기대를 하고 왔는지도 모른다. 낙지 커리를 마저 해치우고는 어디 코코드메르 야자수를 기를만한 식당이 없을까 머리를 굴려봤다. 본 본 플룸Bon Bon Plume 식당이 떠올랐다. 그 식당 뒷마당에서 야자수 밭을 본 기억이 났다.

호텔로 돌아오자마자 전화를 걸었다. 식당주인 리슐리외 베르라크 Richelieu Verlaque가 전화를 받았다. 오늘이 세이셸에서 보내는 마지막 밤이라고 사정을 설명하고, 저널리스트에게 코코드메르 시식기회를 주는 일에 혹시 관심 있는지 물어보았다. 베르라크는 그렇잖아도 내일 아침에 한 개 따먹을 계획이었다며, 기꺼이 시식기회를 마련하겠다고 답했다. 내게 아침 6시 반까지 오면 9시 반에 떠나는 비행기 시각에 맞출 수 있을 것이라고 했다.

"합법적인 거 확실한가요?" 난 물었다.

"내 땅에서는 뭐든 내가 하고 싶은 대로 합니다." 그가 호언장담했다. "게다가 코코드메르 시식에 당신을 초대하는 것은 내 개인적 일 아닙니까."

"비가 억수같이 쏟아졌는데도 괜찮나요?"

"여기는 문제없어요. 코코드메르 열매가 키 작은 나무에서 열렸거든요. 바로 손을 뻗어서 자르기만 하면 돼요. 마침 제대로 익은 열매가 하나 있네요."

동이 트기 전에 호텔을 나섰다. 어둑어둑한 섬을 45분간 달려 해뜨기 직전에 본 본 플룸 식당에 도착했다. 몸이 벌써 화끈거리며 더웠다. 베르라크가 문 앞에서 날 맞이했다. 함께 뒷마당으로 걸어갔다. 식당 옆 모래통에 사는 코끼리 거북을 지나쳤다. 거북이는 몸동작이 매우 느렸지만, 내가 인사하려고 몸을 쭈그리자 등껍데기에서 뱀 같은 머리를 쑥하고 내밀었다. 나를 올려다보는 눈에 물이 고여 있었다.

베르라크가 잘게 썬 숙녀과일을 큰 접시에 담아 팔에 얹고는, 야외 테이블로 나를 안내했다. 코코드메르의 숙성도를 보여주는 얇은 금색 띠를 보며 한 조각 집어들었다. 열매 안쪽은 반투명해서 마치 실리콘 젤로 된 임플란트 같았지만, 훨씬 부드럽고 푸딩처럼 부들거리는 식감이 진짜 가슴과 흡사했다. 젤라틴 같은 속살을 베어 물었다. 맛은 순한 감귤 같고 산뜻했으며 원기가 느껴지는 소박한 단맛이었다. 코코넛과 비슷했지만, 섹시한 맛이 났다.

"이제 당신도 금단의 열매를 맛본 극소수에 끼셨군요." 베르라크가 흡족한 표정으로 말했다. "아담이 이브를 맛보다."

테이블에 앉아 정치풍토를 논하고, 야당 지도자 탄압이 장차 몰고 올 파장을 이야기했다. 화창한 일요일 아침 서늘한 공기를 마시며, 우리는 코코드메르를 몇 조각 더 입에 넣었다. 베르라크의 여덟 살배기 아들 앙드레가 우리 쪽으로 오더니 동참했다.

"맛이 어떠니?" 앙드레에게 물었다.

뻔한 질문이라는 듯 답이 바로 튀어나왔다. "코코드메르 맛인데요!"

8장
과일수집가

인도에 놓인 멜론 궤짝, 곡물 창고에서 쏟아지는 바나나,
광적인 공기에 숨 막혀 하는 티란툴라 거미,
포도 저장고에 떨어진 얼음조각이 박힌 눈…… 이 모든 광경이
모친애보다 광기 어리고 서글프고 달콤하며, 부친 살해보다 잔혹하다.
_ 잭 케루악 Jack Kerouac(미국의 소설가), 「비트 세대의 재즈Jazz of the Beat Generation」

코코드메르 맛보기보다 까다로운 일이 하나 있다면, 그건 바로 이 열매를 집에 가져오는 작업이다. 세관입국신고서에 과일, 음식, 식물 그리고 식물의 부위까지 그 모두를 기재해야 한다. 멸종위기 동식물을 들여올 경우, 품종보존을 고려해 수확한 것을 가져온다 해도 이 과정에서 죄책감이 들기 마련이다. 비행기가 몬트리올 공항에 착륙하던 순간 풍만한 코코드메르 엉덩이가 체크무늬 여행 가방에서 요동치기 시작하자, 난 심장이 두근거리는 것을 진정시키려고 심호흡을 했다.

신고서를 뚫어져라 쳐다보며 거짓말을 둘러댈까 한참을 고민했다. 만일 수색이라도 당하면 이것은 조각품이라고, 그러니까 일종의 외설적이고 이국적인 민속공예품이라고 설득할 수 있을 것 같았다. 다시 생각해보니, 코코드메르를 풀어 보이면 반입허가증이 나오니 제 무덤을

파는 꼴이다. 결국 설명할 말을 찾아내지 못한 채 열매를 담아온 상자를 살펴보았다.

심사대에 다다르자, 세관원이 날 힐끔 보더니 곧바로 갖고 온 식품과 식물을 물었다. 나는 파리에 체류할 때 사온 물품을 열거하기 시작했다. 사과, 말린 살구 그리고 와인 몇 병.

세관원이 받아적었다. "다른 것은요?"

"저, 또 가져온 게 있는데……."

난 몸수색을 피하려고 잔머리를 굴렸다.

"……견과류요."

그렇다, 견과류! 달콤한 견과류. 머릿속에 갑자기 스친 잔꾀였지만, 엄밀히 말해 사실 아닌가. 어쨌거나 배낭에 견과류 간식도 있었고 불경스러운 코코드메르—뭐, 이것도 일종의 견과류이니—도 절차대로 신고했으니, 뭐가 문제입니까, 세관님? 세관원은 식품목록 아래쪽에 '견과류'라고 날려 쓰고는, 비밀스런 암호를 덧붙이며 지나가라는 신호를 보냈다.

수하물 수취대에서 짐가방을 끌어내리는데, 아직 적진을 돌파하지 않았건만, 벌써부터 안도감이 들었다. 난 단지 중간에 있는 비과세대상 신고대에 왔을 뿐이었다. 세관신고서를 다음 직원에게 보여줘야 했고, 그 직원은 빨간 잉크로 갈겨쓴 암호를 단박에 알아볼지도 몰랐다.

내 차례가 다가왔고, 심드렁해 보이는 직원이 손을 내밀었다. 난 견과류라고 뻔뻔스럽게 밀고 나가기로 마음먹고, 자칫 거만스러운 태도로 신고서를 제출한 후 직원을 쓱 지나쳐갔다. 출구까지 8초 남았다. 아무런 제지가 없어 계속 걸어나갔다. '자유다, 자유!' 심장이 떨려왔다.

6초 남았다.

그때였다. "저기, 잠깐만요!"

못들은 척, 계속 걸었다. 걸음걸이가 빨라지지 않도록 속도에 신경 쓰면서, 대규모 법인체에서 일하는 사람처럼 표정관리를 했다.

이제 4초 남았다.

"잠깐만요." 다시 들리는 목소리. 그래도 전진이다. 등 근육에 경련이 일어났다. 관자놀이에 맺힌 진땀이 사방으로 흩어졌다.

이제 2초.

자동문이 열렸다.

등 뒤로 쿵쿵거리는 발소리가 바닥을 타고 울렸다. "거기 서세요!" 직원이 소리쳤다.

"저 말입니까?" 목을 길게 빼고는 짐짓 어리둥절한 표정으로 물었다.

"네, 손님." 단호한 목소리다. "사과는 가지고 들어올 수 없습니다. 이쪽으로 오세요."

검사대쪽으로 가면서 예행연습을 시작했다. "그러니까, 갖고 온 견과류는 모두 신고했다니까요. 이것도 물론 했고요. …… 어쨌든 이건 조각품입니다." 뜨거운 피가 솟구쳐올라 귀지가 다 녹는듯했다.

세관원이 사과를 언급한 것을 기억하며, 배낭에서 프랑스산 토종 사과 봉지를 꺼냈다. 떨리는 손으로 우선 번쩍거리는 알루미늄 카운터에 앉아 있던 직원에게 사과 봉지를 건네고는, 넉살 좋게 직원의 주의를 딴 데로 돌려보려고 했다. "제 사과를 압수한다고 하셨는데요." 약간 짜증 섞인 목소리로 당당하게 말했다.(자연스러워야 직원의 주의를 분산시키는 데 효과적이다.) 혹시 내 숨소리가 가빠진 것을 눈치라도 챘나? 직원이 사과 봉지를 받더니 하품을 꾹 참으며 문쪽을 가리킨다. 뭐지? 몸 수색실인가? 문을 열고 들어갔다. 공항 대합실이었다. 나는 곧바로 사랑하는 가족들을 마중나온 인파 속에 파묻혀버렸다.

2005년 8월, 57살의 농부 나가토시 모리모토Nagatoshi Morimoto는 감귤가지 450개를 일본에서 캘리포니아 주로 불법 밀수한 혐의로 유죄판결을 받았다. "아무도 잡아내지 못할 것"이라고 장담한 그는 상자에 새 순가지를 담은 뒤 사탕과 초콜릿이라고 표기했다. 그러나 그의 판단은 빗나갔다. 숨긴 물건은 세관심사에서 압수당했다. 식물보호법에 따라 모리모토는 600백만 원이 넘는 벌금을 물었고 30일간 수감되었다. 또 농부들이 밀수의 위험성을 깨닫도록 관련내용이 담긴 소책자를 배포하는 지역 봉사활동도 수행했다.

과일파리가 침입할 경우 농업환경에 치명적 결과를 주기 때문에, 불가피하게 반입이 금지되는 과일이 있다. 모리모토의 '사탕과 초콜릿'에는 감귤궤양병이 있었고, 이 병이 발발할 경우 캘리포니아 주 일대에 1조 원이 넘는 손실을 입힐 수 있었다. 지중해 과일파리 전염병은 한층 심각하다. 만약 지중해 과일파리가 캘리포니아 주와 미 대륙에 상륙하면, 연간 2조 원에 달하는 손실을 입는다고 한다. 따라서 밀수단속반 직원들은 당연히 과일검사에 엄격할 수밖에 없다.

과일파리가 침입하게 되면, 한해 수확을 망칠 뿐 아니라, 조사관들이 해충 제거작업을 하는 동안 생산을 중단해야 한다. 무르익은 과일껍질에 알을 낳는 지중해 과일파리는 농사를 망치거나 과일을 손상시키고, 수확률을 낮추며, 조기낙과가 생기도록 한다. 또 이 과일들은 수출에도 제재를 받는다. 하와이에서 이 과일파리가 출현했을 때 하와이의 과일산업은 쑥대밭이 되었다.

병충해는 한층 심각하다. 미 농무부 직원은 로스앤젤레스 항구에 들어오는 유람선 돈 프린세스Dawn Princess호를 정기적으로 검사하는데, 최근 과일파리가 들끓던 망고 수십 개를 발견했다. 1990년대 초에는 기생충으로 뒤덮인 불법 타이 과일이 항공화물 컨테이너 두 대에서 적발되었고, 이는 시가 3억 원이 넘는 양이었다. 밀수 단속반이 오렌지를 압수한다고 해서 이들이 압수한 과일을 먹는 일은 없다. 압수품은 분쇄, 폐기 처분, 소각, 살균, 매립 등으로 처리하거나 의료 폐기물 수송차량에 실어 보낸다.

농산물은 위험요인이 있기 때문에 무죄로 밝혀질 때까지 유죄로 간주한다. 과일의 안전성을 밝히기까지 조사기간이 수년 걸리므로 그 비용도 만만치 않다. 밀수는 이 틈새를 비집고 들어온다. 세계 과일암시장이 어느 정도 규모인지 정확히 아는 사람은 없지만, 세계적으로 보호대상 동식물 암거래가 연간 8조 원에서 13조 원에 이르는 것으로 추산한다.

과일파리만 아니면 과일수입이 한결 쉬워질 것이다. 자유무역협정이 관세와 여타 무역장벽을 많이 없앴다고 하지만, 식물위생에 대한 근거없는 우려가 외국농산물 수입을 금지하는 자유재량권으로 기능한다는 지적이 있다. 과일이 병해충의 은신처일 경우, 국내 농산물에 위협이 되므로 이런 수단은 매우 중요하다. 그렇지만 많은 경우, 단순히 개도국에서 오는 수입품을 가로막는 수단으로 악용되기도 한다.

세계무역기구WTO의 밀레니엄 개발목표The Millennium Development Goals는 상품이 선진국으로 쉽게 이동하도록 하기 위해 만들었다. WTO는 이제 위생을 명분으로 수입을 거부하는 잘못된 관행을 잡아내면서, 비관세무역장벽에 더욱 과학적인 접근을 보이고 있다. 이런 움직임의 전반적인 목표는 "국가들이 '적법한' 수단으로 자국민의 생명과 건강을 보호(식품안전문제와 관련해)하는 한편, 이런 수단들이 합당하지 않은 무역 금지조치로 악용되지 않도록 하는 것"이다.

북아메리카나 유럽으로의 과일반입이 힘들었던 최근 사례로 인도망고를 들 수 있다. 망고는 현재 1,100여 종이 있다. 탁구공만 한 것부터 무게가 2킬로그램이 넘는 것까지 다종다양하다. 보통 사람들이 접하는 것은 토미 아킨스 품종이다. 토미 아킨스는 20세기 초에 일반 병사를 일컫던 군사용어로, 울퉁불퉁하고 튼튼하며 강인한 전사의 모습을 한 이 망고에 제격인 이름이다. 그래서인지 이 망고는 엄격한 국제상업세계와도 잘 어울린다. 이 망고는 남아시아의 망고 품종들, 즉 마드후두타madhuduta(향기를 퍼뜨리는 전령), 카망kamang(큐피드의 화신), 코킬라바사kokilavasa(뻐꾸기의 보금자리), 카마발라브하kamavallabha(흠모의 정) 망고 등과 닮은 구석이 거의 없다. 가장 인기 있는 품종인 알폰소는 토미아킨스와 정반대다. 알폰소는 다채로운 향을 자랑하며, 억센 섬유질도 찾아볼 수 없는데다, 깨물면 표면에 과즙이 넘쳐흐른다. 게다가 오렌지처럼 껍질이 벗겨지므로 먼지 묻은 사과를 손으로 털어내고 먹듯 이 과일도 바로 먹을 수 있다. 전문가들은 손가락이나 손바닥, 팔뚝에 묻은 즙을 핥는 게 묘미라고 한다.

인도 망고는 최근 30년 동안 미국 내 반입이 금지됐다. 표면상 내세운 이유는 병충해에 대한 우려였으나 사실 핵문제가 걸려 있었다. 캐나다가 인도에게 민간용도로 쓰일 캔두CANDU형 원자로를 제공하기로 두 나라끼리 협정을 맺었다. 그러나 1974년 캐나다 원자로가 암암리에 플루토늄 제조와 핵무기개발에 쓰인다는 것이 발각되었다. 핵확산방지조약 위반으로 두 나라의 관계는 단절되었다가, 1989년에 다시 핵 거래가 재개되었다. 이는 미국 내 망고 수입이 중단된 해이기도 하다. 매년 봄이면 알폰소 망고상자가 영국항공 화물수송기를 타고 캐나다로 밀려 들어온다. 2006년에 나는 네 상자(48개)를 사다 먹었다. 그러나 미국에서는 전혀 구경할 수가 없었다.

2007년, 인도가 미국과 새로 핵 조약을 맺으면서 상황이 달라졌다. 인도의 상공부 장관 카말 나뜨Kamal Nath가 미국 측 무역대표부 롭 포트먼Rob Portman과 만나 민간용 핵 기술을 수십억 달러에 판다는 논의를 하면서, 망고도 동시에 논의석상에 올랐다. 나뜨는 포트먼에게 인도 망고가 다시 미국에 들어간다는 조건이 있어야 핵 거래가 이뤄질 수 있다고 힘주어 말했다. 몇 달 후, 부시 대통령은 인도로 날아가 협상에 대해 논하면서 "미국이 인도 망고를 맛볼 수 있기를 고대한다."고 전했다.

망고외교를 보면 교역을 둘러싼 책략이, 언론이 붙인 별칭처럼 지정학적으로 벌어지는 틱-택-토 게임tic-tac-toe(가로세로대각선으로 세 칸을 먼저 차지하는 쪽이 이기는 게임-옮긴이)임을 알 수 있다. 바늘꽂이 열매나 아이스크림 빈을 수입하려는 소규모 재배자들은 내부사정에 훤한 소식통이 없을 경우, 수속절차 때문에 몸이 바짝 말라간다. 식품위생법에 맞추어 과일을 선적하려면, 수년간 기술적 절차와 시험을 거쳐야 하기 때문이다. 이러한 지체는 과거에 그 끝이 보이지 않아 보호무역의 구실로 삼기도 했지만, 현재는 WTO가 비관세무역장벽을 제한하기 위한 조치를 발동해 감시를 받는다. 이런 과정이 병충해 위험연구나 규제 검토 때문에 행정적 지연을 낳겠지만, 몇 년 안에 제3세계 수입품을 막으려고 부당하게 식품위생조건을 내거는 경우는 점차 찾아보기 힘들 것이고, 식품점 선반에서 다양한 이국과일을 구경할 수 있을 것이다.

미국에서는 이 과일들이 국내로 들어오려면 모두 방사선조사를 받아야 한다. 이 때문에 수출국은 수십억 원을 들여 조사절차와 조사장비에 투자해야 한다. 최근까지 과일과 여타 식품에 방사성 동위원소를 쏘는 공간은 핵 조사실이었으나, 소비자들의 항의(과일 X-레이 장비 소유자들은 살인 협박을 받았다.)때문에, 현재 '전자 저온살균electronic pasteurization'이라는 신기술을 채택하고 있다. 이 조사설비는 핵 부산물이 아닌 전기에서 나오는 전자빔으로 가동한다. 인간에게 안전해 보이지만, 반대자들은 이것 역시 방사선조사를 덧칠한 것에 불과하다고 주장한다. 조사실에서 여전히 빛의 속도로 이동하는 전자를 과일에 쏘기 때문이다. 그렇지만 전 세계는 이 대체설비를 빠르게 받아들이는 추세이다. 자칭 '세계의 과일바구니'인 브라질은 이 설비를 수십 개 설치했다. 전자살균은 저장수명을 늘리고 미생물과 병충해를 없애면서도 과일의 본래 영양소를 거의 변화시키지 않기 때문이다.

이 기술이 2000년 하와이에서 적극 도입되면서 람부탄이 미국에 진출할 수 있었다. 처음 람부탄이 뉴욕 시에 도달했을 때, 선적 물량은 모두 최고급 상점에서 삽시간에 동이나 버렸다. 이 과일들이 전자살균 처리가 된 사실을 아는―혹은 신경 쓰는―이는 없는듯했다. 설령 과일에 그런 표시가 있다 해도 낚아채듯 사 먹거나, 건드리지 않거나 둘 중 하나였을 것이다.

과일위생을 위해 열탕처리기법을 쓰기도 한다. 미국이 수입하는 이국과일 중 일부는 섭씨 47.5도인 수증기에서 4시간 동안 흠뻑 적시는 과정을 거친다. 아직 익지도 않은 망고를 끓이기까지 한다니, 그 맛이란!

온갖 방법을 동원해 막는다 해도 일부 과일에는 여전히 유충이 남아 있다. 이 과일들을 도매업자에게 풀기 전 훈증소독실로 보낸다.(도매업자들이 훈증소독 사실을 의무적으로 알릴 필요는 없다.) 게다가 과일을 선적할 때 뱀이나 거미, 곤충들이 미끄러져 들어가는 경우도 있어서 물건을 싣기 전 화물칸을 가끔씩 가스로 처리한다.

태평양 주변 지역에서 나는 과일 중 상당수가 캐나다의 브리시티컬럼비아 주를 거쳐 미국으로 흘러들어 간다. 이 주에는 캐나다의 온대성 작물에 위협적인 과일파리가 존재하지 않는다. 금지대상 과일에 대한 수요는 가격을 높이기 마련이어서, 이 과일들을 미국으로 밀수하는 일이 위험하긴 해도 그만한 가치가 있다. 특히 고국의 맛을 잊지 못하는 신규 이주자가 주 고객인 농산물 암거래자들에게 이는 무척 끌리는 일이다. 1999년에 투 친 린Tu Chin Lin은 수출금지물품인 롱간을 맨해튼의 차이나타운에 밀반입하다 징역 5개월에 가택구금 5개월에 처해졌다. 과일노획조직의 일원이었던 그는 송장이나 세관문서를 위조하는 방식으로 캐나다에서 불법으로 과일을 구한 다음, 이를 트럭에 싣고 국경 너머로 밀수했다.

법망을 피해 망고스틴이 거래되던 시절, 미국 차이나타운에서 가끔씩 이 과일을 구경할 수 있었다. 내가 의도치 않게 망고스틴을 맨해튼에 있는 오센포트의 집으로 밀수했던 날, 우리는 과일밀수꾼 얘기를 듣고 코웃음 쳤다. 이런 일이 그렇게 만연한 줄 몰랐기 때문이었다. 분위기가 이렇다보니, 닌텐도사는 최근 과일밀수 비디오게임인 반가이오 Bangai-O를 출시했다. 이 게임은 SF 코스모 갱단이 매우 고가에 팔리던 은하계의 과일 선적물을 납치하는 것으로 이야기가 시작된다. 이 게임의 목표는 이 오싹한 과일해적단을 격파하는 것이다.

밀수금지법이 꽤 엄격한 나라들이 있다. 뉴질랜드는 수입과일을 까다롭게 조사하는 나라로, 락커 프란츠 퍼디난드Franz Ferdinand와 여배우 힐러리 스웽크Hilary Swank의 경우, 각각 사과와 오렌지를 신고하지 않아 벌금을 물어야 했다. 34살의 중국 유학생 지앤 린Jian Lin은 망고 5개와 7킬로그램 상당의 리치를 뉴질랜드로 들여오다가 체포되었다. 이 신고하지 않은 과일들은 수하물을 X레이로 투사하는 과정에서 걸려들었다. 린은 생물학적 위생안전법 위반을 인정했고 벌금으로 120만 원을 물었다. 이는 관대한 판결이었다. 벌금으로 2억 원까지도 가능했기 때문이었다.

2004년 일본인 관광 안내인이 복숭아 5킬로그램을 호주로 밀반입하려다 벌금으로 수백만 원을 물었다. 다른 나라들도 세금을 피해 밀수하는 도매업자들과 맞서고 있다. 시리아와 요르단 과일은 레바논의 세관을 거쳐 밀수돼 시장에서 비과세로 팔린다. 중국과 아세안 국가 사이에 널리 퍼진 과일밀수는 무관세 자유무역협정으로 대응 중이다. 2005년 7월, 「방글라데시 인디펜던트Bangladesh Independent」지는 준군사부대인 방글라데시의 라이플Rifles이 망고와 사과, 포도를 상당량 밀수했다고 폭로했다.

미국에서는 새로 도입한 엄격한 형벌이 밀수 억제장치로 가동 중이다. 2001년에 제정한 '과실, 채소, 식물 밀수방지법'에 따르면 중죄선고를 받을 경우 5년 이하의 감금과 3,200만 원 미만의 벌금형에 처할 수 있다. 동일범은 10년까지 투옥 가능하며, 추가로 6,400만 원을 내야 한다. 죄질이 낮은 밀수도 경범죄로 취급해 1년까지 감금하거나 120만 원 상당의 벌금을 물며, 동일범은 그 이상의 형벌에 처한다.

공무원들은 밀수 고발자에게 벌금의 일정액을 포상하기 시작했다. 금지된 이국과일밀수와 관련해 정보를 제공할 사람은 직통전화를 이용하면 된다. 미국은 밀수를 쫓는 연방 직원들이 많다. '세관 및 국경보호기관CBP'은 국토안보부의 사법기관에 해당한다. 미 농무부는 '미동식물 검역소APHIS'와 '식물보호 및 검역PPQ'이라는 조직을 관장한다.

APHIS는 '밀수금지 및 무역준수SITC'라는 밀수금지기관을 설립했다. 직원 100명에 연간 예산이 110억 원인 이 기관은, 미국 항구에 들어오는 화물을 격주 간격으로 급습해 강도 높게 조사한다. 이 기관이 들어서고 처음 두 해 동안 금지 품목인 아시아산 과일이 68톤 넘게 적발되었다. 미 어류 및 야생동물 관리국에서 일하는 특수 요원들은 최근 '작전명 식물학'이라는 함정수사를 단행해 식물 밀수업자들을 체포했다. 지역에 있는 하부기관으로는 '로스앤젤레스 시장경로차단팀CLAMP'과 '플로리다 주 통상금지 및 밀수전담팀FIST'이 있다. FIST는 행동이 거칠기로 유명한데, 의심 가는 온실을(리처드 윌슨의 엑스칼리버 종묘회사의 경우처럼) 전투견과 기관총을 동원해 불시에 단속한다.

과일 수출입을 하려면 여러 가지 양식과 전자우편, 팩스, 기타 잡다한 절차를 끊임없이 거쳐야 한다. 이 서류작업은 9·11 테러 이후 대폭 늘어서, 국경을 넘어오는 어떤 과일이든, 농산물 테러의 술책이 보이는 경우 원 저장소까지 추적이 가능하다. 선적시설을 전산화한 결과 화물 트럭이 국경 검문소에 도착하기 이전에 선적물 신고가 가능하다. 개를 동원한 조사 정책인 비글 브리게이드Beagle Brigade는 리버티 따위로 이름붙인 비글견이 미국 대부분의 공항에서 조사임무를 수행한다.

최근 들어 과일밀수 단속이 엄격해진 이유는 과일 선적함에 숨겨 북아메리카로 밀수하는 마약류가 상당수에 이르기 때문이다. 1990년에 한 검사관이 캔에 담긴 시계풀 열매 상자 1,190개의 선적함을 조사하다가 10분의 1이 마약으로 채워져 있는 것을 발견하였다. 콜롬비아의 악명 높은 마약 밀수업자 알베르토 올랜데츠 감보아Alberto Orlandez-

Gamboa는 바나나껍질 안쪽에 코카인을 숨겨 뉴욕으로 들여왔다. 아마도 카릴로 푸엔테스Amado Carrillo Fuentes가 이끄는 멕시코의 마약 카르텔은 과일을 싣는 대형 트레일러 트럭과 727항공기에 매달 어마어마한 양의 마약을 실어 밀반입한다.(그래서 푸엔테스는 '하늘의 제왕'이라는 별칭을 얻었다.) 2004년 11월, 20억 원에 달하는 액상 헤로인이 담긴 히트 프룻 드링크Hit Fruit Drink 상자가 마이애미에서 적발됐다. 건강보조식품매장 종업원은 풀이 죽은 채, 돈 많은 가게주인이 건조과일 선적함에 정글에서 난 아야후아스카ayahuasca와 코카인을 실어왔다고 내게 말했다. 유죄판결을 받은 밀수업자 리처드 스트래튼Richard Stratton은 15톤 분량의 중동산 마리화나를 대추야자열매 상자에 숨겨 미국에 들여왔다.

호주계 콜롬비아인인 바나나 수입업자가 2003년 450억 원 어치의 코카인을 바나나 상자에 숨긴 사실이 적발되어 체포당했다. 관계자들이 그가 운영하는 크리스텔 푸드Cristel Foods 사무실을 수색한 결과, 현금으로 110억 원에 해당하는 코카인을 추가로 발견했다. 1997년에는 치키타 바나나를 실은 배 7척이 코카인 1톤을 싣고 오다가 차단당했다. 몬트리올에 있는 과일산업분야 전문가는 내게 거의 모든 도시의 마약류는 과일에 숨겨 온다고 말했다. 과일은 매 환승지마다 경로를 추적하고 기록에 남긴다 해도, 그 화물의 일부만 수색할 뿐 그 이상은 불가능하다고 한다. "국경을 넘을 때마다 직원들이 모든 망고 상자를 열어볼 것 같나요? 어쨌든 모두들 뇌물을 받아요. 세관원들이 트럭을 통과시켜주는 대가로 4,000만 원 정도 든 갈색 봉투를 건네받지요. 이는 그 사람들 1년치 벌이에 해당해요. 뭐라 말할 사람이 있겠어요? 붙잡히는 사람이 있다 해도 짐 싣는 곳에서 직원들은 걸린 사람을 욕하지요. 온두라스에 있는 그 사람 사촌이 보낸 물건이라고 말하고 넘어가요." 그가 말했다.

2007년 여름, 경찰이 480억 원에 달하는 코카인을 몬트리올 항구에서 적발했다. 이 소식을 라디오에서 접했을 때, 나는 볼륨을 키운 후, 곧 과일 얘기도 흘러나올 거라고 확신했다. 과연, 마약류는 다량으로 얼린 망고과육에서 발견됐다고 했다.

과일 트럭은 인간 밀입국에도 쓰인다. 2007년 멕시코 후익스틀라Huixtla에서 이민국 직원들이 바나나를 가득 실은 대형 트레일러 트럭을 수색하다가 땀 냄새를 맡고는 낌새를 눈치 챘다. 직원들은 94명의 사람들이 과일상자 사이에 숨어 있는 것을 발견했다. 조사결과 '트레일러의 황제'인 카를로스 시저 페레라Carlos César Ferrera가 인간 화물을 실어나르는 수천 대의 트럭 조직을 관장해온 것으로 밝혀졌다. 페레라는 트럭 운전사에게 접근해, 6백만 원에서 천2백만 원 사이의 돈을 주고 '좀 무거운 바나나'를 실어나를 의향이 있는지 묻는 수법을 썼다고한다.

밀수자들은 대부분 자신들이 밀수한 사실조차 모른다. "개인들은 정서적인 이유로 과일을 가져옵니다." 캘리포니아 주 식량농업부 산하 병충해관리부서에서 일하는 알렌 클라크Allen Clark가 말했다. "이들은 이윤 때문에 밀수하는 게 아니라서 밀수 규모도 아주 미미합니다." 미 농무부는 과일 때문에 적발된 신규 이민자들과 원활하게 소통하고자 공청회를 마련해 밀수 위험에 대한 교육을 했다. 이 모임의 조직 책임자는 미국 과일은 맛이 없다는 불만사항을 접수했다. 이민자들은 고국에서 먹던 맛좋은 과일을 미국에 가져오고 싶어 했다. 참석자 중에 과일을 셀로판지로 싸서 가져오면 괜찮은지 묻는 사람도 있었다. 농무부 관계자는 그런 행위도 여전히 밀수에 해당하므로, 천만 원이 넘는 벌금을 물게 될 것이라고 답변했다.

고향의 맛을 잊지 못하는 사람들은 계속 밀수를 할 것이다. 또 개 중에는 법에 어긋난다는 사실을 알면서도 식물학적 이유로 밀수를 하는 생태보호주의자도 있다. 이 사람들은 희귀식물을 번식시키는 수단이 과일을 널리 애용하고 멸종위기 가능성이 있는 식물을 퍼뜨리는 것이라고 생각해 밀수를 감행한다.

모리모토가 일본에서 가져온 감귤가지처럼, 전적으로 생식질 germplasm(종자에 든 유전자 정보-옮긴이)을 보전하기 위해 밀수하는 경우도 있다. 여기서 얻는 수익은 상당하다. 1956년 푸에르토리코Puerto Rico 섬에서 가져온 아세로라 씨앗 245개가 브라질에서 엄청난 수확을 거둬들였다. 인기 좋은 뉴질랜드산 감귤인 레모네이드 열매 씨앗은 '비공식적인 방법'으로 미국에 흘러들어 갔다고 한다. 수출입금지품을 운반해가는 방법도 다양하다. 비공식적 방법 중에 수출허가증 위조가 있다. 푼 분 호에가 내게 일러주길, 사람들이 많이 쓰는 수법 중에 꾸러미에 든 내용물을 엉뚱하게 표시하는 간단한 방법이 있다고 했다. 이는 멸종위기에 처한 온갖 정글 과일을 넣은 다음 적법한 식물이 담겨 있다고 표시하는 방법이다. "직원들은 구별 못 해요. 누가 물어보면, '이런, 이게 그 이름인줄 알았어요.' 이렇게 둘러대면 그만이라니까요." 미끼를 쓰는 수법도 있다. 밀수자가 화물 컨테이너에 적법한 표본을 실어서 허가를 받아낸 후 식물을 바꿔치기하는 것이다. 사과같이 흔한 과일로 신고하는 것도 코코드메르처럼 문제의 소지가 있는 과일을 피해갈 수 있는 방법이다. 제일 간단한 방법은 종자든 자른 가지든 신고를 회피하는 것이다.

이런 수법으로 캘리포니아 주에 사는 어느 과일재배자도 희귀품종인 금복숭아를 들여올 수 있었다. 역사가 에드워드 샤퍼Edward H. Schafer는 『사마르칸트의 금복숭아The Golden Peaches of Samarkand』라는 책에서 당 왕조시대의 이국적 물건에 대해 썼다. 이 책을 읽은 재배업자는 책에 나온 금복숭아를 찾으려고 타슈켄트Tashkent로 여행을 떠났다. 샤퍼는 "금복숭아는 실제 존재했다. 7세기에 사마르칸트 왕조가 두 차례에 걸쳐 화려한 노란 복숭아를 중국 왕실에 선물로 보냈다."고 적었다. 그런데 이 복숭아가 흔적도 없이 사라졌다고 한다. "이 복숭아가 어떤 품종이었고 맛은 또 어땠는지, 현재는 추측조차 하지 못한다."

이 재배자는 금복숭아가 사실상 넥타린이 분명하다고 내게 말했다. "어떻게 잔털이 난 과일에서 금빛이 날 수 있겠어요? 복숭아는 광택 나는 과일이 아니거든요. 그런데 내가 거기서 찾아낸 넥타린 품종은 붉은 기운이 전혀 없었어요. 놀랍게도 금빛 광채가 났지요." 그 작고 광택 나는 과일이 현재 그의 농장에서 결실을 맺고 있었다. 그리고 이 복숭아는 내가 본 어떤 넥타린이나 복숭아보다도 금빛에 가까웠다. 타슈켄트에서 이 과일을 발견한 그는 그 종자를 대거 주머니에 챙겨 집으로 가지고 들어왔다. "미국 세관원들은 종자 얘기는 묻지도 않았어요. 신경도 안 썼지요. 직원들은 내가 러시아에서 목각 인형을 사오지는 않았는지 그런 사실을 궁금해했어요."

때로는 특정 과일을 맛보려면 직접 기르는 것 말고는 방법이 없다. 이런 과일들은 식물 위생 조사나 방사선 조사가 가능할 만큼 대규모로 경작된다 해도, 대부분 험난한 선적 과정을 버티지 못하기 때문이다. 중국의 당 현종은 특별히 기마밀사를 둬서 사랑하던 양귀비에게 리치를 가져다주었다. 이 과일카우보이는 링난嶺南부터 수도인 장안 근처의 궁궐까지 중국 전역을 황실의 위탁품을 품고 달렸다. 납으로 만든 용기에 눈을 가득 채워 콰리즘Khwarizm(현재 우즈베키스탄 남부)에서 가져온 수박과, 천산天山 황야를 거쳐 수송해온 암말 젖꼭지 포도를 실어날랐다. 그러나 아무리 황실의 명령이라 해도 과일이 상하는 걸 막을 수는 없어서, 운반물 중 태반은 수도까지 실어갈 수 없었다. 빅토리아 여왕은 동남아시아에서 신선한 망고스틴을 가져오는 자에게 기사 신분을 약속했다고 한다. 그러나 아무도 이 일을 해내지 못했다. 그러나 여왕이 몹시 아끼는 과일은 따로 있었다. 여왕은 버지니아 주에서 건너온 뉴타운 피핀 사과를 몹시 좋아해 수입관세마저 없앨 정도였다.

유한계급은 언제나 손에 넣을 수 없는 물건에 강하게 끌렸다. 현재 밀수꾼 중 제일 별난 부류는 일하지 않고도 먹고살 만큼 부유한 과일 수집가들이다. 병적으로 과일을 긁어모으는 이 사람들은 필요할 경우 누구든 고용하고, 손에 꼭 넣고 싶은 과일이 있으면 법을 어기는 것도 마다하지 않는다.

S가 바로 그런 경우이다. 50대 초반인 그는 풍채 좋고 재치 넘치는 식물 애호가이다. 커트 오센포트와 함께 과일 영상물을 찍을 장소를 물색하다가 그를 처음 만났다. 데이비드 카프가 촬영장소로 추천해준 S의 뒷마당은, 상류층 거주지 벨 에어Bel-Air에 위치한 축구장 크기의 정글이었다. 또 카프가 일러주기로, S는 현재 나이가 지긋한 누님 두 명과 함께 살며, 이 노처녀 누이들은 막대한 재산의 상속녀들이라고 했다. 알 수 없는 것은 두 누이가 S를 법적 상속자로 삼았다는 사실이었다.

땅딸보에 머리는 헝클어지고 딱 붙는 XXL 폴로셔츠를 입은 S는 자기 땅의 좁고 구불구불한 길을 어기적거리며 걸어가더니, 금속장식이

뒤덮인 계피나무와 야자수를 가리켰다. "우리 가슴 젖꼭지 나무가 잘
도 크네." S는 나무를 흐뭇하게 바라보다가 두툼하게 살 오른 손으로
꼭지 부위를 쓰다듬었다. "이리 와서 즐겨들 보셔." 그가 우리를 깊숙한
숲 속으로 안내하며 말했다.

S는 조금 전 엄청난 선적물량이 도착했다고 했다. 바로 항아리에 심
어 온 희귀 나무들로, 그중에는 그가 '고환 나무'라고 부르며 즐거워하
던 나무도 끼어 있었다. 내가 망고스틴 나무를 기를 때 여러 가지 문제
로 고생 좀 했을 것 같다고 했다. 그러자 그는 나를 매섭게 쏘아보더니
이렇게 말했다. "오, 여기 뭐든 안다고 자부하는 양반이 또 한 분 계셨
군. 내 말이 틀린가?" 그는 갑부들 특유의 쉽사리 흥분하지 않고 배짱
있는 모습을 보였다. 윌리엄 휘트먼은 미국에서 여태껏 열매 달린 망고
스틴을 들여와 기른 사람은 아무도 없었다고 내게 귀띔했다. S에게 캘
리포니아 주에서 망고스틴 나무를 들여온 사람이 또 있었는지 물어보
려 했으나 S는 벌써 저만치 걸어가고 없었다. "여기 있는 아프리카산 젤
리 무화과는 산타 모니카에서 한 늙고 못생긴 여자에게 샀어. 오, 이것
보게! 내 첫 핑거라임 나무에서 싹이 나왔어! 춤이라도 추자고!"

"이 이름 모를 야자수들은 어떤 여자가 중국에서 밀수해온 것이야."
그가 뒤엉킨 푸른 잎사귀를 밟으며 말했다. "그 여자에게 총구를 겨누
며 말했지, 나한테 팔아." 난 밀수에 대해 좀 더 캐물었다. "진짜 희귀종
나무를 얻으려면 그 길밖에 없어. 그렇게 해서 멸종위기에 있거나 이국
적인 품종들을 여기 신성한 공간으로 모셔오는 게야." 그가 유난히 가
시가 많던 나무의 몸통을 끌어안으며 말했다. "미 대륙에서 이 나무를
가진 사람은 나 하나야. 이 나무를 우리 정원에 공수하느라 7만 톤이
나 되는 기중기까지 동원했다네."

S의 습득물 중에는 달걀후라이 나무도 있었다. "아프리카 부족들은 이 열매껍질을 페니스 가리개로 쓰지." 그는 이를 자기 친구들과 수영장 파티 때 착용한다고 했다. 그러더니 곧 있을 '떠들썩한 환락'의 현장에 와서 그 광경을 직접 보라며 날 초대했다.

"파티 참석자는 모두 페니스 가리개를 입어야 해. 그리고 '남성에게 특효'인 중국산 비아그라를 먹지."

비록 그 수영장 파티는 참석하지 않았지만, 몇 주 후 그의 정글에서 연다는 바비큐 파티 초청은 받아들였다.

렌트어렉Rent-A-Wreck(중고차 대여점-옮긴이)에서 빌린 1982년산 어큐라Acura를 목신牧神 판Pan의 청동 조각상 근처에 주차했다. 조각상 네 개는 S의 사유지 입구에 보초처럼 서 있었다. 십여 개의 브로멜라이드 식물로 둘러싸인 나선형 계단을 내려가니, 계단식 인공폭포가 나왔다. 여기가 바로 떠들썩한 환락의 현장이겠구나 하고 속으로 생각하며 폭포 안쪽 웅덩이를 들여다보았다. 근처에 돌로 만든 엄청난 규모의 온수욕조가 있었다. 나중에 S에게 듣기로, 낚시전용 샘을 하나 더 만드는 중이며, 그 샘에는 과일을 먹고사는 피라니아로만 채울 생각이라고 했다.

숲 중심부로 내려가 여러 번 길을 잃고서야, 골짜기 사이에 아슬아슬하게 자리 잡은 야외 연회장을 찾았다. S는 그곳에서 석쇠를 손보고 있었다. 이 후미진 곳의 벽은 수정과 여타 크리스털 종류로 만들었다. 벽 정면은 항아리 파편과 골동품 물병으로 장식했다. 냉장고는 암석에 박혀 있었다. 게, 바닷가재 꼬리, 진주조개, 기타 조개류로 가득 채운 거대한 장식용 조가비도 보였다.

난 코스타리카 야자수 그늘에 앉았다. S는 야외연회장을 '코스타리카'라고 표현했는데, 모두 수입된 식물로 둘러싸인 곳이기 때문이란다. 나는 신선한 레모네이드를 한 모금 마셨고, S는 재미삼아 농담을 던지기 시작했다.

"페니스가 다섯 개 달린 사내 얘기 들어봤나?" 그가 물었다. "그 사람 팬티로는 글러브가 제격이라네."

데이비드 카프의 이름도 도마에 올랐다. S는 그를 과일탐정Fruit Detective이 아닌 "변태탐정Freak Detective"이라고 불렀다. "걔네 엄마 진짜 미인이야. 내 생각에 그 녀석은 열성 유전자야. 과일로 치면 돌연변이지. 아니, 잡종이겠다." 그러더니 한번은 카프가 공식적인 모임에 자신을 초대한 얘기를 들려줬다. "모임에 가는 길에 카프가 나더러 자기를 무안하게 좀 하지 말아 달래. 그래 내가 '어떻게 무안 줬는데?'라고 물었더니 '자넨 늘 민망한 얘기만 하잖아. 그냥 낯 뜨거운 행동 좀 자제해줘.'라고 하더라고. 모임장소에 도착하고 모두가 모인 앞에서 내가 맨 먼저 꺼낸 말은 이거였어. '카프가 나더러 민망하게 굴지 말라는군. 근데 어쩌나, 난 남들 얼굴이 화끈거려야 덩달아 내 아랫도리가 후끈 달아오르거든.'"

기원전 4세기경, 굴원屈原(중국 초나라의 시인)은 '근심에 빠지다'는 뜻인 '이소離騷'라는 시에 과일을 사랑하는 이유를 담았다. 흔히 하는 말처럼, '훔친 사과가 더 맛있는 법'이다. 영국에는 과일도적질에 해당하는 단어가 실제로 있다. 이는 '과일서리Scrumping'라는 단어로, 온라인 속어 사전을 찾아보면 다른 이의 나무에서 사과를 훔친다는 뜻이라고 나온다. 사과 훔치는 일을 일컬어 '오기 덮치기oggy raiding'라고도 부른다.

사과서리가 전적으로 합법적인 경우도 있다. 용익권usufruct이라는 말은 다른 사람 물건이어도 사유지를 넘어서면 같이 누리고 즐기는 권한을 뜻한다. 이 말은 사용하다를 뜻하는 라틴어 usus와 과일을 뜻하는 fructus에서 유래했다. 이는 길가나 골목 혹은 다른 이의 잔디로 뻗어 나온 나뭇가지에 사과가 매달린 경우에 해당한다. 과일을 따먹기 전에 묻는 게 예의겠지만, 만일 의견충돌이 생길 경우 용익권은 그 과일을 먹어도 된다는 정당한 법적 근거가 된다.

소로Thoreau는 서리꾼의 권리를 강력하게 옹호했다. "월귤나무 밭을 사유재산 취급하는 나라가 어디 있는가?"라고 소로는 부르짖었다. 성 아우구스티누스St. Augustinus가 용익권에 대해 알았더라면, 본인에게 그리고 나머지 서구 문명에 대해 그토록 가혹하게 대하지는 않았을 것이다. 그의 『참회록Confessions』 두 번째 권에 보면 깡패 같은 친구들과 무리지어 이웃집 배나무를 서리한 얘기가 나온다. 그것은 짜릿한 죄악이었지만 나중에 그에게 엄청난 죄책감을 심어주었다. "우리는 훔쳐온 배를 먹었다. 그렇지만 진짜 쾌감은 금지된 일을 했다는 사실이었다." 장 자크 루소도 『참회록Confessions』에서 13살 때 사과를 훔치다 흠씬 두들겨 맞은 얘기를 털어놓았다. "그 공포스러운 순간이 다시 떠오를 때면, 난 손에서 펜을 놓치고 만다." 그가 고대 그리스에서 자라지 않았던 게 다행이다. 고대 그리스는 서기 620년에 과일을 훔치거나 과일나무에 손댈 경우 사형에 처하는 법을 통과시켰다.

존 맥피John McPhee(미국의 퓰리처상 수상작가)는 플로리다 주에서 발생했던 오렌지 절도사건을 기록에 남겼다. 닻을 내린 보트에서 강도가 포대자루를 들고 튀어나와서는, 야밤을 틈타 과일을 딴 뒤 훔친 오렌지 수천 개를 고급 세단에 싣고 도주했다. 어떤 도둑은 달빛을 받으며 세

시간 만에 캐딜락을 꽉 채울 정도로 많이 땄다며 자랑했다.

2006년 호주에서는 과수원을 쑥대밭으로 만든 사이클론 때문에 바나나 공급이 부족해지자 몰지각한 과일절도가 일어났다. 「런던 타임스」는 도둑들이 밤에 허술한 농장에 침입해 과일을 몇 다발씩 잘라갔다고 보도했다. 바나나는 값이 4배 이상 뛰었다. 과일상점도 절도대상이었다. 한 상점주인은 이런 표지판을 내걸었다. "우리 점포는 오밤중에 바나나를 팔지 않음."

과일수호가 점차 중요해졌다. 플로리다 주에서는 사포테를 기르는 농부가 라이플총을 들고 나무를 지킨다. 생흙을 나무 주변에 덮어두고 발자국을 추적하는 농부도 있다. 수확물을 슬쩍하는 게릴라가 마다가스카르 시골 지역에 출몰하자, 농부들이 농작물을 방어하려고 소화기를 쌓아두었다. 코르시카 섬의 키위 마피아는 보호세를 내지 않는 농부들을 살해하기로 악명이 높다. 아보카도 특공대는 캘리포니아 주 농부들에게 이런 엄포를 놓았다. "아보카도를 훔치러 우리가 갈 건데, 저항하면 바로 죽음이야." 스리 플래그 랜치Three Flags Ranch는 캘리포니아 주에서 제일 큰 망고 농장으로 솔턴 호Salton Sea 근처에 192에이커가 쭉 뻗어 있다. 이 농장에 있는 나무 3만 그루는 모두 레이저 와이어로 비상선을 쳐두었다. 처음 심은 망고 나무를 도둑맞고 나서 취한 예방조치이다. 다시 말하지만 도둑맞은 것은 열매가 아니라 어린 나무였다.

과일재배자 사이에 종자은행에 들어가 돈을 목적으로 희귀종의 복제물을 훔치는 산업 스파이에 대한 얘기가 떠돌고 있다. 이 때문에 원조 네이블 오렌지 나무나 골든 딜리셔스 사과나무는 주변에 자물쇠를 채운 장소에 보호 중이다. 지적재산권 침해는 과일세계에도 널리 퍼진 현상이다. 국제 라이센스 협회에 따르면 등록된 과일나무 중 대략 3분의 1이 불법재배 중이라고 한다. 어느 농부들 말로 플루오트 발명가도 '공룡알'이라는 상표명을 도둑맞았다고 한다. 발명가가 이 이름을 쓰는 것을 엿들은 어느 재배자가 재빨리 상표등록을 마쳤다는 것이다. 최근 화이트칼라 과일범죄가 국제적으로도 터지고 있다. 타이의 한 신문은 "과일약탈자 격퇴를 위해 비상대기하라"라는 머리기사를 썼다. 서구국가가 개량품종을 기르려고 동남아시아에서 과일을 자국으로 옮겨가기 때문이었다.

이 책을 쓰던 중 내가 사는 몬트리올 지역에서도 소란스러운 범죄가 몇 건 발생했다. 길가에 있던 한 가게가 두 차례에 걸쳐 화염병 공격을 받았으나, 그 범인은 밝혀지지 않았다. 폭도들의 소행이라는 말도 있고 경쟁가게가 배후 조정했다는 설도 있었다. 다른 과일가게가 몇 집 건너 있기 때문이다. 두 번째 화염병 공격으로 건물이 무너졌던 가게는 다시 재건해 문을 열었지만, 상점주인들 사이에 불신의 벽이 생기고 말았다.

분명 농산물 산업에는 폭력도 있고 절망적 상황도 있다. 내가 상하이의 유명한 과일도매시장에 있을 때, 중국 하이난海南 지방 출신의 젊은 파인애플 도매업자가 내게 다가와 말을 걸었다. "과일은 위험천만한 사업이지요." 그는 내가 저널리스트라는 사실을 믿지 않았고, 과일 수입업자로 그곳에 왔다고 확신하는 눈치였다. 그는 내게 자신의 연락처가 적힌 명함을 몇 장 건네주었다. 명함 위에 이렇게 적혀 있었다. "저를 주목해주세요!" 내가 그곳을 떠나려는데 그가 외쳤다. "잊지 마세요. 소개 부탁해요!"

3부

상업의 과일

9장
과일전쟁, 그레이플부터 고지까지

1903년 뉴질랜드의 여학교 교장 이자벨 프레이저Isabel Fraser는 과로로 몸이 쇠약해져 있었다. 그녀는 과로에 지친 몸을 추스르고자 중국으로 여행을 떠났다. 양쯔 강변을 여행하던 그녀는 야생다래가 열린 나무와 마주쳤다. 잔털 달린 알처럼 생긴 잿빛 과일 속에 반짝거리는 밝은 초록빛 과육이 들어 있었다. 프레이저는 이 과일 맛에 반해버렸고, 씨앗을 따로 챙겨 고향에서 길러보기로 마음먹었다. 1942년 그녀가 눈을 감을 때쯤, 얼마 안 되는 씨앗 몇 개는 수십만 그루의 나무로 번식해 있었다.

뉴질랜드에서 이창宜昌 구스베리로 부른 이 과일은 수확량이 풍부해서 제2차 세계대전이 끝나자 재배자들이 이를 수출하기 시작했다. 차이니즈 구스베리라는 이름을 달고 바다 건너 실어 보낸 이 과일은, 그러나 매카시 열풍에 휩싸인 미국에서 조롱만 받고 말았다. 빨갱이 중국산 과일이 사과파이의 나라에 발 디딜 틈은 보이지 않았다. 이 과일에 원숭이복숭아, 짧은 꼬리원숭이 복숭아, 식물성 쥐, 털 많은 배, 별난 과일 등등 다른 이름을 붙여봤지만 상황은 크게 달라지지 않았다. 오클랜드의 포장업자들은 해외판매의 관건은 귀에 쏙 들어오는 이름이라고 생각하고 작명작업에 들어갔다. 과일 이름을 작은 멜론으로 정하고 보니, 미국에서 멜론에 붙이는 관세가 우려돼 다시 고민해야 했다. 머리를 쥐어짠 끝에 누군가가 뉴질랜드의 나라새를 뜻하는 마오리족 단어를 떠올렸다. 그것은 바로 키위였다.

키위는 곧바로 인기를 얻었다. 1960년대 카탈로그에 이런 문구가 대대적으로 실렸다. "지금 주문하세요. 진주목걸이를 한 돼지보다도 찾기 힘든 과일입니다." 고집스러워 보이고 팔리지도 않을 것 같던 요상한 외국 물건이 최고의 과일로 등극하자, 재배자, 운송업자, 판매자, 마케팅 담당자들 사이에 활기가 돌았다. 어디 별칭 하나로 대량생산해볼 만한 흙 속의 진주가 없을까?

키위 같은 대박사례 만들기는 투자자들의 생각만큼 간단하지 않았다. 망고와 파파야는 보아방가와 파클베리를 넘어서야 했다. 안데스 산맥에서 온 노란 과일 루쿠마는 잉카에서 상당히 사랑받던 과일로, 1990년 잡지 「과일재배」에서 '차세대 주요 작물'이라고 조명받기도 했다. 그로부터 20년 가까이 지났건만, 당시의 기대에 못 미친 것 같다. 페루 정부는 아직도 홈페이지에 이 '최고의' 과일에 투자할 기회를 놓치지 말라고 홍보 중이다. 어느 책자에 보면 루쿠마를 널리 홍보하는 데 드는 초기 비용만 자그마치 60억 원이 넘는다고 했다.

키위만큼 입지를 굳힌 과일이 드물었지만, 그래도 새로운 품종이 계속 도전해왔다. 1980년대에 에콰도르산 과일인 바바코가 엄청난 물량 공세를 해왔다. 그러나 사람들의 관심을 얻지 못한 바바코는 1989년이 되자 '쪽박 찬 이국과일'이라고 불렸다.

또 다른 실패 사례로 나란질라naranjilla 혹은 룰로lulo라는 과일을 들 수 있다. 잔털 달린 금색 공 모양에 초록색 속살이 들어 있는 이 과일은 자줏빛 잎사귀가 무성한 나무에서 열린다. 콜롬비아, 페루, 에콰도르는 이 과일을 이용해 인기 좋은 주스를 만든다. 캠벨 수프회사는 1960년대 중반 여러 해에 걸쳐 수십억 원을 투자해 북아메리카에 나란질라를 보급하려고 애썼다. 이 과일로 만든 주스는 시험 마케팅에서 격찬을 받았지만, 1972년에 그 사업이 중단되고 말았다. 값싼 국내산 과일음료에 길들여진 소비자들이 높은 가격을 부담스러워했기 때문이었다. 고급주스가 조명받는 시대가 오면, 나란질라 주스가 다시 도전해 볼 수 있지 않을까.

대박 과일은 어떻게 탄생할까? 여기에 뚜렷한 법칙은 없다. 새로운 과일로 금전적인 성공을 거두는 일은 잡다한 요인들이 미로처럼 얽혀 있기 때문에, 아이를 행복하게 키우는 일처럼 단정해서 말하기 어렵다. 그렇지만 우선은 열성적인 소수의 입맛을 사로잡아야 한다. 이주자들을 파악한 다음 이들의 입맛을 충족시키는 방법도 도움이 된다. 이를 기업 용어로 '향수병 장사nostalgic trade'라고 한다.

속살이 붉은 축구공 모양의 마메이 사포테는 플로리다 주의 남부와 쿠바에서 자란다. 미국인에게 생소한 과일이지만, 마이애미에 사는 라틴아메리카인들은 날로 먹기도 하고 밀크셰이크에 갈아 넣어 바티도batido라는 음료로도 만들어 먹는다. 마이애미를 제외한 대부분 지역에서는 마메이 바티도 분말을 팔지만, 신선한 마메이 맛과는 비교가 안

된다. 저장수명이 짧은 과일이라 신선한 마메이는 여전히 플로리다 주와 열대지방에서만 소비하는 것 같다.

때로는 재배자가 적극적으로 나서서 판로를 개척하기도 한다. 로저Roger와 셜리 메이어Shirley Meyer는 30종이 넘는 대추를 서던 캘리포니아 농장에서 길렀다. 대추는 대추야자와 비슷한 적갈색 열매로 아시아에서 사랑받는다. 이들은 아시아 시장담당 생산 관리자에게 견본제품을 보냈다. 얼마 후 이들은 500그램당 5천 원이 넘는 가격으로 활기차게 거래를 시작했다. 대추 철이 돌아오면 이들은 하루에 수백 킬로그램씩 판매한다.

이윤이 확실한 지름길로 법적으로 금지된 과일을 합법화하는 방법이 있다. 뉴욕 주에서 20세기 내내 금지상태였던 산머루는 소나무에 치명적인 병과 연관 있다는 이유로 판매나 경작, 수송, 재배 모두를 허용하지 않았다. 그러다가 농부 그레그 퀸Greg Quinn의 노력 덕분에 2003년 이 금지가 풀렸다. 퀸은 현재 산머루 C라는 천연주스를 병에 담아 판다. 추방됐던 과일이 족쇄를 빠져나오려고 몸부림치기 시작하면, 재배자들은 그야말로 '호박이 넝쿨째' 굴러들어오는 호기를 맞는다. 어느 연구에 따르면 미국에서 산머루 판매는 연간 1조 원이 넘는다고 한다.

최근 캘리포니아 주의 농부들은 아시아산 용과가 미국 내 반입이 금지라는 사실을 접하고는 직접 기르기 시작했다. 2007년 뉴욕의 차이나타운은 용과 천지였다. 동시에 열대 지역 여행이 유행하고 식도락 문화가 번성하면서 새로운 품종에도 관심이 늘고 있다. 역사가 마가렛 비서Margaret Visser는 이러한 현상이 네오필리아neophilia, 즉 새로운 것을 좋아하는 속성 때문이라고 했다. 전통적으로 새로운 상품에 인색한 슈퍼마켓도 수요가 밀려들자 이색과일을 들여놓기 시작했다.

할리우드가 후속작을 연달아 찍어내듯, 키위 재배자들도 키위의 성공을 발판으로 새로 수익을 올릴 방법을 찾고 있다. 최근 골드 키위가 선풍적 인기를 얻자, 하얀 물방울무늬 키위, 빨간 키위, 자주색 키위까지 등장했다. 피위키위 혹은 패션파퍼 키위 베리는 껍질까지 먹을 수 있는 작고 단단한 품종으로, 주로 솜사탕 같은 달콤한 맛 덕분에 알찬 수익을 내기 시작했다.

도매업자 프리다 카플란Frieda Kaplan의 지적에 따르면 판촉활동을 적절하게 펴는 일도 아주 중요하다. 그녀는 원품종인 녹색 키위를 홍보하기 위해 재배자들과 함께 일해왔다. "신제품을 키위처럼 만들려면 재배자들이 작물 관리를 잘 해서 가격이 낮더라도 적당한 이윤을 얻도록 해야 합니다." 이런 조언을 들려준 카플란은 그동안 견본을 언론 종사자에게 보내고, 무료 시식회를 열거나 광고를 싣기도 하고, 또 재배자들과 협력해 식당들이 이 과일을 취급하도록 하는 등 18년 동안 키위 홍보활동에 힘써왔다.

요리사의 역할도 새로운 과일을 퍼뜨리는 데 중요하다. 마사 스튜어트Martha Stewart는 오랫동안 하얀 살구 홍보에 앞장섰다. 메이어 레몬이 현재 유명해진 것은 셰 파니즈Chez Panisse의 제빵사 린지 쉐어Lindsey Shere 덕택이다. 또 앨리스 워터Alice Water가 오디를 밀어준 덕분에 캘리포니아 주 농산물 직판장에서 오디 가격이 치솟았다. 일본산 감귤인 유자가 유명 주방장 장 조르주 봉에르슈텐Jean Georges Vongerichten과 에릭 라페르Eric Ripert 덕분에 크게 선전되면서, 생산자들은 슈퍼마켓 선반에 유자를 가져다 놓기에 바빴다.

주방장이자 예술가이며 과학자이기도 한 엘 불리El Bulli 레스토랑의 페란 아드리아Ferran Adrià는 최근 크게 인기를 끌고 있는 호주의 핑거라임을 처음 맛본 순간, 감격의 눈물을 흘리고 말았다. 손가락 모양을 한 열매마다 속에 동그란 알갱이가 가득해 마치 캐비아가 꽉 찬 감귤 같았다. 껍질을 얇게 썰면, 작고 반투명한 진주가 진공으로 봉인됐던 곳에서 미끄러져 나온다. 껍질 색깔도 자줏빛, 진홍빛부터 악어가죽 같은 녹색까지 다양하고, 안쪽은 분홍색과 노란색이 뒤섞인 진줏빛이 난다. 그 맛은 샴페인을 처음 한 모금 마신 기분이다. 게다가 기대 이상으로 완전히 도취상태에 빠져든다. 핑거라임 열기가 뜨거워지자, 캘리포니아 주의 상업적 재배자들은 과수원을 만드는 중이다. 몇 년 안에 상업적으로도 접할 수 있을 것이다.

새로운 품종을 시장에 내기 전, 마케팅 담당자들은 소비자들의 반응을 살핀다. 여러 가지 색깔로 된 원형도표를 사용해서 딱딱하다, 부드럽다, 과즙이 많다, 톡 쏜다, 달콤하다, 퍽퍽하다, 촉촉하다 등 소비자들의 응답 비율을 살필 수 있다. 전에는 크기가 중요했으나, 지금은 예전만큼 선호하는 속성이 아니다. 바나나는 아침에, 딸기는 주로 저녁에 먹는 과일이다. 바나나와 사과, 포도는 바쁠 때 집어먹기 좋은 과일이다. 이런 점을 고려해 다른 과일들도 미리 손질한 상태로 포장하면 좋을 것이다.

캘리포니아 주 수목과실협정California Tree Fruit Agreement이 의뢰한 조사보고서를 보면, 과일수요가 가장 높은 집단을 '여름광Summer Enthusiasts'이라고 부른다. 이 쾌활하게 사는 집단은 공통적으로 과일소비가 평균 이상이고, 스포츠와 새로운 경험(이구동성으로 답했다.)을 즐긴다. 여름광들은 "인생의 핵심은 재미에 있고, 평생 배우는 자세로 사는 게 중요하다고 보며, 인생을 즐기고 원하는 일을 하는 게 중요하다고 믿는" 사람들이다. 전체 가구의 53퍼센트에 해당하는 1억 천백만 명이 넘는 미국인들이 여름광에 속한다.

건강에 신경 쓰고 운동을 즐기는 '가볍게 사는 사람들Light Lifestylers'도 중요한 과일 구매집단이다. 여름광들과 어느 정도 겹치는 이들은 7천2백만 명에 달하는 '슈퍼 맘, 슈퍼 대드'이다. 가족이 전부인 이들은 물건을 사기 전 원재료와 영양성분을 꼼꼼히 확인한다. 정의하기 가장 힘든 집단은 단연코 '스타벅스 세대'이다. 이 젊은 층은 본인들이 그 어떤 요인에도 영향받지 않는다고 믿는다.(건강 역시 구매에 영향을 주는 요인이 아니다.) 20대에서 30대에 이르는 이 집단은 언제든 사고픈 충동이 생길 때 구매를 한다. '삶에 긍정적인 자세'(자포자기하거나 허무주의에 빠지지 않는다.)를 보이는 이 집단에 접근하려면 자바커피처럼 어디서든 과일이 이용 가능하도록 해야 한다.

이 모든 다양한 부류에게, 과일이 간식거리로 다가오고 있다. 제품명 담당자들은 원기회복 간식, 오후 늦게 먹는 간식, 퇴근 후 먹는 간식 등 하루의 일과 사이사이에 과일을 간식으로 끼워넣고 싶어 한다. 판촉 담당자들에게 과일간식은 일상적으로 자리 잡기만 하면 그만일 뿐, 사실 먹는 시점은 상관없다. 일단 과일이 틈틈이 주입하는 연료처럼 배어들기만 하면, 이에 길들여진 다양한 감각이 엄청난 물량의 간식거리를 요구해온다.

이 연구보고서에 나오는 과일관련 유행문구에는 '맛 기행', '맛난 영양소 한 줌', 그리고 내가 좋아하는 '허기를 달래주는 간식'이 있다. 머릿속을 떠나지 않는 상투적 문구처럼, 이 조사에도 주입시키려는 의도가 은연중에 숨어 있던 것 같다. 몇 시간 동안 연구결과를 자세히 읽고 나니, 정말로 휴식시간이 간절해졌다. 전파력 강한 전문 용어에도 불구하고, 아니 아마도 그렇기 때문인지, 갑자기 냉장고에 가서 복숭아를 꺼내 먹고 싶어졌다. 이 복숭아는 대형농업의 추천 농산물이라기보다 '마음껏 즐기는 간식거리'처럼 보였다. 복숭아를 한입 깨물자, 젖은 모래를 씹는 기분이 들었다. 내가 기대했던 즐거움의 분출과는 거리가 멀었다.

브랜드 파워는 재배자들 사이에 여전히 효력을 발휘한다. 레드 딜리셔스 사과와 골드 딜리셔스 사과의 전신인 '딜리셔스' 사과는, 처음에 마케팅 회의실에서 이름을 먼저 만들어냈다. 그런 다음 이 이름에 딱 들어맞는 사과를 찾아나섰다. 이 전략은 성공적이었다. 레드 딜리셔스는 20세기에 가장 성공한 사과였다. 그러나 그 인기도 끝이 보이기 시작했다. 감각기관 전문가들 말에 따르면 사과가 붉어질수록 맛이 밋밋해진다고 한다. 인기가 시들해지던 중, 미국의 한 종묘회사가 전혀 새로운 품종을 고안해내 마케팅에 착수했다.

어느 가을날, 전 세계 사과의 고장인 워싱턴 주 웨나치Wenatchee에서 잘 익은 사과가 한창 수확 중이었다. 멀리서 보면 가지에 매달린 반짝거리는 빨간 공은 마치 크리스마스트리 장식처럼 보였다. 그러나 게리 스나이더Gary Snyder의 과수원에 도착하자, 그 이미지는 전부 바뀌기 시작했다. 포도향 풍선껌 냄새가 풍겨왔기 때문이었다.

"미안합니다. 제가 스나이더입니다. 그레이플Grapple 테스트를 하느라 늦었습니다." 포도맛 사과 개발자 스나이더가 말했다. "제 몸에서 풍기는 용액은 원료 작업을 할 때 쓰이는데, 그 농도가 꽤나 높아요." 스나이더는 그레이플 제조법을 단 한 번도 공개한 적이 없으며, 다만 갈라 사과나 후지 사과를 인공 포도향에 담그는 방식과 비슷하다고만 말했다. 이 화학용액은 상당히 독해서 세탁물에 이 용액이 묻은 티셔츠가 한 장이라도 들어가면 그 향이 모든 세탁물에 스며든다고 한다. 스나이더가 가는 곳마다 단내가 풍겨왔다. "제 아내가 고생 좀 하겠군요." 그의 안경은 햇빛을 받아 잿빛 메를로 포도 색깔로 변했다.

45살인 스나이더는 농민에게 어미나무를 파는 가족기업 C&O 종묘회사에서 마케팅을 담당하고 있다. 사시인 그는 얼굴이 통통했고 경사진 이마 위로 갈색 머리가 뻣뻣하게 자라났다. 스니커즈 운동화와 짧은 발목 양말을 신었으며 카키색 반바지에 그레이플 로고가 새겨진 티셔츠를 입고 있었다. 양 손에는 금반지를 꼈다. 여기에 색안경까지 걸치니, 금요일에 평상복 차림으로 출근한 스트레인지러브 박사Dr. Strangelove(스탠리 큐브릭 감독이 만든 블랙 코미디 영화에 나오는 파시스트-옮긴이)처럼 보였다.

스나이더에게 예전에 사과와 포도를 먹어본 추억에 대해 물어봤다. 잠시 말이 없더니 처음 맛본 사과는 가족 실험실에서 먹은 덜 익은 녹색 그래니 스미드Granny Smith 사과였다고 답했다. 포도 얘기가 시작되자 스나이더는, 어릴 적 어느 여름날 형제들이랑 콩코드에 있는 아버지의 포도 농장에서 길을 잃었던 추억을 떠올렸다. "배탈이 날 정도로 포도를 먹었던 기억이 나네요."

갈라 사과를 하나 따서 하얀 가루를 털어냈다. 냄새는 질렸어도 맛은 좋았다. 이 냄새가 스나이더와 함께 사라지는 사과 냄새인지, 아니면 다른 데서 풍겨오는 냄새인지 분간이 안 갔다. 스나이더는 자기 몸에서 나는 냄새라며 안심시켰다. 하지만 그가 차를 타고 가버려도 그가 지나간 자리마다 미심쩍은 냄새가 풍겨왔다. 냄새 밴 옷이 그와 함께 사라졌어도 과수원에는 여전히 인공 포도향 냄새가 났다.

「앤 아버 페이퍼Ann Arbor Paper」지는 '이름을 조합한' 과일에 대해 다룬 적이 있었다. 스나이더의 작품은 그레-애플gr-apple이 아닌 그레이-플gray-pull로 발음해야 한다. 퀴즈 프로그램 〈제퍼디Jeopardy〉에서 2004년에 2연승이 걸린 퀴즈문제로 이 과일이 출제되자, 참가자들은 당황한 기색을 보였다. "워싱턴에서 온 과일로, 후지 품종 과일에 콩코드 품종 과일향을 섞으면 이것이 나옵니다. '맞붙어 싸우다'는 뜻도 있지요."

헛갈리게도, 그레이플과 발음이 똑같은 식물이 있다. 악마의 발톱이라고도 부르는 이 그레이플은 타조의 발에 찰싹 들러붙어 씨를 퍼뜨린다는 특징이 있다. 처음 스나이더와 만나 얘기를 나누던 중 내가 실수로 그의 창작품을 그래플이라고 발음하자 그에게 바로 지적당했다. 나중에 앙갚음할 의도였는지, 그는 날 "알랜Alan"이라고 힘주어 부르고는 내 반응을 슬며시 살폈다.

그레이플은 "생긴 건 사과, 맛은 포도"라고 적힌 광고문구를 달고 팔린다. 4개들이가 소매가로 5천 원에서 6천 원 정도로, 월마트Wal-Mart, 세이프웨이Safeway, 앨버트슨스Albertson's를 비롯한 유통업체에서 판매한다. 이미 3천6백만 개가 팔려나갔다. 분명 많은 이들이 찾는 과일이다. 스나이더 말에 따르면 대부분 "먹으면 뇌가 헛갈려 한다."는 반응을 보인다고 한다.

백만 개가 넘게 팔린 과일이지만, 아무런 저항 없이 시장에 진출한 것은 아니었다. 「덴버 포스트Denver Post」가 주관한 어린이 미각 테스트는 이 과일에서 '메스꺼운 맛'이 난다고 소견을 밝혔다. 한 알 먹어보면 입술연고를 깨문 느낌이 난다고도 했다. 그레이플은 유기농도 아니고 검증된 과일도 아니다. 누리꾼들이 의견을 남기는 어느 웹사이트에는 신랄한 비판이 심심찮게 올라온다. "역겨운 맛이다. 감기약 같은 사과를 6천 원이나 받고 팔다니, 이 배짱 좋은 사람들 문제 있는 것 아니냐. 이 과일개발자는 제 손으로 자기 무덤을 판 사람이다." 불평은 이어진다. "으윅! 어떻게 이런 너저분한 과일을 팔 생각을 했을까. …… 정말 끔찍한 맛이다." 트레버Trevor라는 이는 이런 소감을 남겼다. "지난밤에 그레이플을 먹었는데 좀 두렵더라. 성분을 밝히지 않았으니 과일 안에 뭐가 들었는지 누가 알겠는가. 먹고 나니 당황스럽다. …… 그냥 가서 후지 사과를 사 먹어라. 맛도 똑같고 돈도 절약되고 이상한 화학물질로 죽을 위험도 없다."

포장지에 적힌 유일한 성분은 사과와 인공향이다. 2005년에는 '지방산'도 성분표시에 들어갔다. "난 지방산을 먹으면 심하게 설사하면서 격렬하게 반응하는 체질인데, 이 덕분에 그레이플에 지방산이 들어 있다는 사실을 알게 되었다. 폭풍우를 뚫고 가족들과 자동차 여행을 하던 중 설사폭격을 맞았기 때문이었다." '피트Pete'라는 누리꾼이 올린 글이다.

스나이더는 이런 불만들을 못 먹는 감 찔러나 보자는 심보라며 신경 쓰지 않았다. "불평자가 5퍼센트 정도면, 문제없는 겁니다. 이 과일이 맘에 안 든다는 사람은 아침부터 짜증부리며 일어나는 부류들이지요. 상관없어요. 어떻게 모두를 만족시킨답니까? 인공향이 먹기 싫으면 뭘 먹을 건데요? 바나나 같은 음식 빼고 현재 인공향이 안 들어간 식품이 어디 있답니까?"

그레이플을 비판하는 사람들은 바나나나 천연 식품처럼 사과 역시 화학성분을 첨가하는 방식으로 품질개선을 하지 않는다고 반박한다. 또 이들은 과일이 산업화된 생산에 적합하지 않다고 생각한다. 그러나 우리가 먹는 식품이 표준화된 상품으로 정착하면서, 스나이더와 같은 생산자들은 소매상이 요구하는 제품을 공급하는 역할을 하게 되었다. 그 요구란 바로 동질화된 제품이다. 크기마저 정해져 있고, 당도가 14브릭스가 되면 가공되는 그레이플은 웨나치에서 먹든 위치타Witchita에서 먹든 모두 맛이 똑같다. "그냥 버거라고 안 하고 맥도날드 버거라고 하지 않나요? 사과도 그냥 사과가 아니라 그레이플 사과입니다." 스나이더가 이렇게 항변했다.

2002년에 그레이플을 개발한 스나이더는 이 제품의 개발은 하늘이 내린 운명이었다고 믿는다. "누군가는 이런 과일을 만들어냈을 겁니다. 다만 제가 그 역할을 맡았을 뿐이지요." 어떻게 이런 과일을 만들어낼 생각을 했느냐는 질문에 스나이더는 신중한 태도로, 향기 나는 사과는 시간을 두고 계속 고민해온 결과였다고 답했다. "백열전구처럼 순간적으로 떠오른 생각이 아니었습니다." 자신의 배를 가볍게 두드리며 손가락으로 원 모양을 그리더니, 허공에 손을 가로저으며 말했다. "상업적 이유 때문에 자세히 밝히지 못하지만, 온갖 생각이 얽혀 있었지요. 직관처럼 나온 게 아니었습니다."

역사적으로 워싱턴 주 과일생산의 시작을 알린 유레카 같은 순간이 있었다. 이 지역에 처음 심은 사과씨와 포도씨는 1826년 아에밀리우스 심슨Aemilius Simpson 선장의 호주머니 조끼 속으로 들어왔다. 허드슨베이사Hudson's Bay Company(캐나다에서 가장 오래된 소매업체-옮긴이)에서 일했던 이 젊은 선장은 태평양 북서부 황무지로 장기 탐사를 떠나기 전 영국에서 열린 송별회에 참석했다. 이 자리에 후식으로 과일이 나오자 사람들은 아메리카 음식과 서부 국경에 사과와 포도가 자라지 않는 현실을 주제로 대화를 나눴다.

당시 조니 애플시드Johnny Appleseed(미국 개척 시대 종묘업자-옮긴이)가 오하이오 강을 따라 사과씨를 뿌리고 다녔다. 스쿠퍼농 같은 포도 품종들은 동부 해안 지역의 재래종이었지만, 아직 워싱턴 주에선 재배하지 못하고 있었다. 널리 퍼진 재래종으로 프로스트 포도가 있었으나 이 역시 몬태나Montana 주 지역을 넘어 서부로까지 뻗어가지 못했다. 당시 태평양 연안 지역은 신선한 과일 부족 문제를 오리건 주에서 가져온 사과로 해결했다. 1850년 샌프란시스코의 경우 이 사과가 개당 6천 원에 팔렸다. 당시 캘리포니아 주 미숙련노동자의 한 달 평균 월급은 5천5백 원이었다. 1인당 명목 GDP로 환산해보면, 1850년의 6천 원은 현재 2백48만 원 정도로, 신입사원의 한 달 평균 월급과 크게 차이 나지 않는다.(2001년 조사에 따르면, 미국 농가의 절반은 한 달 소득이 80만 원 미만이다.) 그렇지만 1850년은 골드러시가 절정에 달한 시기여서, 땅에서 캐낸 반짝거리던 재물 덕분에 사과 같은 사치품 구매에 들어가는 천문학적 비용을 용인하는 분위기였다.

다시 런던 얘기로 돌아가면, 심슨 선장 옆에 앉아 있던 한 젊은 여성은 심슨이 곧 불모지로 답사를 떠난다는 사실에 슬픔을 감추지 못했다. 여성은 사랑을 담아 심슨의 호주머니에 자신이 가지고 있던 사과씨와 포도씨를 슬며시 흘려 넣어, 나중에 그가 돌아왔을 때 이 씨앗들을 바로 심을 수 있도록 배려하였다.

몇 달 후 심슨은 워싱턴 주 콜롬비아 강둑에 있는 포트 벤쿠버Fort Vancouver(허드슨베이사의 교역기지-옮긴이)에 도착했고, 어느 저녁 만찬에 초대받았다. 예전과 똑같은 옷을 차려입은 그는 주머니에 있던 씨앗들을 기억해냈고, 교역기지 책임자에게 이들을 내보였다. 이 '사랑의 씨앗'은 1827년 봄 땅에 심어졌다. 이 사과와 포도가 한데 얽히면서 워싱턴 주는 비옥한 과일생산의 시작을 알렸다. 이러한 미국 농업의 성공역사는 최근 들어 예기치 못한 전환점을 맞이했다.

워싱턴 주는 매해 그 중심부에 있는 캐스케이드Cascade산맥의 동쪽 사막에서부터 사과나무에 싹이 돋아나기 시작한다. 그러다 가을 무렵이 되면 수백 만 그루의 사과나무에서 120억 개의 과일이 열린다. 20세기 대부분 시기 동안 웨나치는 워싱턴 주의 별칭 그대로 세계 사과의 수도였다. 레드 딜리셔스 품종은 지구 곳곳에서 팔렸다. 미국은 어느 국가보다도 사과를 많이 생산했고, 워싱턴은 미국 내에서도 사과 생산량이 으뜸이었다. 그러다 1990년대 초에 중국산 과일이 득세하기 시작했다. 현재 연간 사과 생산량을 살펴보면 미국은 4백30만 톤을 생산하는데 비해 중국은 무려 2천5백만 톤을 생산한다. 다른 나라들도 시류에 편승해 사과를 생산 중이며, 낮은 인건비를 무기로 미국 시장에 침투한다.

미국의 과일시장은 1997년에 혹독한 시련을 겪었다. 수출이 줄고, 값싼 외국 과일이 수입된 데다, 물품검사가 까다로워지고 관세전쟁이 생겼다. 수많은 워싱턴 사과생산자들이 파산 신고를 냈고 과수원을 압류당했다. 농장이 압수당하고 합병이 진행되면서, 소수의 거대 농산물 산업회사가 과일산업을 장악했으며, 자작농이 설 자리는 거의 사라져 버렸다. 제한된 가격으로 부족한 이윤을 메우려면 생산량이 높아야 할 뿐 아니라, 유통에도 뛰어들어야 했다. 현재 사과생산자들은 수직통합을 하면서 동시에 재배, 분류, 포장, 저장, 선적 등 전반 과정을 병행하고 있다.

그레이플은 이 혹독한 시기에 태어났다. 농부들이 재배를 포기하거나 다른 생산 분야로 사업을 확장하면서 주변 산업들도 변화를 모색해야 했다. 1905년에 스나이더 조부의 삼촌이 세운 C&O 종묘회사는 현재 워싱턴 주에서 역사가 제일 깊으며, 북미에서도 오래된 편에 속한다. 100년 동안 사업을 유지하기 위해 시대에 발맞춰야 했다. 워싱턴 사람들 모두가 인정하듯 침체에 빠진 워싱턴 주의 과일산업을 살릴 유일한 돌파구는 사람들이 사과를 더 많이 소비하도록 하는 것이었다. 미국인 일인당 연간 사과 소비량은 6.8킬로그램으로 유럽인 평균수치인 20킬로그램의 3분의 1수준이며, 세계적으로 소비량이 높은 터키의 32킬로그램보다 훨씬 밑도는 수준이다. 스나이더 가족은 향료의 혁신이 일반 사과 판매량도 끌어올릴 것으로 기대했다. 이들은 이 과정을 '연쇄반응'이라고 불렀다.

스나이더 가족은 또 새로운 과일 마케팅 흐름도 활용했다. 바로 잡종 아닌 잡종을 만드는 것이다. 그레이플 바로 전에 스트로마토 Strawmato라는, 딸기와 토마토의 교배종처럼 보이는 매우 달콤한 토마토가 생산되었다. 사실 스트로마토에는 딸기 유전자가 없다. 스트로우-마테-오straw-mate-o라고 부르든 스트라-모토stra-motto라고 발음하든 이름에만 딸기가 들어갈 뿐이다.

망고 복숭아는 이를 소개한 웹사이트 표현대로, "그 이름에서부터 열대향이 느껴진다." 이토 패킹사Ito Packing Co.는 실제 망고 맛이 나는 복숭아라고 에둘러 말하면서 일부 과일전문가들의 분노를 샀다. 토종 핵과류 생산자인 앤디 마리아니는 몹시 분개하며 말했다. "말장난 같은 상술입니다. 이 과일에서는 망고 맛이 전혀 안 날 뿐 아니라, 복숭아와 망고 교배는 애초에 가능하지도 않아요. 유전자 연구 과정에서 우연히 붉은 기운이 사라진 변종이 나와서, 노란 망고와 닮아 보일 뿐입니다."

망고 복숭아는 일반 복숭아와 맛이 비슷한데도, 신기해 보여서인지 높은 가격에 팔린다. 그 맛은 이토 패킹사의 새로운 작품인 허니듀 복숭아보다 뛰어나다. 초록빛이 감도는 하얀 껍질은 멜론과 겉모습이 비슷해서, 처음 접한 사람은 껍질째 먹어도 되는지 궁금해한다. 물론 먹을 수 있다. 이 과일은 단지 이름만 바꾼 하얀 껍질 복숭아일 뿐이다.

이렇게 무늬만 교배종인 과일은 양날을 품은 씨앗이다. 즉, 새로운 소비자를 끌어들일 수도 있지만, 그 허위사실이 밝혀질 경우 외면받기 때문이다. 일단 소비자에게 진실이 드러나면, 그 반발로 완전히 잊힐 수도 있다. 경제학자들은 소비자들이 실망을 안겨준 과일을 구매했을 경우, '가차 없이' 행동하는 경향이 있다고 한다. 그래서 한동안은 그 과일을 사지 않으며 어떤 경우에는 평생 동일한 품종을 사지 않는다고 한다. "질이 떨어지는 체리를 먹은 경우, 다시 체리를 구매하는 데 6주가 걸려요. 그때쯤이면 체리 철이 끝나지요. 더 유감스러운 경우에는 그 다음 해에나 체리를 사 먹으려 합니다." 스나이더가 말한다. 그래도 단기적으로는 스트로마토나 망고 복숭아, 그레이플처럼 현재 각광받는 과일들이 막대한 이윤을 안겨줄 것으로 보인다.

"현재 사과의 DNA 비밀을 풀어내는 중이라지요." 스나이더가 의자에 등을 기대며 말했다. "모두들 유전자 장치를 사용하고 싶어 합니다. 달콤한 유전자와 빨간 유전자가 있을 때, 둘을 합치면 달콤하고 빨간 뭔가가 튀어나오겠지요. 그게 두렵나요? 며칠 전에 컬리플라워 치즈 수프를 먹었어요. 가게에서 그 음식을 먹으면서 그레이플 같다고 말했지요. 전 컬리플라워 자체는 좋아하지 않지만 치즈와 섞으면 얘기가 달라집니다. 서로 궁합이 맞는 음식이 많아요. 사촌 토드Todd는 '초콜릿과 땅콩버터'를 최고로 친답니다."

C&O 종묘회사는 다수의 상거래 잡지를 구독한다. 그 분야는 과실이 열리는 품종이나 화학적 향을 입힌 품종에 대한 것이다. 「식품기술Food Technology」, 「농산물산업Food Technology」, 「뛰어난 과일재배자Good Fruit Grower」, 「식품화학뉴스Food Chemical News」 등이 바로 그런 잡지들이다. 여기에 실린 다양한 글을 보며 스나이더는 여러 가지 구상을 하는 것 같다. "소염제 맛 사과가 먹고 싶나요? 가능성이 없지 않지요. 나노기술을 보세요. 어디로 튈지 아무도 모르잖습니까."

최근 미리 썰어둔 사과가 등장하면서 생산자들이 큰 이익을 보고 있다. 연구에 따르면 소비자 중 65퍼센트가 통사과보다 썰어놓은 사과를 구매할 의사가 있다고 한다. 현재 비닐포장팩이 식료품 체인점과 맥도날드 같은 패스트푸드 매장에서 엄청나게 팔리고 있다.(맥도날드의 경우 2005년 칼라 사과로 만든 애플디퍼 메뉴를 선보여 2천4백만 킬로그램 이상을 팔았다.) 전국에서 생산한 과일은 기계로 씨를 도려낸다. 이어 작업자들이 머리부터 발끝까지 뒤덮는 위생복을 입고 공장 조립대에서 외과 수술용 칼처럼 날카로운 강철 칼을 이용해 이 과일을 썰어낸 다음, 여기에 아스코르브산, 칼슘염, 비타민 C가 함유된 네이처씰NatureSeal 가루를 뿌린다.(눈에 안 보이고 아무런 맛도 나지 않는 이 가루 제품은 일반 가정에서도 사용가능해, 집에서 손쉽게 사과씨를 도려내고 사과를 썬 뒤 담글 수 있다. 한 판매업자는 "경이로운 제품"이라고 말했다.)

가공식품의 멸균요건을 준수하기란 쉽지 않다. 포장지는 설사, 세균의 점막침입, 발암을 일으키는 리스테리아균과 살모넬라균 그리고 치명적인 미소식물의 온상지가 될 수 있다. 최근 세균감염사건이 발생해 조각사과 제품을 환수 조치한 사건이 있었다. PQSL 2.0 같은 새로 나온 화학첨가물은 조각사과 안에 든 모든 미생물이 활동하지 못하도록 개발한 약품이다.

그레이플 역시 얇게 썬 제품을 구매할 수 있지만, 스나이더는 이것이 오래가지 못할 것으로 내다봤다. C&O 종묘회사는 최근 초창기부터 같이 일한 마케팅 업체 겟핏푸드Get Fit Foods와 결별했다. 나에게 언론 배포용 자료를 주기 전 스나이더는 그 회사 이름을 처음에는 얇은 펜으로 다음에는 두꺼운 펜으로 검게 칠하면서 "내가 얼마나 이 사람들을 아끼는지 아실 것"이라고 말했다.

"서로 생각이 달랐습니다." 겟핏푸드의 공동소유자 블레어 맥해니 Blair McHaney는 서로 갈라선 이유를 이렇게 설명했다. 그레이플이 자연식품에 합성향료를 사용한 제품이라며 이를 비방한 "소비자 여론이 들끓었다."고 덧붙였다.

겟핏푸드는 최근 저민 사과에 천연향료를 첨가한 업체를 물색했다. 맥해니는 "천연향료를 사용하니 소비자들이 좋은 반응을 보였다."고 말했다. 맥해니 쪽 회사가 내놓은 애플 스위츠Apple Sweets 제품은 캐러멜, 루트비어root beer(무알콜 맥주―옮긴이), 산딸기 등 소위 40여 가지 천연향을 사용한 실험을 마쳤고, 슈퍼마켓에 이미 제품을 내놓은 상태다.

착향과일이 정착할 것인지는 시간이 더 흘러봐야 안다. 현재는 그레이플 판매가 보여주듯, 소비자들이 그 신기한 모습에 호감을 보이는 상황이다. 게리 스나이더가 준비한 인터뷰용 문서에 강조표시한 세 번째 항목을 보면, 지금까지 먹어본 사과 중 최고라고 응답한 소비자 비율이 매우 높다고 나와 있다. "유일하게 팬레터를 받는 사과입니다. 이메일을 수만 통씩 받아요. 앞으로도 더 노력할 생각입니다. 자랑은 아니지만 세계적으로 뻗어 나갈 겁니다. 굉장한 제품이거든요!"

착향과일 중 그레이플과 비슷한 제품으로는 마라스키노maraschino 체리가 유일하다. "사람들에게 마라스키노가 라이프세이버LifeSaver(튜브 모양의 사탕제품-옮긴이)와 영양학적으로 동급이라고 알리고 싶습니다." 세계적인 마라스키노 체리 제조업체 그레이 앤 컴퍼니Gray & Company의 부대표 조쉬 레이놀즈Josh Reynolds가 말했다.

마라스카marasca는 크로아티아 달마티안산맥에서 야생으로 자라는 신맛 나는 버찌였다. 이를 이용해 마라스키노 리큐어liqueur(과일을 발효 시킨 술에 설탕과 향료를 섞어 만든 칵테일-옮긴이)로 만들려면 열매를 으 깨어 발효한 뒤 여기에 마라스카 체리를 통째로 절이면 된다. 1900년 대 초 뉴욕에서 마라스키노 체리와 칵테일이 유행했다. 그러나 새로운 제조기법이 들어서면서 그 품질이 점차 떨어졌다. 현재 마라스키노는 진짜 과일이라기보다 화학적으로 썩힌 것에 가깝다. 생산과정을 보면, 질 낮은 체리를 표백하고 씨를 빼서 감미료를 친 다음 향료로 맛을 내 고 시럽에 넣어 색소를 입힌다. 에올라 체리 회사Eola Cherry Co.는 짙은 파랑, 녹색, 분홍색 마라스키노도 팔지만 보통은 빨간 색소를 쓴다.

적색 3호 색소는 1990년대까지 사용했으나, 현재는 FDA가 그 사용 을 금지하고 있다. 연구결과 이 색소가 쥐에게 암을 일으키는 종양과 관련 있다고 밝혀졌기 때문이다. 요즘에는 마라스키노에 적색 40호 색 소를 쓴다. 이는 도리토스Doritos나 팝 타르트Pop Tarts 종류의 과자나 다른 식품에서도 쓰인다.(과잉행동장애를 가진 아이를 둔 부모들은 이 색소 가 짜증을 유발한다고 주장한다.)

스나이더에게 마라스키노 얘기를 꺼내자 그가 콧살을 찌푸렸다. "그건 저질 체리를 처분하려고 탈색하는 것입니다." 이어 그레이플은 안전하냐는 내 질문에 그는 호주머니에 손을 넣었다. "휴대전화가 좋은 예입니다. 이것이 우리에게 어떤 역할을 할까요? 아무도 모르지요." 스나이더는 호기심이 일도록 전화기를 귀에 가져갔다. 전화를 받는 것 같기도 했고, 소라 껍데기에 귀를 대고 바닷소리를 듣는 모습처럼 보이기도 했다.

스나이더의 개발품이 매우 주목받는 현상에는 그의 신비주의 전략도 한몫을 했다. 특허출원문제와 비밀수위, 지적재산 문제를 꺼내면, 그는 공격적으로 나온다. "우리는 지금 실험 단계에 있어요. 그러니 답변하거나 정보를 제공할 때 신중을 기할 수밖에 없습니다. 전 이와 관련해서 부모님과 150개 항목이 넘는 비밀유지계약서에 서명을 했어요."

처음 스나이더에게 연락했을 때 그는 "신이 만든 녹색 대지에 발을 들여놓을 일은 없을 것"이라고 말했다. 여러 차례 전화통화를 하고 비밀유지계약서에 서명하겠다는 제안을 하고 나서야(실제 하지는 않았지만), 스나이더는 겨우 인터뷰를 승낙했다. 스나이더에게 그레이플 제조과정을 물었을 때 "만드는 비법을 보여줄 리 없겠지요."라는 답을 들었다. 그의 아리송한 태도가 호기심을 자극했다. "그보다는 이 과일을 먹으면 아이들 건강이 유지되고 아동비만에 도움이 된다는 그런 기분 좋은 기사를 쓰는 게 훨씬 나을 겁니다. 우리가 저널리스트에게 그런 얘기를 다루는 게 어떻겠냐고 제안해보면 아주 흡족해하시던데요."

스나이더는 내가 그곳에 도착했을 때 "리더스 다이제스트식으로 요약해서" 설명해주겠다고 했다. "이건 초콜릿 칩 쿠키 만드는 방법을 묻는 것과 같아요. 재료를 몽땅 섞고 오븐에 넣으면 쿠키가 나오잖아요.

바로 그런 식으로 그레이플을 만들지요. 자세한 요리법은 가르쳐줄 수 없지만요."

스나이더는 버럭 화를 낼 때 침을 과장되게 삼키는 버릇이 있었다. 특히 난감한 질문을 받을 때면 그런 행동이 튀어나왔다. 처음 전화로 대화했을 때 그는 웨나치에 오더라도 소득이 있을지 매우 의심스럽다며 언성 높여 '딱 잘라' 말했다. "그래도 풀 한포기라도 얻어가시겠다면 그것도 소득이긴 하겠군요."

북 웨나치 거리 뒤쪽에 자리한 C&O 종묘회사는 사무실 유리가 일방향 투시거울이다. 그래서 바깥은 내다볼 수 있어도 안쪽은 들여다볼 수 없다. 웨나치에 있는 건물들은 불투명한 구조물 일색이었다. 곳곳에 있던 과일 포장 및 저장 시설 역시 창문도 없는 회색 건물에 있었다.

스나이더 책상에서 제일 먼저 눈에 띈 것은 온도조절용기에 담긴 복숭아 여섯 개였다. 버질Vergil과 C_1XO라고 표시가 되어 있었다. 나는 사무실에 앉으며 대화를 시작해볼 요량으로 무심코 이들이 뭔지 물어보았다.

"오, 보면 안돼요." 그는 손바닥으로 가리며 말했다. "신품종이에요."

이 첫 대화 이후 인터뷰 분위기는 계속 냉랭했다. 나중에 이 건물에 실험실이 있는지 물었다.

스나이더는 날 응시하더니 답한다. "뭐 그렇겠지요."

"실험실에 들러봐도 될까요?"

"안돼요."

인터뷰 초반에 스나이더의 사촌 토드 스나이더Todd Snyder가 사무실로 들어와 우리 대화를 엿들었다. 잠시 후, 게리 스나이더가 이런 말을 슬쩍 흘렸다. "비법은 피목을 열고 사과 안에 향을 주입하는 겁니다."

내가 피목에 대해 더 물어보자 사촌이 신경질적인 눈초리로 흘끗 쳐다봤다.

피목은 사과와 배 표면에 난 작은 구멍을 뜻한다. 이 구멍을 통해 이과梨果과일들은 실제로 숨을 쉰다. 소로는 『야생과일Wild Fruits』이라는 책에서 배 표면에 있는 이 구멍을 통해 하늘을 본다고 묘사했다. "(밤이 되면) 별이 박힌 창공 전체에서 빛이 난다." 스나이더 가족은 이 작은 구멍에서 다른 것을 발견했다. 바로 절호의 기회였다.

블로그계에는 그레이플 만드는 비법에 관한 잡담들이 오간다. 어떤 이는 "과일껍질에서 식별이 불가능하지만 무수히 많은 주사바늘 구멍을 보았다."고 주장했다. 스나이더는 구멍 난 사과는 바로 불량품이라며 이런 주장을 일축했다. 그레이플 제조과정을 논하는 어떤 대화방에서는 사과를 먼저 젤라틴 같은 물질에 적시고 박테리아성 포도향 유전자를 채운 후 프로잭Prozac(우울증 치료제-옮긴이) 농축액에 행구는 것이라고 우겼다.

내가 이 내용들을 읽어주자 스나이더는 초조한 듯 발을 떨었다. 그러다 항우울제 얘기가 나오자 호탕하게 웃었다. "그래서 유쾌한 사과라니깐요!" 그는 얼굴이 벌게지도록 큰 소리로 외쳤다.

"사람들에게 이 과일에 대해 그 어떤 사실도 알리고 싶은 마음은 없습니다. 모든 가능성을 열어두는 것이지요. 그레이플 '나무'를 주문받은 적도 있어요. 이리저리 머리를 굴려보면 참 유익하다니까요."

제조과정을 묻는 질문에 스나이더는 법률자문변호사에게 그레이플 웹사이트에 올라온 내용만 말하라는 조언을 받았다고 답했다. 거기에 나온 정보는 빈약했다. 스나이더는 인터뷰 도중 여러 차례 손가락을 들어 올리며 내 질문에 반응했다. 의자를 돌리더니 조용히 휘파람을 불며 컴퓨터로 다가갔다. 그리고는 웹 페이지에 올라온, 웃고 있는 사과가 보라색 물에 뛰어드는 사진을 뽑더니 과장스럽게 웃으며 이를 내게 건네주었다. "이게 바로 사람들이 접할 수 있는 정보랍니다."

직접 인공 포도향에 대해 조사해본 결과, 콩코드 포도향의 화학명은 안트라닐산 메틸methyl anthranilate(MA)이었다. MA는 포도향을 내는 물질로, 콩코드 포도에서 자연적으로 생긴다. 이 콩코드 포도를 먹을 때마다 유기농 MA 분자가 후각샘에 침투한다.

인공 포도향과 인공 포도맛을 내주는 MA는 합성적으로도 생산이 가능하다. 이 화학적으로 만든 MA 분자를 '천연 동질물nature identicals' 이라고 부른다. 식품향료 연구자들 말에 따르면, $C_8H_9NO_2$(안트라닐산 메틸) 발견은 우연이었다고 한다. 독일의 한 과학자가 서로 다른 화학 물질을 조합하던 중 분젠 가스버너에서 포도향이 나는 것을 발견한 것이었다.

포도에서 직접 추출한 MA(다른 말로 '천연' 포도향)는 산업적으로 생산한 합성 MA보다 훨씬 비싸다. 미국의 화학기업인 PMC 전문가 그룹 PMC Specialties Group은 미국에서 유일하게 합성 포도향을 생산하는 곳이다. 신시내티에 있는 PMC 화학공장은 4층짜리 정제소에서 MA분자를 진공상태로 증류한다. 이 공장에 있는 희미한 크롬관을 보면 엘 리시츠키El Lissitzky(러시아의 화가)의 작품이 연상된다.

사탕부터 향수까지 모든 것에 생기를 불어넣는 MA는 인공포도향이 들어가는 모든 제품에 쓰인다. 보라색 쿨에이드, 포도맛 소다, 풍선껌 그리고 다른 많은 식품들에 골고루 쓰인다. 미 식품의약국이 안전식품으로 분류한 이 화학물질은 일시적으로 안구에 심각한 손상을 일으킬 수 있다는 점 외에는 인체에 유독하다는 뚜렷한 증거가 없어, 수십 년 동안 사용해왔다.

인터넷으로 MA에 대해 검색하던 중 독일 과학자처럼 우연히 찾아낸 사실이 있었다. 워싱턴 주에 있는 버드 쉴드 조류퇴치회사Bird Shield Repellent Co. 홈페이지를 발견했는데, 이 회사는 MA를 활성성분으로 한 살충제를 시장에 내놓는 곳이었다. 포도향이 나는 살충제라? 선뜻 이해가 가지 않았다.

이 회사의 사장인 프레드 던햄Fred Dunham에게 전화를 걸어 확인해보니, 새들이 MA 냄새를 몹시 싫어한다고 말했다. "전에 우리 집 저장고가 완전히 새집이어서 사람들이 새들에게 공격받지 않으려고 우산을 쓰고 다녔어요. 이 저장고에 MA를 저장하고부터 새가 사라졌지요."

사장에게 그 회사 제품이 살충제 종류가 맞는지 물어보았다. "정의상 새를 죽이거나 격퇴하는 것은 모두 살충제이지요. 그러니 버드 쉴드 제품도 공식적으로 살충제입니다. 치명적인 제품은 아니지만요." 이는 음식에 쓰이는 MA 성분이 식품등급 조류퇴치제에도 사용된다는 뜻이었다. 버드 쉴드 냄새는 일주일 정도만 지속되므로, 작물 생장기 동안 수차례 대기 중에 살포하길 권장한다. MA는 또 옥수수나 해바라기, 쌀과 같은 다양한 작물에도 쓰인다. 특정한 사과 작물에도 쓰인다고 했다. 이를테면?

"주로 후지와 갈라 품종에 쓰입니다."

이 두 가지는 그레이플을 만들 때 쓰는 사과종류였다.

던햄도 그레이플에 대해 들어봤을까? "물론이지요. 그 사람들이 우리 회사에서 MA를 구매해갑니다. 우리는 그 사람들 제조법대로 만들어주고요. 물론 이는 기밀입니다."

C&O 종묘회사가 취득한 과일특허는 20개가 넘는다. 1932년 잔털 없는 칸도카Candoka 복숭아로 얻은 식물특허 51호부터 2001년 줄무늬 탑 엑스포트 후지 사과Top Export Fuji Apples로 얻은 특허 12098호까지 종류가 다양하다. 이 가족이 최근에 낸 특허는 '포도향 나는 이과 열매'로 이는 아직 계류 중이며, 특허청의 데이터베이스를 자주 열람하는 사람이면 누구나 이런 사실을 확인할 수 있다. 그레이플 제조와 관련된 모든 내용이 게리 스나이더가 신청한 특허출원 20050058758호의 다양한 명부 안에 담겨 있다.

이 특허출원 문서에는 MA가 피목에 스며드는 원리가 묘사돼 있다. 70도에서 과일을 MA에 담그면 MA가 용매처럼 작용해 과일 내부로 스며든다. 이 과정을 대규모로 처리하기 위해 분사장치를 컨베이어 벨트에 설치할 수도 있지만, 보라색 비를 뿌리는 방식은 과일을 밀폐처리한 물통에 담그는 방법보다 효과가 떨어진다. 착향과일은 건조시킨 후 냉동실에 보관해 여러 달 동안 향이 유지되도록 한다. 이 냄새는 휘발성이 강하므로, 사과를 어둡고 선선한 장소에 보관하지 않으면 금세 사라져버린다. 이 때문에 그레이플에서 포도냄새가 나지 않는다는 불만을 온라인에서 자주 접할 수 있다. 사과들을 냉동 보관하지 않았기 때문이다.(스나이더가 내게 준 포도향 종이도 일주일 후에 냄새가 빠졌다.)

특허신청에 사용한 착향 혼합물은 이미 상품화된 MA용액으로 "조류퇴치제와 과일보호퇴치제라는 이름으로 시중에 나와 있다."고 했다.(던햄의 회사는 과일보호퇴치제도 제조하며, 이때도 유일한 활성성분으로 MA가 들어간다.)

특허신청조항 0013에 보면 명쾌한 설명이 나온다. "현 발명품에는 현재 알려진 안트라닐산 메틸의 퇴치 효능성분을 소비자들의 즐거움을 위해 사용하였다."

버드 쉴드 같은 식품등급 살충제에 인공포도향이 들어간다는 사실을 명확히 하려고 스나이더에게 전화를 했지만, 별 성과가 없었다. "무슨 일을 하셨는지 짐작이 가는군요." 스나이더가 말했다. "'살충제'라고 하셨지요. 난 그쪽하고 엮일 생각 없습니다. 관련이 없다고요. 이쯤 하지요. 더 드릴 말씀이 없습니다. 그런 내용이 인쇄돼 나가도록 가만있지는 않을 겁니다." 스나이더가 살충제라는 단어에 민감하게 반응하는 것도 이해가 갔다. 그렇지만 MA는 인체에 무해한 착향제이다. 어쩌다보니 새들이 이를 불쾌하게 여겨서, 살충제를 만들 때 쓰였을 뿐이다.

스나이더가 감추는 사실이 많아서인지, 그레이플이 바싹 튀겨낸 트윙키Twinkie(크림이 든 스폰지 케익 제품-옮긴이)보다 낫다는 그의 주장은 반박하기 쉽지 않았다. "난 진심으로 그레이플이 사람들에게 이롭다고 생각합니다. 사람들에게 유익해요. 이것으로 벌어들인 돈은 덤으로 얻는 것입니다. 만약 돈을 벌지 못했다면, 유익하지 못했다는 뜻이고요." 그가 만든 기묘한 과일을 보고 있자면, 프랑켄슈타인 박사가 떠오른다. 원판보다는 멜 브룩스Mel Brooks 감독의 영화, 〈영 프랑켄슈타인Young Frankenstein〉에 더 가까운 것 같다.(이 영화에서 진 와일더Gene Wilder가 열연한 프랑켄슈타인 박사는 자신의 이름을 고집스럽게도 '프롱켄-슈틴Fronken-schteen'으로 발음하지만.)

"전 여태껏 사람들이 이렇게 활짝 웃도록 만든 적이 없었어요." 스나이더 얼굴이 밝아졌다. "코미디 클럽보다 낫다니까요." 혹시 코미디 클럽에서 일한 적이 있냐는 질문에, 스나이더는 그런 적은 없다고 했다. 그래도 C&O 종묘회사에서 온 서신 말미에 "포도 같은 하루 되세요 Have a grape day."라는 끝인사에서 그의 재치가 엿보였다.

그는 다른 착향제도 선보일 예정이라고 했다. 스나이더는 이런 주제는 이제 "입이 아플 지경"이라고 하면서도 '베리 맛있는 사과berry delicious apples'를 곧 만나볼 수 있을 거라고 말했다. 그는 "읽고 싶은 대로 읽으면 된다."며 과장된 윙크와 함께 무릎을 치며 말했다. "슈퍼마켓에서 화학약품 코너에 가면 역겨운 냄새가 나지요. 타이어 코너에 가도 마찬가지고요. 그렇지만 그레이플이 있는 곳으로 가면……" 스나이더가 갑자기 양 손 엄지를 들어 보이며 매우 달콤한 포도향이 일렁이는 듯 흔들더니 이렇게 말했다. "죽이는 향이 나잖아요."

"내 고장의 미래는 미궁에 빠져 있다." 웨나치의 사과생산자들 얘기를 담은 다큐멘터리 〈잘려나간 사지Broken Limbs〉에서 가이 에반스Guy Evans 감독의 목소리가 흘러나왔다. 과수원들은 돈 되는 작물과 기타 작물로 나뉘었고, 지역 농업위원회는 현재 아이다호 주보다 에이커당 감자 생산이 더 많다고 홍보하기 시작했다.(아이다호 주가 여전히 감자를 제일 많이 생산하는 지역이긴 하지만.) 「웨나치 월드Wenatchee World」지의 슬로건 역시 이런 분위기를 반영한다. "전 세계 사과의 수도이자 북미 파워벨트의 중추에서 발행하는 신문"

C&O 사무실 북쪽에 위치한 과수원들은 캐나다 국경으로 통하는 콜롬비아 강을 끼고 있다. 소생산자들은 점차 기반을 잃고 있다. 〈잘려나간 사지〉에서 인터뷰한 농부 데이브 크로스비Dave Crosby는 1970년대에 사과 농장에 처음 뛰어든 계기를 회상했다. "일할 필요도 없고 그저 사과만 따면 된다고 들었지. 돈벌이도 좋고 여유시간도 누리고 말이야." 현실은 그의 예상을 빗나갔다. 크로스비는 2003년에 과수원을 잃고 말았다.

웨나치 주요 통행로 중 한 곳인 이지 스트리트Easy Street는 사과생산자들, 특히 단일작물 재배자들에게 중요한 곳이다. 현재 이 거리는 미국 전역에서 볼 수 있는 패스트푸드점이 즐비하다. 그렇지만 식품에 화학물질을 아무리 첨가하더라도, 인류는 사과를 따먹은 아담에게 내려진 숙명을 피해갈 수 없다. 그래서 "흙으로 돌아갈 때까지 얼굴에 땀을 흘려야 음식을 먹을 수 있다." 기름 무지개가 흘러나오는 이곳 이지 스트리트 주변에는 먹고 버린 버거 포장지가 여기저기 흩어져 있었다.

사과재배에 위기가 닥쳤을 때 그레이플이 나온 것처럼, 다른 과일도 가격이 폭락하자 흥미로운 전략을 모색하기 시작했다. "크랜베리를 기르면서 인생의 기쁨을 알았습니다." www.cranberrystressline.com에서 토론방 중재자 역할을 맡고 있는 할 브라운Hal Brown이 이렇게 말했다. "귀엽고, 보기도 좋고, 돈도 벌수 있었지요. 인부를 한두 명 고용해 4천만 원 정도 주면 되었으니까요. 그런데 불행히도 배럴당 가격이 1990년대에 10만 원에서 2001년 1만 6천 원으로 뚝 떨어졌습니다. 가격만 유지됐으면 일 년에 4억 원 정도 벌 수 있었겠지요. 아내가 사서로 일하고 제가 정신치료 일을 했던 게 그나마 다행이었습니다."

브라운은 화이트 크랜베리를 신품종으로 포장해 시장에 내놓으려한 오션 스프레이Ocean Spray사(주스 제조회사-옮긴이)를 고소하는 데 앞장섰다. 이 회사가 처음 주스에 부착한 문구는 이러했다. "완전 자연산이고 '충분히 숙성'한 하얀 크랜베리를 갓 수확한 것으로 전통적인 빨간 크랜베리보다 맛이 부드럽습니다." 브라운은 코웃음을 쳤다. "하얀 크랜베리는 그냥 덜 익은 상태일 뿐입니다." 브라운이 이 '노골적인 거짓말'을 연방거래위원회에 고발했고, 이후 해당문구가 바뀌었다. "크랜베리 재배에 추잡한 비밀 같은 것은 없습니다. 그런 게 있다면 저들이 벌이는 마케팅일 뿐이지요."

오션 스프레이사는 대대적인 홍보를 시작하면서 '미국의 습지들Bogs across America'이라고 이름붙인 쌍방향 캠페인을 고안해냈다. 이는 매해 주요 도시의 습지를 선별해 이곳에서 자라는 크랜베리 수확과정을 보여주는 것이다. 산업화된 크랜베리 선별작업은 달걀거품기라고 부르는 트랙터가 낮게 드리워진 덩굴에서 크랜베리를 떨어뜨린다. 이와 대조적으로 전원풍의 습지에서는 많은 농부들이 허벅지까지 올라오는 고무장화를 신고 작업을 한다. 진공상태로 트럭에 옮긴 열매들은 베일리 분리기Bailey separator로 분류작업을 한 후 컨베이어 벨트에 실어 크랜베리 폭포를 이루듯 한 곳에 쏟아낸다. 이곳에는 백 개가 넘는 카메라가 내부 장착된 광학 선별기로 열매를 촬영한다. 조금이라도 흠집이 있는 크랜베리를 발견하면 정밀한 총이 공기를 발사해 이를 작업대에서 날려버린다. 다음 검사 단계는 자외선이 나오는 방에서 진행된다. 품질이 낮은 크랜베리는 색깔이 튀기 때문에 컨베이어 벨트에서 골라낼 수 있다.

오션 스프레이사 마케팅의 주목표는 석류 시장에 빼앗긴 시장 지분을 되찾는 것이다. 폼 원더플Pom wonderful 주스는 베벌리 힐스의 억만장자 커플인 스튜어트 레스닉Stewart Resnick과 린다 레스닉Lynda Resnick이 개발한 제품이다. 이들은 백만 그루가 넘는 석류나무를 심었고, 석류나무의 건강한 이미지를 상업화했다. 레스닉 부부의 석류는 "생명을 살린다, 당신의 몸을 살린다!"라는 희망과 함께 팔렸다. 이들은 '영원한 삶'이라는 슬로건을 내세웠다.

석류에 대한 주장 중에, 무함마드가 제자들에게 "시기심을 제거"하므로 석류를 먹으라고 권장한 것처럼 믿음이 크게 작용한 경우가 간혹 있다. 석류에 타닌산, 노화방지 폴리페놀, 엘라긴산, 퓨니칼라긴 등 몸에 좋은 미량 영양소가 많이 들어 있는 것은 사실이다. 그렇지만 어느 캡슐형 석류 제조사의 웹사이트에 가보면 다음과 같은 FDA의 경고가 있다. "이 제품은 진단이나 치료, 치유, 질병 예방을 위한 용도로 쓰이지 않습니다." 이런 경고문구도 석류 주스에 담근 콘돔 같은 신제품 앞에서는 무용지물이었다. 이는 토끼실험 결과 석류가 발기부전 증세에도 효능이 있다고 밝혀지자, HIV 예방 효과를 높인다며 나온 제품이었다.

특정 과일이나 주스가 건강에 대단히 좋다는 새로운 정보는, 대부분 이해관계가 얽힌 생산업체가 자금을 지원한 연구결과들이다. 보스턴 어린이병원 소속 연구원들이 제조업체에서 자금지원을 받은 111개의 주스와 음료를 검토해본 결과, 놀랍게도 연구들이 대부분 객관적이지 못한 것으로 드러났다. 「미국 암연구학회지Amerⅰcan Association for Cancer Research Journal」에 실린, 석류 주스가 전립선암에 미치는 영향에 대한 논문(후속 연구가 필요하다고 결론을 내렸지만)을 보면 작은 글씨로 레스닉이 자금을 지원한 연구라고 적혀 있다.

영양학 분야는 모순된 내용, 그릇된 믿음, 잘못된 환상이 가득하고 온갖 술책이 판치는 분야이다. 영양학자들이 하나같이 매일 다양한 과일과 채소를 먹고 운동해야 한다고 입을 모으지만, 우리들은 대부분 그렇게 살지 못한다. 잘못된 정보를 상술에 쓰는 기업가들은 마케팅이 가진 힘을 이용해 특정 과일이 가진 치료효과를 과대 포장한다. 그 결과 괴로운 증상이 모두 치료될 거라는 기대를 품고 사람들은 특정 과일에 어마어마한 돈을 쏟아붓는다.

2006년 『농부연감Farmer's Almanac』에 실린 『음식의 치유력을 밝힌다 Unleash the Inner Healing Power of Foods』는 책 광고를 보면, 일주일에 포도

주스를 두 번씩 마실 경우, "심장마비, 뇌졸중, 당뇨, 암까지도" 물리친다고 나온다. 이 주장의 주된 근거자료는 1928년에 나온 『포도요법The Grape Cure』이라는 책으로, 그동안 백만 권이 넘게 팔렸으며 지금도 발행 중이다. 요하나 브란트Hohanna Brandt가 쓴 이 책은 환자들에게 오로지 포도만 먹으라고 권한다. 브란트 책에는 말기 암환자를 고친 일화들도 나온다. 브롱크스Bronx에 살던 한 여성은 밤낮으로 구토 증세에 시달리다가 브란트에게 포도요법을 지도받고 병세가 호전됐다. 또 직장과 대장에 문제가 있던 다른 젊은 여성도 포도요법을 시작한 후 고름이 흘러나왔다. "이 여성이 기생충을 배설하는 모습을 보고, 끔찍한 시련은 이제 다 끝났다는 걸 알았다. 포도는 매우 뿌리 깊은 고통의 원인을 인체에서 제거한다. 이 여성은 고통을 통해 몸을 정화했다. 그리고 요절할 뻔했던 절망적 상황에서 벗어나 포도의 성스러운 치유력을 겪은 산 증인이 되었다."

미국 암협회는 다양한 사례를 통해 포도요법을 조사했으나 포도가 암이나 여타 질병을 치료한다는 증거를 찾아내지 못했다. quackwatch.org(엉터리치료 고발사이트-옮긴이)는 이런 책은 무시해야 한다며 "요하나 브란트의 포도요법이 의미 있다는 과학적 증거는 전혀 찾아볼 수 없었다."고 결론 내렸다.

포도에 이어 1960년대와 1970년대에는 아무런 근거 없이 살구씨가 대유행했다. 살구씨 열풍은 히말라야 오지에 사는 훈자Hunza 마을 사람들 이야기가 알려지면서 시작됐다. 이들은 장수하고 지구력이 높으며 병도 거의 앓지 않는 것으로 유명하다. 훈자 마을의 주식인 살구는 날로도 먹고 말리거나 으깨 먹기도 하며 구워서도 먹는다. 살구씨에서 기름도 짜낸다. 그리하여 살구씨에 있는 레이어트릴Laetrile이라는 화학물질이 천연 항 발암성물질로 시중에 나왔다. 절망에 빠진 암환자뿐 아니라, 죽음의 문턱까지 갔던 스티브 매퀸Steve McQueen(미국의 영화배우) 같은 유명인사도 살구씨 예찬자가 되어, 실낱같은 희망을 안고 레이어트릴에 매달렸으나 치료된 사람은 아직 없었다. 결국 국립암연구소가 레이어트릴의 효능을 알아보기 위해 연구를 후원했지만, 아무런 사실도 밝혀내지 못했다. 「뉴잉글랜드 의학저널New England Journal of Medicine」은 "살구씨가 암이 진척된 환자에게 도움을 주지 못하며, 질병 초기단계에서도 그 어떤 효능을 준다고 볼만한 타당한 근거가 없다."며 의구심을 해소시켰다. 그 결과 레이어트릴 판매는 금지됐고, 판매자 중 투옥된 사람도 있었다. 그렇지만 온라인상에서 티후아나Tijuana(맥시코의 국제관광도시-옮긴이)에 있는 병원을 통해 계속 구매하는 사람들이 있다. 최근 미국이 레이어트릴을 판매해온 회사인 전인대체의학 Holistic Alternatives과 암 없는 세상World Without Cancer, Inc.을 단속한 일도 있었다.

최근 시장에 나온 과일만병통치약 역시 훈자 지방과 관련이 있다. 『히말라야의 건강비결, 고지Goji: The Himalayan Health Secret』라는 소책자를 보면, 적외선 분자결합, 스펙트럼 지문분석, 푸리에 변환을 이용한 검사를 해본 결과, 고지가 "지상에서 영양이 가장 농축된 식품일 가능성이 매우 높다."는 설명이 실려 있다. 이 책의 저자인 얼 민델Earl Mindell 박사('세계적으로 뛰어난 영양학자'라고 자신을 소개했다.)는 글머리에 얼마나 오래 살고 싶은지 독자들에게 질문을 던진다. "팔십 살? 구십 살? 백 살 넘게 살고 싶은가? 아니면 영생을 원하는가?"

민델은 고지가 수명을 연장시킬 뿐 아니라 성기능을 높여주고 야맹증에도 좋으며 스트레스를 덜어준다고 했다. 또 두통도 사라지게 하고 혈액도 새로 공급하며 암도 예방한다고 했다. 이 주장을 역사적으로 보여준 인물로 민델은 도인 리청유엔Li Qing Yuen을 언급했다. '가장 유명한 고지 열매 섭취자'인 리청유엔은 이런 부류의 이야기들이 으레 그러하듯, 1678년에 태어나 1930년에 252세로 사망했다고 한다. 그의 장수비결은? 매일 먹은 고지 열매였다.

민델은 자신이 특별 제조한 히말라야산 고지 주스를 매일 여러 잔 마시라고 처방한다. 이 주스의 소매가는 1리터에 5만 원이다. 일반 과일들처럼 고지 열매도 몸에 좋은 것은 분명하다. 이 고지 주스가 차이나타운에서 500그램에 몇천 원 정도하는 고지 열매와 어떤 차이가 있는지 알아보려고, 민델 박사와 여러 차례 연락을 시도했다. 그의 자동응답기에 여러 번 음성을 남겼지만 답이 없었다. 고지 열매 제조업체와 출판사에도 연락했지만, 아무런 소득이 없었다. 민델은 베벌리 힐스 대학에서 박사 학위를 받았다고 하나, 전미 보건사기 대책협의회National Council Against Health Fraud 얘기에 따르면, 이 대학은 "대학 교정과 연구시설이 없는 비공인 학교"라고 한다. 민델과 접촉하려고 로스앤젤레스에 있는 퍼시픽 웨스턴 대학에도 연락했다. 그의 경력사항에 보면 이 대학 영양학과 교수라고 나와 있었다. 나와 통화한 대학관계자는 관련 자료를 찾아봤으나, 민델 박사가 자기네 대학에서 일한 적이 없을 뿐 아니라, 학교에서 영양학 수업을 개설한 적도 없다고 답변해주었다.

온라인에서 고지 주스의 소문난 효능에 대한 언쟁들이 벌어지기도 했다. 당연히도 이 주스를 제일 떠들썩하게 옹호하는 사람들은 대개 판매업자들이었다. 이 판매자들의 웹사이트에 가보면 고지 주스를 4병 배송받는 데 24만 원을 내면 된다고 나온다. 매달 주문할 경우 일 년이면 280만 원이 넘는다.

다단계판매는 피라미드식 판매와 유사한 형태로 연간 계약을 맺어 신입회원의 발을 묶는다. 값싼 과일주스 성분을 재포장해 만병통치약으로 이름붙여 파는 다단계 주스 분납판매는 소비자들을 불치병에서 구제하기는커녕 수천 달러의 빚더미에 앉힌다.

비단 고지 주스만이 아니다. 타히티 섬의 노니Noni 주스는 그 계략이 밝혀지기 전까지 1990년대에 귀가 얇은 사람들 수천 명을 사로잡았다. 현재 모나비 아카이MonaVie açai 주스—소위 '인류를 위한 진정한 해법'—는 8병이 40만 원 선에 팔린다. 사실 이 주스가 19가지 과일(주로 사과주스지만)을 혼합한 제품이라는 사실에 개의치 않는다면, 삼바존(세계 최대의 아카이베리 전문업체-옮긴이)에서 공정거래제품인 유기농 아카이 주스를 병당 4,500원에 살 수 있다. 이 외에도 다단계 명부에 올라온 제품으로 장고XanGo 망고스틴 주스가 있다. 해당 판매업체의 홍보자료에 보면 이 주스는 암, 우울증, 열병, 녹내장, 종양, 궤양, 알레르기, 습진, 아구창, 옴, 두통, 요통, 발기부전, 선조직 비대증, 덧니 등에 효능이 있다고 한다. 이 주장을 입증한 임상실험 결과가 나온 적은 없지만, 오프라 윈프리도 이 주스애호가이다. 2005년에 장고는 2천5백억 원 이상을 벌어들였고 2009년까지 연간 매출이 1조 원에 이를 것으로 예상한다.

다단계 판매 보충제도 연간 매출이 5조 원을 넘는다. 기적의 주스산업은 셀룰로오스 밸리Cellulose Valley라고 알려진 유타 주 일부 지역에 I-15도로를 따라 밀집해 있다. 수세기 동안 집집마다 복음을 전파해온 유타 주 모르몬교도들의 오랜 전통이, 기적의 주스산업에 대한 믿음마저 전파한 탓일까? 그러나 유타 주가 이 검증 안 된 자연요법의 중심지인 이유에는 한 가지 요인이 더 있었다.

상원의원 오린 해치Orrin Hatch는 보조식품건강교육법을 발의하였다.

이 법은 생산자들이 제품을 판매하기 전에 식품의약국의 승인을 거칠 필요가 없다는 내용을 담고 있다. 그다지 놀라운 사실은 아니겠지만 해치는 유타 주에 있는 허브회사 파믹스Pharmics의 투자자이며, 보조식품 제조업체로부터 상당한 기부금을 받고 있다. 장고 생산자들도 2006년 6천만 원 가까이 선거자금을 냈다.

다단계회사들은 대부분 법적 마찰을 이리저리 피해간다. 이들과 연관 없는 제품판매자들이 사기성 짙은 건강 정보를 판매 목적으로 퍼뜨려주기 때문이다. 상황이 이렇다보니 가족들이 이 허황된 소리에 넘어가 거액을 쏟아붓지 않도록 막아낼 도리가 없어 보인다. 아마 이 주스들은 그 가격이 터무니없을지라도, 어떤 신봉자들에게는 도움을 줄지도 모른다. 과일 마케팅의 미심쩍은 반쪽짜리 진실이 우리에게 다가와 믿으라고 속삭인다. 진실을 밝히기란 그 자체로 모험이다. 이는 미국에서 진짜 기적의 열매가 금지된 내막을 조사하면서 알게 된 사실이었다.

10장

기적의 열매 이야기

열매 맺은 과실수가 작은 목소리로 물결치는 시냇물처럼 노래를 했다. ……
현란한 색채를 뿜어내는 낯선 토종 과일에서 과즙이 터져 나올 듯했다.
자연은 쉬는 날이면 술 취한 뱃사공처럼 시간을 보냈다.

_ 갤브레이스 웰치Galbraith Welch, 『팀북투의 정체를 밝힌다The Unveiling of Timbuctoo』

카메룬에서 제일 큰 도시 두알라Douala에 들어섰을 때, 밖은 이미 어둠이 깔렸다. 비행기가 구름 밑에서 소용돌이치던 안개 사이로 내려가던 순간, 칠흑처럼 어두운 바닷가에는 흐릿한 진주처럼 가로등 몇 개만이 희미하게 빛나고 있었다. 고장 난 전조등을 단 트럭 한 대가 벌어진 치아를 드러내며 활주로에서 웃고 있었다.

카메룬을 일컬어 '아프리카의 축소판'이라고 한다. 열대우림, 산맥, 사막, 사바나 대초원, 해안지대를 골고루 갖춘 이 나라는 그야말로 온갖 생물들의 온상지이다. 수없이 많은 야생 동식물이 서식하는 이곳은 생태관광지로 단연 으뜸일 것이다. 단, 좀 더 관광하기 편한 국가로 거듭날 수만 있다면.

이곳의 교통시설은 차량을 뒤덮는 비포장도로밖에 없다. 술과 마약에 찌든 10대 병사들이 밤이면 여기저기 돌아다닌다. 국제투명성기구가 매긴 세계 부패국가순위에서 카메룬은 이란과 파키스탄 사이에 끼어 있다. 이 나라는 몇 시간 간격으로 뇌물수수혐의가 터지는 곳이다. 신용카드나 은행카드 사용은 꿈도 꿀 수 없다. 현금밖에 안되며, 미국 달러를 선호한다. 그리고 외국인은 어딜 가나 강도의 표적이다.

경호원을 한 명 사서 세관을 통과해 여행 가방을 가져오게 했다. 공항 밖으로 나가자 눈이 충혈된 젊은이들 열댓 명이 기다렸다는 듯이 나에게 달려들더니, 호텔부터 택시, 여장을 풀 수 있는 곳까지 각종 정보를 귀가 따갑도록 외쳐댔다. 나는 림베Limbe 식물원에서 원예관리사로 일하는 조지프 엠벨르Joseph Mbelle와 만나기로 돼 있었다. 그가 여러 차례 이메일을 보내 플랭카드가 아닌 '플라이카드plycard'에 내 이름을 적어 마중나오겠다고 거듭 확인했건만, 그의 모습은 보이지 않았다. 나는 그가 꼭 가져오라고 당부한 선물('진짜 가죽끈'이 달린 은도금 시계)을 움켜쥔 채 그를 기다리며 주변을 둘러보았다. 그때 몸집이 아주 왜소한 사람 하나가 인파를 헤치며 내게 오더니 몰아붙이듯 물었다. "일행 있소?" 그리고는 고함을 지르며 다시 물었다. "같이 온 사람 없나니까?"

난 고개를 가로 저으며 답했다. "일행 없는데요." 그는 날 곁눈질하더니 절뚝거리며 사라졌다. 그가 입은 티셔츠 등판에는 "신도 포기한 야만, 도시의 현실"이라는 문구가 적혀 있었다.

페즈(터키 모자의 일종-옮긴이)를 쓴 사내가 염소를 끌고 내 옆을 스쳐 지나갔다. 붉은 베레모를 쓴 병사 하나가 나를 둘러싼 젊은이들을 향해 기관총을 흔들어댔다. "조심!" 그가 소리쳤다. "아주 조심해야 한다고!" 젊은 친구들이 뿔뿔이 흩어지자, 병사가 내 옆으로 오더니 그놈들이 내 돈을 뜯어갈 속셈이었다고 일러주었다. 그리고는 보호비 명목으로 돈을 요구했다. 그가 화까지 내며 닦달하는 통에 난 50달러를 내주고 말았다.

나는 캐나다 대사관에서 차량을 습격하는 강도들이 있으니, 밤에는 외출을 삼가라는 주의사항을 들었다. 불행히도 내 비행기가 도착한 시각은 새벽 2시였다. 조지프는 내게 도착 당일 공항에서 만나 식물원에 데려다 주겠으니 두알라에 있는 호텔에 머물지 말라며, 차량과 운전, 신변보호를 모두 자신이 책임지겠다고 말했었다. 한 시간하고도 30분이 지나서야, 기분이 언짢아 보이는 사내 두 명과 함께 조지프가 나타났다. 이들은 경찰의 제지로 차를 길 한쪽에 세우고, 소지한 서류에 문제가 있다는 이유로 벌금을 물었다고 한다.

어둠을 뚫고 차를 타고 가는데 달빛에 비친 통나무집과 오두막이 어렴풋이 보였다. 15분마다 검문소를 거쳤다. 매번 경찰관이 내 서류를 훑어보고는 돈을 뜯으려고 협박해왔다. 한 경찰관은 동행한 사람들이 누구인지 아느냐, 이 자들이 당신을 인질로 삼을지 모른다는 의심은 해본 적 없느냐고 물었다. 곧바로 옥신각신 말싸움이 벌어졌다. 날이 밝아온 후에야 림베에 있는 110년 된 낡은 식물원에 도착했다. 그곳에는 덩굴에 둘러싸인 회반죽 칠한 건물 하나가 무너져가고 있었다. 난 모기장을 친 후 곧바로 잠에 빠져들었다.

다음 날 아침, 무성한 잎사귀를 지나 찬란한 햇빛을 받으며 카메룬 산맥 생물다양성 보존센터Mount Cameroon Biodiversity Conservation Center 입구에 도착했다. 안내소에서 페인트칠된 표지판 하나가 관광객을 맞이했다. "지상 최고의 기쁨을 자연해설가와 함께." 안내인과 함께하길 권장하는 문구가 필기체로 적혀 있었다. "안내인이 없으면 모든 게 그저 녹색이고 멋지고 신기한 구경거리일 뿐 남는 게 없습니다."

모든 걸 그저 낯선 구경거리로 기억하고 싶지 않았던 나는 조지프의 동료인 37살 벤저민Benjamin에게 안내를 맡기기로 했다. 눈썹이 치켜 올라간 벤저민은 익살스럽고 천진난만하게 웃고 말씨도 부드러운 사내였지만, 카메룬 식물에 대해 조예가 깊은 사람이었다. 그는 나와 함께 살아 있는 유전자은행의 대지 위를 거닐며, 국제 제약산업의 원료로 쓰이는 토착 나무들이 얼마나 많은지 설명해주었다.

전립선 질환에 효능이 있는 아프리카 체리는 시중에 알약 형태로 나와 있다. 1987년 미국의 생물탐사가가 코룹Korup 산림 근처에서 암 치료제를 찾다가 안치스트로클라두스 코루펜시스Ancistrocladus korupensis를 발견했다. 이 식물에는 항 HIV화합물인 '미셸라민 비Michellamine b'가 포함되어 있었고, 현재 임상개발 단계에 있다. 아프리카의 비아그라로 알려진 요힘비 나무는 "밤새도록 사족을 못 쓰게 해주는 약!"이라는 문구를 달고 발기부전 치료 보충제로 팔린다.

서기 1세기에 플리니우스는 "아프리카에는 언제나 새로운 게 나온다."고 기록하였다. 현재 의료회사들은 이통공고itongongo 열매에 든 활성성분 빈카민이 저혈당증과 대뇌 신진대사에 미치는 영향을 연구 중이다. 벤저민의 말에 따르면, 유목 민족들은 지난 천 년 동안 이 열매를 사용해 치통을 없애고 젖 분비를 촉진하였으며, 이 지역 사람들도 마찬가지 방식으로 빈카민을 활용한다고 했다. 산모 가슴에 이통공고 열매를 대고 문지르면, 이 심장처럼 생긴 최유제에 든 삼출액이 젖을 잘 돌게 한다.

카메룬 사람들은 서양인들이 진통제나 감기약을 복용하듯 약초를 활용한다. 마자이마인좀비majaimainjombe 혹은 동물의 피 식물은 진통제로 쓰인다. 기름 야자나무는 홍역과 탈장에서 오는 모든 질환을 치료해준다. 부시 망고는 Y염색체를 만든다고 알려져서 에부Ebu족과 바양기Bayangi족들은 사내아이를 얻기 위해 출산 전에 이 열매를 먹는다고 한다. 벤저민과 그의 아내 도리스 사이에는 자녀가 셋 있는데 모두 딸이었다. 부시 망고를 안 먹었나? "전통이 달라요. 제가 살던 곳에서는 이 열매를 먹지 않거든요." 벤저민이 웃으며 답했다.

우리는 모험심을 발휘해 더 경이로운 곳을 찾아 식물원 깊숙이 들어갔다. 선사시대 때 소행성과 충돌한 흔적이 남은 곳을 지나쳤다. 나는 바늘꽂이처럼 생긴 분홍색 원숭이 열매를 집어들었다. 열매 안쪽이 노란 거품처럼 생긴 이 열매는 마시멜로 맛이 났다. 벤저민이 쭈글쭈글한 손톱 크기의 꼬투리를 가리켰다. 그 안에는 천국의 곡식이라는 열매가 담겨 있었는데, 달콤하고 쉽게 바스라지는 씨앗이었다. 부모들은 이 씨앗을 씹은 뒤 악몽을 꾸지 말라며 잠든 아이 얼굴에 발라준다고 한다. 치아로 씨앗을 몇 개 으깨어봤다. 맛이 탁월했다. 초콜릿이 가미된 소두구 환을 정향 뿌린 장미향수에 담근듯한 맛이었다. 중세 시대 때 유럽의 왕족들은 이 천국의 곡식을 실제 천국의 맛으로 생각하고 배에 한가득 실어 수입했다고 한다.

초목 다루는 사람을 뜻하는 누 응안Nu Ngan은 산림 약물류에 정통한 전통의사이다. 도시화가 진척되면서 이 무수한 식물들의 신비로운 속성이나 그릇된 정보를 상술로 이용하는 사기꾼들이 등장했다. 최근 「카메룬 트리뷴Cameroon Tribune」지는 사설에서 만병통치약이라며 길거리 구석에 가게를 내는 세태를 개탄했다. 사설은 "소비자들만 골탕먹는 셈"이라며 글을 맺었다.

현재 카메룬의 수도 야운데Yaounde 교차로에서 사기꾼들이 마법의

약을 팔고 있는 반면, 이 식물원에 있는 대다수 약용식물들은 제대로 이용되지 못하고 있는 실정이다. 이보가iboga 식물은 노란 눈물방울 열매를 맺는데, 가끔 코끼리가 먹어버릴 때가 있다. 이 열매에는 더 중요한 용도가 있다. 카메룬 남쪽과 가봉에 있는 브위티Bwiti 비밀 공동체는 이 열매의 뿌리와 껍질을 공동체 입회식 때 사용한다. "머리를 깨뜨려 연 후" 신을 부르는 이 의식은 선조들과 교감하기 위한 절차이다. 깊은 환각체험뿐 아니라, 아편 중독에서 오는 금단증세를 없앨 때도 이보가를 사용한다. 헤로인 중독자들이 카메룬으로 떠난 중독치유 여행기를 온라인에 올린 적이 있다. 거기서 좀비같이 허옇게 얼굴 화장을 한 사제들이 폭리를 취하려고 6일씩이나 지겹도록 의식을 열었다고 한다. 미국에서는 이보가를 사용할 수 없지만, 캐나다와 멕시코 유럽 등지에는 이보가를 이용한 해독 병원이 있다.

이보가를 구경한 후 식물원 한쪽 구석의 응달진 곳으로 갔다. 그곳에는 또 다른 불법식물이 말없이 시들어가고 있었다. "이걸 보러 오셨지요." 벤저민이 근처 개울물을 평온하게 빨아먹는 관목을 가리키며 말했다. 내가 아프리카로 온 이유는 기적의 열매miracle fruit−업계에서는 스위터sweeter라고 부르고, 판테Fante족은 아사르바assarbah라고 부르며, 학자들은 신세팔룸 둘치피쿰Synsepalum dulcificum이라고 부르는 열매−를 보기 위해서였다. 켄 러브, 윌리엄 휘트먼과 함께 기적의 열매를 먹어본 후, 이 열매에 얽힌 이야기가 궁금했다. 기적의 열매가 자생하기 시작한 곳은 바로 이곳이었다. 그리고 1927년 데이비드 페어차일드가 건너온 곳도 바로 이 식물원이었다.

페어차일드는 회고록 『식물탐사Exploring for Plants』에서 림베(당시에는 빅토리아라고 불렸다.) 부두에 도착한 날, 찜통같이 더운 날씨 때문에 걸어 다니기만 해도 증기탕에 온 기분이라고 적었다. 안내인이 식물원에서 스위터 식물을 보여줬을 때, 그는 크게 관심을 보이지 않았다. 이 열매를 몇 개 맛보았지만, "아주 이상하지도 않고, 그렇다고 흥분할 정도도 아니었다." 잠시 후, 그는 갈증을 풀려고 맥주를 받아마셨다. 맥주맛이 달아 깜짝 놀란 그는 아까 먹은 작은 열매를 떠올렸다. 바로 기적의 열매였다! "우리는 바로 레몬을 몇 개 갖고 왔다. 아니나다를까, 오렌지처럼 달콤한 맛이 났다. 씨앗을 챙기려고 열매를 상당히 많이 따 모았더니 나무가 헐벗고 말았다."

이 작고 빨간 열매는 18세기 슈발리에 데 마르셰Chevalier des Marchais가 남긴 일기에서 처음 소개됐다. 그는 자신의 글을 묶어 『1725년 슈발리에 데 마르셰의 기니 여행기Voyage du Chevalier des Marchais en Guinea, en 1725』를 출간했다. 그 책에는 "이 열매를 삼키지 말고 씹은 후에 시거나 쓴 음식을 맛보면 단맛이 느껴지는 특징이 있다."고 적혀 있다.(사실 쓴맛은 해당되지 않고, 신맛만 달게 한다.) 또 그가 1793년에 출간한 『다호메이(서아프리카 베냉의 옛 이름)의 역사 History of Dahomey』에는 모험가이자 노예무역업자였던 아치볼드 댈젤Archibald Dalzel이, 이곳 원주민들은 주식인 빵으로 만든 죽인 구도우를 먹을 때 이 열매를 곁들여 먹는다고 설명한 구절이 나온다. 이 열매를 처음으로 자세히 묘사한 것은 다니엘W. F. Daniell이 1852년에 「제약저널Pharmaceutical Journal」에 기고한 글로, 서아프리카인들은 매우 신 향토음식들ー시큼한 곡물빵 칸키스와 맥주인 피토, 발효시킨 야자수ー을 먹기 전에 이 열매를 먹는다고 기록했다. 다니엘은 또 이 열매를 먹으면 덜 익은 과일도 "마치 당분만 가득한 과일처럼" 맛이 달다고 적었다.

페어차일드가 기록한 것처럼 이 열매 자체는 그다지 맛있지 않다. 이 열매의 활성성분은 미라큘린miraculin이라고 부르는 당단백질이다. 효력이 강한 미라큘린 분자는 신맛이 들어올 때만 미뢰의 문을 여는 열쇠이고 또 그때만 완성되는 퍼즐 조각이다. 미 육군의 의뢰로 기적의 열매를 연구한 미각 생리학자 린다 바토슈크Linda Bartoshuk 박사는 미라큘린 단백질에 당분이 소량 붙어 있다고 설명하였다. 이 당분은 혀에서 단맛에 민감한 부위 바로 오른쪽−약간 못 미치는 위치−에 자리 잡는다. 혀의 단맛 수용기는 마치 당근을 베어 물려고 용쓰는 당나귀처럼 이 당분을 잡으려고 애를 쓴다. 그러다가 레몬처럼 시큼한 음식이 들어오면, 당나귀는 성공적으로 당근을 낚는다. 이 당분이 단맛 수용기에 갑자기 닿으면 단계적으로 분자반응을 일으켜 신경계에 전기 신호를 보낸다. 이 반응은 신경계가 뇌에 단맛이 들어왔다는 신호를 보내면서 퍼져 나간다. 바꿔 말하면 신맛이 단맛으로 바뀌는 게 아니라, 단백질에 붙어 있는 당분 때문에 신맛이 가려지는 것이다. 이 단백질에 붙어 있는 당분은 삼킬 수 없다. 이것은 몇 시간 동안 혀에 남아 신맛이 들어오면 활성화되려고 대기한다. 그리고 그 효력은 점차 사라진다.

식물원 나무에 매달린 카메룬의 기적의 열매를 몇 개 따서 입에 넣었다. 기분 좋은 과즙이 흘러나오도록 씹은 뒤 잠시 동안 그 즙이 혀에 스미도록 이리저리 튀겨보았다. 씨를 뱉고 여러 가지 음식을 가져와 맛에 어떤 변화가 있는지 미각 실험을 했다. 땅콩은 아무런 차이가 없다. 복숭아도 거의 차이가 없었고, 자몽은 맛이 조금 나은 편이다. 발효시켜 거품이 나는 음료인 야자와인은, 기적의 열매를 먹어도 그 자극적인 맛에 거의 변화가 없었다. 그러나 레몬은 달랐다. 깜짝 놀라 말을 못할 정도로 달았다.

미라큘린에는 말로 표현하기 어려운 깊은 맛이 있다. 이는 교향곡의 저음역처럼 바소 프로푼도basso profundo(일반 베이스보다 한 옥타브 더 내려가는 저음역 베이스-옮긴이)가 주는 흥분과 같다. 처음 떨떠름하고 시큼한 아프리카 레몬을 맛보았을 때 그 맛에 질겁해 거의 핥지도 못했으나, 이제는 한입에 삼킬 뿐 아니라 턱에 묻은 즙까지 핥는다. 치아에 붙은 레몬 조각도 기쁨의 필라멘트가 녹아내리듯 황홀하게 달다. 머리가 아찔할 정도였다. 전에는 이렇게 활성화된 뉴런이 대뇌피질을 자극한 적이 없었다. 게걸스럽게 통째로 먹은 레몬에서 설탕 절임한 포도와 베리 맛이 느껴졌다.

미국화학학회는 1964년 전국모임에서 기적의 열매가 '타의 추종을 불허하는' 감미료라고 밝혔다. "기적의 열매가 끌어내는 단맛은 우리가 아는 그 어떤 천연감미료나 합성감미료보다 바람직하다." 이들은 특히 딸기를 먹을 때 좋다고 했다. "기적의 열매를 먹은 뒤 느껴지는 신선한 딸기의 매혹적인 맛은 너무나 경이로워서 이를 묘사할만한 적당한 말이 떠오르지 않는다." 다른 연구에서도 기적의 열매가 스테이크나 토마토, 일부 와인에도 두루 사용가능한 감미료라고 밝혔다. 미디어는 행복에 취했다. "아기들은 좋아하고, 10대들은 끌릴 것이며, 어른들은 흠뻑 빠져들 것이다!"

기업가들은 이 열매를 식욕촉진제, 식욕억제제, 식욕감퇴제로 이용하려고 특허신청을 냈다. 네덜란드의 유니레버나 일리노이 주에 있는 국제 미네랄 화학회사(화학조미료 MSG 제품 제조사)는 연구에 착수했다. 하지만 결국에 이 열매를 포기하고 말았다. 활성성분이 너무 복잡해서 안정적으로 합성하기 힘들었기 때문이었다.

이는 WAWAWest Africa Wins Again의 또 다른 사례처럼 보였다. WAWA는 서아프리카에 또 패했다는 뜻으로, 이 지역에서 사업이 실패한 경우를 뜻하는 용어이다.

1960년대 후반, 생의학 분야의 몽상가 봅 하비Bob Harvey는 바토슈크의 강연을 들었다. 미 육군사관학교에서 열린 바토슈크의 강연을 미 육군 측은 극비에 부쳤다. "머리가 길고 할머니 안경을 쓰고 다닌 저는 급진적 인물로 알려졌거든요." 바토슈크가 당시 상황을 떠올렸다.

"완전히 매료되었습니다." 강연을 들은 하비의 소감이었다. 당시 35살이었던 하비는 원자력으로 움직이는 인공심장을 개발해 수십억 원을 벌어들인 사람이었다. "그때 전 일하지 않고도 먹고살 만큼 돈이 있었다고 할 수 있었지요. 그래서 제가 연구하고 싶은 분야를 거리낌 없이 선택했습니다." 그는 바토슈크의 지도로 기적의 열매 연구에 착수하기로 결심하였다.

이 열매의 잠재력을 확신한 그는 회사를 세웠고, 이 열매를 주제로 박사 학위 논문을 완성했다. 논문은 「신세팔룸 둘치피쿰Synsepalum Dulcificum(기적의 열매)과 신경계 기록에 대한 미각적 연구」였다. 하비의 연구는 햄스터에 초점을 맞춘 것으로, 미각 수용체를 뇌와 연결시키는 신경계의 변화를 펄스 폭 변조pulse-width modulation 방식으로 측정한 것이었다. 이에 대해 바토슈크는 다음과 같이 말했다. "썩 잘 쓴 논문은 아니었어요. 엄격하게 지도했어야 했지요. 학생들이 대충 연구하도록 하는 법은 없지만, 당시 전 경험도 없었고, 박사과정생을 처음으로 지도한 것이었거든요. 어쨌든 그가 관심을 둔 것은 상업적 목적이었습니다."

과거 다른 이들이 실패한 것과 달리 하비는 미라큘린을 알약 형태로 만들어 쉽게 이용할 수 있도록 했다. 또한 플로리다 주립대학의 생물학 교수가 1968년에 활성 단백질을 분리해내자, 하비는 이 추출물을 영양이 풍부하고 수백 수천 배로 증식시킬 수 있는 배양법을 개발하였다. 이 농축물질을 동결건조한 뒤 가루로 분쇄해 알약 형태로 찍어냈다. 이 알약은 신선한 딸기와 달리 저장, 유통, 판매가 간편했다. 딸기는 쉽게 상하고 수확 후 저장수명이 이틀을 넘기지 못했기 때문이었다.

그 후 5년 넘게 하비는 바클레이즈 은행, 레이놀즈 메탈스, 푸르덴셜 보험회사 등의 투자자로부터 90억 원가량을 모아, 기적의 열매 상품화 계획에 착수했다. 1970년대 초, 하비가 세운 기업인 미랄린Miralin은 자메이카와 푸에르토리코 섬에서 플랜테이션 농장을 운영했다. 이 농장들에서 일 년에 백만 개가 넘는 열매가 열렸으며, 서아프리카에서 어린이들을 고용해 야생에서 자란 기적의 열매 1리터당 1달러를 지불하고 냉동 포장해 미국에 실어왔다.

미랄린은 무설탕 제품들을 개발했다. 기적의 열매 탄산음료, 기적의 열매 샐러드 드레싱, 기적의 열매 사탕 등이 그 제품들이었다. 이들이 내놓은 기적의 열매 막대 아이스크림은 표면을 미라큘린으로 코팅해, 이를 핥은 뒤 속에 든 신맛 나는 아이스크림을 맛보도록 했다. 아이들을 대상으로 제품시음을 해본 결과, 이 막대 아이스크림은 설탕으로 단맛을 낸 제품보다 인기가 더 좋았다. "놀라운 결과였어요. 거대 기업들도 설탕으로 단맛을 낸 제품보다 우리 회사 제품을 선호했을 정도였지요." 하비가 말했다.

그러나 일은 뜻대로 풀리지 않았다.

기적의 열매는 수조 원을 벌어들일 준비가 되어 있었다. 당뇨병 환자들은 벌써부터 미라큘린을 찾기 시작했다. 설탕산업에 종사하던 거물급 기업들은 설탕 시대의 끝이 보이자 필사적인 변화가 필요했다. 다른 업체들도 모두 새로운 행보가 필요했다. 사탕제조업체 라이프세이버

LifeSavers사는 미라큘린 테스트를 시행했다. 데틴, 치클렛츠, 트라이던트 등의 껌 종류를 생산하는 건강제품 및 과자생산업체 워너 램버트도 기적의 열매 껌을 개발했다. 미랄린은 8건의 계약을 맺었다.

그러나 모든 게 한 줌의 재로 변했다.

미라큘린을 널리 판매하려던 순간 이해할 수 없는 사건들이 연달아 터졌다. "갈수록 섬뜩한 일들이 터졌습니다." 하비가 말했다. 정체를 알 수 없는 차가 미랄린사 건물에 정차했고 선글라스를 낀 사내들이 직원들 얼굴에 카메라를 위협적으로 들이대고 셔터를 누르기 시작했다. 하루는 하비가 저녁 늦게 사무실을 나서는데, 차 한 대가 사무실 앞 길가와 풀밭에 걸쳐 주차한 채 계속 공회전을 하고 있었다. 이 산업 지구에서는 다들 주차 공간이 있었기 때문에, 보기 드문 일이라고 그는 생각했다. 하비가 운전하며 지나치다가 그 차량 안쪽을 들여다보니, 끝이 벌겋게 타오른 궐련이 보였다. 이어 그 차량은 후진하더니, 하비를 추격해왔다. 하비는 속도를 냈다. 곧 그 차가 90마일의 속도로 구불구불한 도로를 타고 그를 괴롭히며 추격해왔다. 하비는 U자형으로 커브를 틀고 브레이크를 잡아당겨 덤불 사이에 차를 세운 다음 차의 조명을 모두 껐다. 잠시 후 그 차량이 하비 옆을 총알처럼 지나쳐갔다. "누구든 그 속도로 커브를 틀어본 사람은 바지를 갈아입어야 했을 겁니다." 하비가 말했다.

그로부터 며칠 후, 하비는 회사동료 돈 에머리Don Emery와 저녁으로 칠면조 테트라치니tetrazzini(파스타, 버섯, 크림소스를 섞어 만든 이탈리아 요리-옮긴이)를 먹고 함께 사무실로 가던 중, 2층 사무실에 불이 켜져 있는 것을 보고는 깜짝 놀랐다. 서둘러 건물로 가보니 경보장치가 이미 해제된 상태였다. 2층 사무실로 올라갔지만, 침입자는 벌써 비상구로

도망가고 없었다. 아래층 제품 선적실에서 금속문이 쾅 닫히는 소리가 들려 창가로 달려가 보니, 차량 한 대가 어둠 속으로 달아났다. 서류함 서랍은 열려 있었고, 서류들이 사무실 바닥에 흩어져 있었다. 경찰 조사관은 사무실을 침입한 범인이 전문가 뺨치는 솜씨를 지녔다고 보았다. 고장 난 자물쇠가 단 한 개도 없었고, 경보장치도 모두 해제해놓았기 때문이었다.

일주일 후 음모의 기운이 느껴지던 중 하비의 표현대로, '경천동지할 사건'이 터지고 말았다. 1974년 9월 19일, 미 식품의약국 직원 샘 파인 Sam Fine이 서신을 통해 '기적의 열매 제품들'은 그 어떤 형태로도 판매할 수 없다고 알려왔다. "이를 위반하면 처벌을 받기 때문에 곧바로 회사 문을 닫아야 했습니다." 하비는 당시를 회상하며 말했다.

당시 미랄린사는 정부 요직인사로부터 기적의 열매가 수월하게 규제 승인을 받을 것이라고 확답까지 받은 상황이었다. 연구결과 기적의 열매를 다량으로 섭취해도 인체에 전혀 해가 없다는 결과가 나왔기 때문이었다. 미랄린사가 수억 원을 들여 독물학 검사를 실시했을 때도, 기적의 열매를 먹인 쥐는 동물사료를 먹인 쥐보다 건강했다. 심지어 인체 섭취량보다 3,000배 많이 먹였을 때도 부작용이 없었다.

기적의 열매를 금지시킨 이유를 놓고 의견이 분분했다. FDA는 미라큘린이 식품이 아닌 식품첨가물이라고 결론 내렸다. 게다가 1958년 식품 안전을 위해 세운 규정인 FDA인정 식품첨가안전물질Generally Recognized as Safe(GRAS)에도 적합하지 않다고 했다. 소금이나 설탕, 인공 포도향 등 그 전에 널리 이용되던 식품첨가물들은 시판 전 승인테스트가 필요하지 않았다. 기적의 열매의 경우 수세기 동안 아프리카에서 먹어온 열매였지만, 여기서 추출한 미라큘린은 최근에 등장한 것이었다. FDA는 식품첨가물 탄원서를 내려면 정식으로 고소를 제기해야 한다고 했으며, 이 경우 수년 동안 수십억 원을 후속 테스트에 써야 하는 상황이었다.

당시 인공감미료 열풍이 불면서, 사카린, 사이클라메이트, 아스파탐을 둘러싼 논쟁 역시 고조되었다. 이 시기에 벌어진 논쟁을 살펴보면 미랄린이 자사 제품을 합법화하기 위해 어떤 고충을 겪었는지를 실감할 수 있다.

1960년대와 1970년대에 암 관련 연구가 쏟아지면서, FDA는 사카린을 금지하고자 했다. 그러나 소비자들의 항의가 일자, "동물실험에서 암을 유발하는 것으로 밝혀졌음"이라고 명시한 상태로 2000년까지 슈퍼마켓 판매를 허용했다. 그러다 2000년에 미 공화당 의회가 들어서면서 사카린에 건강 경고문을 부착해야 한다는 관련규정 자체를 폐지하였다.

1696년에는 FDA가 사이클라메이트를 금지했다. 그때부터 사이클라메이트 제조사인 애보트 연구소Abbott Laboratories는 막대한 비용을 들여 FDA에 청원을 제기했지만 실패로 돌아갔다. 한 가지 재미있는 사실은, 캐나다에서 사카린은 사용 금지지만, 사이클라메이트는 합법이다. 그래서 캐나다에서 파는 설탕대용품 스위트 앤 로우Sweet'N Low와 슈거 트윈Sugar Twin에는 사이클라메이트가 들어가고, 미국 제품에는 사카린이 들어간다.

아스파탐(이퀄Equal과 뉴트라스위트NutraSweet)은 발기부전부터 뇌암까지 병의 숙주로 작용하는 것으로 알려져, 그 합법화과정과 관련해 음모론이 많이 떠돌았다. 도널드 럼즈펠드Donald Rumsfeld는 아스파탐 사용을 승인한 1970년대 후반부터 1980년대 초까지 아스파탐 제조사서얼 앤 컴퍼니G. D. Searle & Company의 최고경영자로 재직했다. 그의 영향력 덕분에 아스파탐은 1982년 마침내 식품 대열에 들어섰다. FDA에서 그 결정의 책임을 맡은 아서 헐 헤이즈Arthur Hull Hayes 박사는 관련 기업에게서 뇌물을 받아 비난을 샀고, 1983년 자리에서 물러났다.(그해 뉴트라스위트가 벌어들인 수익은 4천5백억 원이었다.) 헤이즈는 물러나자마자 바로 서얼사의 홍보기업인 버슨 마스텔러Burson-Marsteller에 자리를 얻었다. 아스파탐의 독성에 대한 우려는 이어진 연구에서 계속해서 드러났다.

이렇게 의심스런 감미료들이 활개치던 상황에서, 당시 정부는 지나치게 신중한 자세를 보인 것일지도 모른다. FDA 직원인 버질 우딕카Virgil Wodicka는 승인을 받기도 전에 미랄린사가 아이들을 상대로 시식회를 조직한 일에 FDA는 찬성할 수 없다고 의견을 밝혔다. 우딕카는 또 다른 편지에서 독물학자들의 우려를 인용하면서, 신맛을 단맛으로 착각하게 만드는 열매 때문에 아이들이 염산이나 전지산battery acid을 삼킬지도 모른다고 말했다. 미랄린사 부사장 돈 에머리는 규제위원회를 상대로 능숙하게 대처하지 못했던 게 화근 같다고 생각했다.

"그런 견해는 억측에 불과합니다." 하비가 반박했다. "우리 회사는 워싱턴 주에서 FDA를 상대하는 영양 및 식품첨가물 전문 유명 변호사들과 일했습니다. 그리고 제 곁에 뛰어난 이사들도 있었고요. 이 일이 어린아이 소꿉장난이 아니잖습니까. 진지한 사업이지요. FDA하고 맺은 관계도 아주 원만했습니다." 그 후로도 산업 스파이 활동과 차량 추격, 회사 건물 침입 등 음모스러운 일들이 계속 이어졌다.

닉슨이 사임했고, 1929년부터 주식시장이 최악의 상태로 곤두박질쳤다. 워싱턴이 대혼란에 휩싸이면서, 하비는 규제위원회 측과 공청회

자리조차 마련할 수 없었다. 회사의 이사진도 돌파구를 찾지 못했다. 결국 이들은 파산신청을 했다. "사연이 길지만 간단히 말씀드리면, 참담하게도 제 손으로 모든 걸 접고, 직원들 280명을 전원 해고한데다 어마어마한 손실을 입었습니다. 제가 볼 때 당시 사회상황도 마찬가지였겠지요."

미랄린사가 사업을 정리하고 5년이라는 세월이 흐른 후, 하비는 뉴욕에서 일하던 그의 투자자에게서 전화를 한 통 받았다. 이 투자자는 자사 고객 프로젝트와 관련해 경쟁업체들이 보내온 계획서를 검토하던 중, 제안서 하나가 눈에 띄었다고 했다. 이 업체의 실적목록에, 설탕산업 로비집단에 고용돼 미랄린사 제거전략을 짠 활동경력이 적혀 있었다.

"그 업체들은 꽤 성공을 거둔 셈이지요." 하비는 미라큘린을 죽인 집단이 사이클라메이트 사용금지도 계획했다고 덧붙였다. 관련정보를 캐묻자, 하비는 정보원을 절대 공개하지 않기로 했다며, 다만 그 집단이 "자신들의 배후세력은 세계 제당업계의 이해를 대변하는 제당그룹이었다."고 밝힌 사실만 일러주었다.

나와 접선한 다른 정보원도 비밀로 해달라며, 기적의 열매가 사라진 건 경쟁업체 때문이라고 확신했다. 미랄린이 제품을 시장에 선보이려 했을 때, 모넬 화학감각센터 소장 몰리 케어Morley Kare는 다른 두 개의 서아프리카 열매에서 얻은 단백질 감미료 개발의 막바지 단계에 있었다고 한다. 그 단백질은 세런디피티 열매에서 얻은 활성성분 모넬린Monellin과 카템피 열매에서 얻은 토마틴Thaumatin이었다.

"그의 행동은 금전적인 동기 때문이었지요." 정보원이 들려준 말이다. "케어는 모넬이 시장에서 피해를 볼 것 같자, FDA와 접촉해 기적의 열매가 유해하다고 알렸습니다. 참 쓸쓸한 일입니다."(이는 확인이 불가능한 주장이다. 몰리 케어는 1990년에 사망했고, 그가 의도대로 FDA에 실제 영향력을 행사했다 해도, 그런 개입을 보여줄 만한 증거가 없다. 게다가 묘하게도 케어는 조류퇴치제에 쓰이는 인공포도향 사용 특허권을 얻어, 의도치 않게 그레이플의 아버지가 되었다.)

하비는 케어의 음모설을 익히 알고 있었지만, 제당업계의 음모론이 더욱 설득력 있다고 생각했다. "모두 추측에 불과하지만, 제당업계는 그럴만한 영향력과 자금이 있어요. 누군지 몰라도, FDA에 있는 인물을 설득해 정당한 법 절차를 무시하도록 계획한 겁니다. 이런 게 바로 부정부패지요. 꽤 영향력 있는 사람이 뇌물을 받았을 겁니다."

변호사들은 하비에게 미랄린을 살리려면 몇 년에 걸쳐 소송을 해야 하고, 성공을 장담할 수 없는 상황이라 감정적인 소모도 클 것이라고 조언했다. "전 정말 흥분하고 화가 나서 누구든 고소하고 물불 가리지 않을 태세였어요. 그러나 건강에 무리가 오기 시작했고, 다른 문제들도 터졌습니다. 그래서 가족들과 함께 그냥 묵묵히 버티며 살기로 결심했지요." 하비는 심장의료기 회사인 토라텍Thoratec을 설립했고, 현재 자산가치 1조 원 규모의 회사로 성장시켰다. 현재 76살인 하비는 기적의 열매 경험담을 담은 책을 준비 중이다.

하비는 전 세계적인 플랜테이션 관리비용이 엄청나기 때문에 기적의 열매나 미라큘린이 북미에 널리 판매될 것으로 내다보지는 않았다. "1968년에 수백억 원이면 지금 돈으로 2,000억 원입니다. 이론적으로 따지면 여기에 뛰어들지 못할 이유는 없어요. 그러나 실제 가능성을 묻는다면, 그리 높아 보이지 않습니다. 장담할 수 없으니까요." 그렇지만 그의 예측을 뒤집는 일이 일어나고 있었다.

냉장고 보관이 편리하도록 개발한 네모난 수박, 그리고 복숭아향이 나는 분홍색 딸기가 날개돋친 듯 팔리는 일본에서는 이미 기적의 열매가 판매되고 있었다. 연구자들이 미라큘린이 들어간 유전자조작 상추와 토마토를 개발했다. NGK 절연체 제조회사는 당뇨병 환자용 미라큘린 알약을 만들었다. 또 기적의 열매 카페가 오사카와 도쿄 이케부쿠로Ikebukuro 지역에서 문을 열었다. 카페 투자자들은 기적의 열매 동결건조법을 고안해, 타르트 케이크, 신맛 강한 과일, 들장미차, 레몬맛 젤라토 그리고 다른 아이스크림 등을 맛보기 전 이 열매를 녹여 먹을 수 있도록 했다. 이곳에서 파는 케이크와 차는 2인분에 3만 원이지만, 일반 디저트에 비해 칼로리는 5분의 1 수준이다.

일본은 또 렘바 열매 연구에도 앞장섰다. 이 열매에는 미라큘린과 유사하게 신맛을 단맛으로 느끼게 해주는 커큐린curculin 단백질이 들어있다. 북미나 유럽에서는 찾아보기 힘든 스테비아, 카템피, 세렌디피티 열매 같은 천연 감미료도 일본에서는 구매가 가능하다.

기적의 열매 연구가 없던 시절, 위스콘신 메디슨 대학 과학자들은 브라제인brazzein 특허권을 얻었다. 이는 서아프리카에서 찾은 또 다른 열매 발리온에서 얻은 감미료였다. 브라제인은 현재 옥수수와 유전적으로 접합하는 데 쓰인다. 가봉에서는 이를 먹으면 그 달콤함에 세상만사를 잊는다고 해서 로우블리l'oublie(망각)라고 부른다.

미국에서는 여전히 열정적인 애호가들 위주로 개인 정원에서 기적의 열매를 기르고 있다. 윌리엄 휘트먼은 1952년에 페어차일드가 기르던 식물에서 이 열매의 가지를 하나 얻은 순간부터 2007년 세상을 뜰 때까지, 매일 아침 과일 샐러드를 먹기 전 기적의 열매를 먹었다. 또한 사계절 야자수 해변휴양지Palm Beach Four Seasons Resort에서는 디저트를 먹기 전에 기적의 열매를 제공한다. 플로리다 주 엑스칼리버 종묘회사에서 일하는 리처드 윌슨은 암환자들에게 자신이 가진 열매를 아낌없이 나눠주고 있다. 화학요법 치료를 받으면 음식물과 음료 맛이 거북하고 고무 씹는 맛이 나기 때문이다. 플로리다 주의 암 연구진들은 기적의 열매로 금속성 화학성분 맛이 달콤한 맛으로 느껴지면, 환자들이 다시 음식을 즐길 수 있을 것으로 전망했다. "이 열매는 화학요법에 대한 거부감도 덜어준다."고 윌슨은 주장했다.

"이 열매는 쓰임새가 다양합니다. 카메라 앞이라 말할 수 없는 용도도 있어요." 처음 마이애미에서 윌슨과 전화 인터뷰할 때 들은 얘기였다. "모든 걸 달게 만든다는 점만 알아두세요." 다음에 이어진 전화 통화에서 자세한 얘기를 부탁하자, 그는 솔직한 답을 들려줬다. "남자 친구를 달콤하게 만들어서 여자애들이 아주 좋아한답니다. 젊은 애들은 열매를 구매하는 이유를 아주 솔직하게 밝혀요. 어떤 여자애는 이러더라고요. '빨아보면, 남자 친구가 꿀처럼 달아요.' 심지어 이웃사람이 새벽 2시에 내 나무에서 열매를 따다가 걸린 적도 있어요. 그때 전 권총을 들고 물었지요. '아니, 지금 여기서 뭐하시는 겁니까?' 이웃이 그러더군요. '죄송한데요, 우리 아내가 지금 이 열매가 필요하다고 해서요.'"

'블루베리 왕' 하트만Hartmann은 1990년대에 미시간 주에 있는 온실에서 기적의 열매 관목을 수만 그루 길렀다. "요놈들을 손으로 만지작거리면서 황금알을 낳아줄 거라고 기대했지만, 현실은 빗나갔다."고 그는 말했다. 미국에서 이 열매를 팔 수 없다는 얘기를 들은 하트만은 다행히도 이 열매에 관심을 보인 중국인 구매상에게 기르던 관목을 모두 실어 보냈다. "중국에 한 그루당 6천 원을 받고 모두 팔았지." 하트만은 열매를 이용할 수 없다는 사실에 분노했다. "FDA가 우릴 완전 등쳐먹은 거야. 개네들이 뭘 알아. 몰라도 한참 모르지, 그 작자들은."

관련법규가 모호한 점도 혼란을 가중시켰다. 어느 재배자는 한 번에 110그램까지 팔수 있다는 얘기를 들었다고 했다. 윌슨 얘기도 동일했다. "FDA가 소규모로 기적의 열매를 길러 파는 것은 허용합니다. 제가 알기로 법에서 금하는 것은 대규모로 판매하는 경우입니다."

포트 로더데일Fort Lauderdale(플로리다 주 남동부 도시)에 사는 재배자 커티스 모지Curtis Mozie는 가공하지 않은 신선한 열매의 경우 원하는 만큼 팔 수 있다고 했다. "열매를 파는 것은 아무런 문제가 안돼요. 다만 미라큘린을 추출하는 식으로 열매를 가공해 내다 파는 것이 금지입니다." 그는 FDA측에 확인을 거친 사실은 아니라면서, 그쪽과 연락할 이유는 없지 않느냐고 했다. 그러더니 내게 여러 차례 연락해 관련사실을 알아봐 줄 수 있는지 물었다.

난 이 열매에 대한 규정을 확인하려고 FDA에 스무 번 정도 연락했다. 별 의미 없는 서신과 대화가 여러 차례 오고간 뒤 얻어낸 확실한 정보는, 미라큘린의 경우 금지상태이며 기적의 열매는 그 규정이 애매하다는 점이었다. 1974년의 FDA 서신에는 열매를 파는 것조차 금지라고 나와 있다. 그러나 현재 FDA측에서는 미라큘린은 허용가능 식품첨가물 목록에 없으며(즉 '판매금지라는 뜻'), 가공하지 않은 딸기류는 자신들 소관이 아니라고 답했다. 가공하지 않은 열매류는 미 농무부에서 규제한다고 했다. 그래서 미 농무부 산하 부서 6군데에 연락해보니, 기적의 열매 판매나 신선식품 이용 규정이 자기네 쪽에는 없다고 했다. 게다가 기적의 열매에 대해 들어본 사람이 아무도 없다는 말도 전해들었다.

모지Mozie는 기적의 열매 나무 1,500그루를 기른다. 그는 나무마다 수백 개씩 열리는 열매를 수확해 www.miraclefruitman.com을 통해

개당 2,400원에 판매한다. "윈 딕시Winn-Dixie(대형 식료품업체-옮긴이)
나 슈퍼마켓에 가보시면, 제 열매를 살 수 있어요." 2007년 봄, 모지는
수확한 열매 수만 개를 모두 팔았다. 이월주문도 수천 개가 밀렸다. "기
적의 열매가 정말 기특한 점은 일 년 내내 수확이 가능하다는 겁니다."
그는 아직 이 열매로 소득을 올린 사람이 없다는 사실을 의아해했다.
"매일 주문이 들어와요. 여름철까지 선적물량을 수만 개 준비해야 할
것 같아요. 그거면 충분할지 모르겠네요."

11장
달콤한 대량생산, 과일 공화국

감히 복숭아를 먹어볼 수 있을까?
_ T. S. 엘리엇, '앨프레드 프루프록의 연가The Love Song of J. Alfred Prufrock'

2001년 5월 16일, 한밤중에 복면을 쓴 십여 명의 강도들이 캘리포니아 주의 기업형 농장에 들이닥쳤다. 딸기 시험재배지에 들어선 이들은 손으로 땅을 파헤친 뒤, 작물을 비틀어대기 시작했다.

이 습격자들은 프라가리아 해방 전사단Fragaria Freedom Fighters(프라가리아는 딸기를 뜻하는 라틴어이다.)의 행동대원들이었다. 이들이 몰래 들어간 딸기재배연구소는 유전자조작genetically modified(GM) 과일을 개발하는 생체공학 회사인 DNA 식물기술지주회사DNA Plant Technology Holdings의 소속기관이었다. "우리는 그해 행한 실험을 10분도 채 안돼 원점으로 돌려놓아, 상당한 경제적 손실을 입혔다. 한밤중에 초토화 작업을 무사히 마친 우리는 현장을 뒤로 한 채 어둠 속으로 사라졌다." 과일반란군이 발표한 성명서였다.

이번이 딸기해방단의 첫 번째 습격은 아니었다. 딸기해방단은 1987년 유전자조작 박테리아를 뿌려 만든 서리에 강한 딸기 반대시위를 시작으로, 이후 50건이 넘는 유전자조작 반대 행동을 벌였다. 이들은 단순히 유전자조작에 분노를 표출하기 위해 활동한 것은 아니었다. 딸기해방단은 이후 언론보도자료에서 설명한대로, 유기농법으로 돌아가길 요구했다. 또 다른 연구소인 식물과학회사Plant Sciences, Inc.의 유전자조작 딸기 시험재배지도 쑥대밭으로 만든 이들은, 그 잔해 위에 여러 종류의 유기농 씨앗을 뿌려, "유전자조작물이 없어졌을 뿐 아니라, 파괴된 흔적 위에 지속가능한 농업이 남아 있음"을 보여주었다.

유전자조작은 서로 다른 종끼리 DNA를 접합할 때 생긴다. 과거에는 성게와 갯버들을 교배할 방법이 없었다. 과학자들은 최근 분자기술 덕분에 가망 없어 보였던 유전자 결합 분야, 이를테면 방탄 실크를 분비하는 거미 유전자를 가진 염소나 반딧불이의 발광 유전자와 교배한 야광 담뱃잎 등을 연구한다. 식품분야에서는 이런 기술을 주로 옥수수, 콩, 곡식 등을 대규모로 단종재배할 때 쓴다. 이 기술은 또 제한적이긴 하지만 달콤한 과일에도 사용한다.

얼지 않는 딸기나 서리에 강한 딸기는 유전자조작 박테리아인 '서리 억제제'를 주입해 재배하는 것으로, 아직 개발 단계 수준이다. 냉기에 강한 물고기 유전자(정확히 말해 북극 도다리)가 포함된 무르지 않는 토마토Flavr-savr tomato는, 시장에 나온 지 몇 년 만에 실패하고 말았다. 대부분 유전자조작식품인 하와이산 파파야는 작물을 격감시키는 고리무늿병을 막기 위해 백신형태의 유전자 약을 주입했다. 덕분에 파파야는 살아남았지만, 하와이 농부들에게 득과 실을 안겨주었다. 즉, 북아메리카에서는 이 과일이 팔렸으나, 다른 국가들은 대부분 금지하였다.

2004년 타이의 그린피스 행동대원들이 전신을 감싼 방화복을 입고 유전자조작 파파야를 유해 폐기물 처리장에 집어넣는 장면이 널리 방영된 후, 이들은 체포 수감되었다.

식품의 유전자조작 여부를 파악하기 어려운 이유는 그러한 구분 표시가 없기 때문이다. 소비자들은 대부분 식품 조작을 거부하지만, 우리가 먹는 수많은 가공식품에 유전자조작 작물이 알게 모르게 들어간다. 산업화된 농업에서 유전자조작 작물을 받아들이는 이유는 수확량이 높기 때문이다. GM 반대자들은 GM작물이 근처에 있는 작물에도 영향을 줄 뿐 아니라, 충분한 실험으로 분자공학의 안전성도 밝히지 않았다고 경고한다. 이들은 또 이 기술 때문에 다각화와 지속가능성을 추구하는 농업 방식에 역행할 것이라고 지적한다. 농경지는 줄어드는데 늘어나는 세계 인구를 먹여 살리려면 유전자 삽입밖에 방법이 없다고 널리 선전하는 상황에서, 이 같은 논쟁은 앞으로도 계속 될 것이다. 또 한편으로 GM기술은 앞으로 닥칠 바나나 위기의 해법이 될지도 모른다.

1960년대까지 그로스 미쉘Gros Michel은 세계 최고의 바나나였다. 파나마병Panama Disease이라는 치명적인 곰팡이균이 이 바나나를 휩쓸고 지나갔을 때, 처음에는 새로운 땅에 바나나 나무를 계속 심는 방식으로 대응했다. 그러나 광범위한 미개척 열대우림지대를 경작해도 가는 곳마다 이 바이러스가 따라다녀 재배자들은 결국 그로스 미쉘을 다른 품종으로 대체해야 했다. 농부들이 수조 원을 들여 카벤디쉬Cavendish 품종으로 바꾸었고, 이는 세계적으로 유통되는 바나나가 되었다.

카벤디쉬 시대가 눈앞에 왔지만, 초기 전염병의 돌연변이를 피해가진 못했다. 바나나로 가득한 열대지방의 열대 계곡 모두가 파나마병 레이스4Panama Disease Race 4와 검은 시가토카black sigatoka라고 하는 전염성이 매우 강한 곰팡이균 앞에 무너져버렸다. 카벤디쉬가 겪은 곤란은 아일랜드 감자기근 사태와 비슷했다. 당시 단일품종으로 감자를 재배한 아일랜드는 전염병이 들이닥치자 모든 식물을 뿌리째 뽑아야 했다.

연구팀은 카벤디쉬 재앙을 막기 위한 작업에 들어갔다. 이 전염병이 퍼질 경우 기근과 불안정, 경제적 붕괴에 빠질 나라가 많기 때문이었다. 대다수 열대국가 식단에 필수인 바나나는 동아프리카 전역에서 주된 탄수화물 공급원이기도 했다. 매해 바나나 생산량이 선진국은 1톤에 불과하지만 개발 도상국가는 7,200만 톤에 이르렀다.

카벤디쉬가 바이러스로 멸종하지 않으려면 신종 바이러스에 저항력 있는 품종을 찾아야 했다. 연구자들은 잊혀진 품종을 찾아나섰지만, 안타깝게도 벌목과 대규모 도시화로 야생 바나나 품종이 대거 사라진 사실을 알게 되었다. 다행히 몇몇 개별 단체의 노력 덕분에 전 세계 씨앗은행에서 먼 지역에서 나는 수많은 바나나 품종을 목록으로 분류하고 재배를 장려해왔다. 타이의 바나나 클럽은 남아 있는 산림지대에서 희귀 바나나를 가져와 세계 곳곳에서 재배해왔다. 그 회원 중 한 명인 헬싱키 대학의 마르쿠 하키넨Markku Häkkinen은 야생 바나나로 가득한 핀란드의 한 아파트에 살고 있으며, 또 다른 회원인 마이애미의 윌리엄 레살드William O. Lessard는 수십 년 동안 자신의 종묘회사에서 독특한 재배종을 보존 중이다.

유엔에 따르면, 캘커타 식물원에 있는 바나나 묘목 중 시가토카에 저항하는 DNA를 가진 품종이 딱 한 그루 있다고 한다.(무사 아쿠미나타 속 부르마니코이데스Musa acuminata spp burmannicoides) 만약 과학자들이 바나나에서 저항 유전자를 찾지 못할 경우, 선택지는 두 가지뿐이다. 카벤디쉬를 다른 품종으로 대체하거나, 다른 종에서 유전자를 빌려오는 것이다. 열대작물개발 연구소는 이미 무의 DNA를 주입해서 검은 시가토카에 내성이 있는 바나나를 개발했다. 현재로서는 유전자 접합만이 카벤디쉬를 구하는 유일한 방법처럼 보인다.

일각에서는 재배자와 정부가 다양한 신품종에 눈을 돌려야 한다고 주장한다. 재배작물이 다양하면 자연스럽게 전염병의 완충 역할을 하기 때문이다. 이러한 용도로 붉은 바나나와 난쟁이 바나나를 활용하기 시작했으며, 핏빛 바나나, 설탕무화과 바나나, 통통한 바나나 같은 대안품종도 많다. 아이스크림 바나나는 겉이 푸른 은백색이며, 바닐라 아이스크림 맛이 난다. 포풀로스 바나나는 속이 분홍색 풍선껌 색깔이고 독특한 사과향을 풍긴다. 하하 바나나는 속살이 밝은 오렌지 빛깔이고, 버마의 푸른 바나나는 이름이 모든 것을 말해준다. 전문가들은 마카보 바나나, 혹은 자메이카 빨간 바나나라는 품종을 크게 장려한다. 중국에는 인근 산에서도 그 향이 풍긴다는 금빛 향기 바나나가 있다. 수천 개의 손가락 바나나는 엄지손가락만 한 바나나가 무수히 달렸다. 기도하는 손 바나나는 바나나 송이가 야구장갑처럼 오므라져 있다. 그렇지만 아무리 이름이 재밌더라도, 단종 재배자들이 효율성이 떨어지는 이 품종들에 주목하지 않는 이유는 간단하다. 이들을 재배할 경우 수확량이 높고 결과가 확실해야 한다는 농업자본주의 교리와 어긋나기 때문이다. 사실 유전자조작은 아프리카의 식량공급을 늘리는 데 중요한 역할을 할 수 있다. 바나나에는 백신이 있으므로 면역접종을 받을 수 없는 어린 아이들의 경우 바나나만 먹어도 치명적인 바이러스에서 안전하다. 이렇게 하면 매해 수백만에 이르는 사망자도 방지할 수 있을 것이다.

그러나 여론은 다국적 농업 비즈니스의 전망에 신중한 입장을 보이고 있다. 살충제와 관개사업을 활용한 녹색혁명으로 작물의 수확량이 늘었지만, 전 세계 기아문제는 해결하지 못했기 때문이다. 생명을 구하기도 했지만, 동시에 농부들이 화학약품 종자회사에 더 얽매이는 결과도 낳았다. 유전자조작을 둘러싼 논쟁을 할 때, 우리는 현대적인 식량생산구조 전반을 고려해야 한다. 유전자조작기술에 찬성하는 쪽은 이를 위기에 처한 시스템에 활로를 터줄 방법이라고 본다. 반면 반대자들은 석유화학 중심의 단종재배를 대체할 지속가능한 방법을 추구한다. 정치철학자들의 지적대로 유전자 공학에 대항하는 일은 어떤 점에서는 세계적 자본주의, 그리고 그 정치적 보완물인 자유민주주의에 저항하는 행동으로 보인다.

현대의 바나나 이야기는 1870년대부터 시작한다. 당시 23살이었던 미국인 마이너 키스Minor Keith는 코스타리카 열대림을 관통하는 철도망 연결공사를 시작했다. 그는 철도를 따라 바나나를 심었지만, 이 묘목들이 자라 언젠가 과일의 제왕이 되리라고는 짐작도 하지 못했다. 코스타리카를 거쳐 승객들을 실어나르는 일은 결국 현명한 투자는 아니었지만, 키스는 바나나를 북아메리카로 수송해 이익을 볼 수 있었다. 그 즈음, 매사추세츠 주에 사는 선장 로렌조 다우 베이커Lorenzo Dow Baker는 자메이카산 바나나를 수송해오기 시작했다. 이 두 사람은 협력했고, 1899년에 유나이티드 프루트사United Fruit Company(UF)를 세워 중앙아메리카와 카리브 전역에서 바나나를 독점 판매했다.

일명 '바나나 공화국(과일수출로 경제를 유지하는 중남미 나라를 일컫는 말-옮긴이)'은 차츰 드러난 것처럼 바나나 외에는 수출품이 거의 없었다. UF사는 이들 나라의 바나나 무역과 운송 기반 시설을 장악하여 지방정부에도 막강한 영향력을 행사하였다. 또 이 회사는 자신이 가진 영향력을 최대한 발휘해, 정치, 우편업무, 바나나 플랜테이션까지 거대한 촉수를 뻗쳐 '문어발 조직'으로 세상에 알려졌다.

이들이 보여준 인권침해 사례도 상당했다. UF사는 수십 년간 물리적 수단을 동원해 노동쟁의를 해결했다. 교섭 때 폭력을 주된 전술로 구사해온 UF 대표들은 콜롬비아의 산타 마르타 대량 학살 때 파업 중인 노동자들을 향해 총포를 발사했다. 이들의 '무적 백색 함대'는 세계대전 때 군인과 물자를 수송하는 데 쓰이기도 했다. 이들은 또 카스트로의 플랜테이션 국유화에 저항하기 위해 피그스만 침략에 돈을 댄 경력도 있었다. 온두라스 군대가 마을을 밀어내고 대신 가공처리공장과 바나나 농장을 세울 때도 이들은 관여했다. UF사는 또한 중앙아메리카 대통령을 매수해 수출세를 삭감하도록 했다가, 미 증권거래위원회에게 발각당한 적도 있었다. 1995년 미의회도서관에서 나온 자료에 보면, 이 회사는 1954년 과테말라 정부를 내쫓고, 수십 년 동안 이들 국가를 도탄에 빠뜨린 군부 쿠데타에도 결정적 역할을 한 것으로 드러났다. 또 노동자들이 치명적인 살충제 사용에 노출된 사실도 묵인하였다. 살충제 DBCP는 뿌리벌레를 없애는 약으로 이 약 때문에 3만 명이 넘는 남아메리카 남성들이 생식력을 잃었다. 1975년, UF사의 CEO인 엘리 블랙Eli M. Black은 44층 사무실에서 파크 애비뉴로 투신자살하는 극적인 장면을 보여주기도 했다.

요즘 사람들은 바나나 공화국하면 의류유통업체를 떠올린다. 그러나 사실 이 용어는 단순한 치부로 여길 수 없는 탐욕스러운 착취의 유산이다. 현재 치키타Chiquita로 알려진 UF사는 노동자들의 삶을 개선하고자 학교를 세우고 보건사업을 펼쳤다. 또 바나나 향상 프로그램을 구성해 환경감시단체인 열대우림동맹이 자사의 사업확장에 조언할 수 있는 창구를 마련하기도 해, 전과 달라진 모습을 보였다. 그러나 2007년 치키타가 바나나 재배농장을 보호하기 위해 콜롬비아의 테러조직이자 준군사조직인 콜롬비아자위대연합United Self-Defense Forces of Colombia에 자금줄을 대온 사실이 만천하에 드러났다.

치키타의 계속된 정치적 손길은 1999년 미국과 유럽연합 사이에 터져 나온 무역논쟁에서도 확인됐다. 유럽연합이 할당제를 적용해 치키타 바나나의 수입물량을 제한하려고 하자, 미 정부가 나서서 치키타의 이익을 중재하였다. 이는 치키타의 CEO인 칼 린드너Carl Lindner가 바나나 수입제한이 한창일 때 미국에서 가장 큰 정치자금 기부자로 70억 원 넘게 바쳤다는 사실과 무관하지 않을 것이다. 상원 다수당 원내대표인 밥 돌Bob Dole은 린드너의 개인 제트기를 제한 없이 타고 다니기도 했다. 치키타의 뇌물전략은 효과가 있었다. 미국정부가 결국 카망베르 치즈, 캐시미어 스웨터, 고급 핸드백 등 다수의 유럽 상품에 100퍼센트의 관세를 부과했기 때문이었다. 이러한 제재는 의도대로 흘러갔다. 바나나 할당제가 풀렸고 치키타는 유럽시장을 훨씬 크게 장악했다.

이렇게 완력을 동반한 전술이 오랫동안 세계 무역을 쥐락펴락했다. 세계적인 식량수출국인 미국은 매해 55조 원에 달하는 농산물을 수출했고, 이 중 28조 원은 세금으로 보조하였다. 이 수출작물의 원산지였던 국가들은 대부분 이제 자국에서 직접 재배하는 비용보다 미국에 돈을 주고 사들이는 비용이 적게 들었다. 그 결과 이라크에서 유래한 밀을 이제 미국이 이라크에 판매한다. "지난 2006년 우리는 거의 4분의 3에 달하는 이라크 밀시장을 장악했습니다. 이는 상당히 큰 몫으로 3백만 톤을 훨씬 넘는 양입니다." 미 해외농업국의 곡물 및 식량부문 책임자 밥 리멘슈나이더Bob Riemenschneider가 말했다.(한편 미국은 이라크전을 치를 때 황색물결작전을 통해 자국에서 기르는 밀 종자를 이라크 농부들에게 배포하였다. 그러나 이 씨앗을 다시 재배에 이용하는 것은 불법이어서 매해 씨앗을 새로 구매해야만 했다.) 옥수수도 마찬가지였다. 1492년 11월 5일, 콜럼버스 일행은 쿠바에서 우연하게도 "원주민들이 굽고 건조시켜 가루로 만드는 맛있는 곡물 마이즈maiz"를 보았다. 그렇지만 현재 에탄올 생산으로 옥수수 가격이 뛰고 있어서 쿠바는 다른 자유진영과 더불어 미국의 유전자조작 옥수수를 사들이고 있다. 이런 상황에서 빈곤국가의 영양 문제는 더욱 심각해져 가고 있다. 또한 문제 있는 서구의 보조금 제도 덕분에 현재 자본이 선진국으로 흘러들어가고 있는 반면, 미국의 영세농이나 해외 농가들은 의도적으로 낮춘 가격과 경쟁에서 밀려 생계를 위협받고 있다.

이는 새로운 현상이 아니다. 열대자원은 중상주의 시대 이후 북부지역의 이해관계 때문에 지속적으로 착취당했다. 노예들이 유럽인을 위해 작물을 수확하면서, 자본주의와 세계적 상업은 음습하고 어두운 불평등한 대지 위에 뿌리내렸다. 초기 무정부주의자 프루동Proudhon은 불평등이 사적소유에서 생긴다고 보았다. 홉스주의적 인물들도 불평등이 인류의 원시적인 토지소유형태에서 비롯됐다고 주장했다.

현재까지도 식품의 흐름은 인간 이하의 상태에서 사는 이주 노동자가 맡고 있다. 미국에서 과일을 수확하는 사람들은 농부나 소작농이 아니다. 이 작업은 대부분 소작계약에 묶인 노동자들이 도맡고 있다. 130만 명에 달하는 이 떠돌이들은 자신들은 그나마 최저임금이라도 받으니 다행이라고 여긴다. 이들은 가진 게 거의 없다. 평균수명도 짧다. 차 안에서 지내거나 골판지와 비닐이 가득한 창문 없는 사무실 혹은 누추한 천막을 숙소로 삼기도 한다. 어느 경제학자는 현재 과일을 수확하는 일이 "빅토리아시대 런던에서 쥐를 잡던 상황과 다를 바 없다."고 말하기도 했다. 그렇지만 이들의 노동이 없다면 전 세계는 과일을 먹지 못할 것이다.

그 절차에 문제가 있다 해도, 적어도 남쪽국가들은 선진국행 농산물 수출에서 주도권을 잡기 시작했다. 1990년대 이후 외래농산물 판매가 치솟았다. 미 국제무역위원회에 따르면, 망고소비는 1990년부터 2000년 사이에 세 배로 뛰었다. 일인당 파파야소비는 1998년에서 1999년 사이 56퍼센트가 증가해, 미국 슈퍼마켓에서도 체리모아, 포멜로, 시계풀 열매, 아시아산 배를 흔하게 볼 수 있다. 안타까운 사실은 이 과일들 대부분이 겉에 흠 하나 없이 멀쩡해도 품질이 평균 이하라는 점이다.

과일판매는 점차 수익성이 높아져 필수적인 무역으로 자리 잡았고, 주요 작물에 적합한 기후를 갖춘 나라들은 수십억 원의 수익을 올렸다. 세계 과일거래량은 정확히 측정하기 힘든데, 대다수 국가에서 정확한 평가방식이 없기 때문이다. 연간 과일생산량은 5억 톤 정도로, 세계적으로 수백조 원에 달한다. 농산물 소매판매액은 2006년 미국에서 76조 원에 달했다. 미국인들은 매해 과일구매에 약 28만 원을 지출한다. 12월에서 5월까지 제철 아닌 시기에 북아메리카에 신선한 여름 과일을 제일 많이 공급하는 나라는 현재 칠레이다. 칠레 신선과일연합에서는 과일수출을 나라 발전을 이끄는 주요 전략으로 삼고 있다.

다른 국가들도 앞 다투어 자국 기후에서 잘 자라는 과일을 특화 중이다. 중국은 어느 나라보다도 과일을 많이 판다. 미국은 2위지만 그 격차가 크다. 터키는 체리판매에서 앞서 있고, 여기서도 미국은 2위이다. 벨기에는 배 수출에서 일인자이다. 바나나와 망고의 본고장인 인도는 두 가지 과일 모두 수출에서 주도적이며, 미국이 알폰소 망고를 수입하기로 하면서 시장을 더 확장할 채비를 하고 있다. 멕시코는 아보카도에서 입지가 확고하다. 그러나 망고수출에서 타격을 입지 않기 위해 인도와 맺은 무역협정에 탄원을 제기 중이다.

만다린 생산량을 보면 중국이 1,100만 톤, 모로코는 45만 톤을 생산한다. 그렇지만 모로코는 유럽과 북아메리카에 판매해 1천6백억 원을 벌어들이는 반면, 중국은 개발도상국을 상대로 해 1천180억 원을 번다. 스페인의 경우 한해에 2백만 톤에 이르는 만다린 수출로 1조 8천억 원을 벌어들인다.

과일상자 주변으로 수조 원이 넘나들자, 정부는 오래전부터 수입보다 수출에 주력해왔다. 이런 구도에서는 불가피하게 손해 보는 쪽이 생긴다. 개발도상국의 경우 수입품에 대한 지불능력이 선진국에 못 미치기 때문에 북쪽 농가들이 겪는 적자를 막대한 보조금이 메우고 있다. 수출 중심 경제는 또 환경파괴 문제와도 얽혀 있다. 예를 들면 영국은 매해 미네랄워터 20톤을 호주에 수출하고, 동시에 21톤을 수입한다. 신경제재단New Economic Foundation은 이런 낭비적인 교역이 예외가 아닌 규칙이라고 설명한다. 그렇지만 세계의 인구가 80억을 바라보는 시점에서, 딸기해방단처럼 소박한 유기농 농법으로 돌아가자는 제안은 세계의 기아라는 비극적인 현실에 아무런 해답을 주지 못하고 있다.

인류는 과일이 어떻게 열매를 맺는지 정확히 알지 못했다. 선조들은 식물의 초자연적인 힘에 경외심을 느껴 식물을 재배하는 마법을 생각해냈다. 어떤 재배비법 책자에 보면 씨 없는 과일, 껍질 없는 견과류, 꽃이 안 피는 과일을 만들기 위한 주문들로 가득하다. 연금술사들의 두툼한 먼지투성이 책자에는 황소의 피를 어린 사과 묘목에 뿌리면 붉은 사과가 열리고 염소젖을 복숭아나무에 끼얹으면 발그레한 복숭아가 열린다는 설명이 곳곳에 나온다. 나무에 구멍을 파고 향신료로 그 속을 채우면 과일향이 달라진다고 생각했다. "아는 게 힘"이라고 한 프란시스 베이컨Francis Bacon도 나무에 따뜻한 물을 뿌려주면 씨 없는 과일이 나온다고 믿었다. 그는 "모든 기적 중 과일에서 얻는 것만큼 확실하고 뛰어난 것은 없다."는 글을 남겼다.

과일농사의 미래가 불안감을 준다면, 그 과거의 모습은 매우 당혹스러운 느낌이다. 고대인들은 땅을 비옥하게 하고 벌레를 잡고 물을 대는 일을, 신이나 식물에게 기원하거나 공물을 바치고 때로는 협박하는 방식으로 해결해왔다. 많은 문화권에서 풍년을 기원하며 사람을 제물로 바쳤다. 나무를 위협해 열매를 맺게 한 곳도 있었다. 말레이시아에서는 마법사가 "지금 열매를 맺겠느냐, 말겠느냐? 열매를 맺지 않으면 베어버릴 테다."고 말하며 손도끼로 두리안 나무의 몸통을 쳤다. 그러면 망고스틴 나무 근처에 있던 다른 남자가 두리안 열매인 것처럼 이렇게 외쳤다. "네, 지금 당장 열매를 맺겠어요. 그러니 베지 말아 주세요."

우리는 과일을 제대로 알지 못했어도 과일과 더불어 살았다. 또 그 힘에 경의를 표하기도 하고 두려워하기도 했다. 인도네시아의 갈렐라래 Galelareese 부족은 떨어진 과일을 먹은 사람은 누구나 발부리에 걸려 넘어진다고 믿었다. 또 같은 송이에서 자란 바나나를 두 개 먹으면 산모가 쌍둥이를 낳는다고 했다. 어떤 부족은 의식을 치를 때 임신한 여성이 과일을 먹도록 해 풍성한 수확을 기원했다.

복잡한 농경지 관리는 우리를 오랫동안 괴롭혀왔다. 생명력을 주기도 하지만 목숨을 빼앗기도 한 대지는 에로스Eros와 타나토스Thanatos가 수렴하는 곳이었다. 유럽에서 여성 소작인은 모유를 땅에 뿌려 땅의 힘을 북돋았다. 우리는 머리카락, 피, 쓰던 가발, 썩은 담요 등 한때 생명력이 있던 모든 것을 이용해 땅을 비옥하게 만들었다. 보스턴의 한 포도 재배자는 포도뿌리에 서커스 코끼리의 부패한 시체가 얽혀 있던 것을 발견했다. 최근에도 과학자들이 투스칸Tuscan 포도밭 속에 고래 뼈가 통째로 묻혀 있는 것을 발견했다. 탄자니아에서는 비교적 최근인 1959년에 농부들이 와너암부다wanyambuda라고 부르는 다산의식을 올렸다. 이는 밭에 인간의 피와 신체일부를 씨앗과 뒤섞어 뿌리는 의식이다. 요즘에는 미국의 '잔여물 처리' 회사들이 인간이 버린 폐기물을 환 형태의 비료로 가공해 판매한다.

널리 쓰인 가장 엽기적인 비료는 아마 인간의 뼈일 것이다. 19세기에 영국의 원예가들은 뼈를 몹시도 원한 나머지 진심으로 '부랑자를 비료로' 바꾸는 방안을 논의했다. 영국은 이집트에서 발굴한 수만 명의 미라를 싣고 와 가루를 낸 뒤 벌판에 뿌렸다. 화학비료를 개발한 독일의 화학자 리비히Liebig는, 섬뜩하게도 식물의 밥을 확보하려고 유럽의 전쟁터를 도굴하는 영국인들을 맹비난하였다. 그는 "1827년 초 비료로 쓰려고 수입한 시체가 4만 톤에 달했다."고 기록했다.

구아노guano라고 부르는 새의 배설물은 당시 시체와 더불어 아주 귀중한 비료였다. 19세기 중반, 페루 해안가 근처의 작은 섬에서 바다갈매기 배설물이 상당량 발견되었다. 또 1852년에는 미국과 페루 사이에 '구아노' 전쟁이 격발했다. 당시 구아노 가격은 1톤에 10만 원 정도였다.(이 글을 쓰는 현재, 석유 한 배럴이 10만 원이다.) 1856년 구아노 법이 생기자 미국 시민들은 무인도에서 구아노를 적출할 권리를 갖게 되었다. 1860년대에는 스페인이 칠레와 페루를 향해 선전포고를 했다. 이 배설물 전쟁은 인공질소와 인, 칼륨이 생기고 나서야 누그러졌다.

1984년 12월 3일 자정이 막 지난 시각, 인도 보팔Bhopal 지역에 나뭇잎이 떨어지기 시작했다. 마을 사람들은 심한 기침을 했고, 동네에 울려 퍼지는 비명소리에 잠에서 깼다. 거리에는 졸도하거나 입에 거품을 물고 피를 토하는 사람들, 유산한 여성들로 넘쳐났다. "누가 우리 몸속에 빨간 고춧가루를 쏟아부은 줄 알았습니다." 생존자 참파 데비 슈클라Champa Devi Shukla가 당시 상황을 이렇게 묘사했다.

최악의 화학물질 재앙인 보팔참사로 수만 명이 죽고 수십만 명이 부상을 입었다. 이 지역은 기형아 출산, 장애, 질병, 환경오염으로 현재까지도 마비상태다. 후속조사결과 이 대형 참사는 메틸 이소시안염methyl isocyanate이 누출되면서 벌어졌다. 이는 근처에 있던 유니온 카바이드Union Carbide 공장에서 카르밤산염carbamate 살충제를 만들 때 쓰이던 성분이었다.

우리가 먹는 과일에 쓰는 화학약품은 본래 제2차 세계대전 기간에 신경가스 및 다른 무기 용도로 개발한 것이 대부분이다. 전시 화학물질을 생산한 공장들은 그 운영을 지속하기 위해 과일작물용 화학조제품을 만들기 시작했다. 이 약품들이 식물의 천적을 물리치는 데 강력한 효과가 있다고는 하나, 여론은 우리가 먹는 식품에 사용하는 것을 계속 반대하고 있다.

살충제 제조사는 자사 제품을 소비해도 안전하다고 주장하지만, 그 구체적인 증거를 보여준 적은 드물었다. 오히려 독자적으로 이뤄진 연구에서 과일에 쓰이는 화학약품이 암, 기형아 출산, 불임, 파킨슨병, 천식, 호르몬 교란, 기타 다수의 끔찍한 질병과 관련 있다는 사실이 확인되었다. 국립과학아카데미National Academy of Sciences는 이들 독성물질이 인체의 신경계와 신경화학계통에 영향을 주기 때문에 특히 아동들에게 위험하다고 발표했다. 이 물질들은 정자와 난소로 침투해, 생식기관 형성에 영향을 준다. 북아메리카 여성의 모유에서 살충제 성분이 검출된 적도 있었다. 『미국 전염병저널The American Journal of Epidemiology』은 주거용 살충제가 유방암과 관련이 있다는 사실을 확인한 바 있다.

이런 화학물질들이 인체 내부에서 어떻게 작용하는지 정확히 아는 사람은 없다. 그 이유는 일반적으로 이들 제품이 아무런 연구 없이 시중에 나오기 때문이다. 1976년 독성물질법Toxic Substances Act은 화학합성물이 "잠재적으로 해롭다는 증거가 있을 경우"에만 실험을 할 필요가 있다고 명시했다. 이런 경우는 드물 수밖에 없는데, 화학약품들 대부분이 시장에 빠르게 출시되고, 일반인들은 이에 대한 지식이 거의 없기 때문이다. 살충제는 모두 미 환경보호국에 반드시 등록해야 한다. 그렇지만 환경실무그룹Environmental Working Group의 경고처럼 "꺼림칙한 살충제의 중독성은 제대로 파악 안됐거나 전혀 연구하지 않은 경우도 있으므로, 소비자들은 가능하면 살충제에 노출되는 일이 없도록 하는 게 현명"하다. 새로 나온 화합물 중 90퍼센트가 아무런 제약 없이 허가를 받는다. 『내셔널지오그래픽National Geographic』은 "미국에서 사용 중인 8만 2천 가지 종류의 화학약품 중 4분의 1만 유독성 테스트를 거친 제품"이라고 밝혔다. 그 안에 어떤 합성물질이 들어가는지도 분명치 않다. 그 성분을 표시하는 일이 없기 때문이다.

일반 과일에 위험한 독성물질이 극소량 포함돼 있다는 점은 분명하다. 적은 양은 해롭지 않아도 계속 누적될 경우 치명적이다. 보팔참사부터 오렌지제Agent Orange(월남전에서 미군이 쓴 고엽제-옮긴이) 같은 군용 제초제까지, 농업용 화학약품은 인명을 셀 수 없이 앗아갔다.

브라보, 모니터, 챔프, 골Goal 등의 제초제는 그 이름들이 순박해 보일지라도, 기대와 달리 치명적 손상을 입히는 뛰어난 저격수들이다. 진드기 살충제는 진드기를 제거한다. 제초제는 잡초를 대거 없앤다. 곰팡이 제거제는 곰팡이를 사라지게 한다. 쥐약은 작은 동물들을 죽게 한다. 침투성 살충제는 나무 전체에 영향을 주는 화학약품이다. 뿌리, 몸통, 큰 가지, 작은 가지, 수액, 꽃, 열매, 씨앗 가릴 것 없이 전체에 영향을 준다. 그리고 우리는 이것을 먹는다. 최근 한 연구에 따르면 일반 관행농법으로 지은 사과에 무려 서른 가지 화학약품이 쓰인다고 한다. 그리고 살충제가 대부분 남아 있는 부위는 우리가 먹는 껍질이나 껍데기이다. 또한 일반 딸기나 복숭아, 라즈베리는 화학물질을 빨아들이는 스펀지이다.

미국의 독물방지센터 독성물질노출감시시스템은 2003년 6,422건의 살충제 노출 사고를 보고했으며, 대부분 고의적인 경우가 아니었다고 한다. 1,695명의 환자들이 응급실에서 치료받았고, 이 중 16명이 사망했다. 환자들이 유기인계 살충제를 토해내자, 응급실은 이를 "위험한 화학물질 유출"로 처리하라고 지시했다.

유기인계 살충제는 사과 71.6퍼센트, 체리 59.6퍼센트, 배 37.2퍼센트, 포도 27.1퍼센트에 사용한다. 이 살충제는 환경파괴 속도가 빠르며, 이 성분에 과다 노출될 경우 시야가 흐려지고 보행이 곤란하며 사망할 수도 있다. 수소 시안아미드Hydrogen cyanamide는 메스꺼움과 구토, 부교감신경 항진을 유발하는 독극물이다. 농민들은 이 약품들로 포도, 체리, 키위나 여타 과일이 동질하게 자라도록 한다. 메틸 파라티온Methyl parathion은 1950년대에 벌레의 신경계를 차단하는 신경독으로 쓰인 물질로, 인간에게도 비슷하게 작용한다. 이는 테이저 총(전기충격을 가해 일시적으로 기절시키는 호신용 총-옮긴이)을 삼킨 것처럼, 전신이 아닌 척골부위에만 계속해서 자극을 가한다. 2000년에 아동안전법이 통과될 때까지 이는 모든 과일에 쓰였다. 이 물질을 사용하는 경우가 줄어들긴 했으나, 요리 과정에서 그 독성이 중화된다고 보기 때문인지 아직도 채소를 통해 우리 몸에 들어온다.

DDT 같은 '기적의 비료'는 수십 년간 그 해악을 겪고 나서야 서서히 자취를 감추었다. 관료제 사회는 그 속성상 일처리가 신속하지 못하다. 일처리를 매우 더디게 한 일등 공신은 화학회사의 로비였다. 보통의 농민들도 자신들이 할 수 있는 선에서 해충을 없애길 바랄 뿐이었다. 1950년대부터 아진포스 메틸Azinphos-methyl(AZM)을 사과, 블루베리, 체리, 배에 살포했다. "이 살충제 때문에 노동자들 수천 명이 매해 심각한 병에 걸릴 위험에 처해 있습니다." 전국 농업노동자연맹 소속 에릭 니컬슨Erik Nicholson의 말이다. 2006년 환경보호국은 2010년까지 단계적으로 AZM 사용을 없애겠다고 발표했다.

다른 살충제에는 아직 아무런 조치가 없다. 디엘드린Dieldrin은 상당히 분해하기 어려운 살충제로, 인류가 멸망해도 이 성분은 잔존한다고 보는 과학자들이 있을 정도이다. 브롬화메틸Methyl bromide은 오존층을 심각하게 파괴할 뿐 아니라 호흡기 질환, 경련, 급성 조증을 유발한다. 그런데도 미국의 농업비즈니스 세력은 오존층 파괴물질에 관한 몬트리올 의정서에 있는 위기 시 '비상사용' 조항을 인용해, 그 사용금지를 계속 미뤄왔다. 2005년쯤에는 완전히 사라질 것으로 예상했지만, 아직도 딸기재배에 쓰이고 있다. 또한 라운드 업-몬산토가 만든 글라이포세이트 제초제- 역시 대량 살포되면서 인체 건강을 위협하고 무수한 동식물을 절멸시키고 있다.(이는 전시에 무기처럼 사용가능한 약물류로, 이를 공중 살포해 아프가니스탄의 양귀비 플랜테이션과 중앙아메리카의 코카 작물을 없애는 데 쓰였다.) 연구자들이 라운드 업은 비호지킨non-Hodgkin 임파선암, 유전자 손상, 생식력 문제 등과 관련 있는 물질이라고 밝혔지만, 미국은 이를 '비 발암성 성분'으로 분류하고 있다.

2007년 로스앤젤레스 배심원은 돌 푸드Dole Food사에서 일했던 니카라과 농업노동자 6명이 DBCP 살충제 때문에 생식력을 상실했다고 주장하자, 이에 44억 원을 배상하라고 판결 내렸다. 비슷한 사례로 니카라과 법정 역시 돌사와 다른 기업체들에게 DBCP 때문에 피해 입은 것으로 보이는 노동자들에게 8천400억 원 이상을 지급하라는 판결을 내렸다. 회사들은 해당 노동자들이 소송하도록 허용한 법 자체가 위헌이라며, 위 판결을 강제로 집행할 수 없다고 주장했다.

유럽에서 '화학물질 등록, 평가, 인증, 규정에 관한 새로운 규정'이 도입되면서 회사들은 자사 제품의 안전성을 입증할 자료를 제시해야 한다. 화학약품 제조사들은 이 규정에 완고히 저항한다. 그러나 우리 주변에 있는 모든 독성물질은 더욱 투명하게 밝혀져야 한다. 만약 제조사들이 유전자조작 식품, 살충제, 복제육류에 아무 문제가 없다고 자신한다면, 그 내용 그대로 성분을 표시하는 일을 마다할 이유가 없을 것이다. 어쨌거나 암예방연합의 의장 새뮤얼 엡스타인Samuel Epstein의 말에 따르면, 현재 성인 남성 2명 중 1명, 여성의 경우 3명 중 1명이 암으로 사망할 것이라고 한다.

선조들처럼 우리도 후손에게 어리석게 보일 행동을 하고 있는지 모른다. 군산복합체는 화석연료로 대량생산 농업 방식에 윤활유 구실을 하고 있다. 수 톤의 중금속과 다른 유해 폐기물, 심지어 방사성 폐기물까지 미국 경작지에 뿌리고 있다. 1990년대에 워싱턴 주 퀸시Quincy에서 제조업체들이 계획적으로 유독성 산업폐기물을 농민들에게 비료로 팔아, 암, 뇌종양, 폐병 환자들이 속출했다. 인도 농민들은 최근 목화밭과 칠리 고추밭에 코카콜라를 뿌리기 시작했다. 콜라가 화학약품처럼 해충을 없애고, 비용도 적게 든다는 게 그 이유였다. 인도의 반다나 시바Vandana Shiva(인도의 핵물리학자, 환경운동가)는 빚에 허덕이는 농민들 수만 명이 대부분 살충제를 마시고 자살한다고 보고했다.

1990년대 후반, 과학자들은 제철이 아닌데도 뜬금없이 용안 나무에 열매가 열린 모습을 보고 조사에 나섰다. 조사대상인 나무들은 사찰 주변에서 자랐고, 이 사찰들은 종교 행사 때 불꽃놀이를 했다. 조사 결과 불꽃놀이 때 쓴 화약 때문에 열매가 맺힌 것으로 밝혀졌다. 현재 용안 플랜테이션에 염소산염 화약을 비료로 쓴다. 그 결과 비료찌꺼기가 땅에 축적되기 시작했고, 근처 지하수로 흘러들어가 오염물질이 되었다. 1999년 타이의 한 용안 재배자의 비료 창고에 불이 붙어, 비료가 로만 캔들(한 개의 발사관 안에 여러 개의 불꽃화약이 장전되어 차례로 발사되는 폭죽-옮긴이)처럼 폭발하는 바람에 인명 피해가 발생하기도 했다.

"식품에서 나오는 위험물질 때문에 매해 7천6백만 명에 이르는 미국인들이 병에 걸리고, 5천 명이 사망합니다." 미 공익과학센터의 보고이다. 우리는 안전하다고 느낄지 모르지만, 산업화된 먹이사슬에 놓인 모든 식품처럼 과일 역시 식중독의 원인이 돼버렸다. 매해 오염된 농산물이 해산물이나 가금류, 쇠고기, 달걀보다 질병의 원인으로 더 많이 지목된다. 최근 빈번하게 터져 나온 시금치 오염 사건이 보여주듯이, 유기농산물을 먹는다 해도 유해한 미생물이 우리 혈관에 들러붙을 수 있다.

멜론과 사과 주스에서 대장균이 정기적으로 검출된다. 오렌지 주스와 캔털루프 멜론, 토마토에서 살모넬라균이 나오고, 딸기에서는 간염 바이러스가, 다른 베리 열매에서 사이클로스포라cyclospora 기생충이 나온다. 과일에 있는 비브리오 콜레라Vibrio cholerae는 수질오염 때문에 생겼다. 사과 주스에 방사선 동위원소가 포함됐다고 밝힌 보고서도 있었는데, 이 농축음료를 생산한 과수원은 체르노빌 방사성 낙진 영향권 내에 있었다고 한다.

역설적이게도 과일은 매우 순수하고 건강해 보이지만, 널리 보급되면서 여러 가지가 뒤섞이는 바람에 우리 입안에 들어올 때쯤이면 처음의 그 특별했던 속성은 온데간데 없어진다.

나는 캘리포니아 주의 IHOP(팬케이크 전문점-옮긴이) 매장 창문에 붙어 있던 전단지 두 장을 보면서, 현재 우리가 먹는 음식의 슬픈 현실을 단적으로 느꼈다. 한 장에는 바나나, 딸기, 견과류, 시럽, 거품 낸 크림 등을 가득 얹은 현란한 팬케이크 사진과 함께 "천국에 오신 것을 환영해요."라는 문구가 적혀 있었다. 그 아래쪽에는 8x10 크기의 사진에 이런 글이 새겨져 있었다. "이곳에서 파는 음식 및 음료에는 암, 기형아 출산, 생식계통 이상을 일으킬 수 있는 화학물질이 첨가돼 있을 가능성이 있습니다." 이 경고문구는 다른 패스트푸드 매장에도 많이 붙어 있다. 지상에 천국은 없다. 적어도 차에 탄 채로 음식을 주문해 먹는 패스트푸드 매장에서는.

농업분야에서는 비로소 지속가능성을 하나의 목표로 논의하기 시작했다. 유럽에서는 경지를 산림으로 전환하는 농장 소유주에게 정부에서 보조금을 지급하는 혁신적인 정책을 도입했다. 그 결과 유럽의 산림이 지난 20년간 10퍼센트 늘어났다. 이러한 '숲 조성' 정책은 세계적으로 본받아야 할 사례이다. 캐나다 국립연구위원회는 보고서에서 미 정부정책 대부분이 사실상 "친환경적 실천과 대안적인 농업체계 채택에 역행"한다고 지적했다. 정부규제위원회가 자신의 기부자들—농업 비즈니스 기업은 1990년 이후 미 정당에게 5천600억 원이 넘는 돈을 기부했다—에게 신세만 지지는 않는다. 이들은 산업체들에게 휘둘리면서 노골적으로 혜택을 준다.

"백 명이 넘는 오염산업체 대표들이 환경규제를 담당하는 연방기관에서 요직을 맡고 있다." 로버트 케네디 2세가 보고한 내용이다. 2001년부터 2005년까지 미 백악관 환경정책담당 수석 보좌관을 지낸 필립 쿠니Phillip Cooney는 전직 미 석유협회에서 로비를 주도한 인물이었다. 그는 자리에서 물러난 지 이틀 만에 엑슨모빌로 출근했다.(언론을 통해 지구온난화 관련보고서를 왜곡했다는 사실이 폭로된 후였다.) 또 1998년부터 2002년까지 산림청 차관이었던 마크 레이Mark Rey가 전직 목재산업 로비스트였다는 사실을 떠올려 본다면, 국유림과 국립공원에서 상업적으로 벌목이 일어난다는 사실이 그리 놀랄 일도 아니다. 미 농무부 식품유통검사국 책임자 역시 전국목축협회 의장이었다. 농무부장관도 미정육출하협회 의장 출신이었다. 2006년 식품의약국 국장 레스터 크로포드Lester Crawford는 허위보고 및 이해상충혐의 사실을 인정했다. 그는 자신이 규제책임을 맡은 식음료 및 의료기기 취급업체에서 주식을 소유하고 있었다.

저널리스트 빌 모이어스Bill Moyers는 "어디를 둘러봐도 고양이에게 생선을 맡긴 격"이라고 말했다. 모이어스는 사회교육방송 PBS에서 식품 살충제를 다룬 다큐물을 통해, 화학약품회사가 자사제품에 위험한 독성분이 있다는 치명적인 정보를 알면서도 외부에 알리지 않았다고 폭로했다. 그는 국내 기업의 보고문건에 기록된 증거를 토대로 조사했으며, 현재 우리가 "안전보다 이윤을 앞세우는 화학약품회사들이 만든 규제제도 아래에서" 살고 있음을 확인시켜주었다.

1900년 미국에서 농사를 짓는 사람은 38퍼센트였다. 현재는 2퍼센트만이 농부이다. 윌리엄 헤퍼난William Heffernan이 쓴 『식량 및 농업 시스템의 독점Consolidation in the Food and Agricultural System』을 보면, 소비자들이 농가가 생산한 물품을 살 경우 여기서 발생하는 이윤의 대부분은 식품을 포장, 가공, 운송하는 열 군데 남짓한 농업비지니스 중개업체들(카길, 몬산토, 아처 다니엘스 미들랜드 등)이 챙긴다고 한다.

미국 농민의 자살률은 미국 평균 자살률보다 4배가 높다. 푼돈을 받는 개도국의 노동자들은 찌는 듯이 더운 날 끝없이 펼쳐진 플랜테이션 농장에서, 벌채용 칼을 휘두르며 찐득찐득한 나무 유액과 흘러내리는 땀에 뒤범벅된 채 치명적 농도의 살충제에 노출된 상태에서 거대한 거미나 전갈과 싸워야 한다. 전염병학 연구결과 이 노동자들은 임파선암, 파킨슨병, 각종 암 등 건강문제를 더 많이 겪는다고 한다. 국립안전위원회는 몸을 구부려 수확하는 몹시 고된 농사일로 열사병, 화학성분 노출, 신경계 손상, 신경질환이 끊임없이 나타난 결과, 농업은 미국에서 가장 위험한 업종이 되었다고 밝혔다.

노동자들이 사다리를 타고 올라가 수확을 하면 그 재해보상률은 껑충 뛴다. 그래서 대규모 재배자들은 현재 앉은뱅이 과일나무를 심는다. 농업비지니스 농장은 수년 동안 사람 대신 로봇으로 과일을 수확하려고 노력 중이다. 뉴튼연구소는 모양과 색상을 감지하는 시각장치를 개발했다. 뉴질랜드산 키위는 현재 하루 24시간 작동하는 로봇이 분류, 선별, 수분까지 담당한다. 8시간마다 1.5명의 사람들이 번갈아가며 검사하는 이 자동장치는 "저온 저장고를 갖춘 경영자들이 언제 어떤 과일을 출하해야 하는지 알 수 있도록 정보를 모아준다."고 설계자 로리 플레머Rory Flemmer박사는 설명했다. 이들의 목표는 밤낮으로 과수원에 과일수확용 무인기계 소리가 울려 퍼지는 것이다. 원숭이에게 과일을 따도록 훈련시켰던 4천 년 된 이집트 방식보다는 분명 실현 가능해 보이지만, 그만한 가치가 있는지는 논란거리다. 아무도 금속 손가락이 수확한 라즈베리를 먹고 싶어하지 않기 때문이다.

기계화된 과일생산은 기괴하기 짝이 없다. 자버워키Jabberwockies(『이상한 나라의 앨리스』에 나오는 용처럼 생긴 괴물-옮긴이)처럼 생긴 기계가 돌아다니면서 나무에 달린 열매를 가지에서 떨어뜨린다. 갈색 금속성 족집게가 나무 몸통을 쥐고 심하게 흔들어대면, 나무의 모습은 점묘화처럼 흐릿해진다. 나중에 수확하는 인부들이 막대기로 가지를 치고 돌아다니면서 남은 열매를 떨어뜨린다. 그리고 건조기계와 흡입펌프가 과일을 모아 돗자리에 와르르 쏟아낸다. 작업이 끝날 때쯤이면 나무는 두들겨 맞고 혹사당해 지친 기색이 역력하다.

이러한 정밀 농업시대에, 농부들은 전자장비를 사용해 과일의 크기, 성숙도, 경도를 확인한다. 어떤 재배자들은 기상 모니터가 가능한 위성 시스템도 갖추고 있다. 우빙성 폭풍우가 오면, 레이더가 장착된 우박대포가 음파를 발사해 얼음알갱이를 녹여 비로 만든다. 레오나르도 다빈치는 개울가 근처에서 감귤 과수원을 하라고 조언했다. 겨울이 되면 그 물이 열을 발산하는 환풍기로 작동하기 때문이라고 했다. 오늘날 디지털 장비는 프로판 난방장치와 연결됐고 풍차 같은 온풍 기계는 추위가

닥치면 작물을 보호한다. 헬리콥터가 작물 위로 날아 더운 공기를 순환시키고 안개와 습기를 없애준다. 살수장치로 물을 뿌리기도 한다. 물이 얼면 기계에서 열을 발사한다.

최근 연구에 따르면 소비자들 상당수가 화물트럭 운송이 가능한 단단한 복숭아를 선호한다고 한다. 이는 갓 수확한 둥글고 달콤하며 과즙이 꽉 찬 솜털 달린 연한 복숭아는 고사하고 품질이 좋은 복숭아를 먹어본 사람이 없기 때문일 것이다. 마셜 맥루언Marshall McLuhan의 지적대로, 실존하는 대상과 매우 동떨어진 나머지 이제는 인공적으로 만든 대상을 선호하기 시작한 것이다. 선택의 폭이 좁은 것도 모조품을 좋게 바라보는 현상을 낳았다. 금세라도 터질듯한 복숭아를 슈퍼마켓에서 팔지 못하는 이유는 이를 매장까지 실어나를 수 없기 때문이다. 온타리오 주 농무부에서 일하는 복숭아 품종연구가 켄 슬링거랜드Ken Slingerland는 물복숭아를 몹시도 싫어한다. "물복숭아를 먹으면 얼굴 전체에 다 묻어버리잖아요. 소비자들이 원하는 품종은 맛좋게 아삭거리는 사과 같은 복숭아예요. 각자 취향이 다르겠지만, 전 아삭한 식감이 좋습니다." 반면 나와 인터뷰한 다른 농부는 산업적으로 생산한 복숭아를 일컬어 "크래프트사의 디너용 과일처럼 얼간이들이 인공적으로 만든 것"이라고 표현했다.

단단한 식감을 좋아하는 이들은 단단한 복숭아 아니면 물컹하고 싱거운 복숭아만 있다고 믿는듯하다. 이들은 우리가 접할 수 있는 복숭아보다 훨씬 뛰어난 품종들이 존재한다는 사실을 모르고 있다. 어떤 재배자들은 물복숭아를 일컬어 "척추교정용 과일"이라고 부른다. 풍부한 과즙 때문에 먹을 때 몸을 한껏 구부려야 하기 때문이란다. 그러나 그 중간범주인 아삭한 복숭아도 선호받을 것 같다. 그래서인지 최근 어느 복숭아 캠페인에서는 이런 질문을 던졌다. "어떤 복숭아를 선호하나요? 깨물어 먹는 복숭아, 구부려 먹는 복숭아, 아니면 그 중간?"

선택을 내리기 전에, 한번 몸을 구부려 먹는 복숭아를 먹어보라. 『복숭아를 위한 묘비명Epitaph for a Peach』을 쓴 농부 데이비드 마수모토David Masumoto는 자기 가족 땅에서 재배하는 복숭아에 대해 이렇게 썼다. "썬 크레스트Sun Crest는 마지막 남은 진짜 과즙이 넘치는 복숭아다. …… 풍부한 즙이 턱 끝까지 흘러내린다. 입안에서 과즙이 터지고 매혹적인 향기가 난다." 즙이 많은 과일이라고 해서 완전히 물렁거리지는 않는다. 오히려 중요한 것은 식감이다. 핵과 전문가 앤디 마리아니Andy Mariani는 캘리포니아 주의 모건 힐에서 앤디 농장을 운영한다. 그는 완벽한 복숭아란 어느 정도 압력을 견뎌낼 만큼 단단하고 "기분 좋은 저항감"이 있어야 한다고 말한다. 치아로 세포벽을 뚫고 나서야 과일이 수문을 열어 보인다. "어떤 사람들에게는 성적 경험과 유사하지요." 마리아니가 말했다.

마리아니가 재배한 베이비 크로포드Baby Crawford 복숭아를 먹어보면 단맛, 신맛, 떫은맛까지 변화무쌍한 맛의 세계와 식감이 느껴진다. 천연 복숭아 환각제이다. "단단해 보여도 입안에서 녹는 복숭아입니다. 과즙이 바로 흘러나와요." 그의 설명이다. 베이비 크로포드를 먹어본 마수모토도 그 맛에 감동하여, 선 크레스트보다 훨씬 뛰어나다고 인정했다.

난 2005년 여름 앤디 농장을 방문했을 때 머리가 아찔할 만큼 베이비 크로포드를 맘껏 맛보았다. 그 다음 해에 복숭아 상태를 확인하려고 마리아니에게 연락해보니, 안타깝게도 폭우와 예년보다 따뜻한 날

씨 때문에 농사를 전부 망쳤다고 했다. "완벽한 복숭아는 좀처럼 얻기 힘들어요. 잠깐 좋았다가도 며칠 지나보면 전혀 아니에요. 재배하기 까다롭지요. 습도와 온도가 하룻밤 사이에 조금만 차이가 나도 품질에는 매우 크게 영향을 줍니다." 생산자들이 손쓸 수 있는 방법을 모조리 사용하는 것도 이해가 간다. 과일을 얻기란 모험에 가까운 일처럼 보인다.

12장
사시사철 여름

슈퍼마켓에 먹을만한 과일이 없다.
사과는 푸석하고 오렌지는 말라버렸다.
파파야는 왜 또 이 모양인지!

_ **코스모 크래머**Cosmo Cramer(**시트콤 〈사인펠드Seinfeld〉의 등장인물)**

"여기서 마피아 단합 대회라도 하나 보군." 우리 동네 식품점 주인 지미 더 그리크Jimmy the Greek가 말했다. 스티로폼 컵에 담긴 김이 모락모락 나는 커피를 한 모금 마시던 그는, 굳은살 박힌 손으로 농산물 도매 창고 입구 주차장에 있는 벤틀리, 험머, 페라리를 가리켰다. "저 차 주인들은 몸에 7억 원을 걸치고 일하러들 와. 4억 원짜리 차에 2억 원짜리 시계, 게다가 보석, 반지, 비단 정장까지 걸치고 오거든. 바쉐론, 롤렉스, 콘스탄틴 같은 명품시계를 15개나 가진 사람도 봤어. 이 양반들이 사는 집은 150억 원짜리야. 밤마다 마약파티를 열고 여자를 불러다 노는 얘기는 늘 들어봤겠지. 이 사람들 버는 돈이 엄청나다 해도, 결국 그 대가를 치를 거야. 우리야 토마토나 파는 신세니, 이러고 사는 수밖에."

내가 처음 지미를 만난 곳은 몬트리올 상점 앞이었다. 그는 트럭 뒤편에서 오렌지 상자를 내리고 있었다. 어디서 과일을 실어오느냐는 내 질문에, 대답할 틈도 없이 바빴던 그는, 새벽에 과일 실으러 갈 때 한번 동행하자는 제안을 했다. 일주일 후 몹시 춥고 어둑어둑한 새벽 5시, 우리는 지척거리는 발걸음으로 콘크리트 저장고에 들어섰다. "처음 사업에 뛰어들었을 때, 이곳이 부패했다는 것쯤은 알고 있었지만, 이 정도일 줄은 몰랐지. 과일 때문이라니, 참 서글픈 현실 아닌가." 지미가 고개를 가로저으며 말했다.

과일산업이 꽤 이윤이 남는 이유 중 하나는 농산물이 마지막 남은 면세사업에 속하기 때문이라고 지미가 설명했다. 식품점에 가보면 과일에는 세금이 붙지 않는다. 도매점도 마찬가지다. 모두가 현금으로 지불한다. "합법적으로 벌어들이는 돈도 많지만, 다른 식으로 버는 돈도 있지. 이 사업에는 폭주족, 마권업자, 고리대금업자, 도박꾼이 수두룩해. 마약밀매업자도 돈세탁하러 과일사업에 뛰어든다네."

지미의 설명을 들고보니, 여성 두목 진진Gin Gin이 이끄는 아시아의 '과일마피아' 조직과 거래하던 마이애미의 어느 생산자 얘기가 떠올랐다. "미국에서 열대과일을 팔려면, 진진을 알아둬야 합니다." 그의 말에 따르면, 용안이 널리 알려지지 않았을 때 과일마피아가 그의 과일을 사러 현금 4억 원이 든 갈색 종이봉투를 들고, 뉴욕에서 비행기를 타고 날아왔다고 한다. 일본의 야쿠자, 홍콩의 삼합회, 콜롬비아의 마약거물들 모두 과일로 돈세탁을 한다. 과일은 무기거래에서도 두각을 나타낸다. 다큐멘터리 〈다윈의 악몽Darwin's Nightmare〉을 보면, 한 조종사가 앙골라에 갈 때는 무기를, 유럽으로 돌아올 때는 요하네스버그Johannesburg산 포도를 싣고 오는 오싹한 장면이 나온다. "앙골라 아이들은 크리스마스 선물로 총을 받는다. 유럽의 아이들은 포도를 선물 받는다. 이것이 바로 사업이란 것이다." 감정이 격해진 조종사가 이렇게 내뱉었다.

과일암거래에 성공하려면 혼들러hondler가 되어야 한다. 혼들러는 이디시Yiddish어(중부 동부유럽 출신 유대인의 언어―옮긴이)로 해결사 역할을 하는 말이 빠른 협상가를 뜻한다. 채찍질하듯 말이 빠르고 숫자에 능한 지미는 이 일에 딱 들어맞는다. 아쉽게도 그는 이 일을 경멸하지만. 땅딸막한 체구에 머리를 뒤로 한데 묶고 다니는 지미는 우락부락한 생김새와는 영 딴판으로 눈동자가 천사처럼 파란 색이어서, 애늙은이 같은 인상을 준다. 지미 말로는 농산물 사업에 들이는 시간과 버는 돈을 따져보면 한 번에 두 가지 일을 하는 것과 비슷해서, 노름빚이 있거나 마약을 상습적으로 복용하는 사람들에게 인기가 좋다고 한다. 그가 어느 판매상에게 신호를 보내, 일상 스케줄을 알려달라고 했다. 그 판매자는 월요일부터 토요일, 오후 6시부터 새벽 6까지 일한다고 답했다. 퇴근 후에도 전화를 받는다고 한다. "내가 이곳을 비우더라도 고객들이 계속 전화로 연락해서, 하루 24시간 일주일 내내 주문을 해요. 자다가도 전화를 받지요. 달리 수가 있나요. 이게 내 일인데." 판매상의 일과였다.(우리가 방문하고 얼마 후, 지게차가 그를 덮쳐 아킬레스건이 찢어졌다는 소식을 들었다.)

도매판매구역에 들어가니, 과일상자로 가득 찬 동굴처럼 휑한 아스팔트 공간이 연이어 나왔다. 농산물은 온도의 조건에 따라 분류한다. 몹시 추운 방도 있고 따뜻한 방도 있다. 지미가 기세 좋게 밀어젖힌 두꺼운 플라스틱 칸막이는 기후별로 공간을 나누는 역할을 했다. 칸막이들은 내 쪽으로 튕겨 나오거나, 그 틈에 날 끼이게 만들거나 아니면 매섭게 할퀴고 갈 기세였다. 경적을 울리던 지게차가 나를 여러 차례 깔 아뭉갤 뻔 했다. "거, 조심해. 성깔 있는 기계들이야." 지미가 조언했다.

저장고를 둘러보는 동안 지미는 다른 도매업자에게 전화를 해 가격 을 비교했다. "다들 싸게 사서 비싸게 팔려고 해. 주식시장하고 똑같다 니까." 우리가 도착했을 때, 토마토는 상자당 2만 8천 원이었다. 판매자 와 수다 떠는 사이, 선적물이 하나 더 들어왔고, 토마토 가격이 갑자기 상자당 만 원으로 떨어졌다. 상황에 따라 가격이 움직였다. 지미는 50상 자를 샀다. 물건의 상태, 기후조건, 공급물량에 따라 가격이 끊임없이 요동쳤다. 과일사업에서 수요와 공급 법칙은 대자연인 어머니의 기분에 따라 왔다갔다했다.

인간도 큰 역할을 한다. '폐기 처분 요청Claiming dumps'은 도매업계에 서 고전적인 수법에 속한다. 이는 보험에 든 과일을 대상으로 한다. 물 건이 도착했을 때, 뇌물을 받은 검사관이 과일이 썩어버렸다고 판단해 주면, 수입업자는 배상을 요구하고 돈을 돌려받을 수 있다. 그러나 이 과일을 실제 내다 버리거나 돌려보내지 않고(어디든 다시 본국에 돌아갈 때쯤이면 실제로 썩어버리기 때문이다.), 도매상들이 이를 판매한다.

지미는 구매업자들이 얼마나 손쉽게 생산자들을 사기 치는지 설명 했다. "신뢰를 쌓는 게 관건이야. 물건을 한 짐 보내달라고 하고는 돈을 지불하지. 한 짐 더 보내달라 하고 역시 돈을 줘. 그러면 내 평판이 좋 아지겠지? 이제 본격적으로 거래하고 싶다고 생산자에게 말하는 거야. '열 짐 보내주게, 팔리면 돈을 보내지.' 그리고는 안 주는 거야. '엿 먹어 라.' 이거지. 그 멕시코 자식들이 뭘 어쩌겠어? 날 잡으러 쫓아올까?" 적 법한 절차 없이는 힘들어. "치키타나 델몬트, 그런 덩치 큰 기업은 못 건드리지. 걔네들은 잡으러 쫓아오거든."

도매업은 소규모 생산자에게 우호적이지 않다. 현금을 선불로 원하는 농부들은 농산물 리포터 회사Produce Reporter Company의 「블루북Blue Book」을 참고하면 된다. 이 책자는 도매업자, 운송업자, 생산자의 명단이 든 주소록으로, 이들이 사기 친 횟수에 따라 평가등급을 매겼다. '도덕적 책임' 등급을 보면서 거래 기업을 선별하고 거래 조건을 결정하는 데 참고할 수 있다. 「블루북」은 또 갈등을 해결하는 중재자 역할도 한다. 게다가 추심부서를 두고 연체된 외상 거래를 받아내는 데 도움도 준다.

뉴욕의 주요 도매시장인 헌츠 포인트에서 부패한 미 농무부 검사관이 오랫동안 도매업자에게 뇌물을 받은 사건이 있었다. 1999년 '작전명 금단의 열매'라는 연방비밀수사팀이 검사관 8명과 시장 직원 13명을 체포, 구속하고 벌금형을 내렸다. 하원 농업 분과위원회는 다음과 같이 발표했다. "조사결과 헌츠 포인트 시장에 있는 12개 농산물 기업 소유주들이 검사대상 농산물의 등급을 낮추는 대가로 농무부 검사관에게 정기적으로 뇌물을 바쳤다. 이는 농산물 도매상에게 상당량의 비용을 절감시켰지만, 농부들에게는 수백억 원을 빼앗은 행동이다."

외부에서 볼 때 이곳은, 매일 뉴요커 2천3백만 명을 먹여 살리는 세계 최대의 농산물 도매시장의 분위기가 나지 않는다. 그저 감옥처럼 보인다. 주변을 감싼 콘크리트 벽에 더러운 비닐봉지가 나풀거리는 철조망이 쳐져 있어, 바라보는 이들에게 위협감을 준다. 브롱크스 지역의 적막한 곳에 숨은 듯 위치한 헌츠 포인트 농산물 도매시장은 고철 창고, 압축 폐차량, 고물상, 지게차 수리업체 틈바구니 사이에 끼여 있다. 이 대규모 산업단지는 이상적인 과일도시라기보다 그저 부패성 농산물의 임시보관소에 가깝다.

바로 이곳으로 뉴욕 가게들이 과일을 도매로 떼러 온다. 그렇지만 복잡한 컴퓨터 보안장치 때문에 시장에 그냥 들어가지는 못한다. 형장 같은 분위기를 두둔하자면 이는 과일의 안전 때문이다. 이곳은 뉴욕에 공급하는 식품을 오염시키려는 자들의 범죄 대상 1순위이기 때문이다. 그러나 도매시장 주변의 푸드센터 염가판매장을 둘러보면 듬직함이 느껴지기보다 지미가 말한 부패와 범죄 얘기가 떠오른다.

마피아는 지미의 머릿속에서만 떠도는 얘기가 아니었다. 내가 이곳을 방문하고 얼마 안 있어, 뉴욕 경찰청은 이곳에 근거지를 둔 억대 도박단을 해체시켰다. '작전명 썩은 과일'로 체포된 11명 중에는 존 카지아노John Caggiano라는 작자가 있었다. 시 경찰국장 레이몬드 켈리Raymond W. Kelly의 발표에 따르면, 그는 헌츠 포인트의 대형 농산물 도매업체 C&S 도매농산물 사장으로, 제노베제Genovese 마피아의 조직원이었다고 한다. 시 경찰청장은 기자회견에서 "이 도매시장에서 폭력단 활동을 근절할 방침"이라고 선포하면서, 다른 도매시장 역시 루체스Luchese나 보나노Bonanno 마피아와 관련이 있다고 밝혔다.

일반인은 출입통제문을 통과할 수 없다. 다행히도 난 이곳 경영책임자와 인터뷰 약속을 한 상태였다. 제복 차림의 직원에게 출입허가증을 받은 다음 거대한 공장단지 안으로 들어갔다. 그리고는 도로 위에 썩어 터진 자두 위로 차를 몰고 들어가 주차했다. 규정상 발치에 질퍽거리는 과일 때문에 장화 착용을 권장했다. 이곳에 쓰레기가 넘치는 이유는, 상품에 흠이 있을 경우 팔리지 않기 때문이라고 한다. 헌츠 포인트는 불도저로 온종일 퍼내야 할 만큼 쓰레기 천지였다.

거대한 주차장을 가득 메운 대형트럭 수백 대가 스모그 구름을 내뿜었다. 헌츠 포인트는 연간 공회전으로 질소산화물 32톤, 일산화탄소 31톤, 매연입자 9.6톤 그리고 기타 휘발성 화합물을 배출한다. 시장 주변에서 호흡하는 사람들의 폐 속에 이런 물질들이 가득하다. 미국에서 사우스 브롱크스 지역은 천식발병률이 높은 축에 든다는데, 이곳에 와 보니 그럴 수밖에 없어 보였다. 오염물질 배출을 줄이려고 노력을 한다지만, 오염규제차량은 이미 버림받은 듯 심하게 손상된 채 한쪽 구석에 처박혀 있었다.

헌츠 포인트 총 관리자 미라 고든Myra Gordon이 입구에서 날 맞이했다. 몸이 다부져 보이고 인상이 강한 고든은, 나이가 들었어도 뉴욕식 억양이 사라지지 않는듯했다. "이곳과 비슷한 도매시장들도 있지만 그곳들은 규모가 아주 작지요." 고든은 잔해로 뒤덮인 시장 바닥을 활기차게 돌며 말했다. 헌츠 포인트의 연간 소득은 2조 원가량이지만, 1년에 팔리는 과일 수량은 정확히 알기 힘들다. "제 계산보다 웃돌지만, 수백만 톤 정도라고 합니다." 고든이 가리킨 다른 도매부서 관리자 쪽을 바라보니, 천장높이까지 과일 운반함이 가득 쌓인 온도 조절실이 얼핏 보였다. 술 취한 작업반장이 인부에게 소리치며 명령하는 모습도 눈에 들어왔다. 지게차가 내 발뒤꿈치를 물어뜯으려는 듯 분주히 돌아다녔다. 구매업자들은 가격을 외치고 상자 속에 든 농산물을 살폈다.

거래는 1층에서 이뤄진다. 도매상 사무실은 2층이다. 사무실 복도는 내가 지금까지 접한 복도 중 가장 긴 500미터 길이였다. 복도 끝이 보이지 않아, 마치 마주본 거울이 만들어낸 착시현상 속에 걸어들어온 기분이었다. 반면 복도 폭은 좁아서 팔을 뻗으면 양쪽 벽에 손이 쉽게 닿을 정도였다. 양 옆으로 뚫린 수백 개의 창문 너머로 사람들과 온갖 정보와 수치가 보였다. 과일들을 시장에 내다파는 물류 정보에는 끝이 없었다.

고든은 쥐 몇 마리가 이미 장악한 회의실에 들어가며, 거래 대부분이 한밤중에 진행되기 때문에 물건을 떼간 가게들은 사람들이 일어날 때 맞춰 신선한 과일을 준비할 수 있다고 설명했다. 물건들이 쉼 없이 도착하기 때문에 도매시장은 늘 열려 있어야 한다. "여긴 참 거친 곳입니다. 생계비를 넉넉히 벌 수도 있지만 피땀 흘려야 가능하지요. 근무시간도 끔찍합니다. 일이 매우 고되거든요. 이윤이 그다지 높지 않기 때문에 일에 대해 훤히 꿰뚫고 있어야 해요. 남달리 신경 써야 할 것도 많고요. 사장부터 하역장 인부까지 다들 힘겹게 일합니다."

연간 수십만 대가 넘는 트럭이 헌츠 포인트로 물품을 실어나른다. 과거에는 철도로 운송하는 방식을 선호했지만, 이제는 더는 열차를 이용하지 않는다. 화물열차가 시카고 조선소에 들러 물건을 실어오려면 여러 날이 걸려서, 물건이 도착할 때쯤이면 다 상해버린다. 열차로 캘리포니아 주에서 뉴욕까지 과일을 옮기는 일도 열흘에서 스무날이 걸린다. 트럭으로 옮기면 나흘이면 된다.

게다가 이 과일이 다시 우리 손에 들어오기까지 여러 주가 걸린다. 수확, 예냉, 포장 기간을 거친 과일은 냉각설비에서 또 여러 날을 보내며 운송을 기다린다. 트럭에 실려 전국을 한 바퀴 돈 과일은 도매점이나 대형매장의 지역 저장고에서 평균 사흘을 보낸다. 그런 다음에야 사람들이 접할 수 있는 판매대에 오른다. 과일은 보통 슈퍼마켓 진열대에서 여러 날을 보낸 이후에 팔린다. 그때쯤 되면 생기가 사라지고 썩기 직전 상태가 되는데, 각 가정 냉장고에 다시 일주일 정도 보관된다.

백 년 전 지중해산 과일이 몬트리올과 북아메리카로 모여들었다. 화물선마다 과일상자 7만 개씩을 싣고 들어왔다. 몬트리올 도매시장의 변

천사를 보면 20세기 농산물 거래의 역사가 보인다. 1960년대에 항구에 있던 중앙도매시장은 이후 주요 간선도로와 철도 근처에 있는 도시 외곽 유휴지로 옮겨왔다. 현재 이 시장들은 명색만 남아 있다. 철도가 대부분 포장도로로 뒤덮이고, 베스트 바이, 위너스, 코스트코 같은 대형매장들이 즐비하게 들어서면서 농산물 도매점들은 극히 일부만 남은 상태다. 게다가 이 도매시장의 땅값이 폭등하자, 상인들은 뿔뿔이 흩어져, 도시 전역에 각자 도매점을 냈다. 이런 이유로 북아메리카에는 도매상들이 몰려 있는 터미널 시장이 열 개 남짓밖에 되지 않는다.

항공을 통한 선적도 증가했다. 저장수명이 짧은 최고급 과일은 대형 화물 수송기에 적합한 LDloading devices(선적장치)라는 대형 금속 컨테이너에 담겨 날아온다. 뉴욕에서 팔리는 품질 좋은 복숭아, 서양자두, 넥타린은 캘리포니아 주와 칠레에서 항공화물 혼재업자의 손을 거쳐 LD를 가득 채운다. 이 과일들은 뉴욕에서 눈썰미 좋은 도매상들이 운반해간다. 이 도매업체 중에는 다음 날 아침 500그램당 만 원에 과일을 파는 고급상점 발도르Baldor가 있다. "부드럽고 과즙이 풍부한 과일은 냉장유통체계에서 오래가지 못해요. 품질 좋은 과일을 얻으려면 1등실에 실어와야 합니다." 뉴욕의 한 상점주인이 말했다.

뉴욕의 농산물 판매는 18세기 후반 워싱턴 광장에서 물건을 팔던 행상꾼이 그 시초이다. 1960년대 말, 현재 세계무역센터가 들어선 자리에 농산물 판매 시장들이 가득했다. 20세기까지 과일도매는 최고 입찰자에게 판매했다. 상품목록을 인쇄하고 제품번호를 과일더미마다 배당하면 입찰이 시작됐다. 저가 응찰가가 너무 자주 나와 생산자가 수확물을 포기하면 경매가 중단됐다. 18세기 런던에서는 '촛대'를 이용해 과일을 경매했다. 입찰 시작과 함께 핀 하나를 타오르는 양초 옆의 촛대에 끼워둔다. 그리고는 초가 녹아 핀이 떨어지기 직전에 가격을 제시한 사람이 물건을 가져갔다.

각 과일의 전문가인 도매상들은 상품의 미세한 차이도 감지해냈다. 다른 산업처럼 농산물 부문도 최근 인수합병 바람이 불었다. 헌츠 포인트에서 가장 큰 도매업체 디 아리고 브라더스D'Arrigo Brothers는 선적과 유통을 같이 하는데, 동시에 세계에서 제일 큰 개인소유 재배업체이기도 하다. 이렇게 수직통합과 산업계 전반의 합병으로 과일을 제대로 취급하는 능력은 예전만 못해졌다.

유럽의 농민연합은 지역 고유성을 살린 과일판촉을 통해 이러한 추세를 헤쳐나간다. 프랑스 특정 지역에서 나온 과일에는 원산지 명칭관리Appellation d'origine contrôlée(AOC)라는 표시가 붙는다. 이러한 원산지 표시로 프리미엄 가격이 형성됐다. 무아사크와 리무잼 포도, 몽트뢰유 복숭아, 로렌의 미라벨 자두는 모두 전통농법으로 재배한 과일로 품질이 우수해 찬사를 받는다. 프랑스가 원산지 표기로 성공을 거두면서, 유럽 전체적으로 맛이 뛰어나지만 세상에 알려지지 않았거나 잊혀진 과일을 찾는 이들이 많아졌다. "전에는 저장수명이 관건이었습니다만, 지금은 맛이 중요합니다. 우리는 소비자들이 더욱 즐거움을 누릴 수 있는 방법을 모색합니다." 파리 외곽에 있는 헝지스 도매시장의 홍보담당자 필리프 스티시Philippe Stisi가 말했다.

헝지스를 찾았을 때, 상인 한 명이 재밌는 얘기를 들려줬다. 한 중국 과학자가 한쪽은 파인애플 맛이 나고 다른 쪽은 망고 맛이 나는 사과를 개발했다. 어느 부자가 양쪽을 다 맛보고는 이렇게 말했다. "먹을만 하군, 그렇지만 내게 푸푸네뜨foufounette(여성의 성性을 뜻한다고 그가 귀띔해줬다.) 맛이 나는 과일을 가져오면 후하게 포상하겠다."고 말했다.

몇 개월이 흘렀고, 그 과학자는 새로 개발한 사과를 들고 다시 부자를 찾아와 흥분에 찬 목소리로 말했다. "이것을 드셔 보시지요." 그 부르주아는 한입 베어 물고는 바로 내뱉으며 외쳤다. "이 무슨 똥 맛이냐." 욕을 해대는 부자에게 과학자가 다시 흥분하며 외쳤다. "이제 반대편을 깨물어 보시지요!"

그날 사과상자를 15유로에 팔러 다니던 유쾌한 노인 기슈또 Guicheteau를 만났다. 그의 강매전술에 난 소매상이 아닌 저널리스트라고 설명하며 끝내 물건을 사지 않았다. 그는 어깨를 으쓱거렸다. "그렇다면 특별한 물건을 보여주겠네." 그가 탁자 아래에서 사과 하나를 꺼내 들었다. 사과 겉에 한 남성이 음경으로 여성을 들어 올린 장면이 정성스레 수놓아져 있었다. 삽화를 넣은 『카마수트라』의 한 장면 같았다. 내가 이를 메모하는 모습을 보던 그는, 장난으로 내게 욕을 내뱉기 시작했다. "Oh, la vache! P'tit cochon! Salaud! Gourmand!"(암소! 돼지 새끼! 개자식! 탐욕가!)

미국에서 파는 과일에는 이름, 바코드, 원산지가 스티커에 표시돼 있거나, 레이저로 껍질에 이런 정보들을 찍어놓았다. 소위 '첨단 안전 확인을 거친 레이저 정보전달시스템'을 통과한 과일들은 포장공장에서 세척, 선별, 분류하고 등급을 매긴 뒤 포장을 한다. 그런 다음 검사관의 확인을 거쳐 컨베이어 벨트를 타고 하역장과 저장고로 옮겨진 뒤, 트럭이나 배, 비행기, 열차에 실리기 전까지 동면 상태에 들어간다.

생화학적 성장 억제제와 호르몬 억제제를 사용하면서 과일의 평균 저장수명이 대폭 늘었다. 사과를 산소나 탄산가스로 통제하는 냉장설비에 보관할 경우 저장수명이 1년 가까이 늘어난다. 온도를 해왕성 정도로 낮추면, 이 저장소는 월트 디즈니의 얼음장 같은 죽음의 방이 된다. 과일들은 이내 벌벌 떨고 식은땀을 발산하며, 냉동보관에서 오는 충격으로 고통을 받는다. 그런 뒤 에틸렌 가스 세례를 받아 잠도 자지 못한 채 돌연 숙성과정을 거친다. 바나나의 경우 자연적으로 에틸렌 가스가 나와서, 가까이 둘 경우 다른 과일도 같이 익어버린다. 슈퍼마켓에 있는 토마토가 생기 없어 보이는 이유는, 초록색일 때 수확해서 에틸렌 가스 주입으로 빨갛게 만들기 때문이다. 오렌지는 본래 녹색 상태로 익지만, 에틸렌이 오렌지 표면의 엽록소 층을 파괴해 그 밑에 있는 오렌지 빛깔을 끄집어낸다. 우리가 먹는 오렌지는 대부분 가스를 주입하고 합성착색료로 범벅한 과일이다.

전에는 착색한 오렌지에 자주색 잉크로 표시를 했으나, 북아메리카에서는 이제 이러한 경고표시를 찾아볼 수 없다. 선적한 상자에 표시하는 경우도 있지만, 오렌지 상자에 적힌 이 작은 글자를 살피는 눈 밝은 소비자들은 드물다. 아직도 미국과 캐나다에서는 영국과 호주, 노르웨이에서 금지하는 성분인 오렌지 색소 2호를 오렌지 껍질에 사용한다. 한편 세계보건기구는 정기적으로 경고조치를 하고 있으며, 1973년 이후에 나온 쥐 실험 연구들도 장기손상과 암을 일으킨다고 꾸준히 발표했다. 껍질째 요리하고 잼을 만들고 오렌지로 풍미를 더할 때, 또는 음료에 오렌지 조각을 띄우거나 오렌지에 탐닉하는 행동을 할 때 모두 독성분에 접근하게 된다. 내가 산 감귤류가 착색된 것인지 확인해보려면, 껍질을 벗긴 후 과일에 붙어 있는 하얀 섬유질을 확인해보라. 이것이 오렌지 빛깔일 경우, 착색성분이 껍질을 통과해 과일 안에 스며든 것이다.

과일에 광택을 내고 저장수명을 높이기 위한 목적으로 왁스칠을 하는 경우도 있다. 왁스 제조 및 수출업체인 세렉스애그리Cerexagri, 브로그덱스Brogdex, 무어 앤 뭉거Moore & Munger 등은 우리가 먹는 농산물 대부부에 왁스칠을 한다고 밝혔다. 일부 왁스류는 셸락shellac(작은 곤충의 수지 분비물)이나 카르누바carnuba(브라질 야자수 잎에서 추출한 물질)로 만든다. 그러나 과일에 쓰이는 왁스는 대부분 석유정제과정에서 나오는 부산물인 폴리에틸렌이나 파라핀이다. 실상 우리가 먹는 것은 노먼 메일러Norman Mailer(미국의 작가)가 "기름 찌꺼기"라고 칭한 석유 분해물인 셈이다. 집에 과일을 담아오는 비닐봉지도 폴리에틸렌에서 얻는다. 화석연료는 트랙터나 기계화된 농장장비에도 쓰이고, 과일의 성장을 돕는 석유화학비료와 살충제를 만들 때도 들어가며, 저장소에서 슈퍼마켓으로 과일을 운송할 때도 이용한다.

따라서 크기도 크고 왁스칠로 윤이 나는 완벽한 과일들이 가득한 농산물 매장은 신종차량 전시장을 방불케 한다. 온도조절식 진열대에서 분사하는 안개방울은 메가와트급 직사조명을 받아 과일의 색상을 더욱 선명하게 해준다. 그렇지만 안타깝게도 대부분 빛 좋은 개살구다. 셰익스피어가 쓴 『베니스의 상인』의 한 구절처럼 "겉은 번드레한데 속은 썩은 사과!"이다. 체인점에 진열된 공기가 가득한 풍선기구 같은 과일들은 모두 점보 크기다. 복숭아처럼 큰 서양자두, 자몽만 한 복숭아, 캔탈루프 멜론처럼 큰 망고 등이 다 그런 과일들이다. 헝가리에서는 보톡스 주사 맞은 북미산 과일들을 일컬어 "귀에 거슬리는" 재즈 음악이라고 표현한다.

과거 사람들은 겉모양이 너무 멀쩡한 과일들을 의심스러운 눈초리로 보았다. 19세기의 어느 전문가는 "먹음직스러워 보이려고 지나치게 색을 낸 과일들"이라고 표현했다. 그의 말이 옳았다. 당시 상점주인들은 아라비아 고무를 이용해 과일의 때깔을 좋게 하거나, 인도 잉크를 써서 흠이 난 부분을 감추었다. 또 경소 마그네시아Calcined magnesia나 황을 자두에 뿌려 신선한 기운이 느껴지도록 했다.

슈퍼마켓의 몹쓸 행각은 현재 더 교활해졌다. 그래서인지 18세기 네덜란드 상인 피터 반 데르 부르트Pieter van der Voort의 외침은 여전히 유효하다. 그는 형편없는 복숭아를 이렇게 표현했다. "화장 짙은 매춘부처럼 멋들어지고 유혹적으로 색을 입힌 이 과일들은 맛도 없고 사과처럼 단단한데도, 치근덕거리며 추파를 던진다."

영국의 작가이자 환경운동가 엘스페스 헉슬리Elspeth Huxley는 "슈퍼에서 흠집 난 사과는 팔리지 않는 반면, 맛은 없어도 윤기 나고 매끄럽고 고르고 균일하며 선명한 과일은 사간다."고 말했다. 사람들은 대부분 질이 떨어지는 과일을 반품할 수 있다는 사실을 모르고 지나친다. 이 방법을 농산물 직판장이나 소규모 개인 가게에서는 하지 말기 바란다. 그렇지만 체인점에서 모양에 속아 구매한 복숭아에서 고무 씹는 맛이 날 경우, 나라면 환불을 받을 것이다. 반드시 돈을 돌려받고 농산물 담당자에게 알릴 것이다.

한 명이 아닌 여러 사람이 특정 품종을 요구하고, 또 상업적으로 이용 가능할 경우, 소매상들도 그 제품을 구비하려 노력을 기울인다. 다섯 번에 한 번씩 그런 요구가 들어오면 소비자 백 명이 바라는 것처럼 보인다. 과일의 품질에 목소리를 내면, 과일의 획일화 추세를 뒤집을 수 있다.

안타까운 사실은 사람들 대부분이 과일품종을 모르고 지내며, 업계는 이런 상황을 반긴다는 점이다. 과일은 보통 품종을 구분하지 않고 팔린다. 즉, 그냥 딸기를 사지, 모나크, 시스케이프, 알비온 딸기를 찾지는 않는다. 북미와 유럽에서 파는 딸기-단단하고 빨갛고 냉기에 강한 카마로사, 엘산타, 디아망떼, 벤타나 품종들-는 풍미가 없어도 믿음이 간다. 1926년 『뉴욕의 작은 과일The Small Fruits of New York』이라는 개론 서가 1,362가지의 딸기 품종을 설명해놓았다는 사실을 아는 이는 드물 것이다.

생산업체에서 고의적으로 소비자들이 품종에 관심 두는 일을 가로막기도 한다. 소비자가 과일의 모든 품종을 알아버리면, 품질에 대한 요구가 들어오기 때문이다. 최근 새로운 사과 품종이 급증하면서 계절성에 대한 이해가 높아졌고, 그 결과 사과 판매가 전반적으로 감소했다. C&O 종묘회사의 토드 스나이더Todd Snyder는 이렇게 설명했다. "새로운 품종을 들여오면 과일소비가 안 늘어납니다. 사람들이 빨갛고 노란 사과가 전부라고 생각했을 때는 다른 품종이 있는지조차 몰랐겠지요. 칼라스, 후지, 조나골드 사과를 접하게 되자, 사람들이 갑자기 먹을거리에 까다로워졌어요."

소비자들이 품종에 관심을 보일 경우, 슈퍼마켓은 일 년 내내 품질 낮은 과일을 판매하는 데 지장을 받으므로 이런 상황을 꺼리는 것이다. 제철에도 슈퍼마켓들은 평균 이하의 똑같은 사과와 오렌지, 딸기만 들여놓는다. 식품업체들은 이렇게 계절성이 모호해진 상황을 일컬어 "전 세계가 사시사철 여름permanent global summertime"이라고 부른다. 즉, 언제나 모든 것을 접할 수 있으니 평범하기 그지없다는 뜻이다.

다종다양한 과일 중 판매대에 오르는 것은 극히 일부이다. 우리가 먹는 음식의 90퍼센트는 겨우 서른 가지 식물에서 나온다. 이렇게 한정적인 이유는 여러 가지다. 우선 확보할 수 있는 과일이 많지 않다. 선적이 쉽지 않으며, 제대로 다루기도 힘들다. 전국 체인점에서 원하는 양

만큼 아무 곳에서나 생산할 수도 없다. 몇 년간 과실이 열리지 않을 때도 있다. 과일은 말랑말랑하고 수분이 많아서 맞닿으면 멍이 들기 때문에 쌓아둘 수도 없다. 물풍선 같은 토종 과일도 있다. 기억에서 잊혔던 자두인 코의 황금방울Coe's Golden Drop의 경우 수분이 많아 깨물 수 없을 정도다. 자두를 조금 베어 물어 안쪽에 작은 구멍을 낸 다음에 향긋한 단물을 빨아내야 한다.

맛으로 볼 때, 일부 과일은 다른 과일들보다 상업적으로 성공을 거두었다. 각 지역에 있는 피글리 위글리Piggly Wiggly(미국의 식료품 체인점-옮긴이)에 가보면 마음에 드는 레몬, 오렌지, 사과, 바나나, 포도를 언제든 살 수 있다. 반면 딸기나 배, 무화과는 그렇지 못하다. 맛좋은 살구를 찾기란 거의 불가능하다. 살구를 태양의 달걀이라 부르는 이란에서 제일 잘 팔리는 상업용 품종은 미국이 개량한 케이티 살구다. 과일은 또 전 세계로 실려가는 혹독한 여정을 버텨야 한다. 속이 하얀 샬라 살구나 속이 붉은 톰참 살구처럼 뛰어난 품종은 수확 후 며칠 안에 먹어야 한다. 이들은 부패가 빠르고 호감 가지 않게 생긴데다 원숙 조건이 까다로운 과일이지만, 맛은 기차게 좋다. 한마디로 저장 보관이 간편한 과일과 정반대라고 보면 된다.

부유층들은 갈수록 구매여건이 좋아지고 있다. 하얀 엔젤코트 살구는 뉴욕과 캘리포니아 주의 최고급 과일매장에서 천문학적 가격에 팔린다. 그래도 좋은 살구는 대개 손에 넣기 힘들다. 에드워드 번야드 Edward A. Bunyard(영국의 과실학자)는 이런 글을 남겼다. "고요한 정원에 분수대 소리만 들려오는 어느 페르시아 궁전은 금색접시에 담긴 살구를 먹으며 세헤라자데를 기다리기에 최적의 공간이다."

20세기 전반기에 사람들이 가장 많이 먹은 과일은 오렌지였다. 농축기술이 생겨난 덕분에 먹기보다 마시는 일이 많아졌다. '냉동인간the frozen people이라고 부르는 농축과즙 제조자들은 신선한 과일의 소비를 줄이는 데 지대한 공헌을 했다. 이들은 오렌지를 직접 짜내지 않고도 냉동 오렌지 주스를 이용해 재빨리 마실 수 있도록 했다. 사람들이 농축주스라면 안심하고 친숙하게 느끼는 이유는, 이를 가열해 성분별로 나눈 뒤 다시 섞어 인공향을 첨가한 후 마지막으로 얼린 상태로 종이팩에 담아내기 때문이다. 현재 오렌지 주스를 만들 수 없을 만큼 너무 바쁜 우리들은 트로피카나 주스를 갓 짜낸 것만큼 좋다고 생각하고 마신다.

도시화와 산업화로, 우리는 식량의 근원에서 멀어졌고 실제 재배하는 방법조차 잊어버렸다. 그렇지만 성 안토니오St. Anthony(금욕생활을 철저히 고수한 수도사-옮긴이)를 끌어내고 그가 기거하던 나무 밑에 들어가 살지 않을 이상 그리고 먹을 것을 찾아 이리저리 헤매거나 직접 재배할 생각이 아니라면, 우리는 계속 장을 보며 음식을 구해야 할 것이다.

헨리 소로는 과일은 "그 고귀한 가치를 반영하듯 순간적이고 무형의 성질을 띠는데, 이는 통속화할 수도, 사고팔 수도 없다."고 했다. 이는 여러 가지 면에서 맞는 말이다. 라즈베리는 나무에서 따서 바로 먹을 때 그 절정의 맛이 느껴진다. 수확 후 십 분이 지나면, 뭔가 빠져나간 느낌이 든다. 소로의 『야생과일Wild Fruits』에 이런 구절이 나온다. "상업적 거래가 움켜쥔 과일은 언제나 열등하기 마련이다. 상업이 더 뛰어난 과일 생산을 방해한다는 점을 알아야 한다. 다시 말해 최고의 과일은 돈을 주고 맛볼 수 없다. 과일을 정성껏 수확한 자만이 누리는 즐거움도 돈으로는 살 수 없다."

좋은 과일을 얻기 위해 힘든 노력도 마다않는 가게는 좀처럼 찾아보기 힘들다. 보통 매장 입구 쪽에 진열해놓은 과일들은, 대기업이 만든 값비싼 가공식품과 간식거리와 청량음료를 고객들이 사게끔 부추기는 역할을 하며, 대기업은 이를 위해 진열비를 대는 것도 마다하지 않는다.[이 식품들의 성분표시를 보면 마음이 심란해진다. 크래프트Kraft에서 나온 과카몰리에는 아보카도가 2퍼센트도 들어 있지 않다. 퀘이커Quaker의 '복숭아와 크림' 오트밀에는 복숭아대신 착색해 말린 사과조각이 들어간다. 일부 블루베리 와플제품은 사실 블루애플 와플이다. 수박 맛 프루트 롤업 Watermelon Fruit Roll-Ups(돌돌 말린 젤리과자-옮긴이)에는 수박이 아닌 배가 들어간다. 대량생산하는 과일케이크는 순무로 만든다.] 편의점에서 신선한 과일을 찾아볼 수 없는 이유는 단순하다. 이윤이 적기 때문이다. 어느 소규모 청과상은 이렇게 말했다. "대형매장은 농산물을 싫어한다. 농산물은 가급적 30초 내에 없어져야 하기 때문이다. 게다가 농산물로는 돈벌이도 안 된다." 이렇게 볼 때 슈퍼마켓이 싸고 질 낮은 과일을 가져다놓는 이유는 명백해 보인다.

일부 의식 있는 매장에서는 지역 농산물을 판매하려고 노력한다. 농산물 직판장에서 사는 것보다 나을 때도 있다. 지중해성기후 지역에서는 농산물 직판장이 일 년 내내 열리는데, 바로 이런 모습이 사람 사는 풍경일 것이다. 그렇지만 때로는 너무 금방 상해버려 직판장조차 취급 곤란한 과일이 있다. 이럴 때는 농장을 방문해야 진짜 좋은 제품을 맛볼 수 있다. 영양학자 매리언 네슬레Marion Nestle는 "갓 수확한 과일을 먹어본 적 없는 사람들은 그 과일이 얼마나 뛰어난지 상상조차 못한다."고 하였다.

내가 깨달은 사실은 좋은 과일을 취급하는 매장 사람들을 알아두거나, 지역에 과일을 공급하는 사람들과 친분을 쌓으면 더할 나위 없이 유익하다는 점이다. 내가 자주 찾는 지역 시장은 뼈마디가 굵은 난쟁이 친구가 운영하는 곳이다. 그는 내게 과일을 시식시켜주고, 언제 어떤 과일을 먹어야 할지 일러주며, 멍이 들었어도 사실 당도는 더 높은 과일을 알려준다. 이런 사람이 주위에 없다면 과일구매는 도박에 가깝다. 제철과일을 파악하기도 힘드니, 청과상하는 사람을 알아두면 좋겠다.

내게 여름은 멜론, 복숭아, 자두, 베리를 먹는 계절이며, 다른 철에는 이 과일들에 손도 대지 않는다.(겨울에 남반구에서 가져와 파는 제철 아닌 과일은 그 맛이 별로다.) 사과와 배는 언제나 먹을 수 있어도, 가을에 특히 맛이 좋으며, 석류, 모과, 감도 마찬가지다. 감귤은 겨울에 품질이 뛰어나다. 체리모아는 파파야처럼 늦겨울에 즐거움을 주는데, 특히 라임과 다진 아몬드를 곁들이면 더욱 즐겁다. 매해 봄 로스앤젤레스에서는 시내 곳곳에 자라는 비파나무가 봄철이 왔음을 알린다. 뒤를 이어 망고, 체리, 살구, 신선한 딸기가 늦봄까지 줄줄이 이어진다. 물론 여기에 여행길에서 맛보는 지역 과일이 빠질 수 없다.

우리가 먹을거리 선택에 혼란을 느끼는 이유는 농산물이 광고를 퍼붓지 않는 소수 분야이기 때문이다. 이윤이 적어 대형광고를 자제하므로 대규모 마케팅이라는 영향력이 없고, 그 결과 우리는 과일의 생김새만 보고 구매하게 된다. 그러나 알다시피 겉모양은 속아 넘어가기 쉽다. 소비자가 원하는 것은 대부분 흠집 없는 과일이라서, 슈퍼마켓은 상처 난 과일을 폐기 처분한다. 이 때문에 수확한 과일 중 25퍼센트를 버린다고 한다. 유럽에서는 이런 풍토를 막으려는 운동이 진행 중이다. 완벽하지 못한 과일(유럽에서는 2등급 과일이라고 한다.)을 1킬로그램당 1,100원에서 2,200원 정도 가격에 판매한다. 2등급 과일은 흠이 있고 상처투성이여도 맛이 좋다. 때로는 1등급보다 괜찮은 경우도 있다.

소비자들의 과일 장보기는 이해하기 어려운 분야이다. 소비행태를 살펴보면 장보기 항목에 들어가는 과일로 사과, 바나나, 오렌지, 딸기가 전부이며, 다른 과일은 어쩌다가 구매한다. 과일의 생김새나 촉감을 보고 마음에 들면 사는 식이다. 이러한 충동구매방식이 굳어지면서 키위나 허니듀 멜론보다는 복숭아와 체리가 각 가정에 쉽게 파고든다.

일단 과일의 생김새를 파악한 우리는 온갖 이상야릇한 방법을 동원한다. 장사하는 사람들은 이렇게 물건 고르는 과정을 '슈퍼마켓 쾌락 supermarket hedonics'이라고 부른다. 꼭 쥐어보고, 더듬고, 냄새 맡고, 어루만지고 쓰다듬는 행동들을 하기 때문이다. 이 중에는 잘 통하는 방법도 있다. 아보카도를 손끝으로 튕겨보면 속이 어떤 상태인지 감이 온다. 별반 도움이 안 되는 방식도 있다. 파인애플은 그 잎을 뜯어봐도 잘 익었는지 전혀 알 수가 없다.

멜론에 통달한 사람들은 그 결함을 보완할 때 쓰는 방법이 있다. 멜론을 탁탁 치거나 잘 익도록 햇볕 아래 내다놓는 것이다. 속이 검은 어떤 생산자들은 소비자들을 꼬드기려고 멜론 표면에 그물을 새긴다는 얘기도 있다. 캔탈루프 멜론 애호가들은 당도를 더욱 확실하게 알려면, 멜론을 줄기에서 따낼 때 베어낸 자국을 확인하라고 말한다. 줄기가 붙어 있는 과일은 칼이나 절단기를 이용해 자른 게 분명하므로, 익지 않은 상태로 수확했을 것이며, 따라서 맛도 좋을 리 없다는 것이다. '줄기에서 쏙 빠진 멜론', '보름달 멜론' 등 표현이 어떠하든 줄기 없는 멜론이 이상적이다. 줄기가 조금이라도 남아 있으면, 그 언저리에 갈라진 틈이 없는지 살펴보라. 이런 멜론은 외관상 완벽해 보여도 감자 맛이 나는 경우가 있다.

슈퍼마켓에서 과일 장보기가 도박인 이유는 보통 숙성되지 않은 상태로 진열대에 오르기 때문이다. 과일은 대개 익어서 실어나갈 상태가 되면 수확하지만, 완전히 숙성할 때까지 필요한 변환과정을 거치지 못한다. 상업적 과일은 에테르 발산, 과당생성, 세포연화작용, 산도조절 등이 본궤도에 오르기 훨씬 이전에 수확을 거친다.

감귤, 포도, 체리, 딸기, 라즈베리, 파인애플, 수박은 '비후숙' 과일이어서 수확 이후에는 더는 익지 않는다. 수확하는 순간이 최고의 상태이고 그 후로는 품질이 계속 떨어진다. 이 종류들은 수확 즉시 그 자리에서 먹는 게 좋다.

나무에서 떨어진 후에도 계속 익는 과일을 후숙 과일이라고 한다. 그 중간에 속한 과일도 있다. 살구, 복숭아, 넥타린, 블루베리, 자두, 일부 멜론 종류는 나무에서 떨어지고 난 후 더 부드러워지고 과즙도 많아지지만, 맛과 당도는 더 나아지지 않는다. 사과, 키위, 망고, 파파야, 일부 열대과일은 수확 이후에 당도가 더 높아진다. 이 과일은 전분을 당분으로 전환하는데, 실제로 익을 때 숨을 계속 내쉬며 일종의 가스를 발산한다. 갈색 반점으로 뒤덮인 바나나는 출산 중인 산모가 호흡곤란을 겪는 상태와 비슷하다.

바나나, 아보카도, 배 같은 일부 후숙 과일은 적당한 때에 수확을 했을지라도 숙성기간을 거쳐야 한다. 그래서 적절히 처리하지 않으면 맛을 보장할 수 없다. 저장고나 농산물 코너의 온도가 너무 낮으면 바나나는 후숙을 중단하고 회색으로 변한다. 배는 페네트로메타 penetrometer나 포텐셔미터potentiometer처럼 눈금이 정확한 당도계를 사용해 수확한다. 수확 후에는 서늘한 상태로 먹기 좋은 순간까지 저장해야 한다. 슈퍼마켓은 배를 보잘 것 없는 안개 분무기 밑에서 10주 동안 계속 방치하기 때문에, 최고로 먹기 좋은 순간을 알아내기 어렵다. 한번 배를 열 개가량 사서 하루에 하나씩 먹어보라. 운이 좋다면, 과즙이 흘러넘치는 배가 섞여 있을 것이다. 랠프 월도 에머슨Ralph Waldo Emerson(미국 사상가이자 시인)은 "배는 먹기에 가장 완벽한 순간을 10분밖에 허용하지 않는다."고 말했다.

숙성 바로 직전, 까다로운 에테르 발산이 최고조에 이르고, 산과 당이 복잡한 과정을 거쳐 산도와 당도가 적절히 조율된 상태는 순식간에 지나간다. 이 순간을 알아채려면 경험과 운이 있어야 한다. 콜레트Colette(프랑스의 소설가)는 "무화과가 완벽한 순간은 밤이슬을 맞아 부풀어 있고, 그 눈에서 감미로운 수액이 한 방울 떨어질 때"라고 했다. 번야드는 구스베리의 경우, 하얀 백조 구스베리, 붉은 샴페인 구스베리, 녹색 털복숭이 구스베리 등 그 어떤 품종을 막론하고 "따뜻한 7월 어느 날 교회에서 돌아온 12시 30분 과일이 눈에 띄게 따끈해져 있을 때가 최고의 순간"이라고 적었다. 모든 과일은 가장 맛있는 순간이 있지만 이때를 찾아내기란 과일사냥꾼 대열에 끼지 않고서는 불가능하다.

4부

열정의 과일

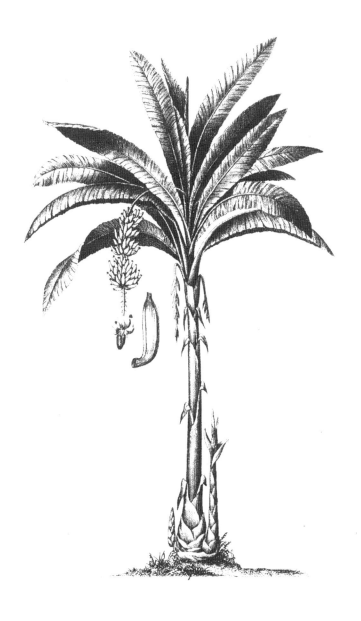

13장

노아의 방주, 과일의 보존

과일나무, 과일나무,
다들 널 모른다 해도, 비와 대기가 곁에 있다네.
그러니 걱정을 말게,
네가 떠나는 모습을 지켜봐 줄 비와 대기가 있으니.

_ 닉 드레이크 Nick Drake**(영국의 가수), '과일나무**Fruit Tree'

뉴햄프셔 주에 있는 파버티 레인Poverty Lane 과수원. 비가 올듯한 대기에서 땅에 떨어진 건강한 사과의 새콤한 향이 묻어났다. 농장 뒤쪽 젤리와 당밀 저장소를 지나, 저온 살균처리 없이 금주법 이전 방식으로 만드는 사이다 제조실을 지나치자, '괴짜품종'이라고 이름붙인 요상한 사과 전시장이 나왔다. 지나가던 사람들이 맛을 보려고 발걸음을 멈췄다.

우둘투둘한 황갈색 애슈미드 커넬 사과는 1700년에 나온 품종으로 육두구 와인향이 배 있다. 칼빌 블랑 디베르는 단호박처럼 골이 깊게 패인 사과로, 16세기에 요리해 먹던 맛이 아주 뛰어난 품종이다. 토머스 제퍼슨Thomas Jefferson(미국의 제3대 대통령)이 즐겨 먹던 에소푸스 스피첸버그 사과는 내 어설픈 입맛에도 사과계의 지존으로 느껴진다. 이 사과들을 베어 물면 과거로 날아가는 기분이 든다. 사과 맛에서 르네상스 시대의 궁정사람 혹은 버지니아 주의 어느 부유한 지주의 인생이 느껴진다.

다부진 턱에서 자신감이 묻어나는 파버티 레인의 운영자 스티븐 우드Stephen Wood는 이 괴짜 재래종 덕분에 농장이 유지된다고 말했다. 우드는 1965년부터 1990년대 초까지 매킨토시와 코트랜드 품종을 길렀으나, 다른 사과 생산자들처럼 주변으로 내몰리고 말았다. "전 세계적으로 사과를 너무 많이 심은 이유가 우선이겠고, 그밖에 손써볼 도리가 없는 여러 상황이 있었습니다. 그래서 업계 전반적으로 빈사상태에 빠져들었지요." 우드는 한숨을 쉬며, 게리 스나이더와 똑같은 얘기를 했다.

당시 사과를 재배하는 것보다 사다먹는 게 더 싼 현실을 접한 우드는 새로운 시도를 해보기로 마음먹었다. 그의 선택은 바로 재래품종이었다. 옛 품종을 매킨토시 사과나무와 접목한 우드는 자신이 만든 사과 맛에 빠져버렸다. "제 마음에 쏙 드는 사과를 엄선했습니다. 맛을 보면 매우 흡족할 겁니다. 아주 오래된 품종 일부를 골라 재배하니 놀랄 만큼 뛰어난 사과가 나오더군요." 우드는 품종을 열 개 정도 선별해 시장에 선보였다. 근사한 상자로 포장해 도시의 상류층 시장에 보내니, 수요가 치솟기 시작했다. 우드는 폼므 그리즈 사과─루이 14세가 즐겨 먹던 품종─를 매킨토시 사과보다 다섯 배 높은 가격에 팔았다.

"이것이 현명한 시도였는지 아직 배심원들의 판결은 나오지 않은 상황입니다." 하버드 대학에서 중세사를 전공한 우드가 말했다. "매우 모험적인 일이긴 했어도 쓰러져가는 산업이 다시 살아나길 손 놓고 앉아 있는 것보다 낫지 않나요? 십 년 정도 지나봐야 이것이 꽤 현명한 전략이었는지 평가할 수 있겠지요. 그렇지만 이러한 전략 덕분에 희망을 얻었고, 기억 속에 묻힐뻔한 매우 독특한 품종도 재배할 수 있었습니다."

우드도 거대한 흐름에 섞여 있었다. 품질 낮은 과일이 과잉공급된 시장에서, 소규모 생산자들은 경쟁을 위해 새롭고 창의적인 발상을 쏟아내야 했다. 이렇게 보기 드물게 진귀하고 특이한 품종을 재배하고 판매하면서, 농가들은 이런 과일이라면 고가에 팔 수 있겠다고 판단했다.

"농부에게 지속가능성은 본전치기나 마찬가지입니다." 캘리포니아 주 북부에 위치한 펜린과수원 특산품 판매소Penryn Orchard Specialties 운영자 제프 리이거Jeff Rieger가 말했다. "다시 말해 세금내고 나면 다음 해 농장운영비 정도 남거든요." 리이거는 재래품종에 눈을 돌렸다. 아칸사스 블랙 사과, 그린게이지 자두, 샤랑테 멜론이 그 대상이었다. 그는 일본의 전통방식으로 만든 곶감 호시가키hoshi gaki도 만들었다. 이는 여러 주 동안 건조한 감을 손으로 매만져 과육이 말랑말랑해지게 만드는 것이다. 그러면 감이 풍성하게 연해지면서 겉에 천연 과당가루가 하얗게 생긴다. 리이거는 이 곶감을 로스앤젤레스에 있는 산타 모니카 농산물 직판장에서 500그램당 5만 원에 팔았고, 토마스 켈러Thomas Keller 같은 유명 주방장에게도 판매했다. 2006년 그가 거둔 수확물은 단 몇 주 만에 몽땅 팔렸다.

짐 처칠Jim Churchill과 리사 브레니스Lisa Brenneis는 처칠 과수원을 운영한다. 이들에게는 '반란 상품rebel brand'이라고 부르는 과일이 있다. 바로 내가 맛본 최고의 만다린인 키셔스kishus이다. 이는 일본의 고대품종으로, 작고 달콤하며 톡 쏘는 신맛이 난다. 이들이 키셔스 재배를 생각해낸 것은 리버사이드에 있는 캘리포니아 대학이 주최한 감귤 품종 전시관을 방문한 이후였다. 이곳에서는 시트레인지쿼트, 메가롤로, 오렌지로, 탱고, 시트레몬, 시트레인지, 시트루멜로, 레만다린, 블러드 라임, 보라색 과육 탄젤로, 속이 분홍색인 황록색 줄무늬 레몬 등 900개가 넘는 품종이 자라고 있었다. "대학원생들이 온종일 과수원에 나와 있기에, 어떤 품종을 먹는지 물어봤어요." 학생들은 하나같이 키셔스라고 답했다. 처칠 농장의 키셔스는 캘리포니아 직판장과 우편주문을 통해 날개돋친 듯 팔린다. 셰 파니즈Chez Panisse 식당은 이를 간단히 조리해 디저트로 판매한다. 이 외에도 바닐라 크림 맛이 나면서도 신맛은 약한 바닐라 블러드 오렌지처럼 독특한 과일도 과수원에서 구할 수 있다.

내가 그동안 먹어본 제일 특이한 오렌지는 처칠 농장 근처의 오자이Ojai 농장에서 먹어본 품종이었다. 그것은 이름 없는 돌연변이 품종으로, 맛이 묘하게도 닭고기 면 수프랑 똑같았다. 검은 고기, 흰 고기, 닭육수, 심지어 국수 맛까지 모든 재료의 맛이 느껴졌다. 그렇지만 내 생각에 그 어떤 감귤도 처칠의 키셔스 맛을 따라잡지 못한다. 단골들은 할리우드 농산물 직판장을 찾았다가 키셔스 철이 끝났다는 사실을 알면 흥분한다고 한다. "키셔스에 푹 빠진 사람들에게는 키셔스가 전부거든요." 브레니스가 웃으며 말했다.

농부들은 대개 풍성하게 잘 크는 나무를 기르지, 맛 좋고 잊혀진 옛 품종을 키우려하지 않는다. 좋은 과실을 얻으려면 작물을 세심하게 보살펴야 하기 때문이다. 또 열정도 있어야 한다. 변덕스러운 과일을 기르다보면 기술적이고 세심한 문제가 생겨 손이 대단히 많이 간다. 그냥 농장을 팔아치우는 게 이윤이 남을 때도 있다. 단, 농사 말고 다른 할 일이 있는 경우 고려해볼 일이다.

땅으로 생계를 꾸리는 제브로프Jebroff일가는 자녀들부터 손자, 조카, 다른 친척들까지 온 가족이 온종일 동원돼 일을 한다. "농장일이 쉽지 않은 건 사실이지만, 이를 일로 생각해선 안 됩니다. 우리는 이곳에서 일하는 게 아니라 살아가는 겁니다." 조지 제브로프George Zebroff가 말했다.

2006년 8월, 나는 브리티시 콜롬비아의 시밀카민 밸리Similkameen Valley로 가서 그의 농장을 방문했다. 조지의 아내 안나Anna가 문 앞에서 나를 맞이했다. 안나는 어른이 된 말괄량이 삐삐처럼 생겼다. 나와 함께 헛간으로 가면서 머릿수건을 매만지던 안나는 꿀을 한 숟갈 넣은 신선한 우유 한 컵을 건넸다. 상징적이면서도 맛있는 우유였다. 갓짜내 아직 온기가 남은 우유에 꿀이 녹아 있었다. 조지가 복숭아 잼이 담긴 대형냄비를 손보느라 정신이 없어서, 나는 안나와 함께 울퉁불퉁한 땅 위를 천천히 걸어 다녔다. 이 농장에는 사방에서 모인듯한 채소와 꽃, 허브, 과일나무들이 자라고 있었다. 뒷밭에 깎아지른 듯한 산허리는 이곳에 완벽한 미기후를 만들어냈다. 닭들이 돌아다니며 사과나무를 비옥하게 해준다고 안나가 말했다. "다른 농장은 베르사유 정원이지만, 우리 농장은 나무 주변에 잡초가 자라요. 뽑지 않고 내버려 두거든요. 우리 농장은 동식물과 곤충이 다 같이 어우러져 살아요." 이렇게 말하는 안나의 눈썹 위로 파리 한 마리가 내려앉더니 다시 날아갈 생각을 안했다. 안나도 자연과 동화된 나머지 전혀 의식하지 못하는 것 같았다.

잼 만들기 작업을 마친 조지가 우리를 맞이했다. 조지의 첫인상은 무뚝뚝해보였고, 붙임성도 없어 보였다. 억센 회색 머리칼은 투박한 턱수염과 잘 어울렸다. 조지는 키가 매우 컸다. 그와 악수하는데 로도스 섬의 콜로수스Colossus(로도스인들이 태양신을 찬양하기 위해 만든 거대한 신상-옮긴이)와 인사하는 기분이 들었다. 조지는 내게 미심쩍은 눈초리를 보이며, 어떤 책을 집필 중인지 재차 물었다. 이어 그는 간결하고도 예리한 질문을 던지더니 박학하고 격식 있는 유창한 어조로 내 주제가 괜찮아 보인다며, 조금은 사교적인 면모를 보여주었다.

조지도 우드처럼 식량을 재배하는 것보다 사 먹는 게 사실 더 싸다고 말하며, 과거에는 농사를 높이 평가했다는 얘기를 꺼냈다. "지금은 농부들을 보조금이나 요구하는 문제 집단으로 보지요. 결국 시스템 내적인 문제입니다. 기업모델도 농업에 대한 인식 부족에서 나왔어요. 이 기업들의 부정적 면모는 익히 알려진 사실이고요. 그렇게 행동해야 본인들이 만든 세계가 돌아가겠지요."

다 같이 농장에서 재배한 포도를 맛보던 중, 조지가 포도덩굴에 쳐 놓은 덫에 참새가 걸린 것을 발견했다. 그는 말없이 참새를 풀어주더니 하늘로 날려보냈다. 다른 농부들과 달리 제브로프 가족은 길 잃은 동물을 죽이는 법이 없다. 산에서 내려온 뱀이 걸려들어도 그냥 풀어준다. 손실이 생기면 땅에서 메우려하지 않고 그냥 부담하는 편이라고 조지가 설명했다. 조지네 가족은 돈벌이가 아니라 조화로운 삶을 위해 산다고 했다. 그래서 이들은 다양한 작물을 동시에 기른다. 최고의 것을 챙겨 먹고 남는 것을 판매한다.

조지가 나더러 자두를 따보라고 권했다. 나무에서 잘 익은 열매를 정신없이 따서 맛을 보기 시작하자, 그 재미에서 빠져나올 수가 없었다. 살아 있다는 게 축복이었다! 이 농장에서 재배한 복숭아도 선풍적 인기를 누린다. 황홀할 정도로 즙이 풍부한 오디에 손가락이 다 물들어버렸다. "우리가 실제 추구하는 것은 표준화나 획일화되지 않은 과일입니다. 서로 다른 모양, 질감, 맛, 느낌, 영양에서 완벽한 품질이 나와요. 어느 것 하나 똑같은 과일이 없고 똑같아서도 안 되지요."

이들은 매해 과일을 수확할 수 있도록 해마다 서로 다른 품종을 다양하게 심었다. "보통 2년마다 결실을 맺는 게 자연스러운 현상입니다. 매해 열리지 않아도 우린 그대로 둡니다. 사람들은 억지로 결실을 맺게 하려 하지만, 나무들도 휴식이 필요해요. 그냥 쉬는 것이니 기다려줘야지요. 그렇기 때문에 우리는 여러 그루를 키웁니다."

농장에 화학약품을 전혀 쓰지 않는 제브로프는 다른 대규모 유기농 생산자에게 일침을 가했다. 살충제를 계속 쓰는 단일경작과 달리, 유기농은 종의 다양성을 살리는 쪽으로 나가야 한다는 게 그의 지론이었다. 제브로프 가족은 농장장비나 가스, 다른 필수품 말고는 물건을 구입하는 일이 드물었다. 가끔 식품을 사다먹기도 하지만 직접 생산하지 않는 품목들만 해당된다. 안나는 주기적으로 바나나를 대량으로 사오기도 하는데, 바나나가 이곳 농장의 기후에 적합하지 않기 때문이라고 했다.

제브로프는 다른 사람들도 자신들처럼 사는지는 모르겠다고 했다. 이들은 농장일을 하기에도 벅차서 그런 것에 신경 쓸 겨를이 없었다. 땅으로 생계를 꾸리는 것이 가능하냐는 내 질문에, 조지는 이렇게 답했다. "물론이지요. 농사일을 하려는 마음만 있으면 얼마든지 가능해요. 누구든 할 수 있냐고요? 물론 누구든 가능합니다. 하지만 그동안 주입받은 내용들을 털어내야 합니다. 〈시티 슬리커City Slicker〉라는 영화 보셨나요?"

"빌리 크리스탈Billy Crystal이 나온 영화 말인가요?"

"네, 거기서 잭 팰런스Jack Palance가 인생의 비결을 말하던 장면 기억하나요? 잭 팰런스가 손가락을 하나 들어 올리며 이렇게 말하지요. '비결은 한 가지 일만 하고, 한 가지 직업만 갖고, 그 한 가지에만 전념해서 전문가가 되는 거야.' 글쎄, 어떻게 보실지 모르겠지만, 이는 비결이 아니라 문화적으로 주입된 것입니다." 나중에 인터뷰가 끝날 무렵, 이런 농사방식이 사라져가는 이유를 그에게 물었다. 제브로프는 손가락을 위로 뻗더니 되풀이했다. "잭 팰런스의 손가락이지요."

다 함께 야외 탁자에 앉아 손수 만든 빵과 치즈를 농장에서 난 토마토, 고춧가루, 허브와 곁들여 먹었다. 나는 얼마 전 밴쿠버 미술관에서 본 전시회 얘기를 조지에게 꺼냈다. 그 전시회는 브리티시 콜롬비아 해안에서 서쪽으로 100킬로미터 떨어진 군도에 사는 원주민 하이다Haida 부족의 예술품 회고전이었다. 이들은 카누, 옷, 도구, 노 같은 전통적이며 일상적인 용품을 정교하고 아름다운 예술품처럼 만든다. 기념품점에서 안내책자를 살피다가 우연히 접한 어느 하이다인의 이야기가 인상적이었다. "즐거움이란 잘 빚어낸 물건과 같아서, 오직 물건을 만들 때의 즐거움과 견줄 수 있다." 제브로프는 집에서 만든 자두벌꿀 술을 유리잔에 따르며 고개를 끄덕였다. "우리와 신념이 같네요."

우리는 현재 집단멸종 시대에 산다. 목재, 종이, 방목을 위해 열대우림을 계속 파괴한 결과 매해 17,500종을 잃고 있다. 기록에도 올라가지 못한 채 사라지는 생물종도 있다.

그러나 멸종은 동시에 자연스러운 현상이다. 지금껏 생존했던 종 중에서 99.99퍼센트가 멸종한 상태다. 거의 대부분 인류가 활동하기 전에 사라졌다. 그것이 어떤 종들이었는지 우리는 다만 추측해볼 따름이지만, 동시에 아직 주변에 존재하는 풍요로움에 감사하는 마음으로 살아간다.

농부들은 특정 품종을 재배해 생명종의 다양성을 유지하는 데 기여한다. 지오다노 농장Giordano Farms의 주인 데이비드 지오다노David Giordano는 무어파크 살구를 살려낸 인물이다. 그는 부친이 1920년대에 무어파크 살구를 재배할 때 사용한 뿌리줄기로 이 품종을 번식시켜 무어파크 살구를 지켜냈다. "다른 곳에서도 무어파크를 구할 수 있지만 우리 것 하고는 다릅니다. 우리 살구는 지금까지 보존해온 품종입니다." 살구에 연둣빛이 감도는데도 그의 무어파크는 따라잡을 수 없는 맛이 느껴졌다. "이 과일을 처음 접한 사람들은 별 반응이 없어요. 그러다 제가 하나 먹어보라고 권하면, 금세 반응이 바뀝니다. '이럴 수가! 몇 개까지 살 수 있지요?' 이렇게요."

과일을 지키는 최선의 방법은 수요를 만드는 것이다. 어쨌거나 과일은 번식을 위해 먹히길 원하니, 소비자들 모두가 과일을 요구하기만 하면 된다. 사실 사라졌다고 생각한 과일 중 아직도 소규모 농장에서 무성하게 자라는 종류가 많다. '씨앗보존판매소Seed Sasvers Exchange'에서 일하는 켄트 휠리Kent Whealy는, 토종 과일과 채소라는 개념을 보급한 사람이다. 1970년대에 그는 1920년대에 인기 있던 당도가 매우 높은 달과 별Moon and Stars 수박 씨앗을 구해달라는 요청을 받기 시작했다. 그러나 안타깝게도 이를 구할 길이 없었고, 이 품종이 사라졌다는 소문도 돌았다. 그러다 1980년대에 미주리 주 메이콘에 사는 농부 멀리 반 도렌Merle Van Doren이 휠리에게 연락해 자신이 그 품종을 재배 중이라고 알려왔다. 그 결과 이 품종은 씨앗보존판매소에서 제일 잘나가는 씨앗이 되었고, 현재 무수히 많은 뒷마당에서 자라고 있다.

몬트리올의 노트르담 드 그레이스Notre Dame de Grace(NDG) 지역은, 20세기 초 뉴욕의 고급 식당에 높은 가격으로 판매했던 특별한 멜론밭이 가득했었다. 그러나 제2차 세계대전 후 이들 농경지가 주거지에 밀려나면서 몬트리올 멜론도 사라졌다. 아니 모두가 사라졌다고 믿었다. 그러다 전 세계 씨앗은행에 편지를 돌린 결과 1996년 아이오와 주 에임스 대학에서 씨앗 한 꾸러미를 얻을 수 있었다. 이 멜론은 윈드밀 포인트Windmill Point 농장이 재배하던 것이었다. 덕분에 현재 NDG 지역 YMCA 뒤편의 캔털루프 정원에는 다시 멜론밭이 생겨났다.

매해 국제자연보호연맹(IUCN)은 '멸종위기 동식물보고서'를 발표한다. 멸종위기에 처한 식물 1만 2천 종은 대부분 열매를 맺는 속씨식물들이다. 멸종위기 열매목록에는 브라질 대서양 열대우림의 캄부카, 중동 지역의 다양한 대추야자, 다섯 가지 종류의 터키산 배, 그리고 망고와 유사한 서른다섯 가지 품종이 있다.

'미국음식전통 바로세우기Renewing America's Food Traditions(RAFT)'라는 단체는 북미에서 사라져가는 동식물성 식품 7백여 가지에 대한 자료를 수집한다. 이 중에는 맛이 뛰어난 마샬 딸기와 세미놀 호박도 있다. 그렇지만 정부의 규제로 전통품종의 상업화 가능성이 가로막혀 곤란을 겪기도 한다. 독특한 꿀맛을 풍기는 피트매스톤 파인애플의 경우 크기가 너무 작아 EU에서 판매하지 못한다. 거래 대상 씨앗을 모두 종자 등록해야 하는 유럽은, 그 등록비가 상당히 높아서 재래품종 대부분이 경제적으로 이용되지 못하고 있다. 「인디펜던트Independent」지는 이러한 상황을 다음과 같이 보고했다. "씨앗판매가 불법이 돼버렸다. 그 결과 미래를 위해 씨앗을 내주는 식물들을 재배하지 못하면서 이들이 멸종해가고 있다."

한편 멸종위기 과일이라고 지나치게 과장한 경우도 있다. 사라져버린 탈리아페로 사과를 가리켜 우리가 잃어버린 안타까운 사례라고들 한다. 토머스 제퍼슨도 그가 즐겨 마시던 부드러운 샴페인 음료인 사과주를 만드는 데 이 사과를 썼다고 한다. 그러나 조금만 파헤쳐보면, 이 사과는 아직 우리 주변에 남아 있다.

"제 부친처럼 저 역시 수십 년 동안 이 사과를 찾아다녔습니다." 나와 전자우편으로 편지를 주고받던 톰 버포드Tom Burford가 이렇게 적어 보냈다. "과거 20년 동안 자료양도 빈약하고 앞뒤 내용도 안 맞는 탈리아페로 사과 관련 문헌을 뒤진 결과, 설명과 흡사한 후보 네 개를 찾았습니다." 이 사과는 호사가들이 제정러시아의 막대한 재산 상속녀라고 주장한 아나스타샤 같은 존재였다.

"이 사과를 열렬히 찾아 헤매는 사람들은, 증거자료가 나와서 한층 더 명확해지기 전까지 어느 한 후보에게 그 꼬리표를 달아주기 힘들다고 입을 모읍니다." 바꿔 말하면, 비록 탈리아페로 사과가 아니더라도 제퍼슨의 설명에 들어맞는 사과주가 네 종류나 있다는 뜻이다. 게다가 이 부드러운 맛을 내는 사과주는 대량생산도 가능하다.

IUCN(세계자연보전연맹)에 따르면 현재 재배 중인 사과의 원생종인 말루스 시베르시Malus siversii도 멸종위기 상황이라고 했다. 그러나 내가 알아본 바로는, 이 역시 자연서식지가 위협받고 있지만 보호받는 상태였다.

달콤한 야생 사과의 본고장은 카자흐스탄과 키르기스스탄 그리고 신장新疆 사이에 있는 천산산맥 지역이다. 이 사과들이 밀집한 곳은 '사과가 풍부한 곳'이라는 뜻인 알마티Almaty 마을 외곽 지역이다.(이곳은 소비에트 시대에는 '사과의 아버지'라는 뜻인 알마-아타Alma-Ata라고 알려진 곳이었다.) 천 년 동안 기상과 해충의 변화를 겪어온 이 나무들은, 우리의 먹이사슬을 재앙적 상황에서 보호해줄 형질을 지니고 있다. 그러나 거의 2백만 명에 이르는 인구와 실크로드에 진행 중인 무분별한 도시 확장으로 이 고대 사과의 숲도 잠식당하는 추세이다.

다행히도 미국의 과일사냥꾼들이 지난 10년간 카자흐스탄의 야생종을 샅샅이 뒤져, 이 지역 특유의 사과 유전자 풀을 모았다. 뉴욕 제네바에 있는 농무부 사과전시관 책임자 필립 포슬린Philip Forsline은 2천 5백 종의 사과를 조사했는데, 여기에는 천산에서 온 초기사과도 있다고 했다. 그는 자신이 가져온 사과가 장래에 저항력 있는 신품종을 기르는 데 이용되리라고 장담했다.

제네바는 살아 있는 박물관으로, 나란히 심어놓은 다양한 사과가 줄지어 자란다. "이게 바로 생물의 다양성입니다. 제네바는 카자흐스탄을 다시 복원한 곳입니다." 포슬린이 전시관을 보여주며 이렇게 말했다.

제네바는 미국에 있는 스물여섯 군데 생식질 보관소 중 한 곳이다. 전문 용어인 생식질germplasm은 씨앗, 줄기, 잎, 꽃가루, 어린가지, 세포, DNA 등 새로운 개체를 길러내는 데 사용하는 활성조직을 뜻한다. 오십만 종의 식물이 미 국립식물생식질시스템에서 지원받는다. 콜로라도 주의 포트 콜린스Fort Collins에 있는 씨앗저장실에서 우리는 미국의 주요 농업보호정책을 엿볼 수 있다. 거의 오십만 종에 달하는 생식질 표본들이 온도조절탱크에서 영하 196도인 액화질소에 담겨 극저온상태로 보관 중이다.

전 세계적으로 1,400군데가 넘는 씨앗은행이 있다. 보통 애호가들이 세워 운영하는 이 기관들은 씨앗보존에 지대한 역할을 한다. 옛 품종들은 작물들이 지구온난화와 돌연변이 해충, 기타 위협에서 살아남도록 사용될 것이다. 45개 국가에서 만 2천 종이 넘는 품종을 모은 식물사냥꾼 잭 할란Jack Harlan은 이런 글을 쓴 적이 있다. "이 자원들은 우리가 상상조차 할 수 없는 비극적인 대규모 아사사태로 가는 길목에 놓여 있다. 인류의 미래는 실상 이 자원들에 달렸다."

전 세계적인 식물원 네트워크는 식물유산을 보존하기 위한 노력의 결실이다. 정치적 불안정 지역에서 자라는 식물들이 많기 때문이다. 아부 그라이브Abu Ghraib에 있던 이라크의 씨앗 은행은 미국의 공습으로 파괴당했지만, 공습 전 200개의 귀중한 씨앗들을 보호하기 위해 시리아로 운반해갔다. 인류가 지금껏 보여준 매우 의욕적인 보존노력으로, 북극해 근처에 있는 씨앗은행을 손꼽을 수 있다. 이곳의 목표는 전 세계 주요 식물의 유전자를 백업backup하는 것이다.

노르웨이 스피츠버겐Spitsbergen제도 얼음 섬에 있는 스발바르 국제종자저장고Svalbard International Seed Vault는 얼음산을 파낸 영구 동토층에 마련한 시설로, 인류의 농업유산을 보존할 안전망이다. 전 세계에 대재앙이 닥칠 경우, 이 빙하 속에 있는 노아의 방주는 전 세계 작물을 다시 복원하는 데 도움을 줄 것이다. 문명구원연맹the Alliance to Rescue Civilization이라는 단체는 이 사업이 실패할 것을 대비해, 지구상에 존재하는 모든 생명체의 DNA를 보관하는 연구실을 달에 설립 중이다.

소비에트연방이 해체하기 전까지, 카스피 해 동쪽 코페트다크Kopet Dag산맥에서 자라는 야생 석류들은 그 유전적 기반을 주로 트루크메니스탄Turkmenistan에 있는 게리갈라Garrygala 농업연구소에 두고 있었다. 이 기관의 감독자 그레고리 레빈Gregory Levin은 세계 최초로 석류를 연구한 사람이다. 석류를 찾아 10개국이 넘는 나라를 돌아다닌 그는 검은빛, 붉은빛, 복숭앗빛 석류뿐 아니라, 씨 없는 샤미 석류와 아기

머리통보다 크고 단맛이 강한 사베 석류까지 소장하였다. 그러나 소비에트가 해체되는 소용돌이 속에서 레빈은 일생을 바쳐 만든 견본 1,127개를 뒤로 한 채 게리갈라를 떠나야 했다. 다행히도 세계 각지에 있는 식물원에 백업본을 보낸 덕에 그의 연구 성과를 보존할 수 있었다. 그중에서도 데이비스에 있는 캘리포니아 대학 생식질 보관소에 그의 연구업적이 남아 있다.

비슷한 사례로, 1993년 그루지야 내전이 터지면서 이 지역의 씨앗 은행이 파괴당한 적이 있었다. 전쟁이 터지기 전 83살의 환경보호론자 알렉세이 포겔Alexey Fogel은 소치Sochi 지역의 완벽한 레몬 수집본을 포함해 아열대성 과일 견본 226개를 들고 카프카스산맥을 넘어 가까스로 달아났다. 유전자원을 보호하기 위해 목숨을 희생한 사람들도 있었다. 히틀러가 레닌그라드를 포위 공격해 니콜라이 바빌로프 보관소Nikolai Vavilov's repository가 감금당한 상황에서도, 견과류 전문가 알렉산더 스트츄킨Alexander Stchukin과 쌀 수집가 드미트리 이바노프Dmitri Ivanov는 소중한 씨앗들에 손대지 않은 채 아사를 선택했다.

메인 주에 사는 존 벙커John Bunker는 과일을 보존해야 한다는 신념으로 사방팔방을 돌아다닌다. 그는 가지에 단 하나 남은 플레쳐 스위트 사과를 목격한 이후, 이처럼 사라져가는 사과 품종을 계속 찾으러 다닌다. 이탈리아의 수목 고고학자들은 르네상스 시대부터 유래한 열매 수집본을 보관 중이다. 영국의 어느 부자夫子는 자동차 밖으로 던진 사과씨에서 발아한 사과나무 열매를 표본채취하려고 M1 고속도로 옆을 걸어 다닌다. 브라질의 과일 사진작가 실베스트레 실바Silvestre Silva는 십 년이라는 세월을 하얀 자보티카바를 찾아다니며 보냈다. 그는 마침내 구아라레마Guararema 마을 근처에서 묘목을 찾아냈다. 멸종 직전에 구조된 하얀 자보티카바는 현재 번식 중이며 조만간 열매를 맺을 것으로 보인다.

과일 보호모임은 대개 비공식 단체로, 과학에 관심을 둔 시민들이 모여 자발적으로 운동을 펼친다. 여기에는 영국과일보호모임the Society to Save British Fruits, 잊혀진 과일 보호 및 확산연합the Association for the Preservation and Promotion of Forgotten Fruits, 무화과 보호모임the Fig Interest Group, 희귀핵과류 협의회the Rare Pit Council 등이 있다.

포포 재단the Paw Paw Foundation은 북미에 있는 대형 식용과실수에 주목하는 단체이다. 온타리오 주부터 플로리다 주 일대까지 자라는 이 열매는 얼핏 보면 바나나처럼 생겼고 껍질에는 녹색, 노란색, 갈색 빛이 골고루 감돌며, 속살은 커스터드 같다. 루이스와 클락Lewis and Clark(태평양 연안 개발을 위해 원정대를 구성해 탐험한 사람들-옮긴이)이 미국 내부를 도는 고된 여행을 버텨낸 것은 야생 포포 덕분이었다.

북미과일탐험대the North American Fruit Explorers(NAFEX)는 꽤 규모 있는 미국의 과일애호가연합이다. 이 단체는 전후 원예학의 획일화 추세에 대한 대안으로 출발했다. 재래품종이 냉엄한 상업의 신전에서 파문당했을 때, 과일친선단체Brotherhood of the Fruit도 이 흐름에 동참했다.

북미과일탐험대가 발간한 『과일탐험 안내서Handbook for Fruit Explorers』를 보면, 모든 회원들은 "뛰어난 과일 및 견과류 품종을 발견, 재배, 평가하는 일에 열정을 쏟아야 한다."는 구절이 나온다. 이들은 톰 소여가 즐겨 먹는 사과와 허클베리 핀의 이름을 따온 허클베리도 기른다. 또 뒷마당 조사 프로그램도 있다. 이들은 과일 분야의 선구자로, 이윤이 아닌 실험정신으로 이런 사업들을 벌인다. 특정 지역에서 자라지 않는 과일이 있다 해도 회원들은 개의치 않는다. 그 재배법을 알아내는 것은 바로 이들의 몫이기 때문이다. 전문적인 원예학자들은 냉장유통체계에 적합한 과일을 생산하는 것이 주된 업무이다. 그러나 북미과일탐험대는 이들과 달리 과일의 탁월함을 추구한다.

에드워드 윌슨은 "신비롭고 거의 알려지지 않은 유기체들을 지금 앉은 자리에서 조금만 발걸음을 옮겨도 만나볼 수 있다."고 했다. 북미과일탐험대의 회원들은 손으로 누르면 터지는 시계풀 열매의 일종인 메이팝처럼 제대로 대접받지 못하는 특이한 열매에 열정을 바친다. 한 회원은 초콜릿 덩굴 열매가 통통한 자주색 바나나처럼 생겼다며, "쪼개보면 하얀 속살과 수박씨 같은 것을 감싼 끈끈한 구슬이 나온다. 끌릴법하지 않는가."라고 말했다.

베리 얘기를 조금만 들어봐도 우리가 맛보지 못한 재래종 과일이 얼마나 많은지 짐작이 갈 것이다. 크래클베리, 윔베리, 바바베리, 곰베리, 연어베리, 너구리베리, 락베리, 허니베리, 내니베리, 흰눈베리, 베리베리 등등이 있다. 댕글베리는 즙이 많고 달콤한 짙은 남색 베리이다. 트리클베리에서는 당밀 맛이 난다. 미국 남서부에서 자라는 레모네이드베리lemonade berry는 원주민들이 핑크 레모네이드를 만들 때 쓰던 재료였다. 막시플럼은 노루발풀 향이 나는 흰색 베리 종류이다. 클라우드베리cloudberry는 애틀랜틱 캐나다에서 베이크애플bakeapple이라고 부른다. 이 이름은 캐나다를 찾은 프랑스 식물학자로부터 유래했다. 클라우드베리의 이름이 궁금했던 식물학자는 뉴펀들랜드 주민에게 그 이름을 물어보았다. "라 베이 쿠아펠?la baie-qu'appelle?" 그 주민은 이 프랑스 남자가 자기에게 클라우드베리의 이름을 알려준 것으로 착각했고, 이때부터 베이크애플로 부르게 되었다.

북미과일탐험대 회원들은 과일의 풍미에 몰두한다. 이들의 안내서에 보면 소비자들은 대부분 무엇을 놓치고 사는지도 모르며, "이는 현대인의 삶에 작은 비극이다."고 적혀 있다. 그러나 회원들 모두 알고 있듯이, 식물에 관심을 쏟다가 본격적인 과일광이 되는 것은 종이 한 장 차이이다. 열정적인 회원들은 자신들을 '골수'라고 부른다. 전임 부회장을 지낸 에드 팩클러Ed Fackler는 "과일품종 수집은 매우 중독성이 강하다!"고 경고한 적이 있다.

캘리포니아 주 희귀과일재배자모임the California Rare Fruit Growers(CRFG) 회원들도 과일중독자이다. 수천 명의 회원을 거느리고 전국에 지부를 갖춘 전국연합체 CRFG는 두 달에 한 번씩 과일찬양책자인 「과일재배」를 발간한다. 이 잡지에는 화려한 총천연색 사진이 가득해 과일 포르노를 보는 기분이다. 잡지 광고에는 이런 문구가 나온다. "희귀한 과일 구함, 마이크에게 연락주시면 바로 모시러 감", "열대 구아바 마니아들 주목. 인도네시아산 씨 없는 구아바가 조만간 도착할 예정! 지금 선주문 받음!"

「과일재배」 최신호에서 제라르도 가르시아 라미스Gerardo Garcia Ramis 는 회원들을 이렇게 묘사했다. "과일 강박증이 있고 뒷마당에 200종을 기르길 소망하며, '과일'이라는 단어가 찍힌 책은 모조리 갖고 싶어하는 사람들이다. 다들 이런 유형에 친숙할 것이다. 이는 내 모습이기도 하다." 며칠 동안 「과일재배」 과월호를 모두 탐독하던 중, CRFG의 독실한 회원들은 자신들을 참된 신도, 신경증 환자, 심각한 취미 생활자로 칭한다는 사실을 알게 되었다. 회원 중에 학구적인 사람들은 '과일독신자篤信者'라는 표현도 쓴다. 독신자는 특정 대상에 중독 증세를 보일 정도로 몰입한 사람을 칭한다. 또 이 표현은 어떤 종교나 소수취향문화에 열정적으로 빠진 사람을 가리키기도 한다.

이 참된 신도들은 자신들의 관심사에 대해 캐묻는 것을 불편해한다. 내가 이 사실을 알게 된 것은 CRFG의 기록관 토드 케네디c. Todd Kennedy와 통화했을 때였다. 그의 별칭은 '캘리포니아 주의 손꼽히는 과일보호자이자 역사가', '희귀과일전문가', '유명한 과일권위자', '과일 구원투수' 등 다양했다. 들뜬 마음으로 그와 얘기를 나누다보니, 조직에서 그를 '과일괴짜'로 보는 이유가 금세 이해 갔다. 그는 내게 자신은 과일에 대한 열정 따위는 없다고 했다. 자신이 옛 품종을 지켜내는 것은 그저 몸에 밴 습관이라고 했다. 그는 나와 대화를 나누다가 어느 순간부터 짧고 퉁명스럽게 답변하더니, 별안간 이렇게 말했다. "지금 뭘 캐려고 통화하시는 건가요? 뭔가 기발한 발견거리?" 당황한 난 바닥에 떨어뜨린 수화기를 집어들며 간신히 답했다. "아뇨, 그저 여러 사연들이 듣고 싶은 건데요."

호기심을 억누르지 못한 나는 모임에 가입했고, CRFG 지부모임에도 나가기 시작했다. 한번은 옥스나드Oxnard 인근에 있는 빅토리아풍 대저택의 뒤뜰, 멕시코인들이 일하던 곳 근처 정자에서 모임을 가졌다. 화젯거리는 남아프리카에서 온 과일이었다. 참석자 여섯 명은 모두 80대였다. "우리는 기본적으로 연륜이 풍부한 노인네들"이라며 회원 한 명이 농담을 했다. 이들 역시 과일보호에 관심이 많았다. 지부회장인 빌 그림스Bill Grimes는 이런 글을 쓴 적이 있다. "우리는 시장성 없고 유전자 주입이 안 된 훌륭한 과일과 채소품종을 보호하고 그 유전적 다양성을 이루는 일에 우리 자신을 도구로 삼는다."

두 번째 모임은 샌디에이고의 어느 교회 지하실에서 열렸다. 50여 명의 참석자들이 이리저리 오가며 탁자에 쌓아둔 희귀과일을 둘러봤다. 전시된 과일서적을 보고 있는데, 허약해 보이는 노인 한 분이 내게 다가왔다. 그는 날 "젊은 피"라고 부르더니 젊을수록 과일에 관심 갖는 일이 중요하며, 한편으로 나이든 사람들이 과일에 끌리는 데는 그만한 이유가 있다고 말했다. "나이가 들면 자기 시대에 뭔가 남기고 싶어하는 법이야. 과일나무 재배는 그중 최고지." 힘없는 목소리였지만 울림이 컸다.

저녁때 주연설자였던 다리오 그로스버거Dario Grossberger는 안데스산맥에서 건너온 체리모아 전문가였다. 체리모아는 마크 트웨인이 '진미 그 자체'라고 묘사한 과일이기도 하다. 비늘 같은 녹색 껍질을 벗겨내면 배로 만든 크림 커스터드 맛이 나는 하얀 속살이 나온다. "10년 전 체리모아를 모르던 시절, 한입 먹어본 저는 이 과일에 푹 빠져버렸습니다. 다른 분들처럼 저 역시 마음에 드는 과일이 생기면 바로 심어봅니다. 씨앗을 심은 지 5년 만에 멋진 나무가 자랐습니다. 운이 따랐지요. 포르투나Fortuna(인간의 운명을 관장하는 로마의 여신-옮긴이)라고 이름붙였습니다. 당시는 몰랐으나, 그때 이후 여러 번 재배해도 계속 실패한 걸 보니, 그때처럼 쉽게 자라는 경우가 흔치 않다는 사실을 알게 되었습니다. 저는 우연히 농장 일에 손댄 사람이었습니다만, 지금은 체리모아 연합의 회장이 되었습니다."

그 후 30분 동안, 그는 체리모아를 기르고 번식하는 방법을 설명했다. 연설이 끝난 뒤 모두들 야외용 탁자에 몰려가 희귀한 체리모아 품종인 쿠치 아일랜드, 콘차 리사, 빅 시스터를 시식했다. 시식자리에서 조금 떨어진 곳에 특이하게 생긴 노란 열매가 상자에 담겨 있었다. 자세히 보려고 손으로 집어들었다. 하와이에서 켄과 함께 먹어봤던 달걀 열매였다. 그때 몸집이 육중한 남자가 화를 내며 급히 달려왔다. "그거 내려놔요. 아주 귀한 열매란 말입니다. 그러다가 산산조각이 난다고

요!" 그에게 핀잔을 들은 나는 사과하려 했지만, 그 달걀 열매 사내는
어디론가 뛰어가 버렸다. 저녁 시간 내내 그는 나와 눈도 마주치지 않
으려 했다. 나중에 그가 달걀 열매를 쪼개더니 내가 껴 있던 무리로 와
모두에게 한 조각씩 돌렸다. 나만 쏙 빼놓은 채.

14장
과일탐정 이야기

목록을 다시 보니, 잊혀진 과일유령이 창백한 얼굴로
수년 동안 내 꿈에 출몰할 것만 같다.
내 직무유기에 어떤 핑계를 댈 수 있을까?

_ 에드워드 번야드, 『후식 집중해부The Anatomy of Dessert』

어린 시절, 데이비드 카프David Karp는 할머니댁 대황밭을 탐구하기 좋아했다. 어린 소년은 앞마당에 자라던 과일나무에 마음을 빼앗겼다. 이 나무는 매해 꽃을 피우지 않았어도 어쩌다 한 번씩 잊을 수 없는 달콤한 그린게이지 자두를 맺어 그 생명력을 발산했다. 10대가 되자, 그의 과일 몰두증세는 요상한 습관으로 번졌다. 한밤중 침대에서 슬그머니 빠져나온 그는 발소리를 죽인 채 식료품 저장실로 가서 바닐라액 냄새를 킁킁거리며 맡곤 하였다.

성인이 된 카프는 그 몰입이 극에 달해 결국 과일탐정이 되었다. 그는 영화 〈동물탐정 에이스 벤추라Ace Ventra : Pet Detective〉에 대한 얘기를 듣고는 순간적으로 과일탐정이라는 명칭을 떠올렸다. 얼핏 가벼워 보이는 직함이지만, 과일을 대하는 그의 태도는 자못 진지했다. 오래된 원예학 교본을 열심히 탐독해 풍미가 뛰어난 품종을 찾아내기도 하고, 이 뛰어난 품종생산자를 찾기 위해 여러 달 여러 해를 바치기도 했다. 희귀과일-새로운 것이든 거의 멸종해버린 것이든-과 이를 기르는 비주류 전문가를 엄밀히 조사해 십여 권의 책을 써낸 카프는 현재 미국의 뛰어난 과일전문가이다. 「과일재배」의 인기필자이자 사진작가로도 활약하는 그는 「뉴욕 타임스」와 「스미스소니언Smithsonian」지에 과일에 대한 글을 기고도 한다. 카프는 가끔가다 농부들이 "조만간 맛이 뛰어난 과일이 아닌 웜뱃wombat(호주에 분포하는 오소리와 유사하게 생긴 게으른 동물-옮긴이)을 기르게 될 것"이라고 지적한다. 그는 까다로운 작물 재배에 도전하는 사람들을 존경하며, 이들 역시 돈키호테 근성을 지닌 카프에게 애정을 보인다. 카프는 재배자 빌 데네반Bill Denevan을 길들여지지 않은 번득이는 눈빛을 가진 사람으로 묘사하면서, "난 슈퍼 울트라 품종만 보면 넋이 나가는 사람"이라는 그의 말을 인용했다.

카프 또한 슈퍼 울트라 품종을 보면 넋을 잃은 채 '최상의 즐거움'을 찾아나서는 사람이다. 자물쇠를 채운 원형 나무에서 딴 네이블 오렌지, '마음을 빼앗길 만큼 강한 태고의 향기를 지닌' 사향 딸기, 황실 첩의 미소라고 부르는 '믿기지 않을 만큼 향기롭고 값비싼' 리치 품종 등을 찾아 그는 미국 전역을 떠도는 고된 여행을 한다. 때로는 멀리 떨어진 곳으로 모험을 떠나기도 한다. 망고스틴을 찾아 푸에르토리코 섬도 다녀왔고, 붉은 오렌지를 찾아 이탈리아를, 그린게이지 자두를 보려고 프랑스도 다녀왔다. 그렇지만 그가 대개 일하는 지역은 캘리포니아 주다.

생산자들은 가끔 카프에게 남들 같으면 거들떠보지도 않는 물건을 선물한다. 한번은 제프 리이거가 곶감에서 과당을 긁어모은 상아색 가루를 작은 용기에 담아 크리스마스 선물로 그에게 주었다. "아주 좋아

죽던데요. '이거 만드느라고 감을 몇 개나 발가벗긴 거냐?'라고 물었지요." 리이거가 당시를 떠올렸다.

현재 와인 중독에서 회복 중인 카프는 와인을 마실 수는 없어도, 포도주 애호가가 과일에 대해 언급한 사소한 표현은 하나도 놓치지 않는다. 로버트 파커Robert Parker가 보르도 와인을 일컬어 "맛이 폭탄급"이라고 하자 카프는 스탠윅Stanwick 흰 복숭아를 가리켜 "맛이 원자 폭탄급"이라고 칭했다. 카프에게 최고의 과일이란 "하늘처럼 높은 당도와 꽃향기의 새콤한 맛이 조화를 이룬 것" 혹은 "놀랍도록 달고도 새콤한 맛이 농축된 것"이다. 그가 글에서 다루는 과일은 현존하는 최상의 품종을 몸소 추적해낸 것들로, 독자들에게 주문하는 방법도 일러주고 있다.

자칭 '프룻티fruitie(이상한 사람, 기인을 뜻함-옮긴이)'인 카프는 자신은 뛰어난 맛을 추구하는 데 모든 것을 바치며, 이 뛰어난 맛이 모든 걸 말해준다고 했다. 그는 「로스앤젤레스 타임스Los Angeles Times」에 기고한 어느 글에서, 때로 살구에 탐닉하다가 얼굴이 오렌지처럼 샛노래지는 경험도 한다고 썼다. 그 글 말미에는 땅거미 질 무렵 팔이 닿을락말락한 곳에 매달린 무어 파크 살구를 따느라 발을 동동 굴렀던 일화가 실려 있었다. 손을 뻗쳐 간신히 살구를 떨어뜨린 그는 당시 상황을 이렇게 표현했다. "살구를 따면서 매우 초월적인 체험을 하였다." 외부 조사가 없는 날이면 카프는 동트기 전에 일어나, 산타모니카 농산물 직판장 근처에 있는 샹그릴라 호텔 인근 주차장을 돌며 안전여부를 확인한다. "완전 미친놈이지요." 카프를 친구로 둔 어느 농부가 말했다. 또 재배자 앤디 마리아니는 그를 이렇게 평가했다. "기행을 일삼는 친구지요. 그런 모습이 이상하다고 보지는 않습니다. 사실 멋진 녀석이거든요. 그렇지만, 과일에 대한 열정이 지나치다 못해 집착하는 게 흠이긴 해요."

비록 과일관광을 다룬 하와이편에 카프의 인터뷰를 싣지는 못했지만, 「뉴요커」에 카프의 소개기사가 실린 후 예기치 못한 일들이 연달아 생기면서, 이 과일탐정과 나와의 인연은 계속 이어졌다. 내가 커트 오센포트와 함께 촬영한 마이애미 국제희귀과일협회 비디오를 뉴욕에서 편집하고 있을 때, 여자 친구 리안은 로스앤젤레스에서 촬영 오디션을 받고 있었다. 리안은 오센포트의 예전 룸메이트이자, 전에 자신이 주연한 영화의 감독인 알란 모일Allan Moyle과 함께 저녁식사를 하게 되었다. 그 자리에 모일의 친구도 동석했는데, 그가 바로 데이비드 카프였다.

저녁식사 다음 날, 오센포트가 외출한 사이 전화벨이 울렸다. 나는 로스앤젤레스 지역 코드를 확인하고는 리안이라 생각하고 수화기를 들었다. 뜻밖에도 카프의 목소리가 들렸다. 내 소개를 하자마자, 카프가 맨 처음 던진 말은 "당신 여자 친구 끝내주던데."였다. 나는 다소 당황스러웠다. 그 전에 우리가 나눈 대화라고는 카프를 인터뷰하겠다는 것과 클라우드베리를 찾아 같이 떠나보자는 것 단 두 마디였기 때문이었다. 카프는 리안을 '덩굴vine'이라고 불렀는데, 이는 리안의 불어 이름을 옮긴 것이었다. 그는 유난히 리안에게 관심을 보이면서, 클라우드베리는 유니콘이 따먹던 열매처럼 들린다는 말도 했다.

얼마 지나지 않아 리안과 나는 잠시 로스앤젤레스로 집을 옮겼다. 아파트를 찾을 동안 우리는 모일 집에 머물렀다. 모일은 LA 베니스에 다용도 복합공간을 갖고 있었다. 영화제작자, 구도자, 급진적 활동가, 다른 반체제성향의 인물들이 끊임없이 이곳을 드나들었다. 나는 오후 어느 때고 피라미드 안에서 음악 치료를 통해 내적 영혼을 '각성'시키거나, 알란의 심령사 뒤 주르du jour에게 집단상담을 받을 수 있었다. 뒤 주르는 토팡가 캐년Topanga Canyon에서 온 대릴 앵카Darryl Anka라는 사람으로, 최면상태에서 전지전능한 외계 영혼 '바샤르Bashar'와 교신이 가능했다. 그의 능력은 머리카락을 남김없이 가져간 탈모증세로 더욱 강력해졌다. 대머리에 기쁨이 넘쳐 보이는 그를 보면 몸집 큰 개구쟁이가 떠올랐다. 그는 자신을 일컬어 즐거움을 퍼주고 싶은 욕망에 시달리는 사람이라고 표현했다.

우리 이웃 중에 바로타Barota라는 영화제작자가 있었다. 그는 호흡주의자breatharian가 되려고 수련 중이었다. 이 상태가 되려면 정수리 차크라를 열어 빛을 액체 프라나로 바꿔야 한다고 그는 설명했다. 이 에너지가 지구상에 있는 어떤 음식보다도 영양가가 풍부하다고 그는 확신에 차 말했다. 또한 그는 1년 반 동안 호흡주의자로 살았던 친구가 몇명 있다며, 과일주의fruitarianism는 인간 광합성을 이루기 위한 중간 단계로 봐야 한다고 강조했다. 그는 다시는 음식에 입을 대지 않을 계획이라고 했지만, 몇 주 후 파티에서 그가 와인 마시는 장면을 나는 목격하고 말았다.

모일이 연 파티에서 나는 다양한 사람들을 만났다. 어떤 사람은 욕조 안에서 할 수 있는 온갖 일을 집필 중이었다. 또 개인의 '주파수'를 측정하려고 사람을 흥분시키는 기계를 만든 발명가도 있었다. 알란이 즐겨 초대하던 뉴에이지 컬트 집단인 엑칸카Eckankar(1970년대 미국에서 생겨난 신비주의 종교-옮긴이)의 추종자들도 만났다. 추종자 중 한 명은 우리를 집단 찬양으로 인도하기 전, 최근 자신이 과일 꿈을 꾸면서 불가사의한 질병을 치료한 이야기를 들려줬다. 그는 의사를 일곱 명이나 찾아가봤지만, 제대로 진단 내린 사람이 아무도 없었다. 그는 몽환적인 상태에서 매일 수많은 과일을 먹는 자신의 모습을 보았다. 이 과일들을 먹기 시작한지 3주 만에, 앓던 병이 씻은 듯이 나았다고 그는 말했다.

한번은 모일네 집에 데이비드 카프가 방문했다. 그를 직접 만난 것은 그때가 처음이었다. 카프는 리안을 "성스러운 미스 덩굴the divine Miss Vine"이라고 부르며, 리안에 대한 관심을 드러냈다. 우리는 주로 책 쓰는 일과 형편없는 작가 수입에 대해 이야기를 나눴다. 그는 나 같은 프리랜서 작가의 경우 어떻게 생계를 유지하는지 궁금해했다. 나는 어떻게든 살아가기 마련이라고 답했다. 때마침 어느 잡지에 베르너 헤르조그Werner Herzog(독일의 영화감독이자 작가)에 대한 글을 한편 써주고 이십만 원을 받은 상태였다. 카프는 자신의 경우, 최근 캘리포니아 주의 과일에 대한 책을 쓰고 최하 천만 원을 미리 받은 데다, '운 좋은 부모'를 둔 덕분에 매달 수백만 원을 받는다고 말했다.

내가 카프에게 이 책에 실을 인터뷰 얘기를 막 꺼내려는데, 모일 타입의 어느 여성이 불쑥 끼어들더니, 우리 중에 스쿠퍼농 포도를 먹어본 사람이 있느냐고 물었다. 카프는 물론 먹어봤다며, 이 포도의 특징과 기원에 대한 설명을 늘어놓기 시작했다. "정말 세계 최고의 포도예요. 다른 이들은 아무도 모르던데, 어쩜 그 포도를 다 알고 계시네요."라며 그 여성은 입에 발린 소리를 했다.

잠시 후 카프가 자리를 떴다. 누군가 농담조로, 샛길에 있는 야생 베리를 추적하러 나가는 참이라고 했다. 난 또 다시 인터뷰 잡을 기회를 놓쳐버렸다.

그로부터 1년 후, 리안과 나는 에코 파크Echo Park에 있는 한 아파트에서 살게 되었다. 여기는 과일노동자의 권익을 위해 활동한 세사르 차베스Cesar Chavez가 한때 소유했던 곳이었다. 카프와 나는 가끔씩 간단한 전자우편을 교환하거나 전화통화를 하며 연락을 주고받았다. 카프는 덩굴은 잘 있느냐며 안부를 물었다. 그는 또 자신을 3인칭으로 표현하는 습관이 있었다. "과일은 뜨거운 여름을 좋아하지만, 과일탐정들은 아니야." 어떤 통화에서는 떼두통에 시달려 약을 복용하다보니 미쳐가는 것 같다며, "머리가 둔한 과일탐정이 되는 것보다 끔찍한 일은 없다."고 푸념했다.

몬트리올에 있는 망고스틴 얘기를 주고받던 중, 카프가 망고스틴 표면에 노란색 '피지같은smegmalike' 분비물이 스며 나오는지 물었다. 난 피지라는 단어와 과일은 그다지 어울리지 않는다고 생각했지만, 그는 농담으로 쓴 표현이 아니었다.

그 후 모일과 그의 새침한 아내 치요코Chiyoko가 리안과 나, 카프와 그의 여자 친구 신디 캣Cindy-Cat★을 저녁식사에 초대했다. 우리가 도착하고 나서부터 이내 어색한 기운이 흐르기 시작했다. 나는 카프와 악수한 다음, 신디 캣과 인사하려다 우스운 꼴을 보이고 말았다. 몸을 내밀어 뺨에 입 맞추려던 나를, 신디 캣이 손바닥으로 가로막아버리는 바람에 머쓱하니 악수만 하고 말았다. 그녀는 기력이 통 없다는 듯 손도 거의 흔들지도 않고 악수를 하더니만, 내게 찡그린 표정을 지어보였다. 내가 무슨 실수라도 했나? 당황한 난 피해망상증에 휩싸였다. 이들이 코트를 벗는 사이, 몰리가 나를 한쪽 구석으로 데려가더니 이렇게 말했다. "저 여자 악수하는 거 봤나? 황후가 따로 없어!"

리안이 황후에게 왜 신디 캣으로 불리는지 물었다. 답이 없었다. 한

★ 신디 캣의 친구들이 나더러 실명을 쓰지 말아 달라고 부탁을 해서 쓰지 않았다. 친구들은 "드러나지 않게" 처리해달라며, 신디 캣은 "자신이 묘사되는 상황에 병적으로 공포심을 느끼는 사람"이라고 말했다.

참 동안 침묵이 이어지자, 카프가 이렇게 말했다. "말 같은 여성도 있고 소 같은 여성도 있지 않나. 이 여자는 고양이 과야."

"리안은 포도덩굴과이겠네요." 분위기를 띄워볼 생각에 나도 한마디 했다. 카프가 맞장구치며 포도덩굴의 속성을 자세히 묘사했다. "기다랗고, 호리호리하고 꽃이 활짝 피지."

"소름끼쳐요." 신디 캣이 불쑥 말했다.

"휘감기도 하지요." '포도' 유머를 이어볼 생각에 나도 거들었다.

그런 후 모일이 신디 캣의 목에 걸린 검은색 십자가 장식을 보더니 이렇게 말했다. "고스(고딕문화에 뿌리를 두며, 죽음, 공포, 어둠을 지향하는 문화. 주로 검은 복장에 하얀 화장을 함-옮긴이) 스타일이시군." 이번에도 신디 캣은 말이 없었다. 잠시 후, 모일이 큰소리로 말했다. "오늘밤은 신디 캣이 저기압인가 봐."

테이블이 얼어붙었다. 사람들에게 짓궂게 구는 게 취미인 모일은 긴장감을 더욱 고조시켰다. 카프가 신디 캣의 팔꿈치를 붙들며 말했다. "고양이가 싫다는데 억지로 떠들게 할 수야 없지." 카프가 화제를 바꾸려고 최근에 죽은 고양이 사하라Sahara 얘기를 꺼내며, 아직도 그리운 마음에 매일 아침 사하라를 불러본다고 했다.

모일은 블라디미르 나보코프Vladimir Nabokov(러시아출신 소설가. 『롤리타Lolita』의 저자-옮긴이)와 동석했던 파티 얘기를 꺼냈다. 그때 벌 한 마리가 날아다니며 모두를 괴롭혔다고 한다. 그러자 나보코프가 "참 몰지각한 벌"이라고 말했다고 한다. 그 후 화제는 전생에 대한 얘기로 모아졌고, 모일이 모두에게 전생을 알아보는 게 어떻겠냐고 제안했다. 셜리 매클레인Shirley Maclaine(미국의 여배우. 뉴에이지 운동, 명상과 영적체험에 관심이 많았음-옮긴이)의 전생체험을 도운 영매와 모임예약을 하자는 애기도 나왔다. 셜리는 전생에 게이샤, 코끼리가 기른 고아, 카롤루스대제의 애인이었다고 한다.

카프는 오늘날 남성들이 골프를 즐기듯 옛 귀족들은 과일에 관심이 많았다고 설명했다. 치요코가 접시를 치우자, 카프는 물량이 부족해 어떤 '연줄'을 통해 구했다며 초콜릿 냄새와 계피향을 풍기는 감을 탁자 위에 올려놓았다. 초콜릿과 향긋한 맛이 어우러진 정말 놀랍도록 맛있는 과일이었다. 나는 내 평생 이런 맛있는 감은 처음이라고 평했다.

이에 카프는, 사람들이 대개 좋은 과일을 접하지 못한다며, 어째서 슈퍼마켓에서 파는 농산물은 품질이 떨어지는지 설명을 했다. 내가 "가게에서 사온 감을 깨물어보면, 입안에서 먼지가 터져 나오는 느낌"이라고 말하자, 카프도 고개를 끄덕이며 수긍했다. "그런 걸 떫은 상태라고 하지요?" 나는 호기심에 물어보았다.

카프는 그렇다고 대답하더니, 존 스미스 선장Captain John Smith(영국의 탐험가) 얘기를 꺼내며, 그가 감에 대해 언급한 말을 들려줬다. "익지 않은 감을 먹으면, 사람 입이 돌아가 버린다." 모두들 웃음을 터뜨렸다. 나는 지금이야말로 인터뷰 섭외를 할 호기라고 생각하고, 카프에게 조사 여행을 떠날 때 동행 인터뷰를 하면 어떻겠는지 다시 한번 물어보았다. 카프는 한번 생각해보자고 했다. 그러더니 다음 주에 책장 옮기는 일을 도와준다면 한번 검토해보겠다고 했다. 난 드디어 인터뷰를 따게 됐다는 생각에 흥분하여 그를 돕겠다고 대답했다. 카프와 신디 캣이 떠났고, 리안과 나는 뒷정리를 도왔다. 나는 소화하려고 크게 심호흡을 했다. 그때 모일이 물었다. "그래, 이제 카프하고 얽힌 업보는 풀린 셈인가?"

얼마 뒤, 카프가 흰색 픽업트럭 베시Bessie를 몰고 나를 태우러 왔다. 내가 몸담았던 펑크밴드가 몇 년 전 끌고 다니며 여행했던 흰색 밴과 우연히도 이름이 같았다. 카프와 나는 405번 고속도로의 혼잡한 시간대를 뚫고 산업화로 황무지가 된 곳을 지나, 카프가 주문제작한 책장을 찾으러 갔다. 운전대 위로 몸을 구부정하게 굽힌 채 운전을 하던 카프는 도로에도 대화에도 집중하지 못했다.

베벌리 힐스로 돌아온 우리는 집 뒤편 차고를 개조해 만든 사무실에 책장을 들여놓았다. 카프는 뛰어난 과일품종을 알파벳순으로 개괄해놓은 호그Hogg(영국 원예학자)의 과일입문서를 훑고 나더니, 최근 입수한 베일리Bayley의 1880년 소책자를 내게 보여주었다. 거기에는 이런 구절이 나왔다. "누가 마다할 것인가? 탐스럽고 영광스러운 과일을, 위대한 조물주가 내려준 값진 은혜를." 카프에게 베껴 적어도 괜찮은지 물었다. 그는 내켜하지 않았지만 허락했다. 그 보답으로 나는 최근에 발견한 단테가 연옥에 열린 과일을 묘사한 구절을 그와 함께 음미했다.

만화수집광처럼 그는 자신이 소장한 감귤분야 연구서를 자랑하면서, 한 권 한 권이 희귀하고 값비싼 책이라고 설명했다. 그가 애장한 로코코식 오렌지 사진을 시간을 내 보여주었을 때는 나도 과일마니아 비슷한 부류가 되어서인지 매우 즐겁게 감상했다. 카프는 자신이 좋아하는 단어는 '팡플러무스pamplemousse(불어로 자몽이란 뜻)'와 '알베도 albedo(자몽 껍질과 과육 사이에 있는 흰 부분)' 두 가지라고 했다. 내가 웃어보이자, 그가 불쾌한 내색을 비쳤다. 난 그가 웃기려고 해본 소리인 줄 알았는데, 아니었나 보다.

접대 상소 한쪽에 있는 서가는 영국인 에드워드 번야드Edward A. Bunyard의 저작을 위해 마련한 공간이었다. 번야드의 1929년 대표작

『후식 집중해부The Anatomy of Dessert』는 과일을 찬미한 성서 같은 책이다. 각 장마다 서로 다른 과일을 다룬 이 책은, 지금은 대부분 구하기 힘들어진 20세기 초에 있던 단맛과 신맛이 강한 다양한 품종들을 소개하고 있다. 탐미주의자의 화려함이 돋보이는 문체는, 라이너 클로드 디아판네Reine Claude Diaphane라는 자두 품종을 묘사한 구절에서 유감없이 발휘된다. "붉은 기운이 감도는 이 투명한 호박 보석을 오팔 보석 대하듯 자세히 들여다본다 한들, 육안으로 어디까지 꿰뚫어볼 수 있으랴."

번야드의 찬양글은 과일애호가들의 숭배를 받는다. 보수적이고 유별나며 원예를 좋아했던 이 멋쟁이 신사는 건축가 르코르뷔지에Le Corbusier 스타일의 안경을 썼고, 말쑥한 정장을 차려입고 다녔다. 또한 '검둥이'가 연상된다며 바나나를 경멸했고, 수박은 '남미 검둥이'나 먹는 과일이라고 폄하했다. 카프는 "수박 먹는 사람들을 경멸한 태도에서 그의 계급적 편견이 엿보인다."며 번야드를 두둔하는 글을 쓰기도 했다. 아니면 이러한 인종우월주의는 원시인들이 숲에서 벌이던 살육전의 연장일지도 모르겠다.

자식에게 성공한 종묘회사를 물려준 부유한 아버지처럼, 번야드도 귀족계층과 친분을 쌓고 이들을 단골로 두었다. 특정 과일의 '화려함'을 글로 옮길 때 그의 태도는 진지했다. 자신의 정원을 제퍼슨처럼 엘리트적 소장품으로 여겼지만, 노예만은 예외였다. 안타깝게도 번야드 가족사에 재정적 부조리가 있었다고 한다. 이는 옥스퍼드 대학에서 연구를 하는 에드워드 윌슨Edward Wilson이 2007년에 출판한 『솔직한 미식가, 에드워드 번야드 평전The Downright Epicure : Essays on Edward Bunyard』에서 언급한 사실이다.

번야드는 수집가적 열정도 대단해서 때로는 이 때문에 상업적 실패를 겪기도 했다. 수집열정에 휩싸인 그는 알제리, 남아프리카, 튀니지로 과일편력에 나섰다. 그는 이곳에서 '스팍스Sfax 섬 야자수 그늘에서 자라는' 유일무이한 사과나무를 발견했다. 또 리비에라Riviera를 어슬렁거리며 나이팅게일(유럽의 지빠귀과 새-옮긴이)이 지저귀는 소리를 감상했고, 그의 동료 조지 세인츠버리George Saintsbury가 '특등급'이라고 칭한 와인을 주문해 마시며 시간을 보내기도 했다.

이 독신남성은 '생명과학'에도 관심이 많은 과학자였다. 1906년 이종교배협회에서 '유전학'이라는 용어를 처음 채택한 그 해에, 번야드는 꽃가루가 배젖에 영향을 미치는 현상인 크세니아xenia에 관한 논문을 선보였다. 그는 과일을 해부한 다음, 확대경과 측정도구를 사용해 발견한 내용을 기록하며 일생을 보냈다. 그는 스스로도 '무분별한 행동'이라고 칭한 과일실험을 하기 위해, 수백 개의 서로 다른 배나무를 심거나, 인류에게 알려진 구스베리 종을 모두 모으기도 했다. 헌신적인 장서가이기도 했던 번야드의 서재에는 특색있게도 대대로 내려온 성풍습을 다룬 성 연구서들이 방대했다. 그는 또 장미에 대한 책도 집필했는데 때로는 로진느 로새트Rosine Rosat라는 필명을 쓰기도 했다.(마르셀 뒤샹의 여성적인 제2의 자아, 로즈 셀라비Rrose Selavy가 떠오른다.)

번야드는 오스카 와일드 사단의 일원이자 탐미주의자였던 레기 터너Reggie Turner처럼 추방당한 영국의 동성애자들과도 어울리며 대륙을 돌아다녔다. 현재 남아 있는 서신에서 확인할 수 있듯이 번야드는 시인 노먼 더글러스Norman Douglas와도 가까운 사이였다. 이 시인은 윌슨이 '심각한 아동성애'라고 표현한 성향이 있어서, 벤티미글리아Ventimiglia에 사는 15살짜리 소년 르네 마리Rene Mari 그리고 열 살하고 6개월 된 소녀 르나따Renata와 관계를 맺었다고 한다. 윌슨은 번야드도 비슷한 성향이 있었는지 고심하나, 그런 내용이 빠진 걸 보면 확실치는 않은 것 같다. 그래도 분명한 사실은, 번야드와 동료들이 어떤 항구가 자두나무랑 잘 어울리는지, 또 아이가 누워 자다가 질식사했을 경우 적합한 용어가 '지나치게 눕혀서'인지 '지나치게 누워서'인지를 놓고 논쟁을 벌였다는 점이다.

친구들 사이에서 '버니Bunny'라는 애칭으로 통한 번야드는 성적으로 노골적인 리머릭limerick(아일랜드에서 기원한 5행시-옮긴이)을 지어 친구들에게 보내기도 했다. 이에 친구들은 피렌체에 있는 젊은 남자비서 명단을 보내 그에게 보답했다. 더글러스의 기록에 따르면 친구들 중 파스발Parceval이라는 자는 이런 구절을 적어 보냈다고 한다. "이 남성은 상당히 호의적인 친구라네. 주저 말고 부려먹으라고!"

번야드는 이탈리아 소년들보다는 멜론에 대한 고민이 더 컸던 사람으로, 완벽함의 극치를 보여주는 멜론을 얻기 힘들자, 이를 매우 애석하게 여겼다. 1939년 겨울이 다가올 무렵, 캔털루프 철이 끝나자마자 우울증과 파산이 겹친 그는 권총자살을 택한다. 그의 부고란에는 이런 글이 실렸다. "마지막 남은 미지의 영역에 그를 따라 빠지지 않게 하소서. 우리는 이 영역이 감춘 비밀도 모르거니와 그의 영혼이 어떤 비밀의 성전을 안식처로 삼았는지도 알지 못합니다. 그는 언제나 탐구하고 추구한 사람이었습니다. 그가 찾아다닌 것은 다름 아닌 천국의 씨앗이었습니다."

그를 따르는 추종자들처럼, 번야드 역시 자연의 산물에서 욕정적 즐거움을 느꼈는지, '탱탱한' 복숭아를 보며 내밀히 흐르는 육감을 글로 남겼다. 또 '속이 꽉 찬 젊음'을 동경하는 글을 쓰기도 했고, 배를 보면서 '경지에 이른 달콤한 환희'를 느끼기도 했다.

　다른 과일저술가들도 리비도를 암시하는 글을 남겼다. 19세기 성직자이자 소설가인 에드워드 로Edward P. Roe는 "세 치 혀의 죄악보다도 훨씬 달콤한" 딸기가 "가슴과 머리를 쥐고 흔드는 오만방자한 아래 기관"에 어떻게 직접 영향을 미치는지 기술했다. 『밭에서 나오는 모든 희귀 과일Uncommon Fruits for Every Garden』을 저술한 리 라이히Lee Reich는 배처럼 생긴 유고슬라비아의 작고 묘한 과일 쉬포바Shipova를 논할 때, 험버트 험버트Humbert Humbert(『롤리타』의 남자주인공-옮긴이)의 입을 빌려왔다. "쉬포바. 발음해보라. 특히 중간 음절을 강하고 길게 빼면서 가볍게 발음하면 즐거운 소리가 난다. 이 이름을 읊을 때면 입술마저 즐거운데, 각 음절 끝부분마다 다음 음절을 발음하기 위한 모양새가 나오기 때문이다. 쉬……포……바."

　카프는 서류캐비닛으로 다가가더니 골든 라즈베리를 찍은 '성인등급용' 사진을 꺼냈다. 카프는 출간이 금지당해도 놀랄 일은 아니라고 했다. 그리고는 신디 캣이 자신을 정말 흥분시키려면, 내 기억이 정확하다면 자두의 일종인 프루누스 서브코르다타Prunus subcordata를 언급하기만 하면 된다는 솔직한 얘기도 들려줬다.

　과일의 승화와 끝없이 기이한 취미 사이에는 묘한 관련이 있다. 부르스 채트윈Bruce Chatwin(영국의 소설가)은 『엇즈Utz』에서 자기류 수집에 집착하는 아들을 의사에게 데려간 어머니 얘기를 들려준다. "엇즈의 엄마가 가족주치의에게 물었다. '뭐라고요? 이것이 카스파르Kaspar(독일의 도예가)가 도예품에 열광한 것과 같은 증세란 말씀인가요?' 의사가 답했다. '도착증이지요. 다른 사람들도 다 그래요.'"

　그러나 모든 맹목적 숭배의 바탕에는 더욱 복잡하게 얽힌 욕구가 있다. 열렬한 수집가였던 신성로마제국 황제 루돌프 2세는 코코드메르와 아르침볼도Arcimboldo(이탈리아의 초상화가)가 그린 초상화를 소장했다. 이 초상화는 왕의 두상을 오로지 과일로만 그린 작품이다. 코는 배로, 뺨은 사과로, 눈은 오디 열매로, 머리카락은 포도, 석류, 체리로 묘사했다. 독특한 작품을 모은 그는 자신의 우울증을 달래는 유일한 방법은 이것 말고는 없다고 했다. 강건왕 아우구스트처럼 그 역시 도예품 수집 열병을 앓아, 머리에 진주장식을 하고 보석으로 치장한 입상, 대리석으로 만든 로댕의 작품 사이렌만큼 아름다운 춤추는 요정상, 금박 견장을 하고 옥좌에 기댄 가냘픈 손가락을 한 우울한 왕자상으로 수집실을 채웠다. 이러한 수집가들의 핵심적인 정서는 완전해지려는 본능, 즉 완벽함과 죽음을 추구하려는 욕망이었다. 아우구스트는 자신의 '도예품 집착증'을 설명하면서 "도예품을 갈망하는 것은 오렌지를 갈망하는 것과 같다."는 말을 남겼다.

여기에는 분명 공통분모가 있다. 과일과 도예품은 경이로움의 근원이고 신분을 나타내며, 존경을 나타낸다. 얼핏 보기에는 성과 사치를 나타내는듯하다. 그러나 이러한 탐욕을 넘어 더욱 묘한 실체가 있다. 채트윈은 "도예품을 추구하는 행동은 영원불멸한 실체를 찾으려는" 욕망이라고 결론 내렸다.

다시 책으로 돌아와, 카프는 모든 과일저술가 중 단연코 번야드가 가장 중요한 인물이라고 설명했다. 곧 출간할 예정인 카프의 서른다섯 가지 과일품종 안내책자에는 "에드워드 번야드의 설명에 바탕을 둔 과일감정법을 다룬 책"이라는 설명문구가 적혀 있다. 번야드는 또 카프의 다른 스승들인 앤디 마리아니와 토드 케네디Todd Kennedy의 정신적 지주이기도 하다. 특히 토드는 '과일계의 괴짜'로, 이상적인 복숭아 맛을 사향 냄새가 절정에 달할 때까지 매달아 말린 꿩에 비유한 사람이다. 내가 배나무에 앉은 자고새(미국 크리스마스 캐롤에 나오는 가사-옮긴이)의 고기맛에 대해 농담을 던지려던 찰나, 카프는 『희귀과일과 채소Uncommon Fruits and Vegetables』라는 책을 가리키며, 책 저자인 엘리자베스 슈나이더Elizabeth Schneider도 자신의 정신적 스승이라고 했다. "이분은 내게 영감을 던져준 분이야. 자연의 산물을 진지하게 대하는 자세를 알려준 분이라네."

내게 자신만의 후진 양성법을 말해주는 카프의 모습을 보며, 이번에는 그가 자신의 지식을 전수하려는 것인지 그 의도가 궁금해졌다. 대화를 인터뷰 시기 잡는 쪽으로 끌고 가려고, 조만간 과일과 관련해 탈선할 계획은 없는지 물어보았다. 그는 물론 그럴 계획이 있다며, 딸기를 보러 벤추라 카운티로 갈 생각이라고 했다. 그와 동행해 작업 과정을 글에 담아도 괜찮겠는지 물어보았다. 카프는 자신이 사진 찍을 때 광선차단막을 들고 있어준다면, 안 될 이유가 없다고 했다. 집으로 돌아오면서 난 뿌듯한 기분이 들었다. 이제 인터뷰가 본궤도에 오르고 있었다.

출발 전날, 카프가 이메일로 새벽 4시가 출발 예정인 여행일정표를 보냈다. 목적지는 한 시간 반 거리에 있었지만, 카프는 새벽에 곧장 떠나길 원했다. 카프가 자기 집 손님방에서 하루 묵고 다음 날 아침에 지체 없이 바로 떠나자고 제안했다. 2005년 3월 9일, 나는 잠옷과 여벌의 옷, 칫솔 그리고 노트북 컴퓨터를 챙긴 다음 리안의 차를 타고 과일 탐정의 집앞에 도착했다.

내가 집안에 들어선 순간부터 카프는 내 흰색 운동화를 유심히 살폈다. 내가 신발을 벗어야 하는 것인지 묻자, 신디 캣은 아니라고 했다.

그들은 석류무늬가 박힌 거실의 융단 얘기를 꺼냈다. 이 융단은 최근 고인이 된 카프 어머니의 유품이었다. 이들은 또 흰개미 때문에 골머리를 앓는다고 했다. 카프가 땅돼지를 사서 이 문제를 해결해보자며 떠보듯 말했다.(그는 개미핥기를 무척 좋아했다. 한번은 필라델피아 동물원에서 개미핥기와 교감하기 위해 동물원 창살 사이로 기어오르기도 했다.)

몇 분간 잡담을 주고받는 동안에도 카프는 내 신발에서 눈을 떼지 못하더니, 마침내 내게 장화 같은 것은 챙겨왔는지 물었다. 난 가져오지 않았다고 답했다. "이런 신발은 무용지물이야. 과일탐정 보조를 하려거든 현장에 적합한 신발 장비부터 갖춰야지." 그가 눈살을 찌푸리며 호통을 쳤다.

다행히 낡았어도 여벌의 과일탐정 장화가 있었다. 크기도 딱 맞았다. 간신히 위기를 넘기고 잠자리에 들 준비를 했다. 카프가 양치질하는 사이, 신디 캣이 나를 한쪽으로 끌고 가더니 카프의 운전 실력이 걱정된다고 했다. "그가 빨간불을 못 본듯하면 확인차 물어보세요. 간혹 빨간불을 놓치기 때문에 꼭 확인시켜줘야 해요." 나는 그러겠다며 신디 캣을 안심시켰고, 아무 일 없을 것이라고 말해주었다. 신디 캣은 못 미더워하는 눈치였다.

어두컴컴한 새벽에 카프가 나를 깨웠다. 우리는 말린 감을 몇 조각 먹고는 바로 차를 타고 출발했다. 정확히 말하면 가다 서기를 반복했다. 카프는 아스팔트 도로를 마치 적을 상대하듯 했고, 서커스 곰이 탭댄스 추듯 가속페달과 브레이크를 번갈아 밟으며 운전했다. 그가 선셋 Sunset대로와 씨름하는 처음 45분 동안, 우리는 거의 말없이 이동했다.

확 트인 고속도로에 접어들면서 카프가 딸기연구 상황을 조금 들려주었다. 그가 이 작업에 매달린 지 3년째이고 취재원이 십여 명을 넘어

섰으며 기록해둔 종이만 해도 150쪽이 넘는다고 했다. 카프에게 제일 마음에 드는 딸기종류를 물어봤다. 그는 맛이 특별한 마샬Marshall 품종이라고 답하며, 어느 씨앗은행에서 기르는 단 한 그루를 빼고는 모두 사라졌다고 했다. 내가 '마샬'이라는 단어를 받아적자, 카프가 급브레이크를 밟으며 지금 뭐하는 중이냐고 물었다.

"음…… 그냥 받아적었는데요. 인터뷰 때 쓰려고요."

"그거 몹시 불쾌한데. 내가 말한 내용을 남기거나 생각을 검열하는 행동 따위 맘에 안 들어. 혹시라도 괴상한 소리 지껄이면 어떡해? '깜둥이' 뭐 이런 단어가 튀어나오면 어떡하냐고?"

나는 펜을 치우고 입을 다물었다.

한 시간이 흐른 후 우리는 옥스나드에 위치한 해리네 딸기 농장에 도착했다. 밭을 걷다가 둘러싸인 딸기에 들떠버린 나는 몰래 따먹기 시작했다. 가비오타와 시스케이프라는 두 가지 딸기 품종은 즙이 많고 달콤했으며, 아침공기를 맞아 시원한 맛까지 느껴졌다. 바닥 근처까지 열매가 열린 작은 딸기나무들이 나란히 줄지은 채 저 멀리까지 늘어서 있었고, 일꾼들이 두건 차림으로 웅크리고 앉아 밭고랑에서 이를 수확하고 있었다.

카프는 딸기 맛보는 일에는 관심이 없었다. 날이 흐리게 밝아오자 그는 빛의 변화에 관심을 쏟았다. 카프는 긴장한 얼굴이었다. 그가 사진을 몇 장 찍을 동안 난 반사판을 들고 있었다. 갑자기 그가 흥분하며 외쳤다. "방금 봤어? 하늘이 막 개더니 빛이 변했지?" 그는 기관총을 난사하듯 촬영하기 시작했다.

그 모습은 마치 오스틴 파워가 패션모델을 촬영하는 장면 같았다.

카프는 오-, 아-, 허, 같은 감탄사를 내뱉으며 일 초에 열장 넘게 사진을 찍었고, "장관이야, 오, 좋아 좋아! 계속 열어 보이라고."라는 말을 내뱉었다. 여기다 대고 난 한마디 덧붙였다. "그래서 사람들이 과일 포르노라고 하는군요." 카프가 돌연 촬영을 멈추더니 안색이 싹 바뀐 채 말했다. "방금 뭐라고 했지?" 난 해명을 했지만 카프는 귀담아 듣지도 않고, 반짝거리는 딸기밭으로 다시 가버렸다.

농부 릭 진Rick Gean과 몰리 이와모토 진Molly Iwamoto Gean(이들의 부친은 해리네 딸기의 그 해리이다.)이 우리에게 인사하러 왔다. 이들은 운전이 어땠냐고 물었다. 카프는 그다지 힘들지 않았다고 답했다.

릭이 내게 과일재배에 입문했는지 물었다. "아뇨, 전 과일에 열정적인 사람들 얘기를 쓰는 저널리스트입니다."라고 답했다.

"이거, 적임자를 만났네." 그가 웃으며 말했다.

"아담은 열성 과일팬이야. 이 친구는 그냥 내가 사진 찍는 거 도와주러 왔어." 카프가 웃지도 않고 말했다.

나는 어이없는 표정으로 카프를 바라봤다. 반사판을 잡아주기로 한 것은 맞지만, 카프도 인터뷰에 응하겠다고 하지 않았던가. 부엌에 둘러앉자마자, 카프는 경찰관 혹은 탐정 같은 자세로 릭과 몰리를 추궁하기 시작했다. 나도 그 틈에 끼어 살충제와 농사방법, 딸기 품종에 대해 토론하는 모습을, 테니스 관중처럼 고개를 좌우로 왔다갔다하며 지켜봤다. 카프가 이들에게 마샬 품종을 길러볼 생각은 없는지 물었다. 카프는 이들의 재배목적이 뛰어난 맛에 있는지 매우 궁금해했다. 몰리가, 맛도 중요하지만 생산량 역시 중요하다고 답했다. 카프는 고개를 내저으며 결정적인 증거를 확인한 듯 입을 다물었다. 점차 앉아 있기가 불편해진 나는 감히 기록할 엄두도 내지 못한 채 있다가, 양해를 구하고 딸기밭으로 다시 걸어나왔다. 딸기를 조금 먹고 날씨가 변했나 싶어 하늘을 올려다본 다음, 방금 일어난 일을 기록해두었다.

카프가 일을 끝마치자, 우리는 오래된 감귤상자로 벽을 장식한 어느 작은 식당에 가서 점심을 먹었다. 주문한 샌드위치가 나오자 카프는 고춧가루 통을 두어 개 꺼내더니, 빵 사이에 이를 잔뜩 뿌려 먹었다. 전에 오센포트가 카프는 고추 안에 든 활성성분인 캡사이신 중독이라고 해준 말이 떠올랐다.

집에 오는 길에도 우리는 거의 말이 없었고, 카프는 힘들지 않다던 운전을 하느라 매우 노심초사했다. 내가 잠깐 졸기라도 하면, 카프는 곧바로 나를 깨웠다. 나는 과일을 찾아 여러 나라를 돌아다닌 얘기를 잡담삼아 들려줬다. 카프는 여행에는 그다지 관심 없지만, 인도양의 마다가스카르와 퍼스Perth 사이에 있는 다도해는 예외라고 했다. "그곳은 연중 내내 온도가 섭씨 15.5도로 완벽해. 바람이 몹시 심해서 나무나 과일이 없긴 해도, 고독한 달풍경을 따라 산책할 수 있지. 게다가 산책을 방해할 인간이 아무도 없다는 게 무엇보다 맘에 들어."

한 달 후, 나는 카프가 딸기논문을 준비하면서 자문을 구한 품종연구자, 재배자, 시장판매자, 종묘상에게 대량 발송한 메일을 같이 전달받았다.

그는 과일에 대한 글 집필과 과일재배의 유사점을 이렇게 표현했다. "모든 에너지와 기술을 동원해 뛰어난 생산물을 만들지만, 결국 손쓸 수 없는 힘 앞에 당황하고 만다." 그 글에서 문제 삼은 가로막는 힘이란 지면상의 제약이었다. 편집자들이 그가 쓴 논문의 절반가량을 잘라냈다고 한다. 그나마 남은 글은 '부적절한 요약본'으로, 그가 3년 넘게 수집한 '복잡다단한 내용'을 모조리 빼버렸다고 그는 말했다.

몇 주 후 다시 몬트리올로 돌아갈 준비를 하던 중, 나는 카프로부터 리안과 함께 점심을 하자는 초청을 받았다. 우리는 샌디에이고에서 온 친구 사라Sarah와 함께 갔다. 사라는 저술활동을 하는 음반가게 직원이었다. 그 전날 밤 기물 파손자들이 우리 차 뒷유리에 콘크리트 블록을 집어던진 사고를 수습하느라 우리는 늦게 도착했다. 신디 캣은 블랙 라즈베리 시럽으로 팬케이크를 만들던 중이었다.

"블랙 라즈베리 정말 좋아해요." 사라가 말했다.

"그래? 블랙 라즈베리 먹어본 적 있으신가?" 카프가 물었다.

"스웨덴에서 먹어본 것 같아요."

카프는 이 과일의 원서식지는 사실 태평양 북서부라며 큰 목소리로 꼬집어 얘기하더니, 사라에게 스칸디나비아에서는 어느 지역이든 제대로 된 블랙 라즈베리를 먹어볼 수 없었을 것이라고 말했다.

나는 카프가 좋아하는 흰 살구를 먹어본 적 있다고 말했다. 카프가 과일 몇 개 먹어본 것으로는 충분치 않다고 지적했다. 카프는 언성을 높이며, 어떤 과일이든 제대로 글을 쓰려면 몇 년이고 개인 농장과 기업재배시설, 생식질 저장소, 대학연구실에서 시간을 보내야 할 뿐 아니라, 계속해서 두고두고 찾아다녀야 한다며 설교했다.

15장
내세와 교감하다

그러더니 그가 주머니에서 나무 씨앗을 꺼냈다. ······
그리고 이렇게 말했다.
"떠나게, 가능할 때 떠나라고."
_⟨앙드레와 함께 한 저녁식사My Dinner with Andre⟩

커트 오센포트에게 전화를 걸어 과일탐정 인터뷰 상황을 일러줬다. 얘기를 듣던 그는, 카프가 '빛의 자녀들the Children of Light' 얘기는 안했는지 물었다. 빛의 자녀들은 애리조나 사막에서 토종 대추를 기르며 영생을 추구하는 동정남과 동정녀들이었다. 전에 개인적으로 영생을 꿈꾸는 과일주의자들이 있다는 소리는 들어봤어도, 과일을 재배하며 이상향을 꿈꾸는 신앙집단 이야기는 매우 생소했다.

카프에게 빛의 자녀에 대해 물어봤지만, 그는 말하기 꺼려했다. 그와 마지막으로 만난 자리에서 함께 이들을 방문할 수 없다는 게 확실해지자, 난 어떻게든 이들을 보러 가기로 마음먹었다. 너무 늦기 전에 만나고 싶었다. 한때는 회원 수십 명을 거느렸던 이 집단에서 자칭 '영생자'라던 이들이 대부분 나이 들어 세상을 뜨고 말았다. 그래도 아직 생존해 있는 사람들은 동요하는 기색이 없었다. "그래도 우리 중에 영생자가 나오리라 믿습니다." 송장처럼 마른 노인 일렉트 필립Elect Philip이 1995년 일간지 「오렌지 카운티 레지스터Orange County Register」에서 이렇게 말했다. 당시 남은 회원 일곱 명은 모두 80대와 90대였고, 여전히 신의 계시가 임박했다고 믿고 있었다.

나는 이곳과 인접한 마을인 데이트랜드Dateland의 주인 샤르나 워커Charna Walker에게 전화를 걸어 이들이 사는 곳을 알아보았다.(워커 부부는 1994년에 주유소, 식당, 선물가게, 캠핑카 공원, 우물, 대추 농장을 모두 갖춘 이 카운티를 전부 사들였다.) "솔직히 전 그 사람들에 대해 잘 몰라요. 또 허황된 주장 같아서 달리 하고 싶은 말도 없습니다." 그래도 워커에게서 연락처를 알아낼 수 있었다.

일렉트 스타Elect Star라는 자가 나를 데리러 왔다. 그녀에게 이 책 얘기를 하며 그곳에 잠깐 들러 인터뷰를 할 수 있겠는지 물었다. "그럼요, 좋고말고요." 그녀가 웃으며 답했다.

3주 후, 리안과 함께 차를 타고 작은 관목밖에 보이지 않는 뜨거운 애리조나 사막을 가로질러 데이트랜드로 갔다. 금세라도 바스라질 것 같은 뼈 무더기 혹은 바싹 말라버린 바다산호 잔해 같은 회전초tumbleweeds 수백 그루가 굴러다니고 있었다. 워커의 오아시스에 들러 대추야자 셰이크를 한잔 마시고, 우리는 다시 적막한 시골길로 접어들었다.

수 킬로미터를 가도 인적이 없었다. 마침내 버려진 술집이 보였는데, 곧 땅으로 꺼질듯한 모양새였다. 빛바랜 필기체로 적힌 "모래의 속삭임"이라는 간판 글씨가 보였다. 황량한 풍경을 지나 다시 20여 분 차를 몰고 들어갔다. 기울어진 교회건물이 버려진 채 서 있었다. 고대문명의 유적지가 급속하고도 불가사의한 쇠퇴 앞에 굴복해버린 형상 같았다. 나는 전날 밤새 술을 마시고 숙취로 고생 중인 회전초가 신도의자에 줄지어 앉아 나란히 참회하는 모습을 떠올렸다.

우리는 계속 이동했다. '후두 와시Hoodoo Wash'라는 이름의 협곡 안내판 외에는 보이는 게 없었다. 이 모든 게 신기루가 아닐까 의심이 들 무렵, 눈앞에 2.5미터 길이의 표지판이 나타났다. 무지갯빛 소용돌이 정중앙에, 직접 칠한 목판 글씨로 "빛의 자녀들, 전방 2.4km"라고 쓰여 있었다.

우리는 모래투성이 차도에 멈춰 섰다. 그 옆에는 커다란 돌로 만든 굴뚝과 대형 창을 갖춘 중세풍 방갈로가 서 있었다. 집 위에 꽂힌 깃발에는 황금별 장식과 함께 "청렴, 서약, 평화, 이상향"이라고 적혀 있었다. 차문을 닫고 나와 수많은 대추야자나무에 감탄하고 있던 우리 앞에, 하얀 예복에 붉은 조끼 그리고 앞쪽에 파란 치마를 똑같이 차려 입은 노인 세 사람이 마중나왔다. 각자 입은 조끼에 자신들의 이름을 수놓았다. 일렉트 스타Elect Star, 일렉트 필립Elect Philip, 그리고 일렉트 데이비드Elect David 이렇게 새겨져 있었다. 필립은 "지금은 우리 셋이 전부"라며, 한때 빛의 자녀 신도 수가 60명이 넘은 적도 있다고 설명했다.

스타가 재봉실로 들어가더니, 우리에게 크레용으로 칠한 도표를 가져다주었다. 1949년에 빛의 자녀가 어떻게 신에게 간택 받았는지' 그 신비로운 설명이 적혀 있었다.

필립이 우리에게 직접 그린 그림을 보여주었다. 나무 한 그루에 여러 종류의 과일이 가득 열린 그림이었다. 필립은 이 나무를 가리키며 자신들은 유럽대륙의 대추 품종인 메드줄스, 할라위스, 카드라위스, 바르히스, 데이리스를 재배한다고 했다.

필립이 타원형 기도실로 우리를 안내하며, 이 종파의 역사를 이야기했다. 처음에 이들은 현재 '캐나다 과일가게의 본고장'으로 알려진 브리티시 콜롬비아의 작은 마을 케레메오스Keremeos에 모여 과일농사를 짓기 시작했다고 한다. 산맥으로 둘러싸인 비옥한 계곡에 위치한 케레메오스가 국제적인 관심을 받게 된 계기는, 1951년 1월 이곳 농장에 은닉해 있던 빛의 자녀들이 세계에 종말이 가까워졌다고 세상에 알리면서부터였다. "우린 그 마을을 세상에 불명예스럽게 알린 셈"이라며 필립이 당시를 회상했다.

이 단체의 지도자인 그레이스 아그네스 칼슨Grace Agnes Carlson 혹은 일렉트 골드Elect Gold는 산허리에서 불덩이가 굴러 떨어지는 형상을 통해 1950년 12월 23일, 세상이 멸망한다는 신의 계시를 받았다.

그날 밤, 신도들은 한데 모여 바람을 맞으며 찬송가를 불렀고, 산사태로 거대한 케이K자가 새겨진 '케이산'까지 줄지어 행렬했다. 골드는 이 K자가 코앞에 다가온 신의 왕국Kingdom을 뜻한다고 말했다.

그러나 최후 심판의 날은 오지 않았다. 성탄절 아침이 지나자 신도들은 하산했고, 문에 빗장을 걸어 잠근 채 또 다른 계시를 기다렸다.

당시 이들이 머물던 계곡에 지진이 두 차례나 관통해 창문과 접시가 덜커덕거렸지만, 이들은 아무런 피해를 입지 않았다. 새해 벽두부터 오카나간 밸리Okanagan Valley에서 퍼지기 시작한 소문은 밴쿠버의 뉴스 편집부 귀에까지 들어갔다. 그 소문은 마흔 명의 사람들이 건물에 숨어 지내며 신의 계시를 기다리고 있고, 이 중에는 어린 학생들도 끼어 있다는 내용이었다.

취재진들은 농장을 주시했다. 그리고 이 집단이 원자선을 격퇴하기 위해 황금색 새틴을 안감으로 덧댄 붉은색 어깨망토와 흰색 셔츠를 입고 지낸다며 호들갑스럽게 보도했다. 또 신문에 금속으로 만든 빵 덩어리 사진을 싣고는 이 종파가 신앙의 대상으로 삼는 물건이라고 전했다. 언론매체들은 다른 건 몰라도 이 건물에서 벌어지는 혼돈스러운 상황이 대중들의 정서에 해롭다고 결론 내렸다. 필립이 우리를 거실로 안내하며, 집에 텔레비전(필립은 '헬레비전hell-evision'이라고 부른다.)이 있지만, 올림픽 스케이트 영상이나 셜리 템플Shirley Temple(〈키다리아저씨〉, 〈소공녀〉 등에 출연한 미국 여배우-옮긴이)이 나온 영화만 본다고 했다. "요즘에는 모든 게 천박해서, 다소라도 건전한 프로그램만 골라보려 한다."고 그가 한숨을 내쉬며 말했다.

케레메오스에서 언론의 보도를 접한 지역 주민들이 현장에 들이닥쳐도 이들은 요지부동이었다. 마을 사람들은 어른들이 아이들을 홀려 황당한 체험에 끌어들였다며 열변을 토했다. 몇 주 후, 경찰들이 건물로 들어와 아이들을 데려갔다. 취재단에 둘러싸인 아이들은 인상을 찌푸리며 그 모습을 드러냈다.

1월 13일, 이 집단은 중요한 계시를 받았다. 사람 손처럼 생긴 구름이 흰색에서 붉은색으로, 다시 흰색으로 변한 모습을 본 것이다. 그날 밤 신도들은 꾸벅거리며 졸던 취재기자와 사진기자를 따돌린 채, 휘몰아치는 강설을 뚫고 몰래 건물을 빠져나왔다. 차량에 몸을 실은 이들은 급히 달아났고 다시는 돌아오지 않았다. 눈보라가 눈사태를 일으켜 통행로가 가로막히는 바람에, 언론들은 이들을 따라잡지 못했다.

신의 자녀들은 그 후 12년 동안 북아메리카를 떠돌며 약속받은 땅을 찾아 헤맸다. 샌 버나디노San Bernardino에 체류할 동안, 이들은 활활 타오르는 커다란 글자가 하늘에서 "애리조나 주의 아구아 캘리언트Agua Caliente"라고 수놓는 광경을 보았다. 이어 태양 앞에 "1963년 5월

21일"이라고 새겨진 녹색 원반이 나타났다.

이들은 그날 바로 아구아 캘리언트에 마련한 새 주거지에 도착했다. 이 애리조나 사막 땅은 데이트랜드에서 멀지 않은 곳이었다. 이들이 십만여 평에 가까운 땅을 소유하게 된 경위는 확실하지 않다. 스타는 "신께 자신이 소유한 땅을 우리에게 내려주시겠다는 말씀을 들었고, 이곳 아구아 캘리언트가 바로 그 땅"이라고 말했다. 필립은 내게, 아메리카 원주민으로 부유한 후원자이자 토지소유자인 스카우트 그레이 이글 Scout Gray Eagle이 자신들이 이곳으로 올 것을 꿈에 봤다는 환시현상 이야기도 들려주었다.

상황이야 어찌됐든, 그때부터 이들은 이곳에서 지냈다. "누구든 오는 걸 환영하며, 원할 때까지 우리 곁에 머물 수 있다."고 필립이 말했다. 저녁을 준비하는 동안, 우리는 이곳에 들어온 다른 나이든 여성 두 명과 만났다. 이들은 정식 신도는 아니어서 신의 자녀 복장을 하고 있지는 않았다. 이 중 한 명이 확신에 찬 목소리로 나를 전생에서 봤다고 말했다. 또 1960년대 후반 히피들이 이곳을 찾아왔지만 섹스와 마약이 없는 이곳 분위기에 적응 못 해 오래 머물지 못했다는 이야기도 들려주었다.

신의 자녀들은 로큰롤 대신 유치원 노래 같은 찬송가를 직접 작곡해, 저녁식사 전에 불렀다. 부엌 식당에는 각자 앉을 자리에 모두의 이름이 적힌 명패가 놓여 있었다. 이 집단은 금욕주의를 지키기 위해 남성과 여성이 마주보며 앉았다. 스타가 아동용 야마하 키보드를 준비했고, 모두들 우리에게 찬송가를 불러주었다. 우리도 후렴구 몇 소절을 따라 불렀다.

저녁을 먹으며 이들은 자신들의 신앙 체계-과일을 먹을 것, 육체적

관계를 삼갈 것, 그리고 영생을 얻을 것-를 설명했다. 저녁으로 대추 여섯 개, 피스타치오와 호두 열 개 남짓, 수액과 통조림 복숭아 조각이 나왔고, 이 음식을 칸막이 접시에 담아 자리마다 돌렸다. 주 요리로 나온 껍질 벗긴 바나나를 우리는 포크와 나이프로 먹었다.

과일주의자를 동경하는 집단이긴 했어도, 이들은 손수 만든 요구르트와 팝콘, 그리고 농장에서 자란 채소도 식탁에 올렸다. 필립 말에 따르면, 한번은 천사가 자신들 앞에 모습을 드러내, '에덴동산식 식단'을 따르라고 지시했다고 한다. 그날 저녁 우리가 먹은 음식이 바로 그 식단인 것 같았다. 그 천사는 또 일을 하고 그 대가를 받는 것은 죄악이라고 말했다. "우리는 지난 56년간 단 한 푼도 벌지 않았다."고 필립이 말했다. 그렇긴 해도 신도들은 사회보장혜택을 받았고, 매해 국세청에 서류제출도 했다.

마지막 남은 바나나를 먹으며, 나는 이 동정남녀들이 세상을 뜨면 어떤 일이 벌어질지 궁금했다. 이들은 너무 늙었다. 떨리는 손으로 식사를 하던 데이비드는 살날이 얼마 남지 않아 보였다. 그렇지만 이들은 자기네 조직이 사라지는 것에 그다지 신경 쓰지 않는 눈치였다. 결국 세상도 사라지기 마련이니까. 게시판에 꽂아둔 종이 한 장에 이런 글귀가 적혀 있다. "전 세계 역사를 통틀어, 현재 가장 중대한 시기를 맞고 있다. 신의 시계가 종말로 치닫고 있음을 보여주는 계시가 만연하다." 이들의 신조에는 밑줄이 그어져 있었다. "불합리한 일에 뛰어드는 자만이…… 불가능한 일을 달성한다!"

저녁식사를 마치자, 신도들은 하룻밤 묵고 가라며, 원한다면 여생을 여기서 보내도 좋다고 말했다. 신이 선택한 세 명의 사람들 그리고 두 명의 동반자와 악수를 나누고, 후한 접대와 이야기에 감사를 표한 후 자동차에 올라타 작별 인사를 했다.

그때쯤 되니 밖은 상당히 어둑어둑했다. 길에는 가로등 하나 없었고, 길바닥은 들어올 때 기억보다 더 울퉁불퉁했다. 일이 분쯤 지나 표지판을 하나 찾았을 때, 창밖을 내다보던 리안이 비명을 질렀다. 엄청난 불길이 신도들 건물 근처에서 타오르고 있었다. 차를 돌릴까 고민했지만, 우린 너무 지친 상태였다. 차를 계속 몰며 휴대전화로 이들이 안전한지 확인했다. 일렉트 스타가 전화를 받았다. 엄청난 불길이 당신네 건물 바로 옆에서 타오르는 것 같다고 말했다. 상황을 살피러 밖에 나간 스타는 잠시 후 아무것도 보이지 않는다고 답했다. 수 킬로미터를 가는 동안 우리는 먼발치에서 불길이 계속 타오르는 모습을 힐끔거리며 이동했다. 아마 설명이 불가능하겠지만, 먼 사막 지역에서 갑자기 타오른 신비한 도깨비불이거나, 우리를 빛의 자녀로 끌어들이려는 눈부신 책략 혹은 신의 계시였을지도 모른다. 우리는 이 문제로 더는 고민하지 않았다.

과일은 다른 영적 운동에서도 두드러진 역할을 했다. 딸기를 재배하며 고행을 한 크릴로프나스Krillovnas라는 러시아의 한 종파부터 인디애나 주와 켄터키 주에서 포도를 재배했던 존 제임스 뒤푸르John James Dufour 공동체에 이르기까지 다양한 사례가 있다. 20세기 초, 서던 캘리포니아에 있던 소시에타스 프라테르나Societas Fraterna는 과일계의 스뱅갈리(조지 뒤 모리에의 소설 『트릴비Trilby』에 등장하는, 최면술로 남을 조종하는 사악한 인물-옮긴이)인 탈레스Thales가 주도하였다. 플라센티아의 풀 먹는 사람들Placentia Grass Eaters로도 알려진 이 공동체는 구석진 곳에 영혼이 모인다고 생각해, 모난 구석이 없게 집을 짓고 살았다. 이들이 사는 땅에 귀신이 출몰한다는 소문도 돌았고, 가끔 굴뚝에서 불덩이가 뿜어져 나오는 장면을 봤다는 사람도 있었다. 결국 소시에타스 프라테르나는 유아 영양결핍사건과 젊은 여성 회원의 자살사건이 터지면서 해체되고 말았다.

1960년대에는 '땅으로 돌아가자'는 운동 추종자들이 입던 옷과 살던 곳을 버리고 이상향을 추구하는 집단을 이루면서, 누드 과일재배 공동체가 미국 전역에서 출현하기 시작했다. 포톨레미 톰킨스Ptolemy Tompkins는 『천국의 열병Paradise Fever』에서 아버지가 운영하던 과수원 공동체-누드재배가 필수는 아니었다-에 대해 다음과 같이 썼다. "과수원 운영의 핵심은, 담벼락 안쪽에서 일할 때 누드로 혹은 적어도 상체라도 드러내놓고 작업하는 것이다."(『식물의 은밀한 삶The Secret Life of Plants』에서 그의 부친은 이런 기록도 남겼다. "사랑과 존경을 담아 사과를 먹으면 오르가슴과 유사한 체험을 한다.") 이러한 실험의 흔적은 전 세계 히피공동체의 자유연애 생명농법농장과 누드과수원에서도 찾아볼 수 있다. 오디를 재배했던 자연주의 역사가 고든 케네디Gordon Kennedy는 호주의 님빈Nimbin에는 덤불로 만든 원뿔형 천막에 기거하는 현대판 원시인이 살며, 이 '야생으로 돌아간 자들'은 아직도 누드 상태로 과일을 기른다고 내게 말해준 적이 있다.

앞서 살펴본 것처럼, 신성한 의식상태나 신과 교감하는 몰입상태의 상징물로 과일을 활용하는 종교가 많이 있다. 그 원리는 분명치 않아도 과일은 상징적 의미를 넘어 실제 우리의 분자구조에 영향을 주기도 한다. 커피 같은 흥분제는 대부분 열매에서 나왔다. 아프리카의 콜라 열매는 아직도 코카콜라를 비롯한 콜라 제조에 쓰인다. 빤paan(식물성 환각제의 일종-옮긴이)의 주재료인 구장잎 열매는 남아시아에서 씹어먹는 흥분제로, 이를 내뱉으면 진홍색 얼룩이 생긴다. 이렇게 원기를 치솟게 하는 열매들은 습관성이 되기 쉽다.

어떤 맛있는 열매들은 그 맛이 본능에 파고들어 감각의 위세 앞에 무릎 꿇게 만든다. 나 역시 이러한 충동에서 헤어나오는 데 몇 년이 걸렸다. 지금 생각해보니 그때의 충동은 의식을 잃은듯한 기분이었고, 극단적일 만큼 완벽함에 근접한 느낌도 들었다. 동시에 모든 걸 내맡긴듯해서, 순간적으로 자연과 하나가 된 것 같기도 했다.

전 세계적으로 과일은 신비한 힘을 보여준 대상이었다. 붓다는 쉬라바스티의 위대한 기적the Great Miracle of Sravasti(붓다가 이교도들을 물리치기 위해 기적을 보인 사건-옮긴이)에서 망고 나무 씨앗이 곧바로 나무로 자라도록 했다. 인도에서는 점을 칠 때 야자수나 찻잎을 활용하기보다, 망고 씨앗에 앉은 곤충을 관찰해 미래를 내다봤다. 나이지리아 북쪽에 사는 누페Nupe족은 딸기류 열매를 이용해 예언을 한다. 요루바Yoruba족(서아프리카 기니 지방에 사는 원주민-옮긴이)은 야자열매를, 알래스카 주에 사는 유쿤Yukun족은 호리병박 열매의 화반花盤을 이용해 예언을 한다.

부족사회에서는 식물의 신비로운 속성을 이해하는 능력자가 이승과 저승을 매개하는 샤먼으로 지목받았다. 수 세기 동안 주술사들은 과일을 이용해 무아지경 상태에 빠져들었다. 식물의 뿌리, 나무껍질, 천연수지, 잎사귀, 잔가지, 꽃, 덩굴 등 식물의 어느 부위든 신을 불러내는 환각상태를 유발할 수 있었지만 특히 과일이 강력하게 작용했다.

태양의 정액이라고 부르는 유쿠바 열매는 트립타민tryptamine성 환각상태를 유발한다. 하와이의 우드 로즈 씨앗 중 절반가량은 LSD 환각제와 유사한 상태를 낳는다. 강력한 흰독말풀 열매는 선사시대부터 신성한 의식을 치를 때 사용했다. 식용 가능한 산성 열매인 칠리토는 히쿨리 물라토라는 멕시코 선인장에서 열린다. 이 열매를 먹으면 내세와 접할 수 있으며, 사악한 사람들의 경우 정신착란을 일으키거나 광기를 피하려다 절벽 아래로 몸을 내던지게 된다고 전해진다. 칠레의 마푸체Mapuche족 마법사들은 라뚜에latue를 이용해 꿈작업(무의식을 파헤쳐 꿈의 의미를 알아내는 일-옮긴이)을 수월하게 했다. 멕시코 사람들은 강력한 환각제를 만들기 위해 고요한 밤에 올로류퀴 열매를 으깨 술 음료를 만들었다. 고환처럼 생긴 빨간 사난고는 서아프리카에서 자라는 열매로, 환시효과를 일으킨다. 맨드레이크와 사리풀은 중세 마녀의 비약에 들어가던 성분으로 여기에도 환각을 일으키는 알칼리성 물질이 포함돼 있다. 시리아의 루 열매 꼬투리 역시 아야후아스카ayahuasca(아마존 강 다우림에서 자생하는 환각성 식물-옮긴이)와 동일한 효능을 갖는다. 카발롱가 블랜카 열매는 아야후아스카를 먹은 사람들이 초자연적인 위험상태에 빠지지 않도록 해준다. '문명의 씨앗'이라고 부르는 세빌은 다른 차원에 접근할 때 이용했다. 바나나 껍질을 피울 때도 환각상태에 빠진다고 하는데, 이 경우는 보통 두통을 유발한다. 베네수엘라의 와이카Waika족은 요포 콩 열매를 이용해 이상야릇한 의식을 치렀다. 이 의식에서는 한 남자가 기다란 대롱을 이용해 다른 남자의 코에다 이 열매의 향기를 불어넣는다. 만약 콧김을 내뿜게 되면 대혼란이 터진다고 여겼다.

열매에 많은 향정신성 성분은 실제 일종의 독성분이다. 식물은 작은 동물들이 건드리지 못하게 하려고 독을 품는다. 사람이 이 식물을 섭취하면, 신경화학물질에 영향을 미처 이완이나 들뜬 상태, 마비, 죽음까지 일으킨다.

볶지 않은 캐슈너트에는 치명적인 독성분이 들어 있다. 이중껍질에 둘러싸인 캐슈너트 씨앗에는 옻과 성분이 비슷한 피부 자극제가 들어 있다. 이 부식성 액체를 캐슈너트 껍질액Cashew Nut Shell Liquid(CNSL)이라고 하며, 캐슈 열매를 먹으려면 이를 제거해야 한다. 자메이카를 대표하는 악키는 까다로운 열매다. 덜 익은 악키에는 강력한 하제인 저글리신hypoglycin이 있어서 구토하다가 죽음을 맞이한다. 또 이 열매의 씨앗에는 언제나 독성분이 들어 있다. 청산염cyanide과 시아노겐cyanogen은 감귤류와 이과梨果 열매의 씨앗에 있는 성분이다. 스타 열매에는 옥살산이 들어 있다. 흰색 사포테는 마취성 씨앗이 있어서 과테말라에서는 이를 '건강을 잡는다'는 뜻인 마타사노matasano라고 부른다. 덜 익은 몬스테라 델리치오사스monstera deliciosas를 먹으면 각성제를 먹은 것과 같다. 감비아 사람들이 화살촉을 담가뒀던 스트로판수스strophansus 열매에는 사람을 15분 만에 즉사시키는 치명적인 독이 들어 있다. 부아 켈루악Buah keluak(구역질나는 열매라는 뜻)은 어린 싹을 이용하는 열매로, 싱가포르에서는 한 달 이상 땅에 묻은 다음 여러 주 동안 물에 담갔다가 끓여서 먹는다. 오랑우탄이 전파한 열매인 스트리크노스 이그나티Strychnos ignatii에는 스트리크닌strychnine(중추신경 흥분제-옮긴이)이 가득하다. 이 독성분에 어느 정도 내성이 생겼다 하더라도, 이를 먹은 오랑우탄은 침을 질질 흘리게 된다.

"과일을 쫓다가 인생에 종지부를 찍을 뻔하다." 이는 「과일재배」에 실린 유독성 과일을 다룬 글의 제목이다. 필명이 '이름 없는 얼간이Boobus Anonymous'인 글쓴이는, 자신의 꿈은 맛이 뛰어난 과일을 최초로 발견하는 것이었다며 글을 열었다. 그녀는 UCLA 교정에서 소시지 열매 나무를 발견했다. 헝가리산 살라미 소시지처럼 매달린 이 커다란 열매를 딴 뒤 조금씩 뜯어먹었다. 눅눅한 옥수수 녹말 맛이 느껴졌다. 자신에게 명성을 안겨줄 과일이 아니라고 보고는 잊고 있었다. 그런데 30분쯤 지나고부터 얼굴이 얼얼해져오기 시작했다.

입이 동물 주둥이처럼 튀어나오는 게 느껴지더니 곧바로 환각상태에 완전히 빠져들었다. "현실세계가 거대한 투명 고무줄처럼 보이면서 시야를 팽팽하게 감쌌고, 의식은 긴장과 이완을 반복했으며, 어떻게 손써볼 도리도 없이 그 상태로 빠져들어 갔다."

그녀는 죽을 것을 대비해 멋진 옷으로 갈아입었다. 정신을 놓지 않으려고 안간힘을 쓰면서 자신을 진정시켜줄 과일전문가에게 전화를 걸었더니, 그 독성분으로는 죽지 않는다는 조언을 들었다. 그 글은 이렇게 끝을 맺었다. "요즘 그 나무를 지나치다가 그 단단하고 통통한 갈색 열매를 마주할 때면 나와 피를 나눈 사이처럼 느껴진다. 그리고 마음속으로 이렇게 속삭인다. '난 너의 정체를 알지. …… 아무도 겪지 못할 일을 경험해봤으니. 이건 우리끼리 비밀이야. 다른 사람들은 네가 어떤 열매인지 짐작도 못할 테니.'"

우리는 과일 때문에 죽기도 하고, 과일과 사랑을 나누기도 하며, 과일을 통해 신과 만나기도 한다. 과일로 황홀한 상태에 빠진 이들은 자멸할 때까지 이를 갈구하기도 한다. 포도주 중독자는 발효시킨 포도에, 헤로인 중독자들은 양귀비 수액에 중독 증상을 보인다. 사무엘 베케트Samuel Beckett가 쓴 『크라프의 마지막 테이프Krapp's Last Tape』에 보면, 바나나에 중독됐다고 생각한 화자가 테이프에 자신을 격하게 꾸짖는 말을 녹음한다. "끊어버리라고!"

역사상 가장 지나치게 과일에 탐닉했던 사람은 로마 황제 클라우디우스 알비누스로, 그는 하루에 멜론 10개, 무화과 500개, 복숭아 100개, 그리고 산더미같은 포도를 먹어치웠다. 디오클레티아누스 황제는 사랑하는 과일나무에 모든 것을 바치기 위해 통치 자리에서 내려왔다. 바로크 시를 쓴 앙투안 지라르 드 쌩타망Antoine-Girard de Saint-Amant도 멜론을 상당히 좋아했다. "하! 원기가 솟고 황홀해진다! 이 진미 한입에 내 영혼들이 기뻐 날뛰는구나. 달콤한 과즙이 스며 나오면 내 심장은 황홀경에 빠져든다. …… 금 덩어리보다 훨씬 마음에 드는 아폴론 신의 걸작! 모든 과일계의 꽃! 매력적인 멜론이여!"

역사적으로 유명한 인물 중 식용과일, 특히 멜론을 간절히 열망하다가 죽은 것으로 전해지는 사람들이 있다. 1471년에 서거한 교황 바오로 2세는 당시 혼자 방에서 멜론을 먹다가 몸이 마비돼 죽음을 맞이했다. 1534년에 멜론을 폭식했던 교황 클레멘트 7세 역시 멜론 때문에 생을 마감했다. 프로이센의 왕 프레더릭 3세와 그의 아들 막시밀리안 2세도 멜론을 지나치게 탐닉하다가 그만 세상을 떠났다. 이 외에도 멜론의 희생양이 된 사람으로 루이 13세의 주치의였던 기 드 라 브로스Guy de La Brosse, 1940년에 사망한 바론 드 루즈몽Baron de Rougemont(프랑스 극작가), 독일의 왕 알버트 2세가 있다. 영국의 존 왕도 1216년에 복숭아를 과도하게 먹다가 사망했다.

늘 격렬하게 사는 예술가들 역시 과일을 지나치게 음미했다. 알렉상드르 뒤마Alexandre Dumas(『삼총사』, 『몽테크리스토 백작』을 쓴 프랑스의 대문호-옮긴이)는 매일 새벽 개선문 밑에서 사과를 한 알씩 먹었다. 그는 까바이용Cavaillon 마을에 자신의 역작을 바치는 대신 이곳에서 생산한 멜론을 맛볼 수 있었다. 다다이스트 조지 그로스George Grosz는 친구들과 함께 "구스베리를 배가 비행선처럼 부풀어오를 때까지 먹고, 산더미

같이 커다란 케이크를 모조리 먹어치운 뒤, 코케인Cockaigne(무위와 무욕을 지향하는 서양의 이상사회-옮긴이)의 방랑자처럼 드러누웠다."고 말했다. 앤디 워홀Andy Warhol은 체리를 게걸스럽게 먹을 때의 단점에 대해 썼다. "먹고 나면 남은 체리씨가 정확히 몇 개 먹었는지 알려준다. 에누리 없이 정확하다. 이 때문에 씨가 하나씩 든 과일은 신경 쓰인다. 그래서 난 자두가 아닌 건포도에 손이 간다. 게다가 자두씨는 체리씨보다도 유독 눈길을 잡아끈다." 히치콕Hitchcock은 매일 아침 구스베리를 씨앗까지 통째로 먹었다. 콜리지Coleridge(영국의 시인, 비평가)는 손으로 따지 않고 나무에서 자연스럽게 떨어진 과일을 깨물어 먹기 좋아했다. 애거서 크리스티Agatha Christie는 욕조에서 풋사과에 둘러싸인 채 글을 썼다. 프리드리히 실러Friedrich Schiller(독일의 극작가)는 책상 안에 썩은 사과를 보관하고는 이 사과 썩는 냄새를 들이마시며 영감을 얻었다. 작가 로렌스D. H. Lawrence는 옷을 벗은 채 뽕나무에 올라가 글을 썼다. 앙리 미쇼Henri Michaux(프랑스의 작가, 시인, 화가)는 과일과 동화되는 방법을 배우는 데 20년이 걸렸다고 술회했다. "사과 한 알을 책상 위에 올려둔다. 그런 다음 사과 속으로 들어간다. 이 얼마나 평온한 상태인가!"

　나 역시 과일의 속심에 접근하려다 지나치게 빠져들고 말았다. 이 과일애호가들의 열정을 이해하고 싶어서, 여러 달 동안 색인에 '과일'이라는 단어가 들어간 책을 빠짐없이 살폈다. 뉴욕 식물원 도서관, 나이아가라 왕립식물원 도서관, 로스앤젤레스 중앙도서관에서 옛 과일문헌을 살피던 나는 그 소용돌이에 빠져버리고 말았다.

　과일만 다룬 책이 3,500권을 넘었고, 과일을 주제로 한 책은 8,000권이 넘었다. 원예학 논문을 골라내다가, 실비아 플러스Sylvia Plath(미국의 여류작가)가 묘사한 한 사내와 수녀 이야기가 생각났다. 둘은 무화과나무 아래에서 과일을 줍다가 마주쳤다. 하루는 우연히 손이 스쳤고, 수녀는 다시는 무화과를 주우러 오지 않았다. "울타리 사이로 기어들어가듯 검은 활자 사이로 들어가, 아름답고 커다란 푸른 무화과나무 아래에서 잠들고 싶다." 난 전설적인 역작『온대기후의 과일들Fruits of Warm Climates』을 쓴 줄리아 모튼Julia F. Morton과『열대 및 아열대 과일 입문서 Manual of Tropical and Subtropical Fruits』를 쓴 윌슨 포페노Wilson Popenoe가 불륜을 나누는 공상에 빠지기도 했다.

월리스 스티븐스Wallace Stevens(미국의 시인)의 표현대로, 껍질에 둘러싸인 천사를 찾기 위해 나는 열 권이 넘는 책을 꺼내 들었다. 갠지스 강기슭에서 타다 남은 재로 변한 자기희생적인 인도 과부의 손에 어떤 레몬 품종이 들려 있었는지 알고 싶었다. 전 KGB 스파이 리트비넨코Litvinenko가 런던에서 독살당했을 때 왜 아무도 그에게 코넬리안 체리를 줘서 혈관에서 방사능을 빼낼 생각을 못했을까 의아스러웠다. 사람들이 먹었다던 전설적인 로터스lotus 열매가 정확히 어떤 종류였는지 찾기 위해 리비아 해안산 로터스 대추(지지푸스 로투스Zizyphus lotus)와 캐롭 사이에서 헤매기도 하고, 이 중 어느 열매가 더 달콤한지 파헤치기도 했다.

나는 19세기 독일의 신비주의자 야코브 로버Jacob Lorber의 난해한 저작도 파헤쳤다. 그는 죽기 전 24년 동안, 루이스 보르헤스Luis Borges(아르헨티나의 작가)의 표현에 따르면, "이제야 밝혀진 진실"을 위해 살았다. 1840년에 시작된 신의 목소리는 로버에게 들은 내용을 필사하도록 지시했다. 그때부터 1864년에 죽기 전까지 그는 매일 하루 종일 글을 쓰기 시작해 각각 500쪽이 넘는 25권 이상의 책을 남겼다.(사소한 저작은 제외한 분량이다.) 로버는 우주공간에서 발견한 다수의 과일에 대해서도 썼다. 내가 상당히 흥미롭게 본 내용은, 토성에서 나는 피라미드 과일, 불꽃 과일, 무지개 색 과일이 보트로 사용된다는 점이었다. 또한 로버는 2.7미터나 되는 수은 주머니가 달린 과일 우브라Ubra가 가지 없는 나무에 열리며, 이 나무의 네모난 몸통에 달린 녹색 잎사귀는 거울처럼 반짝거려서, 지나가던 이들이 잎사귀에 반사된 자기 모습을 확인할 수 있다고 했다.

신화에 등장하는 과일은 관련문헌을 찾아보며 여생을 보낼 수 있을 만큼 숱하게 많다. 실제로 이러한 작업을 한 사람이 있다. 바로 『황금가지The Golden Bough』의 저자 제임스 조지 프레이저James George Frazer이다. 그는 숲에 사는 사제들이 사제직을 얻기 위해 신성한 나뭇가지를 꺾은 후 전임사제를 살해하는 기묘한 의식에 대해 설명했다. 이 운명적인 가지에서 황금가지라는 이름이 유래했다. 이러한 살해의식이 갖는 함의를 방대하게 파헤치면서 프레이저의 저작은 열두 권으로 불어났다. 그 요약본만 보더라도 비밀스럽고 마술적인 종교 의식과 원시 신앙 체계에 쓰이던 과일과 그 역할에 대한 내용이 가득하다. 프레이저는 사실 황금가지가 지금도 의식을 치를 때 사용하는 딸기류 열매인 겨우살이mistletoe의 원류라고 결론 내렸다.

과일의 세계는 무궁무진하다. 열정에 가득 찬 애호가들이 모인 소모임, 특정 과일질병을 탐구하는 식물 병리학자, 파파야 원종을 찾아 세계를 떠도는 생식질 수집자 등 분야가 참 다양하다. "사람들은 내가 작은 주제를 꺼내면 좋아하지만, 과일전문가는 좁은 분야에 초점을 맞추지 않아. 좁은 주제라면 과일의 기원을 탐구하는 것 정도겠지. 그렇지만 이 주제도 실상 좁은 게 아니라네. 중간 정도라고 할까." 일전에 카프가 내게 해준 말이다. 과일상자에 붙은 라벨을 수집하는 사람들도 있다. 이들은 수백만 원을 들여 1800년대까지 거슬러 올라가는 라벨 이미지를 구매한다. 이 모임의 주축인 수집가 패트 야콥센Pat Jacobsen은 30년 넘게 과일상자 라벨에 들어가는 문구를 수십만 개 지어낸 사람이기도 하다.

문학작품에 끝없이 등장하는 과일관련 에피소드를 집필한 로버트 팔터, 비파나무에 관해 수천 장의 기록을 남긴 켄 러브, 정글방 이야기를 들려준 그래핀 크래프톤 클리프트, 그리고 과일에 병적으로 집착하는 과일탐정들의 모습이 다시금 떠올랐다. 이들 모두 쉽게 얻기 힘든 대상을 추구하는 일에 푹 빠져버린 사람들이다. 바로 내가 그랬던 것처럼.

과일에 대한 이러한 집착은 어떻게 해서든 과일에 대해 모조리 알고 싶고 박식해지길 원하는 욕망이다. 선악과 열매를 맛본 이후, 우리는 다른 나무의 열매에 눈을 돌려 영생을 찾으려 하는 것일지도 모른다.

그러나 창세기에서 암시하듯, 우리가 얻은 지식이 우리를 반드시 자유롭게 해주지는 않는다. 오히려 그 노예가 되거나 죽음을 맞이하는 경우도 있다. 아름다움을 얻으려면 그에 합당한 대가를 치러야 한다. 영원을 추구하는 일 역시 끝이 보이지 않는다. 우리는 다만 그 상징성에서 길을 헤매는 것일지도 모른다. 유토피아는 그리스어로 '그 어느 곳에도 존재하지 않는 곳'이라는 뜻이지만, 오스카 와일드의 표현대로, 유토피아가 없는 지도는 눈길조차 가지 않는다. 우리는 아마 그곳에 결코 다가서지 못할 것이다.

기록에 남은 가장 오래된 이야기 역시 영생을 찾아 떠난 모험이었다. 그러나 길가메시Gilgamesh(죽음을 넘어서기 위해 모험을 떠났으나 결국 실패한 왕-옮긴이)가 영생 대신 찾은 것은 인간애였고, 이는 땅으로 되돌아가는 불가피한 운명이 우리를 기다린다는 깨달음이었다. 모든 생명은 자연에서 나와 자연으로 돌아간다. 자연은 만물의 자궁이자 무덤이다.

완벽한 세계를 창조하고 그곳에 영원히 안주하려는 환상은 예술 창작에 영원한 영감을 주었다. 그러나 원숭이조차 천국의 열매를 손에서 놓아야 하는 순간이 온다. 그래서 에밀리 디킨슨Emily Dickinson(미국의 여류시인)은 다음과 같은 지혜로운 글귀를 남겼다. "하늘은, 내가 도달할 수 없는 대상이다! 마치 나무에 열린 사과처럼."

16장

결실, 그 창조의 열정

쾌감을 말하는 지금 이 순간, 한 손으로 글을 쓰면서
다른 손으로는 복숭아를 입에 문다. 신의 은총에 충만해져 온다.
부드럽고 걸쭉한 과즙이 흘러나와 눈 녹듯 흘러내린다.
이 풍만하고 맛있는 과일이 축복받은 딸기처럼 내 목을 녹인다.
나도 복숭아를 길러야겠다.

_ **존 키츠**John Keats, **1819, 개인서간집**private correspondence

1800년대 중반, 맛있는 배가 처음 미국 땅에 상륙하자 뉴잉글랜드 사람들은 그 맛에 반해버렸다. "당시 사람들이 열었던 배 시식파티를 보여주지 못해 아쉽다." 1905년에 파웰E. P. Powell(미국의 저널리스트, 작가)은 흡연실에 가득 모인 보스턴 사람들이 처음 접한 배를 맘껏 즐기고 기쁨에 넘쳐 신음소리를 내며 환희에 가득 차 손을 비비던 광경을 회상하며 이런 글을 남겼다. 포웰은 이 열띤 현장에 없던 사람들은 부드럽고 달콤하며 과즙도 풍부한 배가 우리 앞에 돌연 모습을 드러내던 순간, 사람들이 느낀 그 감동을 이해하기 힘들다고 말했다. '배 마니아' 현상은 영국이 팝 음악사에 혜성처럼 등장한 사건에 비길 만했다.

이 열풍을 몰고 온 과일계의 레논-매카트니 커플은 니컬러스 하덴폰트Licholas Hardenpont와 장 바티스트 반 몬스Jean Baptiste van Mons였다. 벨기에 몽스Mons 출신의 두 재배자는 보스크와 플레미시 뷰티같이 식감이 부드럽고 단물이 흐르는 버터beurré 배를 길렀다.

이들의 앞선 노력이 있기 전 배는 샴푸 맛 나는 배와 그렇지 않은 배, 단 두 종류뿐이었다. 플리니우스는 1세기에 마흔한 가지 종류의 배를 문서에 남겼지만, 이 배들을 끓이거나 굽고 말려서 먹지 않으면 소화하기 힘들다는 설명을 덧붙였다. 다윈은 고대의 배는 품질이 매우 떨어지는 과일이었다고 기록했다. 물기 없고 퍼석하며 모래 씹는 맛이 났던 배는 미국에서 주로 배를 발효해 만든 술 페리를 만드는 데 쓰였다.

르네상스 시대까지도 과즙이 풍부한 배는 거의 상상할 수 없었다. 과즙이 넘치는 배는 상당히 희귀해서 왕 정도 되어야, 루이 14세가 그 맛을 보자마자 감탄하며 외쳤다던 "아! 몽 디외Ah! Mon Dieu(오, 하느님 맙소사 라는 뜻-옮긴이)" 같은 품종을 맛볼 수 있었다. 그러다가 18-19세기에 이르러서야 하덴폰트와 반 몬스 두 사람의 발견에 힘입어 이 우량품종이 벨기에에서 주류를 이루기 시작했다.

이안 잭슨Ian Jackson은 미간행 저작『매사추세츠 주 과일마니아의 역사, 1825년부터 1875년까지History of the Massachusetts Pear Mania of 1825-1875』에서 이 새로 등장한 과일을 가장 반긴 곳은 신대륙이었다고 기록했다. 상류층 시식파티에서 이 맛에 반해버린 투자자들은 과수원 투기에 돈을 쏟아부었지만, 상당수가 실패했다. "벌어들인 돈보다 손해 본 돈이 더 많았다. 완전히 파산한 다섯 사람과 배를 재배해 이윤을 얻은 사람 한 명 한 명을 내가 열거할 수 있을 정도이다." 이는 퀸P. T. quinn이 1869년에 쓴『상업적 배 재배Pear Culture for Profit』에 나오는 구절이다.

매사추세츠 주 원예협회의 가을 과일전시회는 떠들썩했다. 앙주, 셀던, 클레어규 같은 신품종들이 이곳에서 열띤 경쟁을 벌였다. 이러한 배를 맛볼 기회가 많아지고 이를 재배해 돈 벌 가능성이 생기면서, 많은 아마추어들이 각자의 배 품종으로 실험을 하는 열풍이 불었다. 농장을 소유한 공장 사장부터 교외에 땅뙈기를 가진 노동자들까지 갑자기 배에 몰두하기 시작했다. 반 몬스는 매사추세츠 주 재배자에게 보내는 편지에서, 최고급 배를 얻으려면 아직 갈 길이 멀다며 이렇게 전했다. "용기를 내서 묘목을 길러본다면 제 것보다 좋은 결실을 얻을 수 있을 것입니다." 그의 재배법은 간단했다. 즙이 풍부한 배의 씨앗을 심을 것, 그리고 즙이 더욱 풍부한 배가 나오길 기원할 것.

안타깝게도, 종자를 심어 키운 배나무는 대부분 맛이 떨어졌다. 다우닝A. J. Downing은 백 그루 중 아흔아홉 그루가 버림받는다고, 그의 1845년 저작 『미국의 과일과 과일나무The Fruits and Fruit Trees of America』에서 충고하였다. 그래도 그는 과일에 호기심 있는 사람들에게 "농사라는 순환고리에서 생산하고 창조하는 일만큼 생생하고 순수한 기쁨은 없다. 왜냐면 이는 전혀 새로운 창조적 행위이기 때문이다."고 덧붙였다.

다윈이 이론을 발표하기 전, 과실 재배자들은 우수한 품종을 만들기 위해 인위선발(바람직한 모양과 성질을 가진 것들을 골라서 교배하는 일-옮긴이)을 했다. 야생상태의 과일은 단지 씨앗을 재생산할 만큼 튼튼하기만 하면 충분했다. 반면 먹기 좋은 과일은 모두 인간이 경작하면서 얻게 된 것이다. 현재 우리가 즐겨 먹는 품종을 만든 선구자들은 대개 이름이 알려져 있지 않다. 자크-앙리 베르나르댕 드 생-피에르 Jacques-Henri Bernardin de Saint-Pierre(프랑스의 작가)의 말처럼, "모두에게 베푸는 자들의 이름은 대개 숨겨진 채 그 선행이 대대로 이어지지만,

인류에게 해악을 끼친 자들의 악행은 기록에 남아 후세로 전해진다." 또한 북미과일탐험대는 본인들이 "성별, 인지도, 사는 지역, 나이를 불문하고 최상의 과일을 찾아 개량하고 개선하는 노력을 아끼지 않았던" 과일실험자들의 정신적 후계자임을 자임하며 자랑스러워한다.

다윈은 『종의 기원The Origin of Species』에서 선조들이 과일개량에 바친 노력을 인정하면서, 열악한 원료로 화려한 결실을 얻은 과정을 언급했다. "의심할 여지없이, 그 방법은 단순했다. 늘 최고의 품종을 경작하고, 조금이라도 나은 품종이 나올 것 같으면, 이를 선별해 한 발짝씩 개선하는 방법이었다."

폴란드 시인 즈비그뉴 허버트Zbigniew Herbert가 쓴 기도문 중 이런 구절이 있다. "주여, 과일을 창조하도록 도움주소서/ 순수하게 감미로운 모습을 보여주소서." 유감스럽게도 20세기에 이르러 과일의 생김새와 생산량만 강조하는 바람에 맛이 떨어지는 과일이 대량생산되었다. 운송업자나 도소매상인들에게는 저장수명이 길며 크고 단단한 과일들이 필요했다. 그러나 현재는 품종개량을 할 때 고객의 요구도 반영한다. 맛은 품종개량을 위한 과일을 선별할 때 고려하는 여러 변수 중 하나이다. 이 외에도 생김새, 단단하기, 저장수명, 생산량, 크기, 형태, 색깔, 병충해 저항력, 개화 시기, 수확량, 사전 수확 가능성을 고려한다. 과일의 맛도 어느 정도 고려하지만, 대량수송이라는 험난한 여정을 뚫고 그 맛까지 보장하기란 아직까지 어려운 일이다.

전 세계 품종연구가들은 정부기관이나 대학연구실, 민간기업체 그 어디를 막론하고, 모두 자연스러운 방법으로 더 좋은 과일을 개발하기 위해 연구에 힘을 쏟는다. 뉴질랜드의 생화학회사 호트 리서치Hort

Research는 조만간 재래종을 개량한 빨간 속살 사과로 시장을 장악하는 데 성공할 것으로 보인다. 이 회사의 스타급 과일개량가인 앨런 화이트Allan White는 자칭 '과일 패션디자이너'이다. 그가 만든, 유전자를 조작하지 않은 바틀렛 배와 아시아 배 교배종은 놀랄 만큼 맛이 뛰어나다고 한다.

퀘벡 주정부에서 일하는 품종연구가 샤로크 크하니자데Shahrokh Khanizadeh는 최근 썰어두어도 갈변현상이 일어나지 않는 사과 품종을 개발했다. 이 과일은 유전자조작 없이 순수하게 자연 돌연변이한 개체로 우연히도 그의 농장에 모습을 드러냈다. 이 에덴Eden 사과는 잘라놓아도 하얀 속살과 신선함과 그 맛이 일주일 동안 지속된다. 맥도날드부터 주요 식품공급업체까지 그의 개발품을 연구하려고 노력 중이다. 방부제를 뿌린 조각사과 대신 천연 대체물이 등장할 것으로 보인다.

앞서 설명한 대로, 식용과일은 인간 노력의 산물이다. 이 과일들은 우리가 원한다면 분명 계속해서 개량될 것이다. 이러한 진화를 오해하는 시각도 있다. 재래종 과일이 언제나 우수하다고 보는 사람들이다. 또 고대품종을 놓고 소란피우는 것은 한낱 감상에 지나지 않다고 보는 이들도 있다. 뉴욕 제네바에 있는 미 농무부 사과 생식질 보관소 책임자 필 포르슬린Phil Forsline은 "에소푸스 스피첸버그나 립스톤 피핀 같은 옛날 사과는 결함투성이라 내 관심 밖이다."고 말했다. 그는 인류가 발견한 온갖 뛰어난 사과 품종에 둘러싸여 지내지만, 정작 그가 좋아하는 사과는 허니크리스프라고 하는 미네소타 대학이 개발한 신품종이다. 이 사과는 커다랗고, 과즙이 풍부하며 식감도 만족스럽고, 보관도 오래 갈뿐더러 맛까지 탁월하다.

내가 먹어본 최고의 라즈베리는, 툴라민 품종으로 캐나다 농림부의 휴 다우베니Hugh Daubeny가 1980년대에 길러낸 보물 같은 존재이다. 캘리포니아 대학 리버사이드 캠퍼스에 있는 마이킬 루스Mikeal Roose는 씨 없는 만다린 요세미티를 개발했다. 이 만다린은 맛이 쿨 에이드 음료수처럼 달았다. 현재 맛볼 수 있는 뛰어난 딸기는, 1990년 프랑스에서 독자적으로 개발한 마라 데 부아Mara des bois이다. 이 품종은 작은 야생 딸기를 그 향과 맛을 유지하면서도 적당한 크기로 개발해달라는 요구에 따라 탄생했다. 이는 젠토, 오스타라, 레드 곤틀리트, 코로나라는 네 가지 품종을 교잡한 것으로, 이들 모두 야생 딸기는 아니지만, 풍미가 뛰어나기로 유명하다.

서던 캘리포니아 지역에서 딸기를 재배하는 데이비드 쉘프David Chelf는 현재 우리가 먹는 끈적이는 딸기를 갈아치우겠다는 야심 찬 계획을 세우고 있다. 그는 이렇게 말했다. "처음에 마라 데 부아를 한입 베어 물었을 때 그 퍼져오는 향기에 정말 뒤로 멈칫할 정도였습니다. 향이 코 안쪽 공간을 파고든다고 할까요. 어릴 때부터 딸기를 무척 좋아했지만 어린 시절에 먹어본 최고의 딸기를 능가했습니다."

나 역시 마라 데 부아를 한 상자 먹고 나니, 맞장구가 절로 나왔다. 현재 우리가 맛볼 수 있는 딸기에서 상당히 도약한 품종이다. 쉘프의 직장인 위키드 와일드Wicked Wilds사는 맛있는 딸기가 널리 퍼지길 소망했다. "그 비결을 퍼뜨리려고, 세계 곳곳에 재배기술을 보급했습니다. 뉴욕, 런던 그 어느 곳이든 연중 어느 때나 풍미가 뛰어난 유기농 딸기를 재배할 수 있습니다." 그가 이렇게 말했다.

그의 계획안에는 알루미늄 처리한 폴리에스테르 반사판을 이용해 일조량을 높이면서도 기존 비닐하우스보다 관리비용이 4분의 1수준으로 저렴한 비닐하우스도 포함돼 있다. 이러한 설비는 도시 어디서나 근교에 쉽게 설치할 수 있어서, 재배환경이 적합하지 않은 각 지역에서도 딸기를 기를 수 있게 해준다. 그는 또한 개발도상국에서 사용할 수 있도록 태양열을 간단히 이용한 비닐하우스도 꼼꼼하게 검토 중이다. 게다가 이 딸기들은 비닐하우스가 해충 걱정을 덜어주기 때문에 모두 유기농이다. "최근에 진딧물이 침입해서, 비닐하우스에 5달러어치의 무당벌레를 풀었어요. 무당벌레들이 며칠 만에 진딧물을 모두 잡아먹었습니다. 화학물질을 조금이라도 쓰는 일은 없어야 합니다. 무당벌레를 활용하면 해결됩니다."

코넬 대학에서 연구하는 조슬린 로즈Jocelyn K. C. Rose도 또 한 명의 젊은 이단자로, 과일의 저장수명을 늘리는 방법을 개발 중이다. "우리가 먹는 과일은 대개 익지 않은 상태에서 수확합니다. 이런 과일들은 제대로 익을 시간이 없기 때문에 좀약 씹는 맛이 나지요." 그는 제대로 숙성한 맛이 나면서도 한편으로 냉장유통체계가 가능하도록, 쉽게 물러지지 않는 과일을 개발연구 중이다. "우리가 성공을 거두면 수확 후 처리과정에 일대 혁신을 몰고 올 겁니다."

과거에는 과일 안쪽에 있는 세포벽 연구에 초점을 맞추었다. 이 세포벽은 맛과 식감에 아주 중요한 요소지만, 세포벽을 강화하면 대개 색상이 연해지고 맛이 떨어진다는 단점이 있었다. 로즈는 다른 해법이 있다고 본다. 바로 과일의 껍질을 단단하게 만드는 것이다.

로즈는 유럽산 자생 토마토가 반년 동안 단단하고 완숙상태를 유지하면서도 모양이 변치 않는다는 사실을 발견했다. 이 토마토 껍질 속에든 단백질의 기능을 이해한다면, 토종 과일에서 연상되는 새콤달콤하면서도 향긋한 맛 그리고 풍부한 영양소 같은 장점을 유지하면서도 상업용 포장의 혹독한 여정을 견뎌낼 수 있는 방법을 찾아낼 수 있다고 그는 전망했다.

로즈가 단단한 껍질에 몰두했다면, 다른 품종연구자들은 과일 맛을 두드러지게 향상시키겠다는 야심을 갖고 장기계획에 뛰어들었다. 플로이드 자이거Floyd Zaiger는 자두와 살구의 교배종인 플루오트를 개발해, 그 뛰어난 맛으로 대단한 성공을 거두었다. 현재 매우 중요한 입지에 오른 과일 교배연구자 자이거는 냉장유통체계를 견뎌내는 핵과류 연구에 수십 년을 바쳤다.

나는 과일의 현주소를 알아보고자 '전 세계 과일개선을 위해 모인 가족' 연구소를 방문했다.

캘리포니아 주의 머데스토Modesto에 있는 자이거 유전학 연구소에 도착하자, 현관에서 사람을 쉽게 따르는 개 한 마리가 눈길을 끌었다. 표범무늬 개는 등이 검은 털로 뒤덮였고, 목은 늑대처럼 회색빛이었으며, 넓적다리 부분은 적갈색이었다. 옆구리는 달마티안을, 귀는 테리어 종을 닮았다. "이 녀석이야말로 진짜 하인즈 57Heinz 57(하인즈사가 제품 홍보에 쓴 문구로, 여러 혈통이 섞였다는 뜻으로 쓰임-옮긴이)이지요." 야구 모자에 작업복을 걸치고 나타난 플로이드 자이거는 이렇게 답하며 싱긋 웃었다. 80대인 그는 얼굴에서 웃음이 떠나질 않았다. 사무실은 품종연구소라기보다 산림경비대의 오두막처럼 보였다. 그 안에 들어서자, 성인이 된 아들 게리와 그랜트, 그리고 딸 리스가 있었다. 플로이드는 사별한 아내가 키스Keith라는 이름을 좋아해 딸 이름도 거기서 따왔다고 했다.

플로이드는 어린 시절, 바나나를 곁들인 통조림 연어를 즐겨 먹을 때부터 예기치 못한 어울림에 매료되었다. "바나나 한 송이와 연어 통조림 2개를 25센트 정도에 살 수 있었다."며 "두 가지 음식을 같이 먹는 것을 매우 좋아했다."고 말했다.

플로오트는 살구보다 자두 비율이 더 높은 과일이지만, 자이거 연구소는 자두보다 살구 비중이 더 큰 애프리엄ap...ium이라는 교배종도 만들었다. 자이거는 또 피치-플럼peach-plums(복숭아와 자두 교배종), 향긋한 넥타플럼nectaplums(넥타린과 자두 교배종), 피차린peacharines(복숭아와 넥타린 교배종)도 만들었다. 넥타코텀nectacotum은 넥타린과 살구, 자두를 섞은 것으로 노르웨이의 블랙메탈 밴드 이름처럼 들린다. 또 그가 만든 피코텀peacotum은 복숭아, 살구, 자두를 혼합한 것으로 과일펀치 (술·설탕·우유·레몬·향료를 넣어 만드는 음료-옮긴이) 맛이 난다. "키위도 이렇게 할 수 있지요." 연구소 판매담당자는 이렇게 말하며, 그 경우 시장에서 대단히 성공할 것이라며 자신감을 내비쳤다.

우리는 자이거의 노고 덕분에 속살이 하얀 복숭아와 넥타린을 사먹을 수 있게 되었다. 자이거가 수송에 적합한 품종을 개발하기 이전에는 속이 하얀 핵과류 열매들은 쉽게 물러져서, 그 어떤 수송방법에도 적합하지 못했다. 현재 시판 중인 복숭아와 넥타린 중 3분의 1은 속살이 하얗다. 적기에 수확했을 경우, 자이거 연구소가 개발한 속살이 하얀 핵과류들은 모두 최상급 과일들이다.

이 가족들이 준비 중인 다음 야심작은 체리와 자두 교배종이다. 체리cherry와 자두plum를 섞었으니 첨chum이라고 부르게 될까? 이 체리-자두 교배종은 자생하는 야생 미로발란처럼 크기가 작은 자두가 아니다. 자이거사가 연구 중인 것은 자두처럼 커다란 빙 체리이다.

이러한 돌연변이들은 DNA 접합을 이용해 유전적으로 조작한 개체가 아니다. 이들은 자연적으로 교배한 것이다. 교배종들은 수술의 꽃가루를 다른 꽃의 암술에 묻힌 뒤 여기서 나온 씨앗을 길러서 만들어낸다. 이런 방법은 제약이 많다. 비슷한 종끼리만 수분이 가능하기 때문이다. 복숭아꽃은 넥타린 종과는 수분이 가능하다. 하지만 금귤의 암술머리에 파인애플 꽃가루를 묻히는 것은 아무 소용이 없다.

야생 교배종은 이화수분(같은 종에서 한 개체의 꽃가루가 다른 개체의 암술머리에 붙는 현상-옮긴이)에서 나온 열매가 새로운 나무로 자라날 때 생긴다. 블랙베리와 라즈베리의 잡종인 로건베리loganberry는 산타크루스에 사는 저지 로건Logan의 뒷마당에 어느 날 갑자기 나타났다. 자두, 살구, 복숭아, 체리처럼 프루누스Prunus속에 해당하는 과일들은 모두 그 원형을 이루는 모체가 중앙아시아 지역이어서, 이 종류들을 섞으면 이종교배종이 생겨난다. 같은 계열에 속하는 멜론끼리도 자유롭게 교배할 수 있다. 우연히 얻은 캔탈루프, 허니듀, 바나나 멜론은 '캔타바나나듀Cantabananadew'라고 부른다.

왜 바나나는 안 되는 것일까? 멜론계열로 교배종을 만들되 유전자조작은 사용하지 않기 때문이다. 자이거는 DNA접합을 사용하는 일 없이 프루누스 계열을 이종 교배하는 일에 평생을 바쳤다. 그는 가급적 많은 종류의 수술 꽃가루를 다양한 종류의 암술머리에 수분한 다음, 여기서 얻은 씨앗을 길러 이종 교배한 개체가 커가는 모습을 지켜보았다. 그는 플루오트, 얼룩덜룩한 공룡알(플루오트 상표명-옮긴이)이나 애프리엄(살구 75퍼센트와 자두 25퍼센트를 섞은 교배종-옮긴이)같이 한 줌이라도 성공한 개체가 나오길 바라며 해마다 교배종 씨앗 5만 개를 심었다.

자이거의 인터뷰가 끝나자, 게리가 나를 사무실 밖으로 데리고 나가, 꽃이 활짝 핀 나무로 가득한 온실로 안내했다. 달콤한 향이 풍겨왔다.

흥에 겨운 악단이 뒤에서 연주를 하고 있었다. 바닥에 꽃잎이 가득했다. 열 명 남짓한 여성들이 나무 위로 올라가 꽃잎을 제거하고 있었다. 꽃으로 머리가 뒤덮인 게리는 자두꽃을 집어들더니 내게 수술을 보여주었다. 그는 이를 흩날리며, 지금 여성들이 자이거가 고안한 족집게로 꽃마다 수술 부위를 떼어내는 중이라고 설명했다. 이 제거작업은 암술을 드러내기 위해서 한다. 또 가위로 수술에서 꽃밥을 잘라낸 다음 금모래 같은 꽃가루를 모으기 위해 주사위 꼴로 자른 꽃밥을 차 여과기에 거른다. 그런 다음 여성들이 사다리에 올라가 월그린Walgreen사(미국의 식품잡화 판매회사-옮긴이)의 아이섀도 브러시를 이용해, 다른 과일나무의 드러난 암술머리에 이 꽃가루를 정교하게 발라준다. 환한 분홍색 꽃무늬 셔츠를 입은 한 여성이 "이 작업을 할 때 매우 신중해야 한다."며 "남자들은 못 한다."고 말했다.

플로이드가 다가와 사다리 위로 날아다니는 여성들을 흐뭇하게 바라봤다. "이분들은 지금 새와 벌의 역할을 흉내 내는 중"이라며 의미심장한 웃음을 날렸다. 그 모습이 묘하게도 휴 헤프너Hugh Hefner(「플레이보이」 사장-옮긴이)와 닮았다는 생각에 순간 멈칫했다. 이곳은 단순한 과일과 꽃 공장이 아니었다. 난 지금 과일계의 플레이보이 맨션에 들어와 있었다.

18세기 후반에 괴테는 '꽃의 존재가 소멸'하면서 과일이 생기는 과정에 주목하였다. 당시 과일은 보통 죄수나 수도사가 재배했다. 1768년에 나온 「과일재배」를 보면, "사회와 단절된 사람은 즐길만한 일이 있어야 한다."는 구절이 나온다. 속세와 단절해 사는 다른 수도사들처럼 그레고르 요한 멘델Gregor Johann Mendel 역시 식물을 기르며 즐거움을 찾았다. 그가 특히 좋아한 것은 완두콩이었다. 그는 취미삼아 완두콩을 기르면서, 중대한 사실을 발견했다. 바로 한 꽃의 꽃가루를 다른 꽃의 암술머리에 묻힐 경우, 온갖 종류의 잡종을 얻을 수 있다는 사실이었다. 모라비아Moravia에 있는 실험용 정원에서 3만 개에 달하는 완두콩을 기른 멘델은 「식물잡종에 관한 실험Experiments on Plant Hybridization」이라는 논문을 발표했다. 당시 이 논문은 철저히 외면받았다. 멘델은 아무런 인정도 받지 못한 채 이름도 없이 눈을 감았다.

그러나 19세기 초, 그의 업적은 재발견된다. 멘델은 사후에 '근대 유전학의 아버지'라는 세례명을 받았다. 유전의 신비를 해명한 그의 업적은 DNA의 이중나선구조를 밝히는 데 새로운 장을 열었고, 현재 DNA를 이용한 분자유전학 분야―일부 연구는 대중의 항의를 받기도 하지만―에도 선구적인 역할을 했다.

멘델이 세상을 뜨고 9년이 지난 1893년, 캘리포니아 주의 과일재배자 루서 버뱅크Luther Burbank는 『꽃과 과일 신품종New Creations in Fruits and Flowers』이라는 목록집을 펴냈다. 이 책에는 딸기-라즈베리 잡종 등 경이로운 과일이 가득하다. 캘리포니아 듀베리와 시베리아 라즈베리를 교배한 베리, 한쪽은 신맛이 나고 다른 쪽은 단맛이 나는 신기한 사과도 나온다. 아프리카의 스터블베리와 토끼풀을 이종 교배한 그는 전혀 새로운 개체를 얻었다. 비록 모체식물에는 식용과일이 열리지 않았지만, 이 교배한 잡종에서는 맛있는 베리가 열렸다. 버뱅크는 새로운 과일을 창조해내는 능력 덕분에 '원예학의 마법사'라는 별칭을 얻었다. 그는 과일과 식물은 "도예공이 손에 쥔 찰흙 혹은 화가가 캔버스에 채색하는 물감과 같아서, 그 어떤 화가나 조각가가 고안하려는 대상보다도 아름다운 형태와 색채를 지닌 개체를 손쉽게 만들어낼 수 있다."고 말했다. 그만큼 자연의 여건이 무궁무진하다는 뜻이다. 과일은 끊임없이 진화하는 개체이기 때문이다.

버뱅크는 대륙간 운송이 가능하도록 개발한 자두인 프루누스 살리시나Prunus salicina를 재배해 자이거의 연구에 초석을 놓았다. 자이거는 버뱅크의 제자였던 프레드 앤더슨Fred Anderson과 함께 연구를 시작했다. '넥타린의 아버지'라 불리는 앤더슨은 미국에서 처음으로 상업용 넥타린을 개발한 인물이었다. "프레드는 버뱅크로부터 품종개량이라는 병원균을 얻었고, 나 또한 프레드로부터 이 무서운 질병을 얻었다."고 자이거는 말했다. 앤더슨의 지도를 받으며 연구를 한 자이거는 토양, 기후, 해충에 강한 나무를 찾기 위해 체리와 살구를 이종 교배해 길렀다. 초반에는 나무들이 모두 메말라버렸지만, 차츰 열매를 맺기 시작했다. 이는 자이거의 인생, 그리고 우리가 먹는 과일을 바꾼 열매의 출현이었다.

자이거는 황진지대Dust Bowl(1930년대 모랫바람에 휩쓸린 미 중남부 지대를 지칭함-옮긴이)에서 대공황을 겪으며 자랐다. "어릴 때 주변에 온통 벌레 먹은 사과뿐이어서 성탄절 양말에 오렌지를 받은 애들은 행운아였다. 경제적으로 힘들어서 복숭아는 꿈도 꾸지 못했다."고 자이거는 당시를 회상했다. 어린 시절 신선한 과일을 못 보며 자란 그는, 널리 접할 수 있는 좋은 과일을 만들겠다는 연구에 일생을 바쳐왔다.

"현재 우리는 전 세계를 상대로 품종개량을 한다."며 자이거는 조심스럽게 입을 열었다. 그는 이미 수백만 그루의 나무를 팔았고, 이 나무들은 아르헨티나, 칠레, 브라질, 이집트, 중국, 튀니지, 남아프리카 등지에서 어마어마한 양의 과일을 생산했다. 자이거 가족의 목표는 유통망 내부에서도 버틸 수 있는 새로운 품종을 개발하는 것이다. "상류층 사람들은 고급과일을 원하지만, 이 과일들을 접하려면 먼저 운송이 가능해야 한다."고 게리가 설명했다. "복숭아는 모두 너무 쉽게 물러져서 지문만 묻어도 멍이 생깁니다. 우리가 개발하려는 것은 옛 품종과 맛이 비슷하면서도 크고 단단해 운송하기 쉬운 품종입니다. 이것들은 이제는 물주머니가 아니겠지요. 먹을 때 눈 녹듯 흘러내리고 셔츠에도 과즙이 뚝뚝 떨어지는 복숭아는 판매가 불가능해요. 반대편 길가로 상하지 않게 운반할 수 없는 복숭아들도 있어요. 이 과일들을 직접 기른다면, 더할 나위 없이 좋겠지요. 우리는 집에서 재배하는 사람들에게 적합한 품종도 만듭니다. 게다가 최고급 재래품종도 이용할 수 있습니다." 게리의 설명이다.

자이거 가족들은 미래에 낙관적이다. "현재 우리에게 모양새도 좋고 운송도 쉬운 품종이 있긴 하지만, 맛은 아직 떨어진다."고 플로이드는 인정했다. "20년 안에, 맛도 일정 수준에 도달할 것입니다. 현재 우리가 추구하는 영순위는 바로 맛이지요. 우리 계획의 핵심은 과일업계 전반을 향상시키는 일입니다. 장래에 3주간 운송을 마친 후에도 맛이 좋은 핵과가 출현할 겁니다. 그렇게 되리라 확신합니다. 열심히 연구에 매진하면 이런 품종을 찾아낼 수 있겠지요."

플로이드는 현재 연구 중인 잡종 도표 일부를 보여주었다. 서로 다른 과일 십여 종을 한데 모은 것이었다. 서로 다른 품종들이 뿌리줄기 조직rhizomatic scheme에 모여서 나중에 공룡알이나 얼룩배기 댄디 같은 플루오트 상품으로 탄생한다. 플로이드는 유전자연관을 끊는 일이 중요하며, 일부 유전자의 경우 열매에는 있어도 드러나진 않을 수 있으므로 숨겨진 형질을 발현시키려면 서로 다른 DNA가 배열돼야 한다고 설명했다.

"이해할 것 같네요." 나는 말했다.

"저도 그랬으면 좋겠습니다." 그가 말했다. "저는 한 걸음 나아갈수록 아는 게 얼마나 없는지 깨닫습니다. 정보량이 어마어마하게 팽창하거든요. 과일에 대해 배운다는 것은 깔때기의 밑구멍으로 들어가는 것과 같아서 깊숙이 들어갈수록 점점 넓어지는 세상과 만나게 됩니다."

그러더니 플로이드가 책상 서랍을 열어 봉투 하나를 꺼내 내게 건네줬다. "전 낙담할 때마다 이 봉투를 열어봅니다."

봉투 안에는 2005년 8월 18일에 아이다호 주 보이시Boise에서 온 편지가 들어 있었다. "최근에 플루오트에 빠져버렸습니다. …… 저와 제 가족이 이 과일을 먹을 수 있게 해주신 여러분 모두에게 진심으로 감사드립니다. 과일이 너무 맛있어서 하루에 과일과 채소 다섯 번 먹기가 수월해졌어요. 언젠가 플루오트만 다섯 번 먹겠지요. 채소에게 양해를 구해야겠어요."

자이거 연구소를 떠나, 렌털 차량을 반납하러 샌프란시스코로 향했다. 때마침 떠오른 자이거의 깔때기 비유가 이상하게도 마음에 위안이 됐다.

그러고 보니 파버티 레인 과수원에서 재래종 사과를 기르던 스티븐 우드의 말이 생각났다. 어느 가을날 우리는 에소푸스 스피첸버그를 씹어먹고 있었다. 우드는 수십 년 동안 사과 농사를 지었지만 그가 배운 것이라고는, 기후에 적합한 사과 품종 몇 가지를 기르는 방법뿐이었다고 말했다. "과일에 대해 알아갈수록, 얼마나 아는 게 없는지 깨닫게 된다."고 그는 말했다.

키르케고르Kierkegaard(덴마크의 철학자)도 이런 기록을 남겼다. "모든 것이 전도된 결정적인 순간을 맞고 나서야 이해할 수 없는 영역이 존재한다는 사실을 깨닫게 된다." 우리는 과일을 통해 영원히 알 수 없는 영역 직전까지 다가간다. 이를 넘어서면 자연은 초자연의 영역으로 빠져버린다.

나는 그동안 여러 가지 사실을 배웠다. 어떤 대상을 결코 제대로 알 수 없다는 점을 깨닫게 되면서 과일의 무한함에 경외심을 느꼈다. 난 호주의 미개척지로 날아가 미식가들의 큰 기쁨인 붉은 콴동quandong(담팔수膽八樹의 일종-옮긴이)이나, 반짝이는 탄알이 든 타조알처럼 생긴 푸른색 콴동, 그리고 시대를 너무 앞서 나와서 과일애호가들도 먼 미래에나 먹어봄직한 은색 콴동을 결코 먹지 못할 수 있다는 사실도 이제 인정하게 되었다. 아직도 한편으로는 몇 달 후에 열리는 북미과일탐험대 연중 전시회에 가고 싶은 마음도 있다. 그렇지만 결국 '야생과일을 찾아 카프카스산맥을 탐험한 얘기'를 듣는 게 전부일 것이며, 이 체험담이 어떤 효과를 낳을지 난 이미 알고 있다. 바로 끊임없이 매료되는 흥분이다.

박하 맛 추잉껌을 꺼내든 바로 그 순간 나는 블루 검 거리Blue Gum Drive를 건너고 있었다. 고속도로 쪽으로 접어들자 내 시야에 온갖 과수들이 들어왔다. 끝이 보이지 않았다. 나무들이 줄지어 수평으로 뻗은 모습이, 마치 내세에 거꾸로 얼어붙은 영혼들 같았다. 이 앙상하고 잎이 다 떨어진 나뭇가지들은 활짝 핀 꽃들에 둘러싸여 맥박이 뛰고 있었다. 부활이었다! 꽃들이 겨울 햇볕 아래 놓인 얼음조각처럼 환하고 하얗게 빛났다. 곧 과일이 무르익을 것 같다.

감사의 글

이 책은 다음 사람들의 도움 없이는 결실을 맺지 못했을 것이다. 커트 오센포트, 데이비드 카프, 미레유 실코프, 타라스 그레스코, 조슬린 주커만, 윌리엄 서틀, 찰스 레빈, 캐트 맥퍼슨, 사라 아멜라, 안나 드브리스, 마사 레너드, 캐슬린 리조, 앰버 허즈번즈, 마지막으로 미스카 골너가 도움을 주었다. 시간을 내어 나와 만나 이야기를 나눈, 과일을 생산·보관·판매하는 일에 종사하시는 분들, 또 과일을 사랑하고 연구하는 분들 모두에게 감사드린다. 캐나다 예술진흥원이 처음부터 도움을 주었다. 멋진 내 저작권 대리인 미셸 테슬러 역시 이야기를 갖추는 데 도움을 주었다. 더블린 출판사의 사라 레인원과 에이미 블랙은 내용구성에서 매우 귀중한 통찰을 보여주었다. 스크리브너 출판사의 난 그레이엄과 수전 몰도우, 사라 맥그래스는 이 책을 믿고 모든 걸 가능하도록 힘써주었다. 알렉시스 가르가글리아노 편집자를 만난 것은 내게 굉장한 행운이었다. 리안 발라반과 그 가족에게도 깊은 감사의 말을 전한다.

호기심 많은 아담의 과일 편력기

한때 과일주의자에 진지한 관심을 두었던 내게, 아담 리스 골너의 『과일사냥꾼』은 그야말로 솔깃한 이야기였다. 별난 과일에 대한 섬세한 묘사는 직접 사진을 찾아보도록 충동질했고, 눈으로 확인한 사진들은 저자의 묘사가 결코 과장이 아님을 증명해주었다. 눈알처럼 대롱거리는 과라나 열매, 여성의 엉덩이를 쏙 빼닮은 코코드메르, 험상궂게 생긴 악마의 발톱 등 저마다 독특한 생김새를 바라보고 있노라면, 자연의 신비로움을 넘어 조물주의 장난기가 느껴졌다.

그렇지만 과일이 주는 즐거움은 단순히 눈과 입을 만족시키는 데 그치지 않는다. 아담은 과일탐정, 과일주의자, 과일수집가 등 과일에 대한 애정이 남다른 인물들을 밀착 취재하면서, 이들의 과일사랑이 애착을 넘어 집착이 된 본질적 이유를 파헤친다. 모든 관심사가 깔때기처럼 과일로 귀결되는 이 인물들은, 그러나 숨겨진 과일세계를 파면 팔수록 거꾸로 깔때기의 좁은 구멍에서 역류한 듯 방대한 세계와 만날 뿐 아니라, 인간이 따라잡을 수 없는 무한한 자연의 모습에 경외심을 느낀다고 털어놓는다. 그리고 저자는 이들이 과일에 대한 집착에서 쉽사리 헤어나오지 못하는 이유를 완벽함과 영원함을 추구하려는 인간적인 욕망에서 찾는다. 사실 인간은 불완전하기에 완전함을 추구하고 유한하기에 무한함을 동경하므로, 각자 탐닉 대상과 몰입의 정도만 차이 날 뿐, 누구나 이런 면모를 갖고 있지 않을까.

아담 역시 이들과 동일한 체험을 한다. 보르네오 섬의 온갖 과일을 고루 맛보겠다는 야심 찬 계획을 세우고, 갖은 수단을 동원해 희귀과일을 먹어볼 궁리에 골몰할 뿐 아니라, 희귀과일재배자모임에 자발적으로 참여하는 등, 어느 순간부터 과일사냥꾼 못지않은 집요함을 보여준다. 그렇지만 글 말미에 나오는 고백처럼 그가 차츰 깨달은 사실 하나는, 제아무리 발버둥쳐도 무한한 자연 앞에 인간의 욕망은 결코 채워질 수 없다는 진리였다.

욕망의 대상인 과일은 동시에 인간에게 오묘한 진리를 전해주는 매개이기도 했다. 썩고 부패해야 새로운 씨앗이 생겨나는 과일은, 내부에 생명과 죽음이 공존한다는 속성을 통해, 두 가지 서로 다른 세계가 신비롭게도 하나라는 역설을 우리에게 전달한다. 그리고 바로 이러한 은유는 종교적 상징인 선악과로 나타났다. 그렇지만 현대의 대량생산 시스템에서 과일은 속은 부실하고 겉만 멀쩡한 상품이 되어 소비자를 기만적으로 유혹할 뿐이다. 그래서인지 이 안타까운 현실에 과일괴짜들의 활약상이 다소나마 위안으로 다가오는 듯하다.

아담의 과일 편력기를 옮기면서, 저자가 심오한 문학적 구절을 인용하거나 섬세한 묘사력을 발휘할 때, 저자를 향해 원망 아닌 원망을 품기도 했다. 그러다가 이 책의 헌정대상이자, 본문에 곧잘 등장하는 저자의 8년 사귄 애인에게 새 애인이 생겼다는 대목을 접한 순간, 가까운 친구의 실연소식이라도 들은 듯 가슴이 철렁 내려앉았다. 번역이 고립된 작업인 줄로만 알았는데, 어느새 저자와 인간적인 유대감이 싹튼 것 같다.

과일을 간식이나 후식거리로만 여기던 사람들에게, 과일에서 위로받고 과일로 명상하고 심지어 과일로 욕정을 해소하거나 환각체험을 하는 사람들의 이야기는 분명 신선한 자극이 될 것이다. 마지막으로 노파심에서 한마디 덧붙이자면, 이 책에 나온 과일주의자의 식단을 섣불리 따라 한다거나, 영적 고양을 위해 과일을 주식으로 삼는 일은 없길 바란다. 다만 낯선 과일 이름을 주문처럼 외우며 심란한 마음을 달래던 아담의 모습은 모방해도 좋을듯하다.

더 읽을거리

Ackerman, Diane. *A Natural History of the Senses*. New York: Random House, 1990.

———. *The Rarest of the Rare: Vanishing Animals, Timeless Words*. New York: Random House, 1995.

Anderson, Edgar. *Plants, Man and Life*. Boston: Little Brown & Co., 1952.

Ardrey, Robert. *African Genesis: A Personal Investigation into the Animal Origins and Nature of Man*. New York: Atheneum, 1961.

Armstrong, Karen. *In the Beginning: A New Interpretation of Genesis*. New York: Alfred A. Knopf, 1996.

———. *A Short History of Myth*. Edinburgh: Canongate, 2005.

Asbury, Herbert. *The French Quarter*. New York: Garden City, 1938.

Atwood, Margaret. *Negotiating with the Dead: A Writer on Writing*. Cambridge, U.K.: Cambridge University Press, 2002.

Barlow, Connie. *The Ghosts of Evolution: Nonsensical Fruits, Missing Partners, and Other Ecological Anachronisms*. New York: Basic Books, 2000.

Barrie, James Matthew. *Peter Pan: The Complete and Unabridged Text*. New York: Viking Press, 1991.

Beauman, Fran. *The Pineapple: King of Fruits*. London: Chatto & Windus, 2005.

Behr, Edward. *The Artful Eater: A Gourmet Investigates the Ingredients of Great Food*. Boston: Atlantic Monthly Press, 1992.

Borges, Jorge Luis. *The Book of Imaginary Beings*. London: Vintage, 1957.

Brautigan, Richard. *In Watermelon Sugar*. New York: Dell, 1968.

Bridges, Andrew. "Ex-FDA Chief Pleads Guilty in Stock Case." *Washington Post*. October 17, 2006.

Brillar-Savarin, J. A., trans. and annotated by M. F. K. Fisher. *The Physiology of Taste*. New York: Alfred A. Knopf(1825), 1971.

Broudy, Oliver. "Smuggler's Blues." www.salon.com. Posted January 14, 2006.

Browning, Frank. *Apples: The Story of the Fruit of Temptation*. New York: North Point Press, 1998.

Bunyard, E. A. *The Anatomy of Dessert: With a Few Notes on Wine*. London: Dulau, 1929.

Burdick, Alan. *Out of Eden: An Odyssey of Ecological Invasion*. New York: Farrar, Strauss & Giroux, 2005.

Burke, O. M. *Among the Dervishes*. New York: Dutton, 2975.

Burroughs, William S., and Ginsberg, Allen. *The Yage Letters*. San Francisco: City Lights, 1963.

Campbell, Joseph. *The Hero with a Thousand Faces*. Princeton, N.J.: Princeton University Press, 1968.

Chatwin, Bruce. *Utz*. London: Jonathan Cape, 1988.

Cooper, William C. *In Search of the Golden Apple: Adventure in Citrus Science and Travel*. New York: Vantage, 1981

Coxe, William. *A View of the Cultivation of Fruit Trees, and the Management of Orchards and Cider*. Philadelphia: M. Carvey, 1817.

Cronquist, Arthur. *The Evolution and Classification of Flowering Plants*. Boston: Houghton Mifflin, 1968.

Cunningham, Isabel Shipley. *Frank N. Meyer: Plant Hunter in Asia*. Ames, Iowa: Iowa State University Press, 1984.

Dalby, Andrew. *Dangerous Tastes: The Story of Spies*. Berkeley: University of California Press, 2000.

Darwin, Charles. *The Origin of Species*. London: Murray, 1859.

Daston, Lorraine, and Park, Katharine. *Wonders and the Order of Nature, 1150-1750*. New York: Zone Books / MIT Press, 1998.

Davidson, Alan. *Fruit: A Connoisseur's Guide and Cookbook*. London: Mitchell Beazley, 1991.

─────. *A Kipper with My Tea*. London: Macmillan, 1988.

─────. *The Oxford Companion to Food*. Oxford: Oxford University Press, 1999.

Davis, Wade. *The Clouded Leopard: Travels to Landscape of Spirit and Desire*. Vancouver: Douglas & McIntyre, 1998.

De Bonnefons, Nicholas, trans. by Philocepos(John Evelyn). *The French Gardiner: Instructing on How to Cultivate All Sorts of Fruit Trees and Herbs for the Garden*. London: John Crooke, 1658.

De Candolle, Alphonse Pyrame. *Origin of Cultivated Plants*. London: Kegan Paul, Trench, Trubner & Company, 1884.

De Landa, Friar Diego. *Yucatan Before and After the Conquest*. New York: Dover, 1937.

Diamond, Jared. *Guns, Germs, and Steel: The Fates of Human Societies*. New York: Norton, 1997.

Didion, Joan. "Holy Water," in *The White Album*. New York: Simon & Schuster, 1979.

Downing, A. J. *The Fruits and Fruit Trees of America*. New York: Wiley and Putnam, 1847.

Duncan, David Ewing, "The Pollution Within." *National Geographic*. October 2006.

Durette, Rejean. *Fruit: The Ultimate Diet*. Camp Verde, Ariz.: Fruitarian Vibes, 2004.

Eberhardt, Isabelle, trans. Paul Bowles. *The Oblivion Seekers*. San Francisco: City Lights, 1972.

Echikson, William. *Noble Rot: A Bordeaux Wine Revolution*. New York: Norton, 2004.

Edmunds, Alan. *Espalier Fruit Trees: Their History and Culture*. 2nd ed. Rockton, Canada: Pomona Books, 1986.

Eggleston, William. *The Democratic Forest*. New York: Doubleday, 1989.

Eiseley, Loren. *The Immense Journey*. New York: Random House, 1957.

Eliade, Mircea. *Patterns in Comparative Religion: A Study of the Element of the Sacred in the History of Religious Phenomena*. Translated by R. Sheed. London: Sheed and Ward, 1958.

————. *The Sacred and the Profane: The Nature of Religion*. Translated by W. Trsk. London: Harcourt Brace Jovanovich, 1959.

————. *Myths, Dreams and Mysteries: The Encounter Between Contemporary Faiths and Archaic Realities*. Translated by P. Mairet. London: Harvill Press, 1960.

————. *Images and Symbols: Studies in Religious Symbolism*. Translated by P. Mairet. London: Harvill Press, 1961.

————. *Myth and Reality*. Translated by W. Trask. New York: Harper and Row, 1963.

————. *Shamanism: Archaic Techniques of Ecstasy*. Translated by W. Traks. London: Routledge and Kegan Paul, 1964.

Epstein, Samuel S. *The Politics of Cancer Revisited*. New York: East Ridge Press, 1998.

Evans, L. T. *Feeding in Ten Billion: Plants and Population Growth*. Cambridge, U.K.: Cambridge University Press, 1998.

Facciola, Stephen. *Cornucopia II: A Source Book of Edible Plants*. Vista, Calif.: Kampong, 1990.

Fairchild, David G. *Exploring for Plants*. New York: Macmillan, 1930.

————. *The World Was My Garden*. New York: Scribner, 1938.

————. *Garden Islands of the Great East*. New York: Scribner, 1943.

Fisher, M. F. K. *Serve It Forth*. New York: Harper, 1937.

Fishman, Ram. *The Handbook for Fruit Explorers*. Chapin, Ⅲ.: North American Fruit Explorers, Inc., 1986.

Forsyth, Adrian, and Miyata, Ken. *Tropical Nature: Life and Death in the Rain Forests of Central and South America*. New York: Scribner, 1984.

Frazer, J. G. *The Golden Bough*(12 volumes). London: Macmillan, 1913–1923.

Freedman, Paul, ed. *Food: The History of Taste*. Berkeley: University of California Press, 2007.

Fromm, Erich. *The Heart of Man: Its Genius for Good and Evil*. New York: Harper, 1964.

The Fruit Gardener, publication of the California Rare Fruit Growers. 1969–present.

Frye, Northrop. *Creation and Recreation*. Toronto: University of Toronto Press, 1980.

Gide, André. *Fruits of the Earth*. London: Secker & Warburg, 1962.

Graves, Robert, and Patai, Raphael. *Hebrew Myths: The Book of Genesis*. New York: Doubleday, 1964.

Grescoe, Taras. *The Devil's Picnic: Around the World in Pursuit of Forbidden Fruit*. New York: Bloomsbury, 2005.

Guterson, David. "The Kingdom of Apples: Picking the Fruit of Immortality in Washington's Laden Orchards." *Harper's*. October 1999.

Healey, B. J. *The Plant Hunters*. New York: Scribner, 1975.

Hedrick, U. P. The collected works.

Heintzman, Andrew, and Solomon, Evans, eds. *Feeding the Future: From Fat to Famine, How to Solve the World's Food Crises*. Toronto: Anansi, 2004.

Heiser, Charles. *Seed to Civilization: The Story of Man's Food*. San Francisco: W. H. Freeman, 1973.

————. *Of Plants and People*. Normen, Okla.: University of Oklahoma Press, 1992.

Hennig, Jean-Luc. *Dictionnaire Litteraire et Erotique des Fruits et Legumes*. Paris: Albin Michel, 1998.

Hopkins, Jerry. *Extreme Cuisine*. Singapore: Periplus, 2004.

Hubbel, Sue. *Shrinking the Cat: Genetic Engineering Before We Knew About Genes*. Boston: Houghton Mifflin, 2001.

Huysmans, J. K. *Against Nature*. New York: Penguin, 1986.

Jackson, Ian. The uncollected works.

James, William. *The Varieties of Religious Experience: A Study in Human Nature*. New York: Modern Library, 1902.

Janson, H. Frederic. *Pomona's Harvest*. Portland, Ore.: Timber Press, 1996.

Karp, David. The collected works.

Kennedy, Gordon, ed. *Children of the Sun*. Ojai, Calif.: Nirvaria Press, 1998.

Kennedy, Robert F., Jr. "Texas Chainsaw Management." *Vanity Fair*. May 2007.

Koeppel, Dan. "Can This Fruit Be Saved?" *Popular Science*. June 2005.

Levenstein, Harvey. *A Revolution at the Table: The Transformation of the American Diet*. Oxford: Oxford University Press, 1988.

Lévi-Strauss, Claude. *Tristes Tropiques*. New York: Athenium, 1971.

McIntosh, Elaine N. *American Food Habits in Historical Perspective*. Westport, Conn.: Praeger Press, 1995.

Nabhan, Gary Paul. *Gathering the Desert*. Tucson, Ariz.: University of Arizona Press, 1985.

Manning, Richard. *Food's Frontier: The Next Green Revolution*. New York: North Point Press, 2000.

————. *Against the Grain: How Agriculture Has Hijacked Civilization*. New York: North Point Press, 2004.

————. "The Oil We Eat." *Harper's*. February 2004.

Mason, Laura. *Sugar Plums and Sherbet: The Prehistory of Sweets*. Totnes, Devon: Prospect Books, 1998.

Matt, Daniel C. *The Zohar: Pritzker Edition*. Palo Alto, Calif.: Stanford University Press, 2004.

McGee, Harold. *On Food and Cooking: The Science and Lore of the Kitchen*. New York: Scribner, 1984.

McKenna, Terence. F*ood of the Gods, The Search for the Original Tree of Knowledge*. New York: Bantam, 1992.

McPhee, John. Oranges. New York: Farrar, Strauss & Giroux, 1966.

————. *Encounters with the Archdruid*. New York: Farrar, Strauss & Giroux, 1971.

Mintz, Sidney W. *Sweetness and Power: The Place of Sugar in Modern History*. New York: Viking, 1986.

Mitchell, Joseph. *Joe Gould's Secret*. New York: Viking, 1965.

———. *Up in the Old Hotel and Other Stories*. New York: Pantheon, 1992.

Morton, Julia F. *Fruits of Warm Climates*. Miami: Florida Flair Books, 1987.

Musgrave, Toby et al. *The Plant Hunters: Two Hundred Years of Adventure and Discovery Around the World*. London: Ward Lock, 1998.

Nabokov, Vladimir. *Speak, Memory*. New York: GP Putnam and Sons, 1966.

Nestle, Marion. *What to Eat*. New York: North Point Press, 2006.

O'Hanlon, Redmond. *Into the Heart of Borneo*. New York: Random House, 1984.

Pagels, Elaine. *Adam, Eve and the Serpent: Sex and Politics in Early Christianity*. New York: Vintage Books, 1989.

Palter, Robert. *The Duchess of Malfi's Apricots, and Other Literary Fruits*. Columbia, S. C.: University of South Carolina Press, 2002.

Partridge, Burgo. *A History of Orgies*. New York: Bonanza, 1960.

Piper, Jacqueline. *Fruits of South-East Asia: Facts and Folklore*. Singarpore: Oxford University Press, 1989.

Pollan, Michael. *The Botany of Desire: A Plant's- Eye View of the World*. New York: Random House, 2001.

Popenoe, Wilson. *Manual of Tropical and Subtropical Fruits*. New York: Hafner Press, 1974.

Quinn, P. T. *Pear Culture for Profit*. New York: Orange Judd, 1869.

Raeburn, Paul. *The Last Harvest: The Genetic Gamble That Threatens to Destroy American Agriculture*. New York: Simon & Schuster, 1995.

Reich, Lee. *Uncommon Fruits for Every Garden*. Portland, Ore.: Timber Press, 2004.

Robert, Jonathan. *The Origins of Fruits and Vegetables*. New York:

Universe, 2001.

Roe, Edward Payson. *Success with Small Fruits*. New York: Dodd, Mead, 1881.

Roheim, Geza. *The Eternal Ones of the Dream: A Psychoanalytic Interpretation of Australian Myth and Ritual*. New York: International Universities Press, 1945.

Root, Waverly, and de Rochemont, Richard. *Food: An Authoritative and Visual History and Dictionary of the Foods of the World*. New York: Simon & Schuster, 1981.

Rossetti, Christina. *Goblin Market*. London: Macmillan, 1875.

Sarna, Nahum M. *Understanding Genesis: The World of the Bible in the Light of History*. New York: Schocken Books, 1972.

Schafer, Edward H. *The Golden Peaches of Samarkand: A Study of T'ang Exotics*. Berkeley, Calif.: University of California Press, 1963.

Schivelbusch, Wolfgang. *Tastes of Paradise: A Social History of Spices, Stimulants, and Intoxicants*. New York: Pantheon, 1992.

Schlosser, Eric. "In The Strawberry Fields." *The Atlantic Monthly*, November 1995.

————. *Fast Food Nation*. Boston: Houghton Mifflin, 2001.

Schneider, Elizabeth. *Uncommon Fruits & Vegetables: A Commonsense Guide*. New York: Harper & Row, 1986.

Seabrook, John. "The Fruit Detective." *The New Yorker*, August 19, 2002.

————. "Renaissance Pears." *The New Yorker*, September 5, 2005.

————. "Sowing for Apocalypse." *The New Yorker*, August 27, 2007.

Shephard, Sue. *Pickled, Potted, and Canned: How the Art and Science of Food Preserving Changed the World*. New York: Simon & Schuster, 2001.

Silva, Silvestre, with Tassara, Helena. *Fruit Brazil Fruit*. São Paulo, Brazil: Empresa das Artes, 2001.

Soulard, Jean. *400 Years of Gastronomic History in Quebec City*. Verdun, Canada: Communiplex, 2007.

Steingarten, Jeffrey. "Ripeness Is All," in *The Man Who Ate Everything*. New York: Alfred A. Knopf, 2002.

Thoreau, Henry David. *Wild Fruits*. New York: Norton, 2000.

Tinggal, Serudin bin Datu Setiawan Haji. *Brunei Darussalam Fruits in Colour*. Brunei: Universiti Brunei Darussalam, 1992.

Tompkins, Peter, and Bird, Christopher. *The Secret Life of Plants*. New York: Harper & Row, 1975.

Tompkins, Ptolemy. *Paradise Fever*. New York: Avon Books, 1998.

Tripp, Nathaniel. "The Miracle Berry." *Horticulture*, January 1985.

Visser, Margaret. *Rituals of Dinner*. New York: Penguin, 1993.

———. *Much Depends on Dinner*. New York: Collier Books, 1986.

Warner, Melanie. "The Lowdown on Street?" *New York Times*. February 12, 2006.

Weisman, Alan. *The World Without Us*. New York: St. Martin's Press, 2007.

Welch, Galbraith. *The Unveiling of Timbuctoo*. London: Victor Gollancz, 1938.

Whiteaker, Stafford. *The Complete Strawberry*. London: Victor Gollancz, 1938.

Whitman, William F. *Five Decades with Tropical Fruit*. Miami, Fla.: Fairchild Tropical Garden, 2001.

Whitney, Anna. "'Fruitarian' Parents of Dead Baby Escape Jail." *The Independent*. September 15, 2001.

Whitney, Tyler. *The Plant Hunters: 3,450 Years of Searching for Green Treasure*. London: William Heinemann, 1970.

Whynott, Douglas. *Following the Bloom: Across America with the Migratory Beekeeps*. Harrisburg, Pa.: Stackpole, 1991.

Wilde, Oscar. "The Decay of Lying: A Dialogue." *The Nineteenth Century*. January 1889.

Wilson, Edward O. *Biophilia: The Human Bond with Other Species*. Cambridge, Mass.: Harvard University Press, 1984.

———. ed. *The Downright Epicure: Essays on Edward Bunyard*. Totnes, Devon: Prospect Books, 2007.

찾아보기
419

과일사냥꾼

펴낸날 **초판 1쇄 2010년 7월 10일**

지은이 **아담 리스 골너**
옮긴이 **김선영**
펴낸이 **심만수**
펴낸곳 **(주)살림출판사**
출판등록 **1989년 11월 1일 제9-210호**

경기도 파주시 교하읍 문발리 파주출판도시 522-1
전화 **031)955-1350**   팩스 **031)955-1355**
기획 · 편집 **031)955-1371**
http://www.sallimbooks.com
book@sallimbooks.com

ISBN   978-89-522-1467-6   03900